超级工程：

地方政府专项债券制度
与中国式现代化

安新华 ◎ 著

中国财经出版传媒集团
中国财政经济出版社
北 京

图书在版编目（CIP）数据

超级工程：地方政府专项债券制度与中国式现代化 / 安新华著. -- 北京：中国财政经济出版社，2023.12

ISBN 978-7-5223-2579-8

Ⅰ. ①超… Ⅱ. ①安… Ⅲ. ①地方政府—债券发行—研究—中国 Ⅳ. ①F812.7

中国国家版本馆CIP数据核字（2023）第220592号

责任编辑：孙　琛　　　　责任校对：张　凡
封面设计：王　颖　　　　责任印制：党　辉

超级工程：地方政府专项债券制度与中国式现代化
CHAOJI GONGCHENG：DIFANG ZHENGFU ZHUANXIANG ZHAIQUAN ZHIDU YU ZHONGGUOSHI XIANDAIHUA

中国财政经济出版社 出版

URL：http：//www. cfeph. cn
E-mail：cfeph@ cfeph. cn

社址：北京市海淀区阜成路甲28号　邮政编码：100142
营销中心电话：010-88191522
天猫网店：中国财政经济出版社旗舰店
网址：https：//zgczjjcbs. tmall. com
北京密兴印刷有限公司印刷　各地新华书店经销
成品尺寸：185mm × 260mm　16开　26.75印张　372 000字
2023年12月第1版　2023年12月北京第1次印刷
定价：98.00元
ISBN 978-7-5223-2579-8
（图书出现印装问题，本社负责调换，电话：010-88190548）
本社图书质量投诉电话：010-88190744
打击盗版举报热线：010-88191661　QQ：2242791300

序一

进入21世纪以来，中国的管理科学研究有了长足的发展，已经建立起能够与国际接轨的管理科学研究体系。党的二十大提出了建设中国式现代化的目标与任务，管理科学研究的重点方向之一是建立并完善符合中国自身特点的管理科学体系架构，为中国式现代化的发展道路提供有力支撑。

中国管理科学首先要源于东方文明，充分吸收中国优秀传统文化智慧。现代意义上的管理科学源于1911年泰勒发表的《科学管理原理》一书，该书首次将西方科学研究的理念与方法引入管理学研究，提倡管理要科学化、标准化，通过分工与合作提升工作效率，流水线生产模式就是科学管理最精彩的应用案例。中国的管理科学应当建立在中国自己的优秀文化基础上，中国古代历史上没有管理学家的称谓，但我们在人类社会治理和组织效率提升方面有着延绵千年的研究。从先秦的法家到春秋后世的儒家，再上溯至黄帝时代的道法治理，我们的先辈给我们留下了丰富的管理思想和成功与失败的案例。这些都应该是建立中国管理科学的宝贵思想与方法论源泉，离开中国优秀文化建立中国管理科学无异于沙上建塔，难以持久。

中国管理科学不是简单的“中学为体，西学为用”，而是全面的融会贯通。身处新时代，中国管理科学的发展不应当走全盘西化之路，而是在过去100年不断学习西方文明的基础上，融会贯通后形成全新的中国管理科学。中华文明的开放性决定了只有中国文化能够兼容并蓄，完成这一伟大的创造性转化工程。在这方面，钱学森、华罗庚等老一辈专家学者为我们树立了很好的榜样。20世纪后半叶，钱学森先生提出了从定性到定量综合集成方法论；华罗庚先生提倡“工艺上搞优选，管理上搞统筹”，在全国推广普及统筹法和优选法，提升劳动工作效率。战略数学家的作用就是通过定量的数学分析针对机构、组织、国家面临的各种难题提出具有远见卓识的决策、规划、计划或解决建议。这些思想和方法的提出背后都有着东方系统哲学思想和兼容百家的开放精神影响。当下的中国管理科学发展还是要坚持我们的道路自信、文化自信，不断学习、继承、发展、融合、创新，最终形成21世纪的中国管理科学。

中国管理科学必须在解决中国问题的基础上发展壮大。管理科学的发展始终都是建立在解决各种实际问题基础上，中国管理科学的发展也离不开对中国发展问题的创造性解决，只有如此才能够真正体现其自身的价值所在。当前中国现代化发展的道路上面临着各种全新的问题，这些问题的解决既没有过去的成功经验可以借鉴，也没有成熟的解决思路与方法可以使用，必须靠中国人自己发挥我们的聪明才智去创造性解决，特别是在社会治理和经济发展领域，中国管理科学的应用有着广阔的发展空间。

政府债务问题是当前中国现代化发展中面临的一大现实难题，亟需理论和实务方面的专业人士共同努力寻求解决之道。本书作者在综合集成方法论基础上，试图通过法律管理融合、定性定量结合的方法去解决中国地方政府专项债券的治理问题，就是运用中国式管理方法解决现实问题的一次有意义尝试。如果中国政府债务问题能够得到有效治理，不仅仅是解决中国自身的债务与建设可持续发展问题，也意味着中国管理科学理论在服务中国发展中不断发展成熟，为全球政府债务治理提供中国方案，贡献中国智慧。

徐伟宣

2023年11月12日

徐伟宣：著名管理工程学家，中国科学院科技战略咨询研究院研究员，曾任中国科学院科技政策与管理科学研究所所长、中国优选法统筹法与经济数学研究会理事长。

序二

债是社会经济生活中自然人与团体活动极为常见的事实和重要的法律现象。当然，现代社会中的债，其内涵与外延远宽于中国古代社会规则所强调的“欠钱不还”的金钱之债，而是接受了源自罗马法的“债”（拉丁文：obligatio）的规则思维，即“债是约束我们要根据我们城邦的法律向他人为给付的法锁”[①]，换言之，债是一种在双方或者多方主体之间具有给付义务约束的法律关系。鉴于债在社会经济生活中的重要性，故而在许多国家民法典中均有债法内容，我国亦概莫能外。作为我国法律体系中的重要部分，债法规则的体系内涵与外延在《民法典》合同编中得到了相当充分的体现，意定之债即合同之债和法定之债即不当得利之债、无因管理之债、侵权行为之债、缔约过失之债、错债给付之债均含于债法体系中。虽然《民法典》以“合同编”命名之，但是其内涵与外延则包含了债法的几乎全部内容。

从私法角度研究债法的问题是深入探究债及其法律规则的基础。但是，鉴于我国当代经济发展的需要，将债法研究的视野扩展至政府作为主体的债法问题，有其重要的理论价值与现实意义，可惜就目前的研究成果而言，对政府债的法律问题研究明显不足，直接导致因缺乏对政府债问题的充分研究而使我国债法体系的全视野展示出现一些瑕疵。纵观我国关于政府债的法律制度体系，我国目前已经初步形成以《预算法》为法律依据、以《国务院关于加强地方政府性债务管理的意见》为制度框架、以国务院和财政部等有关部委下发的一系列文件为主的政府债法律规则体系，其中如何规范地方政府专项债券的发行使用是对政府债进行法律治理不能回避的问题。地方政府专

① 罗马法原始文献《优士丁尼法学阶梯》之I. 3，13pr.

项债券的发行、使用、管理和回购清偿等法律问题应当有统一制定的政府债券法律制度体系加以支撑，惟此方可有效控制地方政府的债务风险，保障政府举债建设项目从规划、发行、建设、运营、清偿各个阶段都能够有清晰完整的债券法律管理制度进行规范，最终形成中国特色的地方政府专项债务管理法律制度体系，服务中国高质量发展。

建构中国债法体系，需要在内容与形式方面完善债法制度。本书作者在多年的法律理论与实务经验基础上，对于我国地方政府专项债券的法律制度体系及其内容进行了深入的多层次的分析，提出了构建中国地方政府债券法律制度体系的思路方法与构建路径，是运用法律思维和方法来解决政府债务问题的很好的理论探索和实践经验的总结，弥补了我国在债法研究领域中政府债法律问题研究的理论不足。是为序。

费安玲

2023年11月11日

费安玲：中国政法大学比较法学院教授，博士生导师，北京市债法学会会长。

序三

当今世界，政府通过发行债券筹集资金的方式已经是除了税收、土地之外，现代国家保障经济发展的最重要财政手段。政府债务与经济增长、投资、通货膨胀都有着紧密的联系，所有主权国家不论大小，都必须认真面对政府债务的可持续发展问题。一个良好的债务治理体系将是我们国家未来现代化发展的重要支撑，持续推动政府债务的规范、良性可持续发展。

天下事物均有两面性，如何在发挥地方政府性债务在促进经济发展的作用同时，又能控制其引发的债务风险，这是一个考验政府治理能力的重大问题。这需要我们立足中国国情，走一条与西方通过货币财政政策进行债务调控治理模式完全不同的道路，建立中国自己的债务治理制度体系。我们需要基于东方的债务治理观，构建一种全新的能够支撑债务治理的结构性力量，通过这种制度的设计，形成这种机制，让债务治理的所有参与主体都能够去努力实现债务与资产的良性互动，最终通过这种制度实现从债务到资产的整体性价值创造，再到债务偿还这一良性循环，将债务问题最终转化为推动社会发展的资本投入和资产高质量运营发展的根本性力量。

建立和完善中国地方政府债务治理制度体系不仅仅关系着地方的经济发展，更会对中国国家治理体系和治理能力的提升有着深远影响。通过专项债券制度，将央地财政收入分配关系从传统的税收分配博弈中跳脱出来，直接允许地方政府通过发行债券来获取建设发展资金，缓解了地方政府事权和财力不匹配的矛盾，进而通过投资项目的建设运营绩效评价来优化人事权的配置，由此重新塑造出适应高质量发展阶段的央地关系。

在2014年新修订的《预算法》框架下，地方政府发行债券是唯一合法的举债模式，经过几年的地方政府专项债发行，不论从债券项目数量还是债务规模，专项债券都已经占据了各级地方政府财政融资的主要比重，因此对地方政府专项债券进行有效管理就是债务治理的重中之重。从法定债务风险管理角度而言，可以说管理好了专项债券风险就管好了地方政府债务风险。

本书对地方政府专项债的管理进行了深入的研究探讨，其将跨学科综合研究方法在地方政府债务治理中进行应用非常有特色，通过从财政、金融、法律、管理等多个专业视角对政府债券进行全生命周期的综合分析形成成果，最终通过法律形式将成果转化为债务治理制度体系。通过制度体系建设，将宏观国家债务治理制度层面，到中观各个省一级的政府债务治理制度层面，再到微观市县级债券资金的最终使用制度层面，最终形成一个高效运行的政府债务管理制度体系，为中国地方政府债务风险管理和绩效提升提供结构性的制度支撑力量。

安新华先生是我多年的朋友，在地方政府性债务领域，他深于实践，长于精思，提出不少卓有见地的观点。在与他多次交谈中，能感受到他浓浓的家国情怀，而安置这种情怀的载体，就是这本《超级工程：地方政府专项债券制度与中国式现代化》著作，透过这本著作，可看到他为这个时代的这个“超级工程”进行全面画像的努力和所贡献出的智慧，而其努力与智慧，均是扎根于中国大地，句句务实，句句求真，体现出研究的经世致用价值来。这使我想起中国人民大学著名金融学家黄达先生的一段话：

有几千年文明传统的中华民族，其思维方式由于停滞、自负而遭受重创之后，无疑会汲取教训并在一个新的高度上重新认识、重新把握、重新发扬自己的长处。在这样的基础之上，中国的金融学人，在熟悉西方治学精神并不断自觉地领悟中华民族传统文化精髓的基础上，那必将对世界金融学科的发展作出具有中国特点、中国风格、中国神韵的贡献。

以此句结尾，与作者共勉。

吕冰洋

2023年11月14日

吕冰洋：中国人民大学财政金融学院教授，博士生导师，财政系主任，地方政府债务治理研究中心主任。

前 言

Preface

都江堰水利工程对中国债务治理的借鉴

一、都江堰基本情况介绍

都江堰水利工程始建于公元前256年，至今已逾两千年。两千多年来，遵循“道法自然、因势利导”的治水理念，都江堰持续发展、历久弥新，至今仍“砥柱巍然”，润泽和造福着天府人民。这不仅是我国水利史、科技史上的一座丰碑，也是人类文明史上的一大奇迹。世界遗产委员会赞誉都江堰为“全世界迄今为止，年代最久、唯一留存、以无坝引水为特征的宏大水利工程”。

成都平原在修建都江堰之前，河流长期泛滥成灾。秦灭巴蜀之后，为了使巴蜀大地成为秦国一统天下的粮仓与后方战略基地，秦国国君派李冰任蜀郡太守主持修建水利工程。《华阳国志·蜀志》记载，水利工程建成以后，“水旱从人，不知饥馑，时无荒年”。都江堰为四川提供全年150多亿立方米的灌溉用水，旱涝无常的四川平原从此成为了宜居之地和中华大后方，成都平原真正成为“天府之国”。2018年5月18日召开的全国生态环境保护大会上，习近平总书记指出：“始建于战国时期的都江堰，距今已有两千多年历史，就是根据岷江的洪涝规律和成都平原悬江的地势特点，因势利导建设的大型生态水利工程，不仅造福当时，而且泽被后世。”习近平总书记的重要讲话，高度凝练了都江堰的特点、效益和价值，明确提出了“都江堰是生态水利工程”的重要论断，都江堰开创了无坝治水、无坝治沙的先河。

二、都江堰水利工程的治水结构分析

都江堰是一个非常经典的按照中国的水利治理模式构建的水利工程，一直服务了两千多年，为四川造就万顷良田，实现了整个岷江从水害到水利的一个根本性的转变。

都江堰工程设计非常巧妙，与我们的传统水利工程的筑大坝模式相比，有着完全不同的治理思路。它依托自然环境构建了一个人与自然完美结合的治水体系，通过天人合一的治理体系形成一种整体结构性的力量来高效应对各种水利问题，直到现在仍能正常使用。这种无坝治水的模式，是人类历史上最能够体现我们中国智慧的超级工程。

下面我们通过分析拆解都江堰水利工程的治理结构，了解由水害变水利的转变是如何实现的。

（一）都江堰核心结构：渠首工程

1. 鱼嘴（金刚堤）：分水

都江堰的整个结构体系的第一步是鱼嘴，由人工在江中填出，通过鱼嘴实现分水功能。把整个岷江上游的水，通过它的分水机制，分成内江和外江，把内江变成水利，外江就直接流走，四六分水。丰水期时，四成能进到内江中的灌溉系统，六成沿着外江流走；枯水期时，六成的水进入内江，四成通过外江流走，通过这种机制的设计实现了水的分流和使用。

2. 宝瓶口：人工凿开的灌区总进水口

第二个治理结构的关键部分是宝瓶口，其作用是进水，由玉垒山开凿运河将内江水引入灌区。水通过鱼嘴进入内江以后并不是直接就分走，而是通过宝瓶口把进水口缩小，使水的流速增加，同时产生水流的旋转力，使泥沙无法沉积在分水口，淤积在运河河道里。

通过宝瓶口的水再流出去，就可以灌溉农田。宝瓶口的分水的机制是第二层，后续岷江水通过各级渠干网络层层分水，一层一层地流到各个沟渠，直至最后分到每一块田地里面去，形成我们土地和农业的灌溉，并通过劳动人民的耕作，最终得到收成。

3.飞沙堰：二八分沙

飞沙堰主要是把进入内江的沙石排到外江，达到治沙的目的。通过宝瓶口形成涡流旋流，在水大的时候，把泥沙、河石冲走，冲到外江顺流带走，从而实现整个水利工程的有效泥沙淤积治理。

这就是我们两千年前都江堰的核心治理结构，通过分水、进水和治沙三个环节实现了无坝治水。

（二）都江堰治水理念的继承发展

新中国成立后，都江堰迎来了日新月异的发展。

20世纪50年代初，实施了渠首加固改造、渠系调整优化和闸群配套建设，为灌区扩建打下了坚实基础。

50年代中期至60年代，先后兴建人民渠、东风渠、三合堰总干渠及配套渠系，灌区范围覆盖成都平原全境，灌溉面积达600余万亩。崇庆、大邑、邛崃三县一万三千多农民工，用90天的时间，凭锄挖、肩挑，硬是在成都平原西部开凿了一条37公里的人工河，这就是“三合堰”干渠，都江堰灌溉范围迅速从平原中部扩大到平原两侧。

60年代末期至70年代，从三路穿过龙泉山脉，引水灌溉东部丘陵地区农田，使都江堰灌区向丘陵扩展。其中北路：人民渠七期工程，180多公里长的盘山修渠，绕过龙泉山；中路：因无法修渠，建造了6000多米长的龙泉山隧洞，让江水穿过龙泉山；南路：在龙泉山侧修建了3亿立方米的水库黑龙滩水库，江水蓄在山谷中。都江碧水三穿龙泉山脉，使龙泉山以东丘陵区近400万亩土地得以灌溉。都江堰的水利工程已经跨越了龙泉山，整个成都平原全部得到了都江堰的水利灌溉，相当于又再造了一个都江堰。80年代以后，都江堰先后建设了一、二期扩改建工程，1993年实灌面积突破1000万亩，居全国之冠。

21世纪以来特别是党的十八大以来，都江堰不断续写新的辉煌。通过建设水源工程紫坪铺水利枢纽，实施灌区续建配套与节水改造，人民渠、东风渠两大“高速水道”基本形成，北、中、南三大扩灌区陆续建成，高标准的骨干工程水网初具规模，新增灌面80万亩，改善灌面480万亩。目前，都江堰灌区已成为横跨岷、沱、涪三江流域，灌溉面积达到1089万亩，造福成都、德阳、绵阳、遂宁、资阳、乐山、眉山7市37县（市、区）的特大型灌区。灌区功能也从防洪、航运、灌溉发展成兼具防洪减灾和保障生活用水、生产用水、生态环境用水等多目标的综合服务。

对比都江堰两千年前和两千年后的治理，实现的灌溉面积从原来的400多万亩，到现在的1000多万亩，而且治理维护成本都非常低，这就是最终的治理成果。新中国以后对都江堰水利工程的不断延伸扩展，充分体现了将中国的传统智慧与现在的先进水利治理技术结合，构建更加有效的治理体系的思想与应用实践，为中国式现代化建设提供了一个样板案例。

三、都江堰治水对政府债务治理的借鉴

都江堰的水利治理结构和我们债务治理的结构具有高度的相似性。如果把我们的资金理解成水、债务危机理解成洪水的话，如何学习借鉴都江堰治水经验便不言而喻了。

首先借鉴的就是都江堰由堵变疏、疏堵并治的治理思想。由堵变疏是我们上古大禹治水留下的一个基本智慧，在尊重客观规律基础上，充分利用自然条件进行治理。我们在现实的基础上进行设计规划治理体系，形成一种结构性的力量。通过结构化的工程设计，对于债务风险进行疏导，而不是完全简单地封堵，将债务资金引入沟渠水网灌溉农田，最大化地发挥其作用与价值。

具体治理措施方面，都江堰水利工程也给我们的债务治理带来非常多的思考借鉴之处。

都江堰的渠首工程可以让我们深入理解中国传统治理思想的精髓。

鱼嘴分水相当于我们债务治理的财政部层面，每年对各个省市的债务限额的分配以及债券资金的使用方向。根据经济发展的周期来有效调节债务资金的使用数量与方向，中央每年决定需要发行多少地方专项债券，给每个省分别分配多少额度，我们“分水”就是把这个债务的资金进行一次有效的分配。

宝瓶口的进水可以看作各省对资金与项目的匹配。这一部分是由我们各个省一级的发行主体来确定，保证在这个“宝瓶口”，把我们的资金和项目进行一个有效的结合，资金通过宝瓶口后就与具体项目相匹配，开始后续的建设与运营。

飞沙堰是对项目与资金使用的风险管理。省级政府的主要工作是筛选项目，然后定期对一些运营不良或者资产很差、建设不够成功的项目进行债务风险的定点清除。首先，各省级政府对于不符合债券发行条件的项目通过“宝瓶口”的筛选剔除，由“飞沙堰”进行清理。其次，对于已经发行的项目，如果建设运营情况不佳，也可以通过“飞沙堰”进行调整更换。债务治理的“飞沙堰”，就是要定期地把一些不合格的项目或者有问题的项目沉淀下来，及时进行整改和淘汰，避免“河道”拥堵发生风险。

都江堰治水名言“深淘滩，低作堰”如果应用到债务治理也恰如其分。“深淘滩”意味着我们要对项目的工作进行深入的研究和规划，专业性就是项目池里面有足够可行的、良性的项目资源的保证，而且这种项目资源应当是省级政府对各地市级政府进行资金分配的最重要考量因素。“低作堰”是二次分水，通过二次分配将资金与项目进行有效匹配，保证这个项目和我们的资金能够得到有效的利用。对于无效的项目，不断地识别淘汰，这是都江堰对债务治理的一个借鉴。

新中国成立后都江堰的建设扩展为我们提供了一个传统与现代完美结合的借鉴样板，为我们后续债务治理提供了一个可以延伸、不断创新的模板和思路。我们要把中国传统治理智慧与现代的金融和管理知识成果紧密结合，实现创造性转化。

构建沟渠水网对债务治理的借鉴意义在于，构建水网能够让我们众多的专项债的项目形成协同效应，如果单个项目收益很难实现，那么把它放在一个整体的运营系统里面，使之形成良性的互动。我们的这种借鉴，就形成了不同的专项债项目之间的协同效应，发挥出1+1>2的效果。

无坝治水与现代闸坝治水相结合。我们在都江堰对侧的岷江主河道对称性地修建了一个带水闸的水坝。它的作用是给岷江另一侧的农田灌溉进行分水，不采用无坝模式是因为当前的技术与条件使用闸坝分水更加便利，建设成本更低，可以更加方便地进行水量调节。对我们债务治理的经验可以理解为，针对不同的项目情况可以采用不同的模式进行分水与治理，以满足更加高效的治理要求。专项债用作项目资本金就是一种不同类型的分水模式。当前我们债券资金用于项目主要采用的是直接资产持有性的投资模式，后续我们还可以考量债券资金作为项目资本金的权益性投资模式，权益性投资模式相比资产持有投资可以在不影响资产状态情况下更加灵活处理投资权益。当下国家在专项债券作资本金方面已经开始在若干领域进行创新试点，我们可以从都江堰治水经验去借鉴和拓展思路。

穿山引水变不可能为可能，实现跨越式发展。都江堰的水利工程跨越了龙泉山，通过修灌渠、打隧洞、建水库方式，从三路穿过龙泉山脉引水灌溉东部丘陵地区农田，相当于再造了一个都江堰。都江堰的这一经验鼓励我们在债务治理领域也要充分利用现代文明成果，充分发挥专项债资金作用实现跨越发展。专项债治理中的龙泉山脉应当是债务资金到权益资本的转变，如果山的这边是债务的模式，那边可能就是权益的模式，就是投资于资产和权益的模式。如何跨越这一山脉是一个大课题，就我们的经验而言应当是由专项债资金参与产业基金的创造性转化来实现。

我们把资产分成两大类，一类是具体的项目，一些形成实物建设性的资产，基础性设施性资产；另一类是基础设施权益性的资本，投资一些权益性的企业或者项目，用作资本金。这两种资产的管理模式截然不同，一种是直接管理资产，另外一种是管理企业，企业管理资产。现代公司治理模式的发展已经充分说明管理企业模式能够更好地发挥资产的价值。

专项债券通过产业基金债务实现权益资本的投资是一个可以研究借鉴的模式。在产业基金层面，债券资金作为GP设定了相应的管理与回报率要求，具有明显的债权属性；在投资项目和企业层面，则体现出完全的权益资本属性，可以及时灵活地通过股权层面进行资产的重组整合和处置，实现债务风险的管理。产业基金模式还可以充分调动社会资本的参与，共同进行权益投资，投资主体的多元化必然带来债权项目治理的多元化，这样做最终的目的和都江堰的不断创新发展的目标一样，就是让我们专项资金能够去更好地支撑中国社会的发展，支撑实体经济，让我们这个投资能够真正起到拉动效应。

目录

Contents

第一章

地方政府专项债券全景透视（2018—2022年）

探寻中国经济高质量发展路径，地方政府专项债券已经是一个无法绕开的影响要素。从2018年以来，国务院总理政府工作报告连续五次提到地方政府专项债券；党中央、国务院多次强调要用好地方政府专项债券资金，保障国民经济稳定增长。地方政府专项债券作为我国重要的积极财政政策创新工具不断被运用，对中国社会经济发展的影响力日益增长，到2022年年末已成为中国债市仅次于国债和政策性金融债的第三大债券品种。

然而，我们对于地方政府专项债券的认识与理解却始终是冰火两重天。一方面，在我国经济面临需求收缩、供给冲击、预期转弱三重压力，尤其受新冠疫情、能耗“双控”等多种因素影响下，地方政府专项债券通过对地方产业园区、环保、民生医疗等基础设施项目的持续投资，有效改善了经济的供给能力，对消费提升、经济增长的持续拉动效应不断加强，为稳定宏观经济大盘提供了有力支撑。另一方面，目前专项债余额已超过一般债余额，成为政府债务的主要类别，且近年来逐年增量均在数万亿元级别，专项债券规模扩大导致偿债能力风险加剧。地方政府专项债券项目在实际建设过程中，出现了专项债券资金闲置、对应形成实物工程量不足、收益无法覆盖融资、投向不合理等问题，如何有效管理如此巨大体量的地方政府债务，保证不出现系统性风险也是各方的研究讨论热点。地方政府专项债券这一中国积极财政创新制度是一把“双刃剑”，要想真正运用得当，首先就是要全面客观认识和理解地方政府专项债券。

本章尝试从多个视角对2018—2022年以来的地方政府债券整体情况进行一次全景透视，只有全面客观地对地方政府专项债券进行分析研究，才能真正理解和认识它究竟发挥了什么作用，对我国社会经济发展又有什么长远影响？进而更加全面客观地认识和了解地方政府专项债券这一中国经济行稳致远的重要力量。

第一节　从资金筹集视角认识和理解地方政府专项债券

一、发行规模

地方政府专项债券始于2014年9月国务院发布的《关于加强地方政府性债务管理的意见》（国发〔2014〕43号文），即地方政府基于特定项目发行并以该项目对应的政府性基金或者专项收入作为还本付息来源的债券。

2015—2017年地方政府债券发行整体以置换债券①为主。2017年，财政部下发《关于试点发展项目收益与融资自求平衡的地方政府专项债券品种的通知》（财预〔2017〕89号），推出项目收益类专项债券试点发行，首先在收费公路专项债券、土地储备专项债券和棚户区改造专项债券这三个领域进行试点。2018年政府债务置换进入尾声，并开始逐渐扩大专项债券的使用范围，鼓励各地方政府创新和丰富债券品种，确定优先在重大区域发展以及乡村振兴、生态环保、保障性住房、公立医院、公立高校、交通、水利、市政基础设施等领域选择符合条件的项目。

本章研究主要以收益与融资自求平衡的地方政府专项债券项目为主，所以统计数据选取中国地方政府债券信息公开平台和中国财政部官网发布的2017—2022年已发行专项债券披露信息，其中新增专项债券中非收益类专项债券相比于新增专项债券总量很小，所以不再做数据筛除。具体发行概况如下：截至2022年累计已发行地方政府债券440679.03亿元，其中专项债券242115.06亿元，占比54.94%；截至2022年12月末，全国地方政府债务余额350618亿元，控制在全国人大批准的限额之内（见表1–1）。

---

①　置换债券：发行地方政府债券置换非债券形式存量债务。为妥善处理存量债务和在建项目的后续融资，《国务院关于加强地方政府性债务管理的意见》国发〔2014〕43号规定，对甄别后纳入预算管理的地方政府存量债务，各地区可申请发行地方政府债券置换，以降低利息负担，优化期限结构，腾出更多资金用于重点项目建设。

表 1-1　2017—2022 年全国地方政府债券发行概况　单位：亿元

项目		2017年	2018年	2019年	2020年	2021年	2022年
发行期数（期）		1134	930	1093	1848	1995	1598
发行规模		43580.94	41651.68	43624.27	64438.12	74898	73677
按类型分	一般债券	23619.35	22192.19	17742.02	23033.65	25669	22361
	专项债券	19961.59	19459.49	25882.25	41404.47	49229	51316
按用途分	新增债券	15898	21704.54	30560.75	45524.85	43709.09	47566
	其中：新增一般债券	7961	8177.22	9073.45	9506.15	7865.46	7182
	新增专项债券	**7937**	**13527.32**	**21487.30**	**36018.70**	**35843.63**	**40384**
	置换债券①	27683	13130.35	1579.23	—	—	—
	再融资债券②	—	6816.79	11484.29	18913.27	31189	26109

资料来源：根据财政部官网及财政部政府债务研究和评估中心、专项债券信息网公开资料统计、整理。

自2017年项目收益类专项债券开始发行，每年发行量占地方政府债券发行总量的比重逐年提升，目前已经成为全国各地方政府重要的融资渠道。从2017—2022年全国各地方政府已发行的债券数据来看，每年新增收益类专项债券的发行量占地方政府债券当年总发行量的比例已从18.21%扩大到54.81%。

二、平均年限和利率

从2018年开始，全国地方政府债券发行量和债券剩余量各对应的平均年限均呈现逐年增高趋势，近年来平均利率稳定在3.0%—3.5%，呈递减趋势。截至2022年12月末，地方政府债券剩余平均年限8.5年，其中专项债券的平均年限为10年；平均利率为3.39%，其中专项债券的平均利率为3.39%（见表1-2和图1-1）。

① 置换债券：主要是2015—2018年发行的、用于置换2014年年底甄别认定的非债券形式存在的地方政府存量债务，也包括偿还少量政府或有债务的债券。

② 再融资债券：2018年4月首次发行，主要用于偿还到期的地方政府债券本金，不用于项目建设。

表 1-2　2018—2022 年全国地方政府债券发行平均年限和利率

项目	2018 年	2019 年	2020 年	2021 年	2022 年
平均年限（年）	6.1	10.3	14.7	11.95	13.21
其中：专项债券	6.1	9.0	14.6	14.16	17.16
平均利率（%）	3.89	3.47	3.40	3.36	3.02
其中：专项债券	3.9	3.43	3.44	3.41	3.16

数据来源：根据财政部官网及财政部政府债务研究和评估中心公开资料统计、整理。

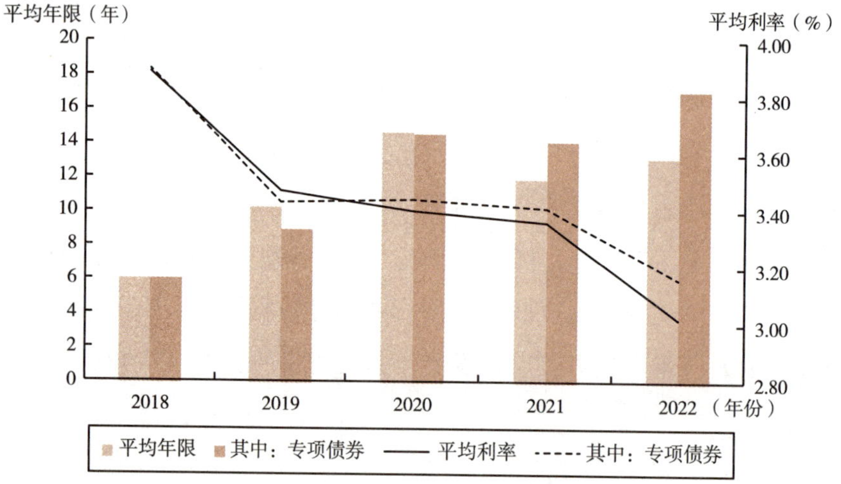

图 1-1　2018—2022 年全国地方政府债券发行平均年限和利率

根据中国银行发布的贷款市场报价利率 LPR 报价 1 年期和 5 年期信息，比对专项债券利率、政府债券利率、1 年期银行贷款市场利率、5 年期银行贷款市场利率差值，具体如图 1-2 所示。

根据图 1-2 走势分析，近些年随着国际国内经济大环境变化，银行间贷款利率明显下调，进一步鼓励企业和个人贷款。在这种背景下，专项债券作为国家宏观层面最有效的积极财政政策工具，适应大环境变化，在合理扩大使用范围的基础上调低了债券利率，这为地方政府发展基础设施建设降低了融资成本，减轻了地方政府投资项目融资和偿付压力，在债券融资成本显著低于贷款基准利率的时期，大规模专项债券额度下拨也从侧面鼓励了地方政府储备更多高质量的政府投资项目。

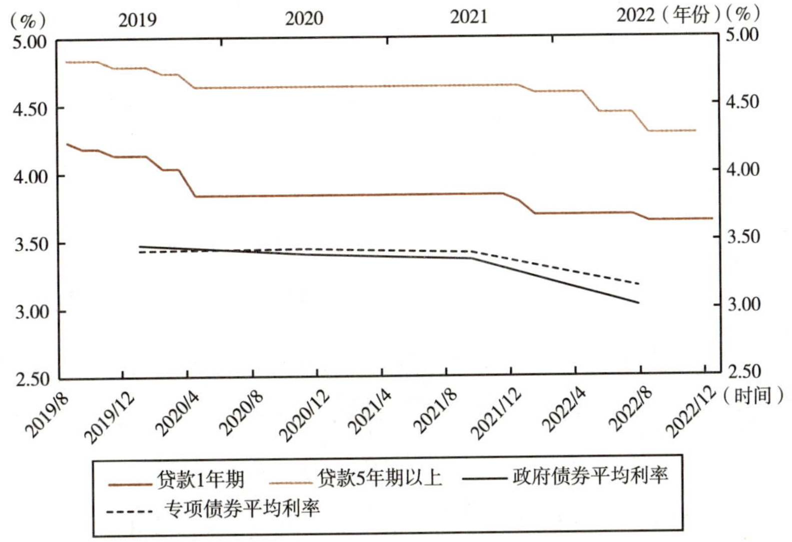

图 1-2 2018—2022 年政府债券和贷款利率比对图

三、还本付息及余额

从全国2018—2022年各地方政府债券还本付息额度分析，此阶段累计债券还本96741亿元，其中专项债券还本额度为35383亿元，占总债券还本额度的36.57%；累计债券付息40058亿元，其中专项债券付息额度为19273亿元，占总债券付息额度的48.11%。截至2022年12月末，全国地方政府债券余额为348995亿元，其中专项债券余额为206504亿元，占总债券余额的59.17%。

从筹资规模看，2018—2022年累计筹集政府债券298289.07亿元，其中专项债券187291.21亿元；从融资成本看，2018—2022年累计支付债券利息40058亿元，占总债券融资额的13.43%，其中累计支付专项债券利息19273亿元，占总专项债券融资额的10.29%，融资成本相对银行贷款较低，有明显成本优势（见表1-3）。

表 1-3　2018—2022 年全国地方政府债券还本付息及余额情况　单位：亿元

项目	2018 年	2019 年	2020 年	2021 年	2022 年
债券还本	8389	13152	20757	26685	27758
其中：专项债券	1616	4280	6518	11381	11588
债券付息	5037	6567	7963	9280	11211
其中：专项债券	1860	2652	3678	4738	6345
债券余额	180711	211183	254864	303078	348995
其中：专项债券	72615	94046	128927	166775	206504

资料来源：根据财政部官网及财政部政府债务研究和评估中心公开资料统计、整理。

特别是近年来我国赤字率始终控制在3%以内，大力压减一般性支出，政府专项债券因为其纳入政府性基金预算管理，由项目运营自身收益偿还，不计入国家财政赤字，所以在调节财政政策方面更为灵活，同时因专项债免征企业所得税和个人所得税，提高了投资者的吸引力，双重保障了专项债券较高的筹集效率。专项债券专款专用，也能够保障重点领域公益性项目合理融资需求，提高资金使用效率。

总的来说，地方政府专项债券是当前中国经济发展最高效率的资金筹集模式。

2017—2022年，地方政府通过新增专项债券发行筹集了约16万亿元经济建设资金，上述债券资金的筹集均严格在《预算法》框架内进行，每年经国务院批准并报全国人大常委会备案，财政部下达当年发行地方政府债务额度，各省根据本省项目情况，在债务额度内自行通过债券市场发行。近年地方政府专项债券基本都在当年10月前发行完毕，所筹集资金全部用于当年地方政府基础设施建设，资金筹集效率之高、筹资规模之大，在中国资本市场都实属佼佼者，这种高效的筹集方式甚至出现了“资金等项目”“专项债项目荒”等现象。

特别是在面对中美竞争、新冠疫情冲击、经济下行压力持续加大的挑战下，为缓解我国经济下行压力，专项债券在我国经济刺激拉动过程中起到了“主力军”作用，以专项债券稳定宏观经济的积极财政政策，为拉动消费扩大内需、促就业稳增长提供了有力支撑。

第二节　从项目建设视角理解和认识地方政府专项债券

地方政府专项债券通过项目投向来引导地方政府基础设施建设，2018年以来，专项债券从收费公路专项债券、土地储备专项债券和棚户区改造专项债券开始逐步扩大使用范围，从中国债券信息网披露文件和中国地方政府债券信息公开平台中的数据来看，2018—2022年已经发行的专项债券项目揭示出近年来专项债券项目建设与国家战略实施及地方政府经济发展的内在逻辑。

一、项目数量与投向分布

（一）项目数量分布分析

从2018—2022年项目发行数量来看（不考虑置换债券、再融资债券和补充中小银行资本金债券），2018—2022年已发行75590个专项债券项目，依据各省市已发行专项债券项目数量，将其分为5000个及以上、4000—4999个、3000—3999个、2000—2999个、1000—1999个、999个及以下共六个等级（见图1-3）。

第一等级（5000个及以上）：山东省（不含青岛市）、河南省、广东省（不含深圳市），依次累计发行地方政府专项债券项目数量分别为6677个、5715个、5599个。

第二等级（4000—4999个）：河北省、江苏省、四川省，分别累计发行地方政府专项债券项目数量约为4800个、4372个、4201个。

第三等级（3000—3999个）：江西省、新疆维吾尔自治区、湖南省、湖北省、浙江省（不含宁波市）。

第四等级（2000—2999个）：福建省（不含厦门市）、广西壮族自治区、安徽省、甘肃省。

第五等级（1000—1999个）：陕西省、贵州省、云南省、重庆市、山西省、吉林省、内蒙古自治区、黑龙江省。

第六等级（999个及以下）：天津市、海南省、青岛市、上海市、宁波市、辽宁省（不含大连市）、青海省、深圳市、新疆生产建设兵团、宁夏回族自治区、北京市、大连市、西藏自治区、厦门市，其中西藏自治区、厦门市发行数量更是低于100个，分别为95个和54个。

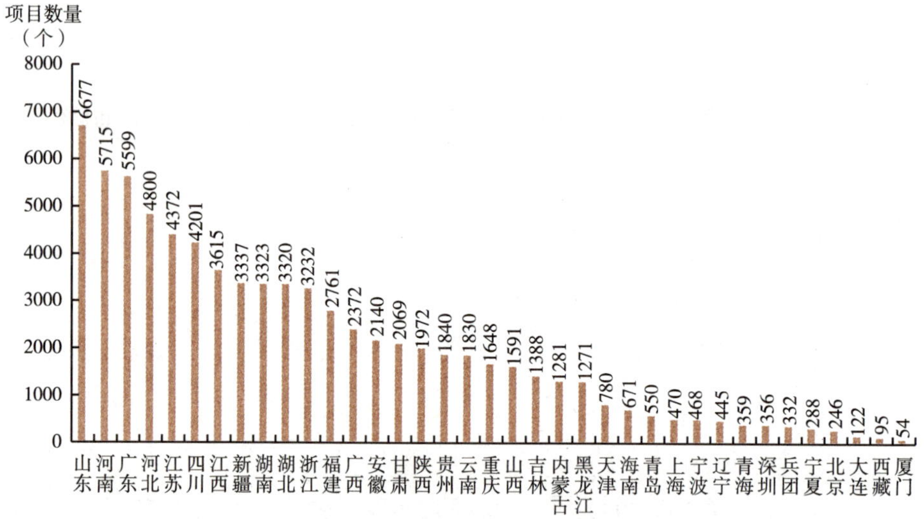

图 1-3　2018—2022 年各省市地方政府专项债券发行项目数量

从上述各省市地方政府专项债券项目发行规模和数量可以看出，地方政府专项债券向山东、广东等沿海地区集中，从短期的角度来看，这些区域经济较为发达，专项债券的发行有助于撬动社会投资，推动区域经济的逐步复苏和稳定发展。从长期的角度来看，对于西部和东北部分经济相对不够发达的地区，产业和城市基础设施建设、社会保障措施、交通基础设施等项目的建设存在较大缺陷，对于专项债券资金的需求也相当迫切，需要以资金搞建设，从而支撑地方经济发展的需要。因此，从另一个方面来说，对于目前地方政府专项债券发行额度较低的地方，应该有针对性地从地方政府的财政收支管理、融资需求和专项债券绩效管理三个角度加强，以获取更多的专项债发行额度，利用专项债资金促进地区经济发展。

（二）历年项目投向分析

1. 2018年度项目投向

2018年政府债务置换进入收尾阶段，地方政府债券发行受其影响由以置换债券为主开始逐渐向新增债券过渡。投资领域在上年收费公路专项债券和土地储备专项债券发行基础上，新增了棚户区改造专项债券，并丰富了债券品种，新增包括保障性住房、乡村振兴、公立医院、公立高校、生态环保、水利、交通、市政基础设施等多种投向，但投资偏低，发展相对较缓。

从各投向规模来看，2018年地方政府专项债券资本大部分投资在收费公路、土地储备和棚户区改造三大领域，当年投向收费公路、土地储备、棚户区改造和其他领域的专项债券额度比例分别达到6.02%、46.03%、25.73%和22.22%（见图1-4）。

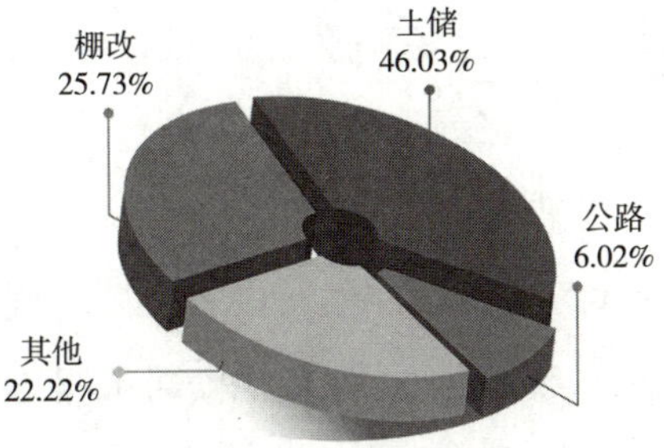

图 1-4　2018 年土地储备、棚改、收费公路及其他类项目发行额度占比

2. 2019年度项目投向

2019年地方政府专项债券投向延续了2017年、2018年趋势，相当数量的资本投资在收费公路、土地储备和棚户区改造领域，2019年投向收费公路、土地储备、棚户区改造和其他领域的专项债券额度比例分别为7.74%、32.50%、33.64%和26.12%（见图1-5）。

但从投资规模可以看出，2019年政府用于服务民生、市政等基础设施建设方面的投资相比2018年有了明显提升，但总体来看发展依旧缓慢。

图 1-5　2019 年土储、棚改、收费公路及其他类项目发行额度占比

3. 2020 年度项目投向[①]

2020年，国务院常务会议指出，专项债券资金不得投资于土地储备领域和房地产相关领域，使得土地储备和棚户区改造这两类专项债发行数量大幅减少，发行规模仅为4389.41亿元，约占当年发行总额度的12.1%（其中土地储备占0.17%、棚户区改造占11.93%）。

从专项债券发行额度来看，当年发行项目主要投资于市政和产业园区基础设施、交通基础设施、社会事业、保障性安居工程（不包含棚户区改造）、生态环保、农林水利、国家重大战略项目、能源、城乡冷链物流基础设施等领域，各类投向规模占比分别是29.37%、23.97%、18.73%、1.50%、8.19%、3.72%、1.27%、0.68%、0.46%（见图1-6）。

4. 2021 年度项目投向[②]

2021年专项债支持投向的重点领域在原来7大领域基础上，新增了两项。其中国家重大战略项目的增加将对各省际专项债券额度分配产生结构性影响；

① 2020 年总发行额度按除置换债券、再融资债券和补充中小银行资本金外的其他类型专项债券额度计算。

② 2021 年总发行额度按除置换债券、再融资债券和补充中小银行资本金外的其他类型专项债券额度计算。

保障性安居工程中老旧小区改造债券延续了2020年的额度趋势，棚户区改造相比于2020年的额度有较小幅度的扩大，保障性租赁住房是2021年新增投向用于租赁住房建设的土地储备项目。

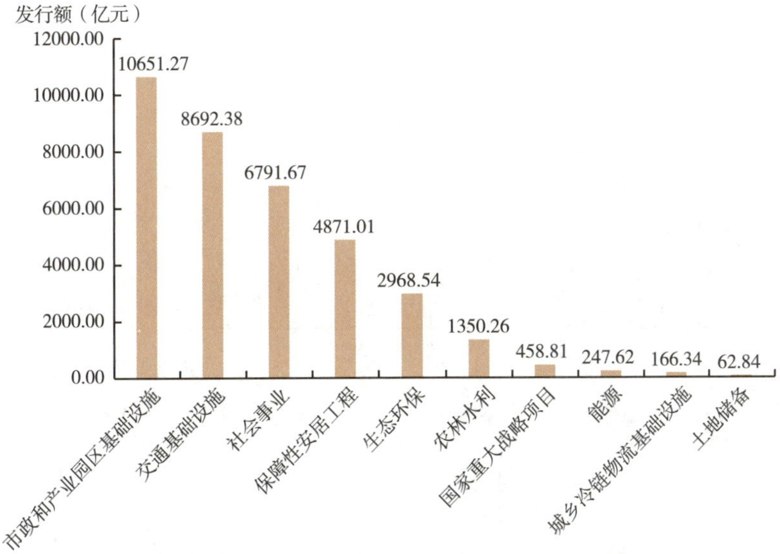

图 1-6　2020 年地方政府专项债券各投向发行额

从专项债券发行额度来看，2021年用于市政和产业园区基础设施、交通基础设施、社会事业、保障性安居工程、生态环保、农林水利、国家重大战略项目、城乡冷链物流基础设施、能源、土地储备领域的规模占比分别是34.10%、18.80%、18.17%、16.85%、5.87%、3.16%、2.02%、0.68%、0.31%、0.04%（见图1-7）。

5. 2022年度项目投向[①]

2022年专项债券支持投向在原9大领域基础上新增了新型基础设施和新能源两个投向，投向从原来9个领域拓宽到11个。新型基础设施建设将成为我国经济发展特别是数字经济发展的重要基础，通过新基建打造经济新引擎；

① 2022年总发行额度按除置换债券、再融资债券和补充中小银行资本金外的其他类型专项债券额度计算。

新能源是将可再生的绿色低碳能源逐步替代传统能源，其发展对推进我国“碳中和”“碳达峰”战略目标实现至关重要。

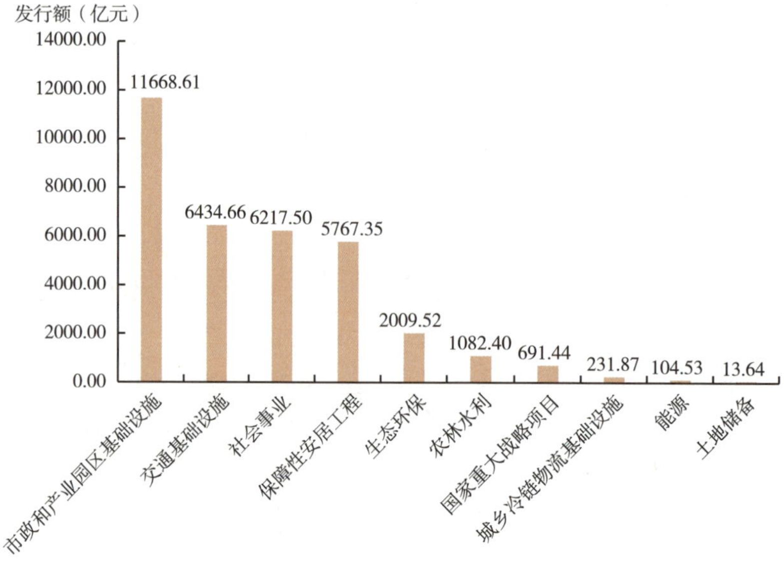

图 1-7　2021 年地方政府专项债券各投向发行额

从专项债券发行额度来看，2022年用于市政和产业园区基础设施、交通基础设施、社会事业、保障性安居工程、农林水利、生态环保、城乡冷链物流基础设施、国家重大战略项目、能源、新型基础设施、新能源、土地储备领域的规模占比分别是36.69%、17.59%、17.16%、15.63%、5.90%、4.47%、1.07%、0.69%、0.46%、0.33%、0.01%、0.01%（见图1-8）。

综上所述，从历年专项债券项目投向情况整体来看，专项债资金所投领域从土地储备、棚户区改造转向各类惠及民生的基础设施建设项目。特别是为了进一步拉动基建，2019年9月国务院常务会议要求专项债券资金不得投资于土地储备领域和房地产相关领域的产业项目，意味着2020年理论上不再支持发行土地储备类和棚户区改造类专项债。和往年相比，土地储备和棚户区改造从2020年后整体发行明显减少，从数据上看，专项债券投向土地储备的资金额度从2018年的46.03%、2019年的32.50%，到2020年、2021年骤减为0.17%、0.04%，2022年更是缩减为0.01%；专项债券投向棚户区改造的资金额度从2018年的25.73%、2019年的33.64%，到2020—2022年分别缩减为11.93%、14.49%、11.70%。全国土地储备、棚户区改造计划已经逐步进入收尾阶段，专项债在土地储备、棚户区改造板块投入缩量，减少对于基建等领域的挤占更符合实际需求。

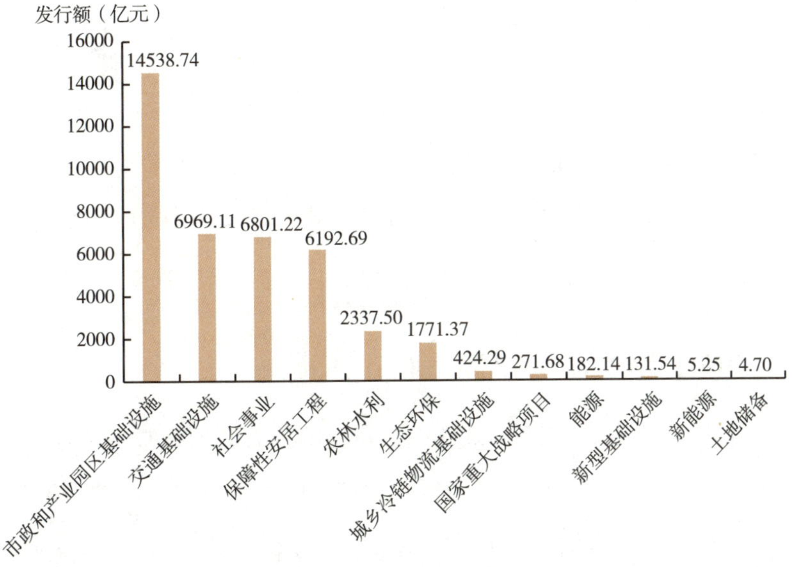

图1-8　2022年地方政府专项债券各投向发行额

土地储备专项债券项目和棚户区改造专项债券项目所占比重降低，也是为更多基建类公益性项目创造发行机会。从数据上看，专项债券投向非标类项目比例不断增加，投向领域更加多元化、丰富化，从2018年投向非标类领域资金额度占比22.22%，到2019年增加为26.12%，再到2020年上升到82.06%、2021年80.91%、2022年84.02%，都体现出我国政府对基建领域建设的决心和对提升人民生活质量和环境水平的要求，有助于进一步实现社会高质量发展目标（见图1-9）。

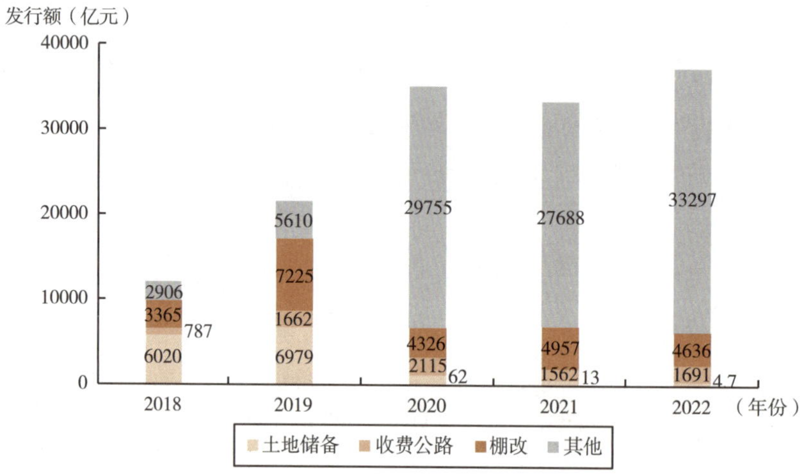

图 1-9　2018—2022 年土地储备、棚改、收费公路及其他类项目趋势图

二、项目投向与地方政府经济社会建设

（一）项目投向与地方基础设施建设匹配度

从项目投向来看，2018—2022年已发行的地方政府专项债券项目大量投向市政和产业园区基础设施、社会事业领域，所投项目数量分别为20164个和19944个，占总项目数量的比例为51.84%。按发行规模看，主要投向市政和产业园区基础设施领域，所投额度为39545亿元，占总规模的比例为27.33%。由此可见，地方政府专项债券主要用于供水、供气、供热、产业园区基础设施、地下管廊等市政和产业园基础设施，用于医疗、养老、教育、文化、旅游等社会事业，有效地解决了各区域“补短板、强弱项”难题，对于保障民生、提升人民生活体验具有重要作用。

保障性安居工程和土地储备类项目的数量分别为11785个、7486个，发行金额分别达到了27722亿元、13081亿元，其中棚改类项目占保障性安居工程项目数量的76.47%，这与当时的城市发展遗留问题密切相关。棚改类项目的实施解决了城市发展存在的危旧住房、老破烂房问题，完善了城市配套，保障了群众出行、住房安全，是顺应时代和经济发展的重要基础设施改造项目；土地储备类项目的实施，有效地调节了城市土地的供应和管理，促进土地资源的节约利用，有利于城市实现长期发展规划，促进当地经济的可持续发展。

此外，交通基础设施领域的项目数量为5828个，项目的发行额度达到了26539亿元，符合交通基础设施建设这一城镇更新类项目投资金额大、耗费周期长的特性，其建设对于城市的循环发展、加强互联互通，从而推动地域人口、物资流动，促进各经济产业的发展具有长远的战略意义。生态环保、农林水利领域的项目数量分别为5926个、4100个，在美化城市形象、改善和整治区域生态环境的同时，推动了乡村产业的发展，提升了人民的生活体验，对于促进当地经济的可持续发展具有重要作用。同时，城乡冷链物流建设项目的实施保证了生鲜食品供给的及时性和安全性，能源项目的实施保障了城乡生活和生产的正常运行，是城镇正常运营和发展的坚强后盾。

新型基础设施和新能源是我国未来资本市场和实体经济投资的重要抓手，在碳减排和数字经济双重战略下，新型基础设施和新能源的大力度支持将成为对未来经济形势和投资产业高质量发展的导向。2022年是地方政府专项债券增加新型基础设施、新能源两类投向元年，目前已成功发行新型基础设施项目99个、新能源项目3个，主要集中在广东、浙江、河北、河南、重庆等地（见图1-10和图1-11）。

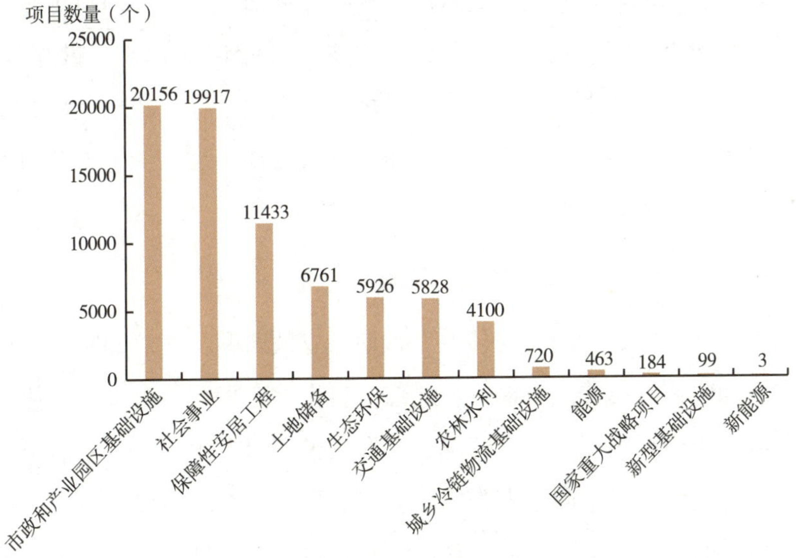

图1-10　2018—2022年地方政府专项债券各投向项目发行数量

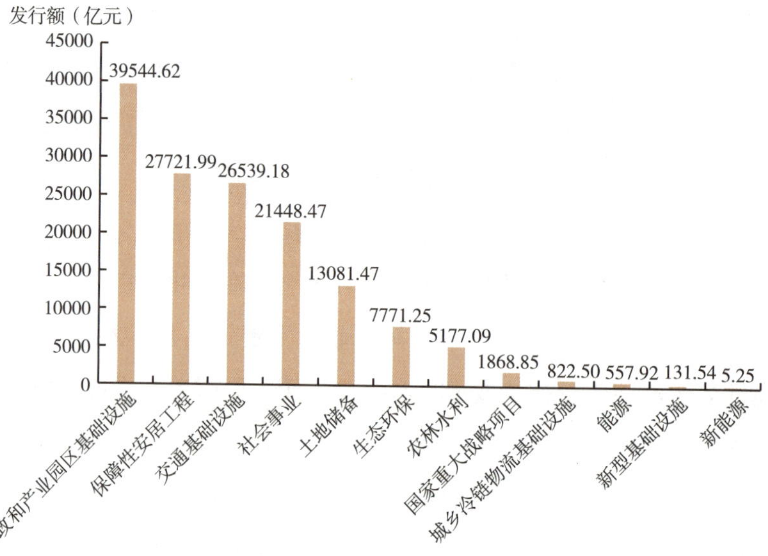

图 1-11　2018—2022 年地方政府专项债券各投向发行额

综合上述数据可以看出，近年来在我国经济下行压力较大的情况下，专项债券已成为稳住经济增长的重要手段之一，正在不断助力地方政府进行重点基础设施建设，促进形成更多实物工作量。随着专项债券管理使用更加成熟化，专项债券的使用范围也在不断优化，尤其是在2019年国务院常务会议首次出现限制土地储备和棚户区改造类专项债券信号开始，2020年专项债券项目涉及领域更加多样化，2021年作为“碳中和元年”，已将“做好碳达峰、碳中和工作”纳入“十四五”规划开局之年的重点任务，2022年拓宽新增专项债支持投向，将新型基础设施、新能源纳入支持领域，标志着我国进入重点打造面向数字经济领域的基础设施建设轨道。

（二）项目建设周期与债券发行期限匹配度

为了保证项目建设周期与债券发行期限有效匹配，财政部明确不再限制地方债券期限比例结构，由地方财政部门自主确定期限。对于专项债券，地方财政部门应当根据项目实际情况，综合考虑项目期限、投资者需求、债务年度分布等因素，科学确定发行期限，逐步提高长期债券发行占比，更好匹配项目资金需求和期限。自此，各地方政府财政部门结合地方实际情况，按

“期限跟着项目走”原则制定了各地方不同专项债券支持领域对应发行期限，保障专项债券期限始终与项目期限相匹配。

根据本次统计数据，2018—2022年，地方政府专项债券发行期限包含2年、3年、5年、7年、10年、15年、20年、30年，共8种固定期限品种（本数据维度不包含2+1、3+2等含权期限品种）。2018—2022年所有已发行项目中，按15年期限发行的项目数最多，约占总发行项目数的24.57%，其次是10年期限和20年期限，分别占总发行项目数的22.95%和19.97%。结合2019年财政部提出“逐步提高长期债券发行占比”意见，从各地方政府已发行专项债券项目中可看出，2年期和3年期在近三年发行债券中寥寥无几，且无1年期项目，10年期以上包括10年、15年、20年、30年这四种期限的项目数占总项目数比例达76.57%（见图1–12）。

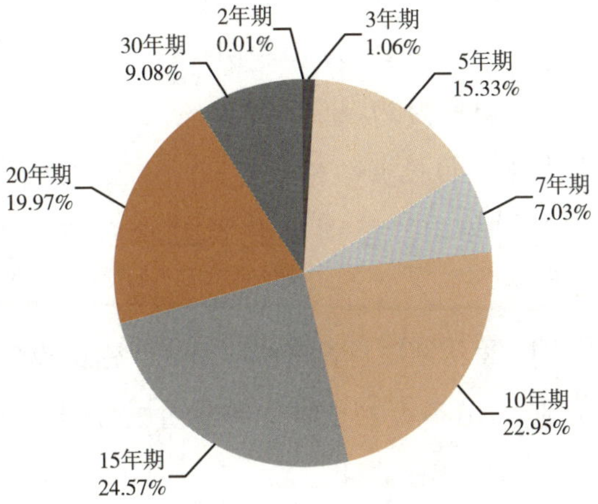

图1–12　2018—2022年各期限品种专项债券占比

2018—2022年，已发行专项债券按支持投向划分为交通基础设施、能源、农林水利、生态环保、社会事业、城乡冷链物流基础设施、市政和产业园区基础设施、国家重大战略项目、保障性安居工程、新型基础设施、新能源、土地储备十二大类。从各投向对应项目期限来看，其中，保障性安居工程领域以5年期项目投资额度最大，占此投向总专项债券额度的37.7%，其次是7年期和10年期项目，投资额占比分别为29%和18.25%。

城乡冷链物流基础设施领域以15年期项目投资额最多，占此投向总专项债券额度的40.42%，其次分别是20年期和10年期项目，投资额占比分别为25.48%和20.06%，低于10年期的项目极少，且无2年期和3年期项目。

2021年按照国务院统一部署，财政部在《关于梳理2021年新增专项债券项目资金需求的通知》（财办预〔2021〕29号）中首次提出将京津冀协同发展、长江经济带发展、粤港澳大湾区建设等国家重大区域战略项目纳入2021年地方政府专项债券重点支持范围。因开启时间较短，相对于其他九大领域投资额度略低，但此类项目建设内容与地区经济可持续发展直接挂钩，专项债券发行期限相对较长。从数据来看，国家重大战略项目以30年期投资额最多，占此类总投资额的34.73%，其次是10年期，占比28.88%，20年期和15年期分别占14.38%和12.89%，无2年期项目。

交通基础设施领域因其项目性质多为收费公路、铁路、城市轨道交通等，收益平稳但回报线长，债券期限多为10年期及以上，投资额占比前三种期限是30年、15年、10年，分别为29.36%、22.45%、21%。

能源领域中各期限项目投资额相对持平，从数据来看，投资主要集中在10年、15年、20年、30年，分别为此类总投资额的25.97%、26.34%、31.68%、11.72%。

农林水利领域中以20年期项目投资额度最大，占此投向总专项债券额度的26.61%，其次分别是10年占22.58%、30年占20.44%、15年占19.96%，3年期项目投资最少，且无2年期项目。

社会事业领域中以15年期项目投资额度最大，占此投向总专项债券额度的29.83%，其次是10年期和20年期项目，投资额占比分别为28.61%和23.11%，3年期项目投资最少，且无2年期项目。

生态环保领域10年期相对投资额相对其他期限较多，占总数的34.61%，3年期项目投资极少，且无2年期项目。

市政和产业园区基础设施领域在十大投向中投资额度较大，且此类投向建设内容相对于其他领域最广，从已发行专项债券金额来看，以20年期项目为主，投资额占比达26.33%，15年期、10年期、30年期项目次之，分别占25.63%、24.79%、15.87%，10年期及以上项目投资额占此类总投资额度的92.62%，且无2年期项目。

土地储备领域的项目发行主要集中在2018年和2019年，发行期限尤其在5年期限最为集中，达86.86%，3年期限的项目次之，为9.81%，仅3年和5年两种期限项目投资额就占到总投资额度96.67%。

新型基础设施、新能源领域是从2022年起纳入地方政府专项债券重点支持范围的，尚处于萌芽阶段，发行项目数量和发行额较小，发行期限以15年期为主，占两类总发行额的47.71%，其次是20年期限和30年期限，分别占到两类总投资额度24.67%和16.86%（见图1-13）。

结合上述数据可以看出，2018年专项债券投资额主要集中在保障性安居工程、交通基础设施、土地储备三大领域，且以5年期专项债券投资额最多，10年期次之，当年无30年期专项债券项目；2019年专项债券投资除集中在保障性安居工程、交通基础设施、土地储备三大领域外，社会事业、生态环保和市政和产业园区基础设施领域投资额明显增多，虽然还是以5年期专项债券项目为主，但10年期、15年期的项目投资也出现增长趋势；2020年专项债券投资领域相比于2018年和2019年更加丰富，各领域投资额也明显提高，专项债券发行期限由原集中在5年，逐步向更长期扩展，以10年期投资额最多，占2020年总投资额的33.36%，15年、20年、30年这三种期限投资额相比于2019年的15.4%，提升为51.51%；2021年和2022年专项债券投资领域主要集中在市政和产业园区基础设施、交通基础设施、社会事业和保障性安居工程四个领域，除保障性安居工程以5年期和7年期项目投资为主外，其他三类集中发行项目投资均集中在10年期及以上。

三、项目投向与国家区域重大发展战略落地实施

根据国家“十四五”发展规划以及相关区域发展规划的指示，可以将全国按发展战略划分为京津冀协同发展区、长江经济带发展、“一带一路”建设、粤港澳大湾区建设、长江三角洲区域一体化发展、推进海南全面深化改

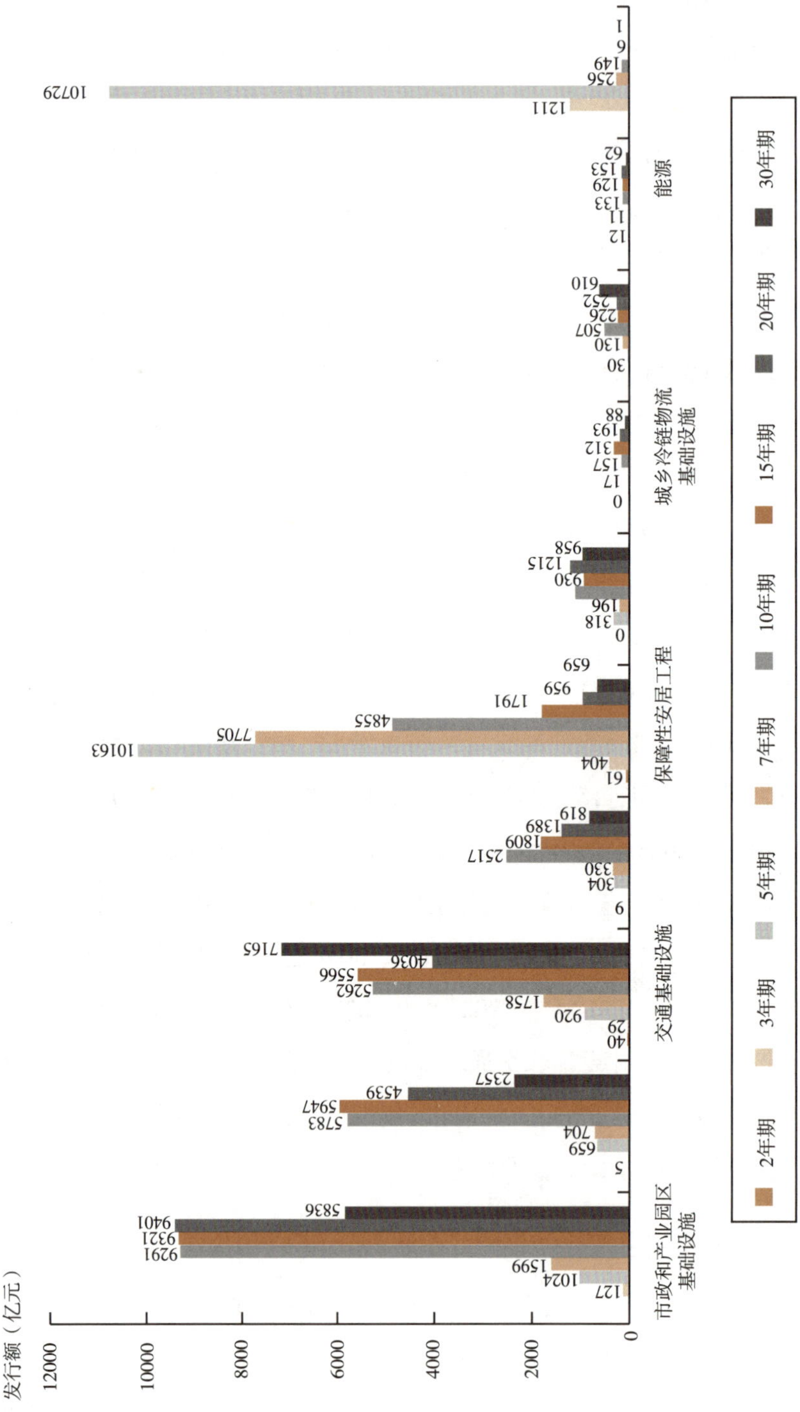

图 1-13　2018—2022 年专项债券支持领域中各期限投资分布图

革开放、黄河流域生态保护和高质量发展、成渝地区双城经济圈、西部大开发、东北全面振兴共十个综合经济区。其地方政府专项债券项目发行数量及发行金额如图1-14和图1-15所示。

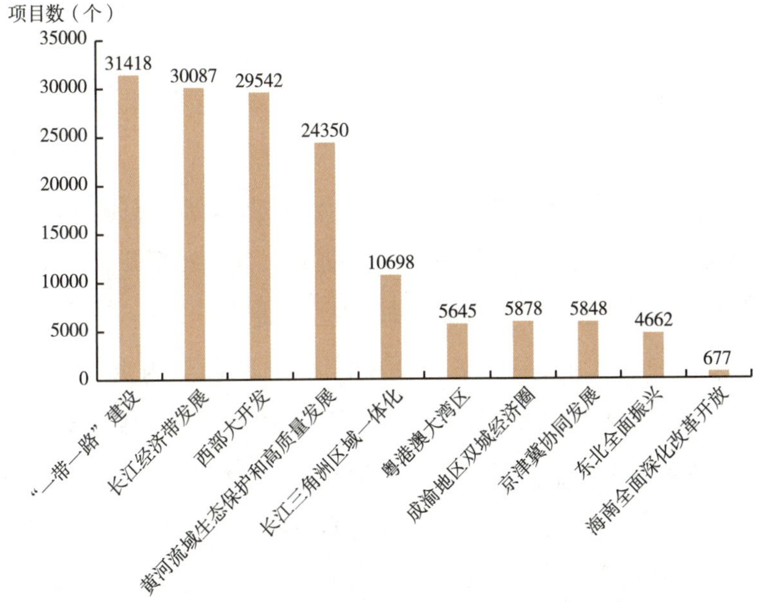

图1-14　2018—2022年十个综合经济区地方政府专项债券项目发行数量

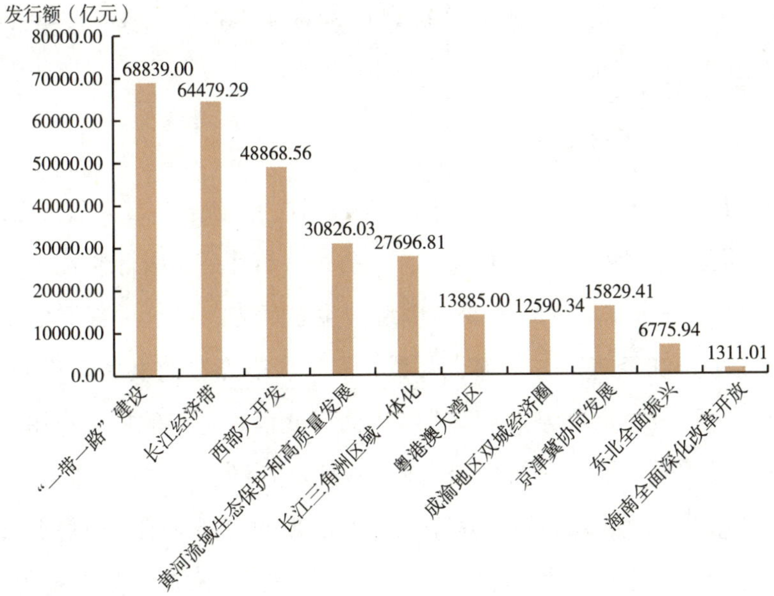

图1-15　2018—2022年十个综合经济区地方政府专项债券发行金额

（一）京津冀协同发展区

京津冀协同发展区包括北京市、天津市、河北省。

《京津冀协同发展规划纲要》中提出，京津冀整体定位是“以首都为核心的世界级城市群、区域整体协同发展改革引领区、全国创新驱动经济增长新引擎、生态修复环境改善示范区”。京津冀三省市定位分别为，北京市：“全国政治中心、文化中心、国际交往中心、科技创新中心”。天津市：“全国先进制造研发基地、北方国际航运核心区、金融创新运营示范区、改革开放先行区”。河北省：“全国现代商贸物流重要基地、产业转型升级试验区、新型城镇化与城乡统筹示范区、京津冀生态环境支撑区”。

2018—2022年发行地方政府专项债券项目数量为5848个，额度为10050.63亿元（不考虑置换债券、再融资债券和补充中小银行资本金债券，下同），其中市政和产业园基础设施类项目、保障性安居工程项目发行额度分别为2944.63亿元、2520.98亿元，位列第一和第二，占总发行额的比例分别为29.3%和25.08%，土地储备、交通基础设施、社会事业、国家重大战略项目、生态环保的发行额度分别为1239.91亿元、951.01亿元、934.95亿元、737.66亿元、573.23亿元，占比分别为12.34%、9.46%、9.3%、7.34%、5.7%（见图1–16）。

（二）长江经济带发展

长江经济带包括上海市、江苏省、浙江省、安徽省、江西省、湖北省、湖南省、重庆市、四川省、云南省、贵州省，共11个省市级行政区。

《长江经济带发展规划纲要》围绕“生态优先、绿色发展”的基本思路，确立了长江经济带“一轴、两翼、三极、多点”的发展新格局。“一轴”是以长江黄金水道为依托，发挥上海、武汉、重庆的核心作用，构建沿江绿色发展轴。推动经济由沿海溯江而上梯度发展。“两翼”分别指沪瑞和沪蓉南北两大运输通道，这是长江经济带的发展基础。通过促进交通的互联互通，增强南北两侧腹地重要节点城市出口和产业集聚能力。“三极”指的是长江三角洲、长江中游和成渝三个城市群，充分发挥中心城市的辐射作用，打造长江经济带的三大增长极。“多点”是指发挥三大城市群以外地级城市的支撑作用，加强与中心城市的经济联系与互动，带动地区经济发展。

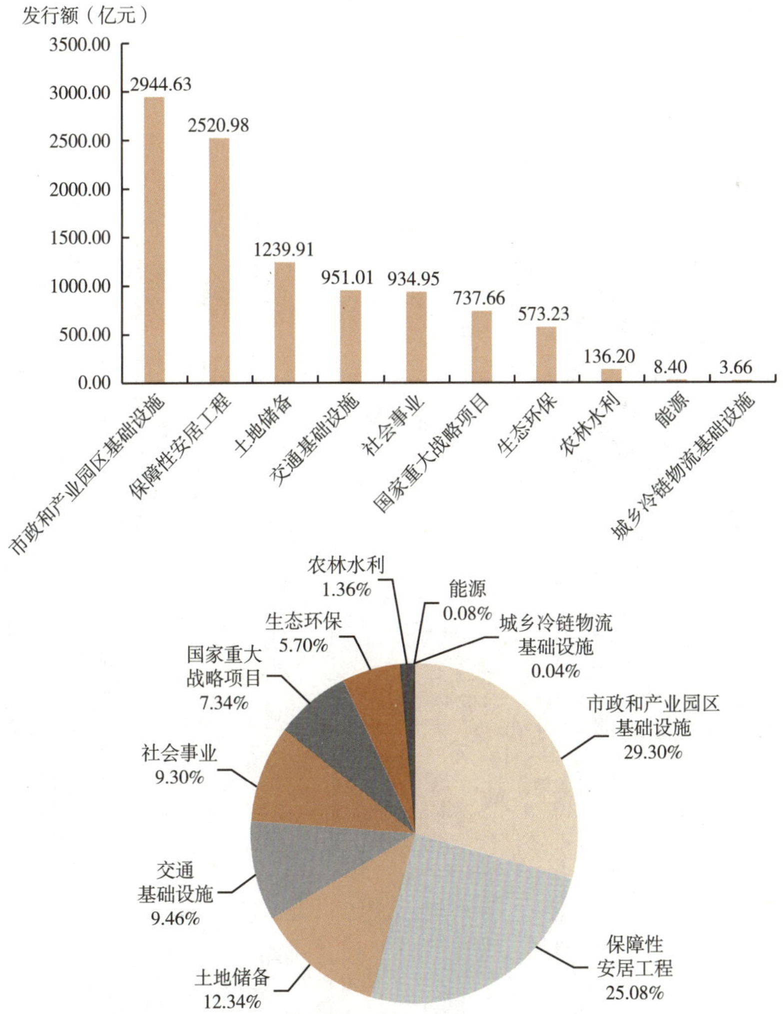

图 1-16　2018—2022 年京津冀协同发展地区地方政府专项债券各投向发行额及其占比

2018—2022年发行地方政府专项债券项目数量为30087个，额度为64479.29亿元，其中市政和产业园区基础设施类项目发行额度为15622.88亿元，占总发行额的比例为24.23%，位列第一，保障性安居工程、交通基础设施、社会事业、土地储备类项目发行额度分别为12758.64亿元、12368.09亿元、10203.10亿元、6877.15亿元，占总发行额的比例分别为19.79%、19.18%、15.82%、10.67%（见图1-17）。

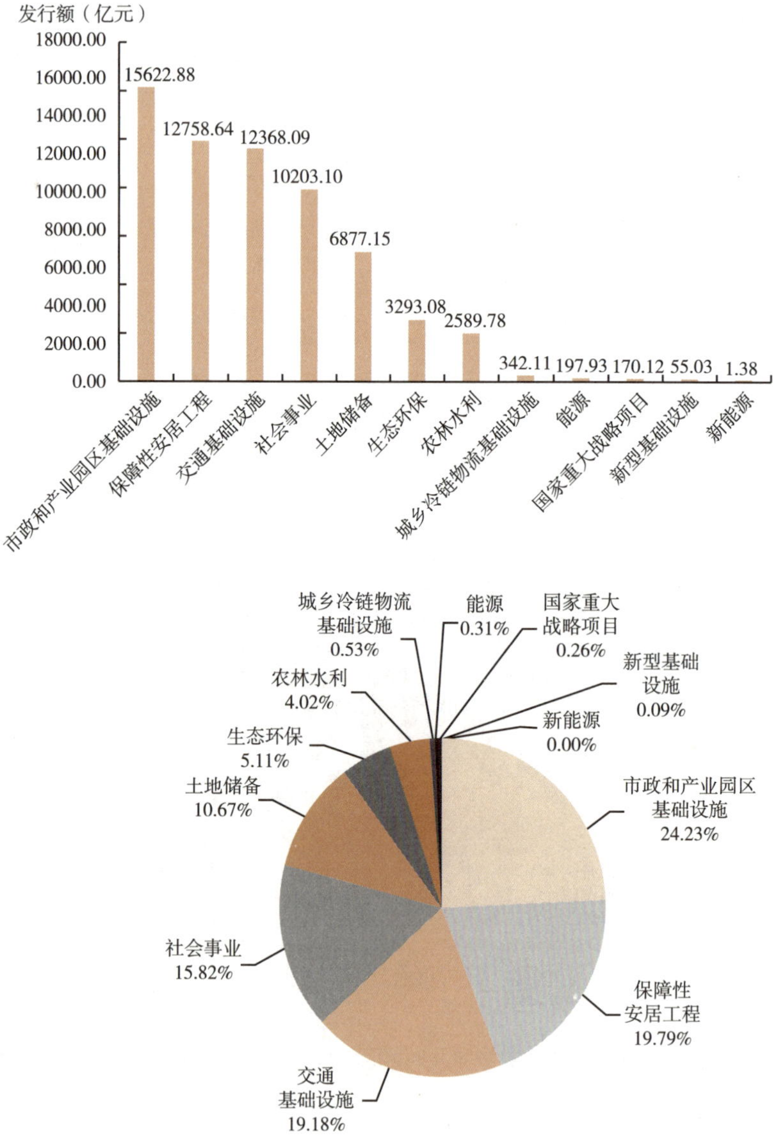

图1-17　2018—2022年长江经济带地区地方政府专项债券各投向发行额及其占比

（三）“一带一路”建设

“一带一路”战略地区包括新疆维吾尔自治区、重庆市、陕西省、甘肃省、宁夏回族自治区、青海省、内蒙古自治区、黑龙江省、吉林省、辽宁省、广西壮族自治区、云南省、西藏自治区、上海市、福建省、广东省、浙江省、海南省，共18个省市级行政区。

《推动共建丝绸之路经济带和21世纪海上丝绸之路的愿景与行动》文件指出，加快“一带一路”建设，有利于促进沿线各国经济繁荣与区域经济合作，加强不同文明交流互鉴，促进世界和平发展，是一项造福世界各国人民的伟大事业。“一带一路”建设是一项系统工程，共建“一带一路”致力于亚欧非大陆及附近海洋的互联互通，建立和加强沿线各国互联互通伙伴关系，构建全方位、多层次、复合型的互联互通网络，实现沿线各国多元、自主、平衡、可持续的发展。“一带一路”的互联互通项目将推动沿线各国发展战略的对接与耦合，发掘区域内市场的潜力，促进投资和消费，创造需求和就业，增进沿线各国人民的人文交流与文明互鉴，让各国人民相逢相知、互信互敬，共享和谐、安宁、富裕的生活。

2018—2022年发行地方政府专项债券项目数量为31418个，额度为68839.83亿元，其中市政和产业园区基础设施类项目发行额度为19519.91亿元，占总发行额的比例为28.36%，位列第一，交通基础设施、社会事业、保障性安居工程、土地储备类项目发行额度分别为15517.04亿元、9610.43亿元、9201.00亿元、7566.90亿元，占总发行额的比例分别为22.54%、13.96%、13.37%、10.99%（见图1–18）。

（四）粤港澳大湾区建设

粤港澳大湾区包括香港特别行政区、澳门特别行政区、广东省（广州、深圳、珠海、佛山、惠州、东莞、中山、江门、肇庆）（本次统计以中国大陆地区为主，澳门特别行政区、香港特别行政区暂未计入）。

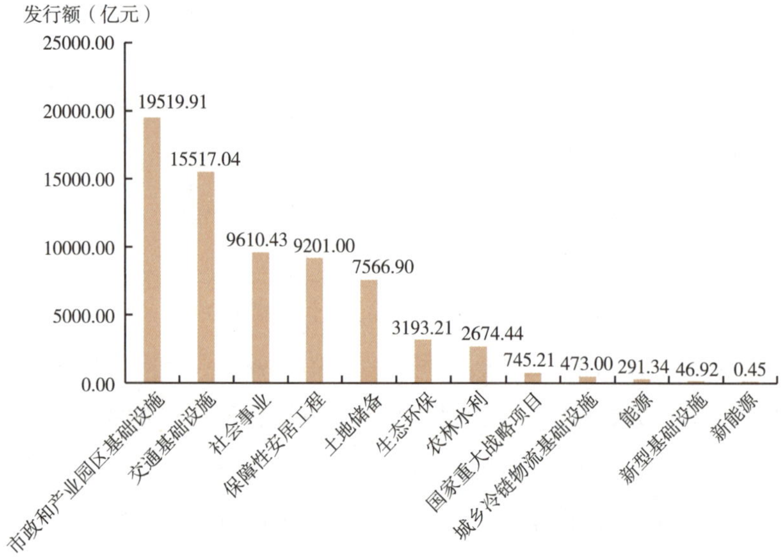

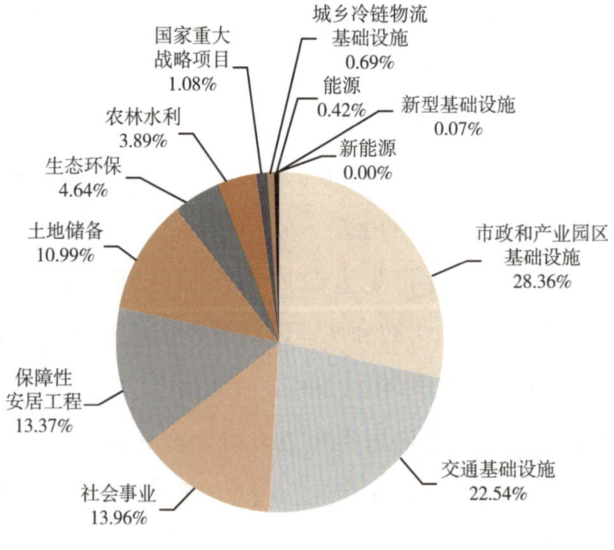

图 1-18　2018—2022 年“一带一路”建设地区地方政府专项债券各投向发行额及其占比

粤港澳大湾区是我国开放程度最高、经济活力最强的区域之一，在国家发展大局中具有重要战略地位。《粤港澳大湾区发展规划纲要》明确，建设粤港澳大湾区，既是新时代推动形成全面开放新格局的新尝试，也是推动“一国两制”事业发展的新实践。粤港澳大湾区建设的战略定位是充满活力的世界级城市群、具有全球影响力的国际科技创新中心、“一带一路”建设的重要支撑、内地与港澳深度合作示范区、宜居宜业宜游的优质生活圈。到2035年，大湾区形成以创新为主要支撑的经济体系和发展模式，经济实力、科技实力大幅跃升，国际竞争力、影响力进一步增强；大湾区内市场高水平互联互通基本实现，各类资源要素高效便捷流动；区域发展协调性显著增强，对周边地区的引领带动能力进一步提升；人民生活更加富裕；社会文明程度达到新高度，文化软实力显著增强，中华文化影响更加广泛深入，多元文化进一步交流融合；资源节约集约利用水平显著提高，生态环境得到有效保护，宜居宜业宜游的国际一流湾区全面建成。

2018—2022年发行地方政府专项债券项目数量为5645个，额度为6404.32亿元，其中市政和产业园区基础设施、交通基础设施类项目发行额度分别为1520.57亿元、1419.61亿元，分别位列第一和第二，占总发行额的比例分别为23.74%、22.1%，土地储备、社会事业、生态环保类项目的发行额度分别为1164.05亿元、893.40亿元、796.59亿元，占比分别为18.18%、13.95%、12.44%（见图1-19）。

（五）长江三角洲区域一体化发展

长江三角洲区域一体化发展地区包括上海市、江苏省、浙江省、安徽省、宁波市。

长江三角洲地区是我国经济发展最活跃、开放程度最高、创新能力最强的区域之一，在国家现代化建设大局和全方位开放格局中具有举足轻重的战略地位。推动长三角一体化发展，增强长三角地区创新能力和竞争能力，提高经济集聚度、区域连接性和政策协同效率，对引领全国高质量发展、建设现代化经济体系意义重大。《长江三角洲区域一体化发展规划纲要》提出，将长江三角洲地区打造为全国发展强劲活跃增长极、全国高质量发展样板区、率先基本实现现代化引领区、区域一体化发展示范区、新时代改革开放新高地。到2025年，长三角一体化发展取得实质性进展。跨界区域、城市乡村等区域板块一体化发展达到较高水平，在科创产业、基础设施、生态环境、公共服务等领域基本实现一体化发展，全面建立一体化发展的体制机制。

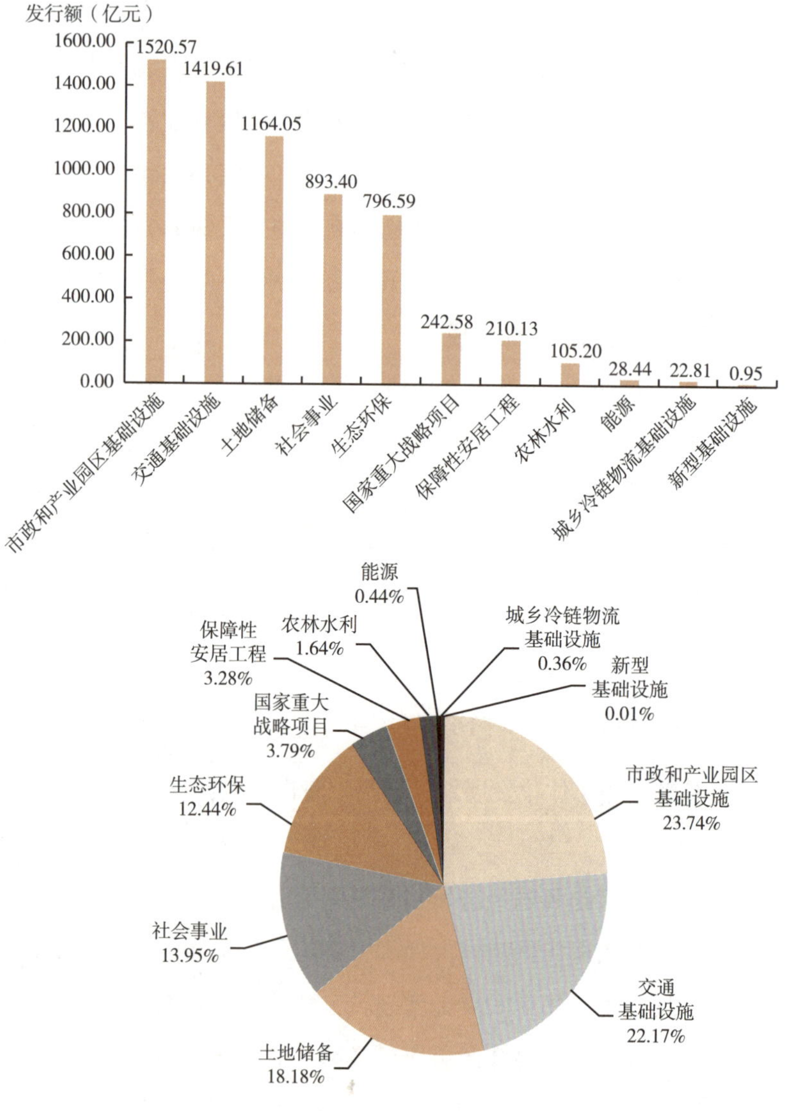

图 1-19　2018—2022 年粤港澳大湾区地方政府专项债券各投向发行额及其占比

2018—2022年发行地方政府专项债券项目数量为10698个，额度为16114.98亿元，其中保障性安居工程类项目发行额度为4247.05亿元，位列第一，占总发行额的比例分别为26.35%，土地储备、交通基础设施、市政和产业园区基础设施、社会事业、生态环保类项目的发行额度分别为3189.66亿元、2662.36亿元、2480.12亿元、2079.20亿元、1031.15亿元，占比分别为19.79%、16.52%、15.39%、12.9%、6.4%（见图1-20）。

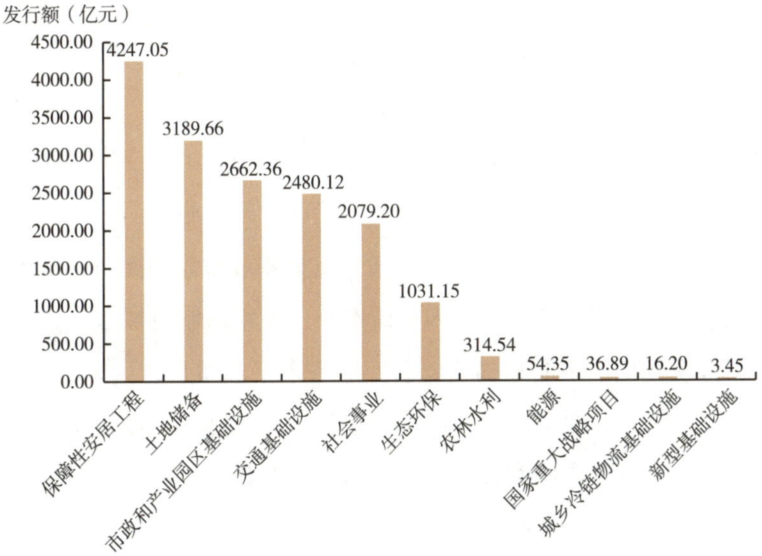

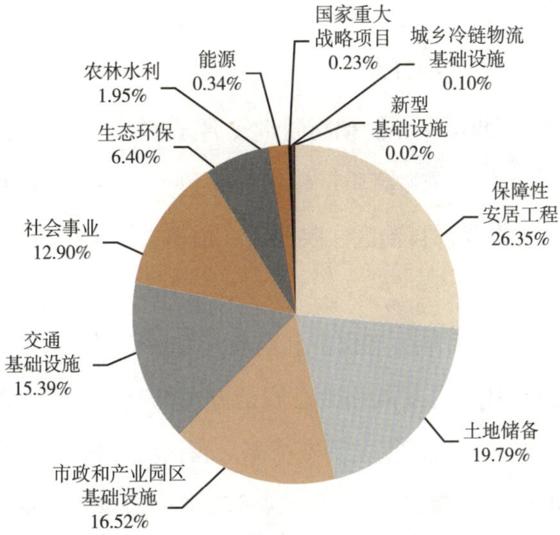

图1-20　2018—2022年长江三角洲区域一体化发展地方政府专项债券各投向发行额及其占比

（六）推进海南全面深化改革开放

海南全面深化改革开放主要针对海南省。海南建省和兴办经济特区是党中央着眼于我国改革开放和社会主义现代化建设全局作出的重大战略决策。支持海南全面深化改革开放有利于我国主动参与和推动经济全球化进程，发展更高层次的开放型经济，加快推动形成全面开放新格局。《中共中央 国务院关于支持海南全面深化改革开放的指导意见》明确了海南省战略定位：全面深化改革开放试验区、国家生态文明试验区、国际旅游消费中心、国家重大战略服务保障区。到2025年，经济增长质量和效益显著提高；自由贸易港制度初步建立，营商环境达到国内一流水平；民主法制更加健全，治理体系和治理能力现代化水平明显提高；公共服务水平和质量达到国内先进水平，基本公共服务均等化基本实现；生态环境质量继续保持全国领先水平。

2018—2022年发行地方政府专项债券项目数量为677个，额度为1024.16亿元，其中市政和产业园基础设施类项目发行额度为368.23亿元，位列第一，占总发行额的比例为35.95%，交通基础设施、土地储备、社会事业类项目的发行额度分别为206.34亿元、191.48亿元、145.02亿元，占比分别为20.15%、18.7%、14.16%（见图1–21）。

（七）黄河流域生态保护和高质量发展

黄河流域生态保护和高质量发展地区包括青海省、四川省、甘肃省、宁夏回族自治区、内蒙古自治区、陕西省、山西省、河南省、山东省，共9个省市级行政区。

《习近平在黄河流域生态保护和高质量发展座谈会上的讲话》中提出，黄河流域在我国经济社会发展和生态安全方面具有十分重要的地位，黄河流域生态保护和高质量发展是重大国家战略。黄河流域构成我国重要的生态屏障，是我国重要的经济地带，也是打赢脱贫攻坚战的重要区域。治理黄河，“重”在保护，“要”在治理。要坚持山水林田湖草综合治理、系统治理、源头治理，统筹推进各项工作，加强协同配合，推动黄河流域高质量发展。要坚持“绿水青山就是金山银山”的理念，坚持生态优先、绿色发展，以水而定、量水而行，因地制宜、分类施策，上下游、干支流、左右岸统筹谋划，共同抓好大保护，协同推进大治理，着力加强生态保护治理，保障黄河长治久安，促进全流域高质量发展，改善人民群众生活，保护传承弘扬黄河文化，让黄河成为造福人民的幸福河。

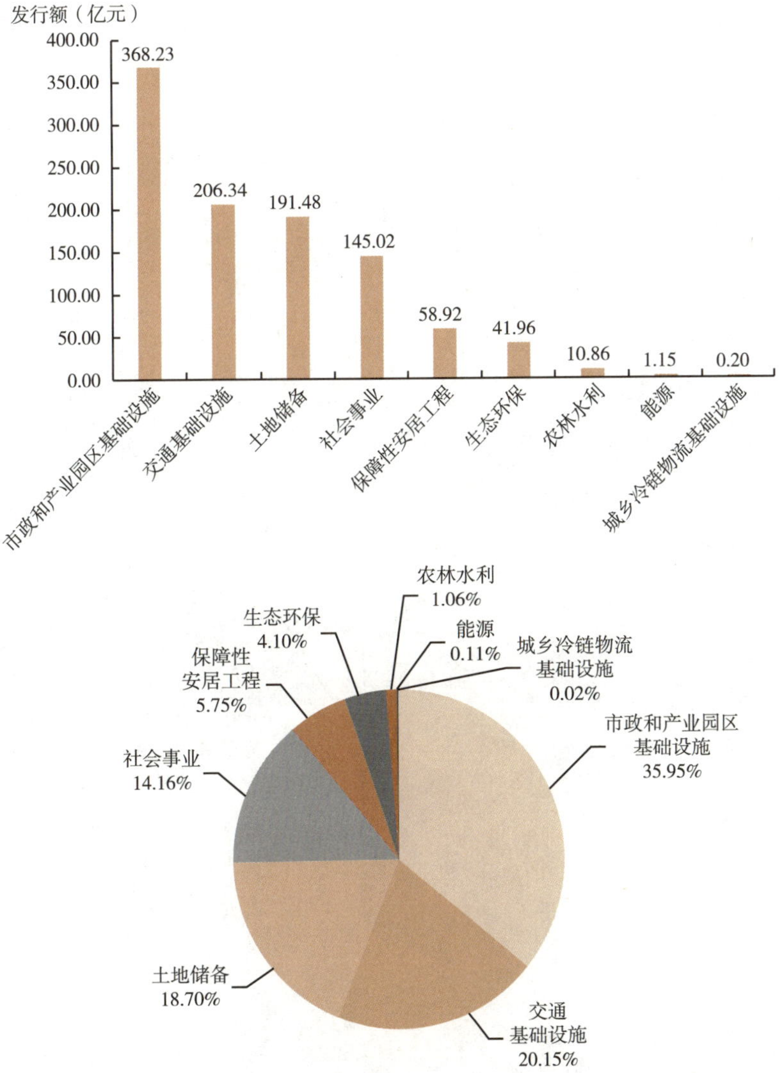

图1-21 2018—2022年海南全面深化改革开放地方政府专项债券各投向发行额及其占比

2018—2022年发行地方政府专项债券项目数量为24350个，额度为17853.99亿元，其中，保障性安居工程类项目发行与市政和产业园基础设施额度分别为4871.69亿元、4188.71亿元，位列第一和第二，占总发行额的比例为27.29%、23.46%，交通基础设施、社会事业、土地储备、生态环保类项目的发行额度分别为2904.42亿元、2784.43亿元、1410.44亿元、832.37亿元，占比分别为16.27%、15.6%、7.9%、4.66%（见图1-22）。

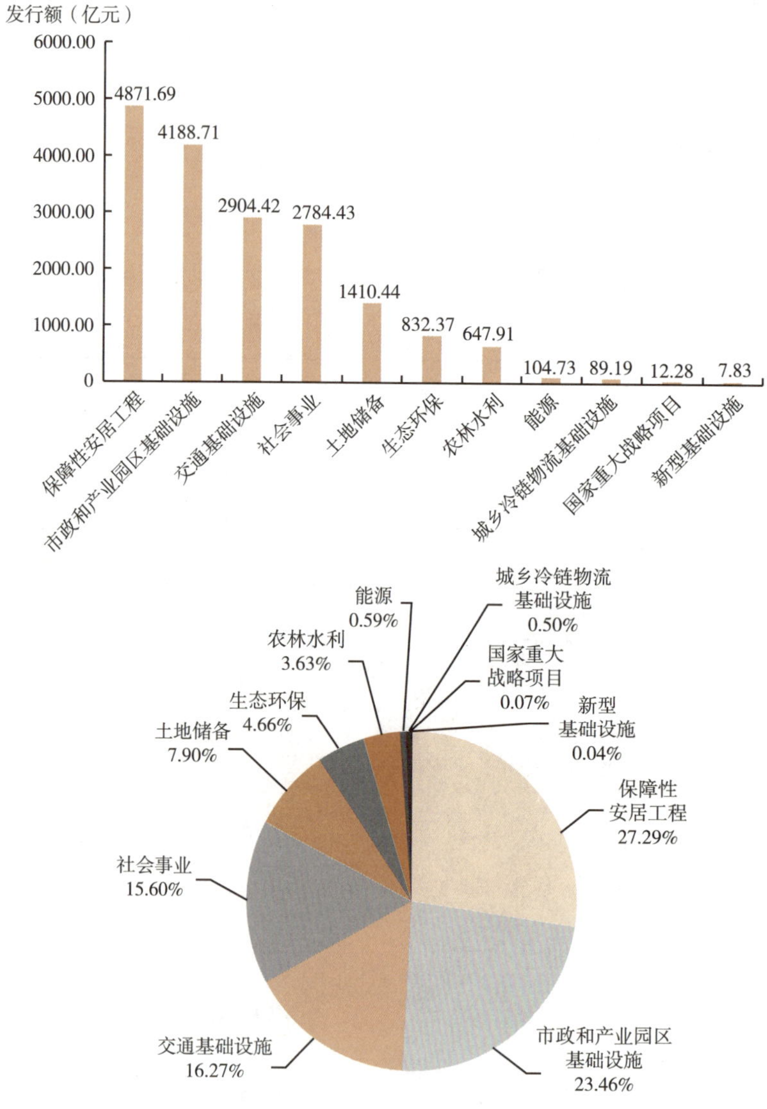

图1-22　2018—2022年黄河流域生态保护和高质量发展地区地方政府专项债券各投向发行额及其占比

（八）成渝地区双城经济圈

成渝地区双城经济圈包括成都市、重庆市。成渝地区双城经济圈建设是习近平总书记亲自谋划、亲自部署、亲自推动的国家重大区域发展战略。推动成渝地区双城经济圈建设，有利于形成优势互补、高质量发展的区域经济布局，有利于拓展市场空间、优化和稳定产业链供应链，是构建以国内大循环为主体、国内国际双循环相互促进的新发展格局的一项重大举措。《成渝地区双城经济圈建设规划纲要》主要内容以“一干多支”发展战略为重要支撑，强化川渝互动、极核带动、干支联动，促进成渝地区中部崛起、南翼跨越、北翼振兴，加快实现区域空间布局整体优化、功能体系整体完善、发展能级整体提升，突出重庆、成都两个中心城市的协同带动，注重体现区域优势和特色，促进成渝地区成为具有全国影响力的重要经济中心。

成都作为四川政治经济发展的中心，其发展也辐射、带动着周边城市发展，形成集聚效应。以成渝两个中心城市为引领的成渝地区双城经济圈，为新一轮的经济发展指明了方向，成渝地区合作和协同对整个四川省和重庆市来说，都会产生显著的社会经济效益，因此本章对成渝地区双城经济圈的分析站在四川省和重庆市的角度来考虑，2018—2022年四川省和重庆市发行地方政府专项债券项目数量为5878个，额度为8044.82亿元，其中市政和产业园基础设施和社会事业类项目发行额度分别为2627.93亿元、1307.98亿元，位列第一和第二，占总发行额的比例为32.67%、16.26%，土地储备、交通基础设施、保障性安居工程、生态环保类项目的发行额度分别为1230.15亿元、1187.02亿元、774.10亿元、402.27亿元，占比分别为15.29%、14.76%、9.62%、5%（见图1-23）。

（九）西部大开发

西部大开发地区包括四川省、陕西省、甘肃省、青海省、云南省、贵州省、重庆市、广西壮族自治区、内蒙古自治区、宁夏回族自治区、新疆维吾尔自治区、西藏自治区、湖北省恩施土家族苗族自治州、湖南省湘西土家族苗族自治州、吉林省延边朝鲜族自治州，共15个省市级行政区。

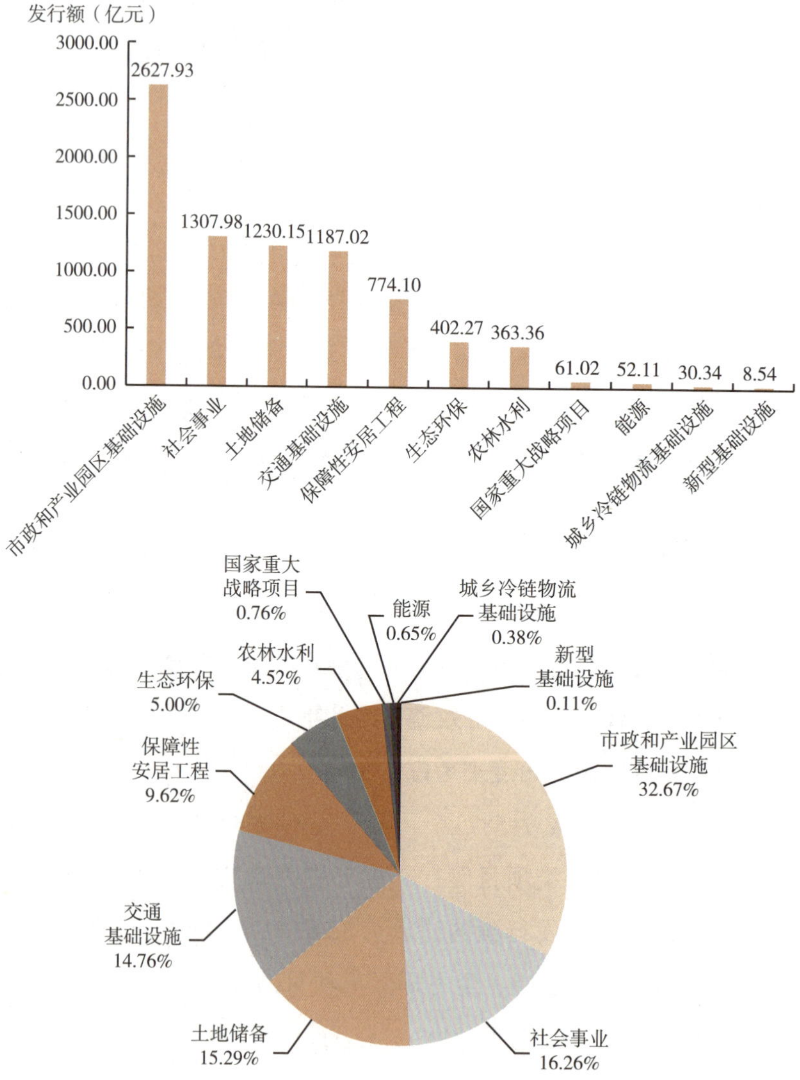

图 1–23　2018—2022 年成渝地区双城经济圈地方政府专项债券各投向发行额及其占比

强化举措推进西部大开发形成新格局，是党中央、国务院从全局出发，顺应中国特色社会主义进入新时代、区域协调发展进入新阶段的新要求，统筹国内国际两个大局作出的重大决策部署。《中共中央 国务院关于新时代推进西部大开发形成新格局的指导意见》提出强化举措抓重点、补短板、强弱项，形成大保护、大开放、高质量发展的新格局，推动经济发展质量变革、效率变革、动力变革，促进西部地区经济发展与人口、资源、环境相协调，实现更高质量、更有效率、更加公平、更可持续发展。到2035年，西部地区基本实现社会主义现代化，基本公共服务、基础设施通达程度、人民生活水平与东部地区大体相当，努力实现不同类型地区互补发展、东西双向开放协同并进、民族边疆地区繁荣安全稳固、人与自然和谐共生。

2018—2022年发行地方政府专项债券项目数量为29542个，额度为47140.03亿元，其中市政和产业园基础设施、交通基础设施类项目发行额度分别为17642.97亿元、8747.27亿元，位列第一和第二位，占发行总额的比例分别为37.43%、18.56%，交通基础设施、保障性安居工程、土地储备、生态环保类项目的发行额度分别为6614.19亿元、6189.11亿元、4268.61亿元、1577.04亿元，占比分别为14.03%、13.13%、9.06%、3.35%（见图1–24）。

（十）东北全面振兴

东北全面振兴地区包括内蒙古自治区、辽宁省、吉林省、黑龙江省、大连市，共5个省市级行政区。

《东北全面振兴“十四五”实施方案》以推动高质量发展为主题，以深化供给侧结构性改革为主线，以改革创新为根本动力，以满足人民日益增长的美好生活需要为根本目的，统筹发展和安全，从推动形成优势互补高质量发展的区域经济布局出发，着力破解体制机制障碍，着力激发市场主体活力，着力推动产业结构调整优化，着力构建区域动力系统，着力在落实落细上下功夫，走出一条质量更高、效益更好、结构更优、优势充分释放的发展新路，推动东北全面振兴实现新突破。同时国务院强调内蒙古自治区、辽宁省、吉林省、黑龙江省人民政府要提高对东北全面振兴重要性、紧迫性的认识，加强组织领导，完善工作机制，深化改革开放，强化政策保障，优化营商环境，推动实施一批对东北全面振兴具有全局性影响的重点项目和重大改革举措，着力增强内生发展动力。

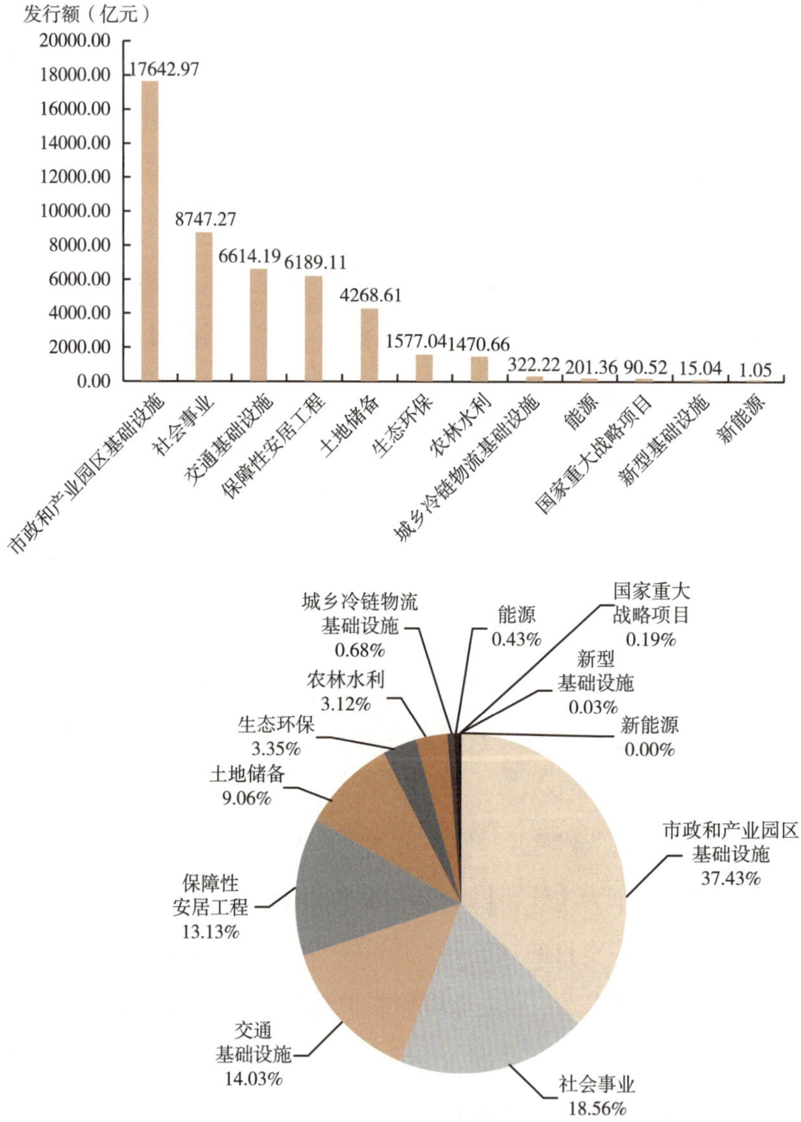

图 1-24　2018—2022 年西部大开发地方政府专项债券各投向发行额及其占比

2018—2022年发行地方政府专项债券项目数量为4662个，额度为5632.02亿元，其中市政和产业园基础设施类项目发行额度为1915.00亿元，位列第一，占总发行额的34%，交通基础设施、保障性安居工程、社会事业、土地储备类项目的发行额度分别为1052.66亿元、956.57亿元、620.10亿元、571.01亿元，占比分别为18.69%、16.98%、11.01%、10.14%（见图1-25）。

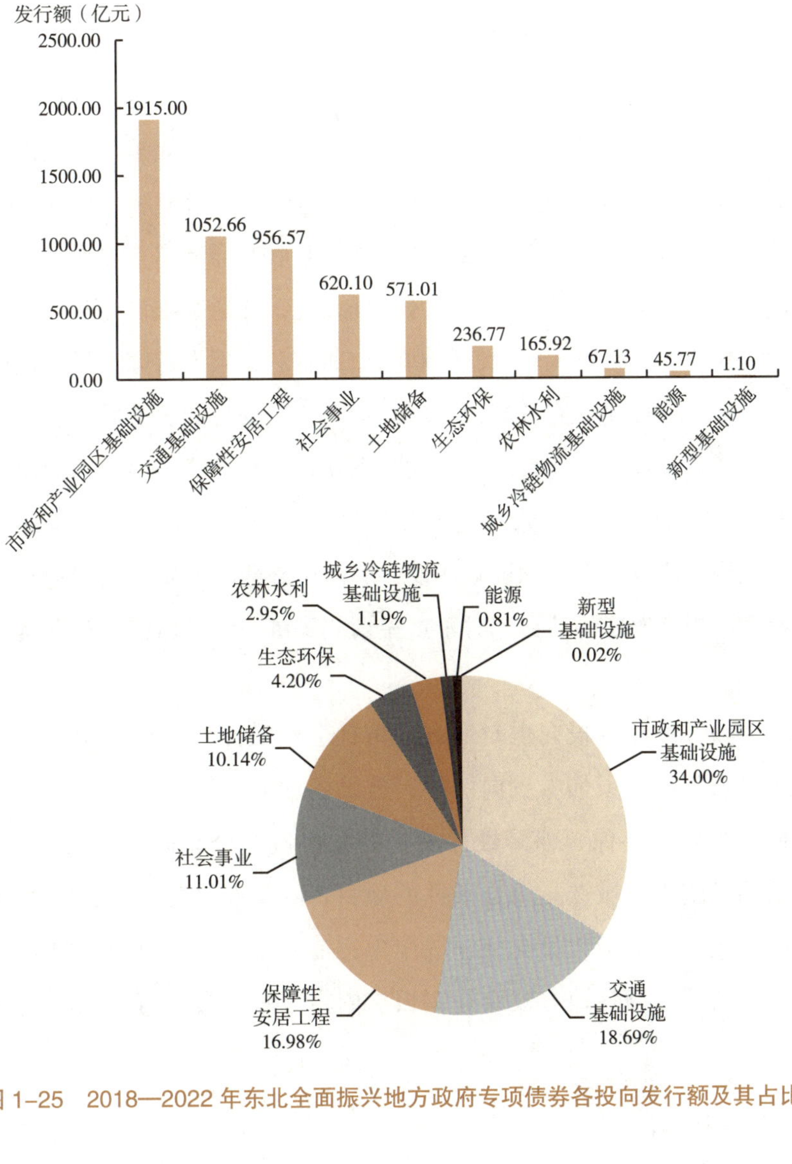

图1-25　2018—2022年东北全面振兴地方政府专项债券各投向发行额及其占比

总的来说，专项债券项目投资实现了对国家重点战略与地方区域发展的精准支持。通过2018—2022年专项债券项目统计分析，可以看到以项目为核心的地方政府债券投资没有搞大水漫灌、“撒胡椒面”，而是完全落实了国家的区域发展战略，专项债券带动投资的作用越来越突出。京津冀协同发展区、粤港澳大湾区比较注重国家重大战略领域的投资，这些地区经济较为发达，有着较好的发展条件和营商环境，是经济发展的战略要地。同时，粤港澳大湾区针对交通基础设施项目发行额度较大，这对促进广东、澳门、香港的正常交往和交流提供了便捷性，很大程度上缩短了彼此沟通的距离和减少了时间成本。此外，“一带一路”建设以交通便利性作为突破，注重交通基础设施建设，对于实现亚洲区域的互联互通具有重要作用。海南全面深化改革开放区在市政和产业园区基础设施、交通基础设施和社会事业领域中的文化旅游项目投入较大，便利的交通有利于增大游客流量，促进海南地域文化特色的传播并充分利用海域风景，打造一流的旅游城市。成渝地区市政和交通基础设施的建设能够有效实现互补互惠，成渝两地的交通网“越织越密”，有效促进了两地的经济交流与合作。东北全面振兴经济区和西部大开发经济区比较注重基础设施建设，基础设施建设是城市发展的基础，能够有效激活当地发展的活力，对于重振东北经济、促进西部大开发具有重要意义。

专项债券的项目投向也对地方经济社会建设提供了精准投资指引，国务院通过每年的专项债券投向引导，鼓励各地方政府在重大区域发展以及乡村振兴、生态环保、保障性住房、公立医院、公立高校、交通、水利、市政基础设施等领域选择符合条件的项目，随着新基建、新能源也纳入重点支持领域，十一个大类支持领域作为目前专项债券的重要投资方向，让专项债券精准支持各地方政府补短板扩内需基建项目，有效拉动区域经济增长。

第三节 从债券管理制度演进视角认识和理解地方政府专项债券

一、专项债券的基本管理制度架构

2014年9月21日，国务院制定下发了《国务院关于加强地方政府性债务管理的意见》（国发〔2014〕43号），明确要建立“借、用、还”相统一的地方政府性债务管理机制，从建立指导思想、明确基本原则、加快建立规范的地方政府举债融资机制、对地方政府债务实行规模控制和预算管理、完善配套制度、妥善处理存量债务和在建项目后续融资等方面对地方政府债务管理提出了要求。国发〔2014〕43号文提出，地方政府举债采取政府债券方式，没有收益的公益性事业发展确需政府举借一般债务的，由地方政府发行一般债券融资，主要以一般公共预算收入偿还；有一定收益的公益性事业发展确需政府举借专项债务的，由地方政府通过发行专项债券融资，以对应的政府性基金或专项收入偿还。

中国地方政府专项债券制度从法律层面正式确立于2015年初修订颁布的《预算法》。根据《预算法》（2015年修订）规定，地方政府举债只有在国务院批准的限额内发行地方政府债券一种形式，包括一般债和专项债。国务院建立地方政府债务风险评估和预警机制、应急处置机制以及责任追究制度。国务院财政部门对地方政府债务实施监督。

在新《预算法》和国务院文件的框架之下，地方政府融资机制进入转型期，紧紧围绕合理合法募集资金、提高资金使用效率、加强地方政府债务法律风险管理三大目标，朝着法治化、市场化、科学化方向演进，我国地方政府债券法律管理制度体系之形成思路渐明，如图1-26所示。

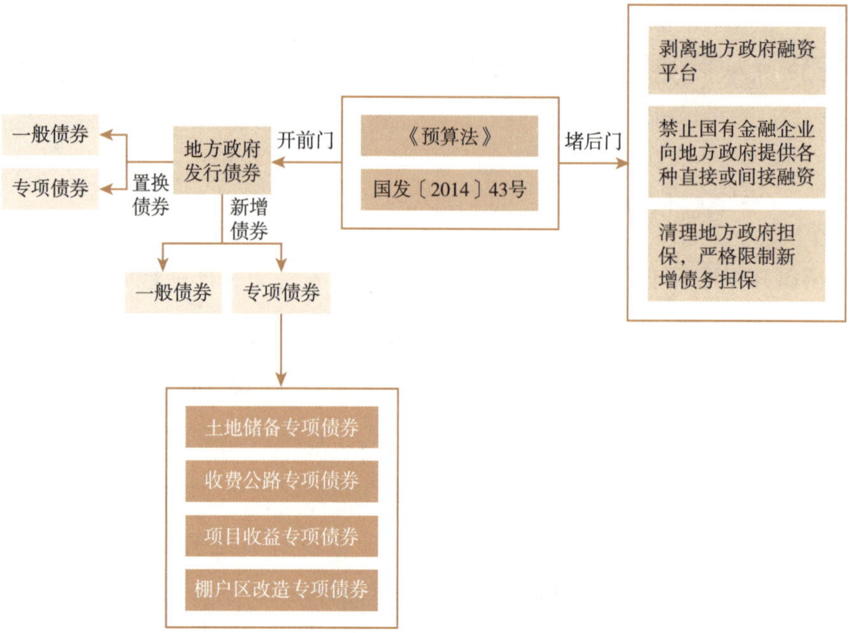

图 1–26 地方政府债券政策法规制度体系整体架构

在上述顶层设计之下，我国目前初步形成了以《预算法》为法律依据、以《国务院关于加强地方政府性债务管理的意见》为制度框架、以国务院和财政部等有关部委下发的一系列文件为主的地方政府债券法律管理体系，具体主要由发行管理、限额管理、预算管理、风险管理和人大监督等制度组成。

二、中央政府的专项债券管理制度演进（见图 1–27）

2017年6月至2019年5月，是收益平衡专项债券发展阶段。这期间，随着地方政府原有债务逐步置换完成，专项债券进入以新增债券、再融资债券为主的时期。

2017年6月2日，财政部出台《关于试点发展项目收益与融资自求平衡的地方政府专项债券品种的通知》(财预〔2017〕89号)，开始试点发行项目收益与融资自求平衡的地方政府专项债券，要求研究建立专项债券与项目资产、收益相对应的制度，此即项目收益专项债券。财预〔2017〕89号文提出，2017年优先选择土地储备、政府收费公路2个领域在全国范围内开展试点。2018年增加棚户区改造。

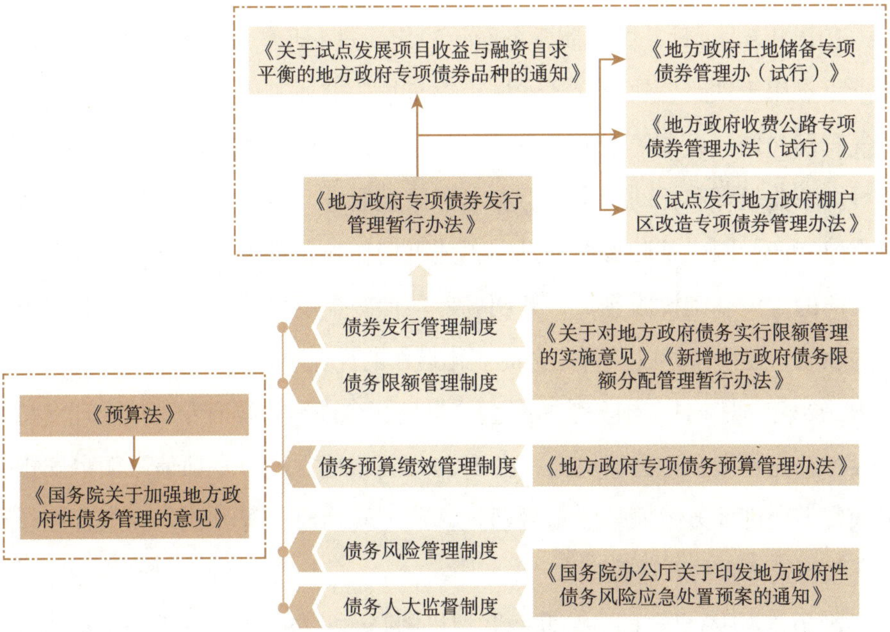

图 1–27　地方政府债券法律管理制度体系

2018年，财政部出台了《关于做好地方政府专项债券发行工作的意见》（财库〔2018〕72号），提出加快专项债券发行和使用速度，且不再限制专项债券期限比例结构。2019年，财政部采取提前下达新增债务限额、建立定期通报机制等措施，当年专项债券发行规模显著提升，相比于上一年度增加12.61%。

2019年6月至今，专项债券进入全生命周期管理发展阶段。这期间，专项债券的适用范围跟随经济社会发展需要不断调整的同时，国家也加快建立健全地方政府专项债券制度，出台了一系列的规章制度和配套文件，围绕债务“借、用、管、还”建立全生命周期绩效评价管理机制，形成了一套覆盖地方政府专项债务管理各个环节的管理体系。

2019年6月，中共中央办公厅、国务院办公厅印发《关于做好地方政府专项债券发行及项目配套融资工作的通知》（厅字〔2019〕33号），为更好发挥专项债券的重要作用，允许将专项债券作为重大项目资本金，鼓励金融机构依法依规支持专项债项目提供市场化融资。

2019年9月4日，国务院常务会议决定，进一步扩大专项债券使用范围，要求重点用于铁路、轨道交通、城市停车场等交通基础设施，城乡电网、天然气管网和储气设施等能源项目，农林水利，城镇污水垃圾处理等生态环保项目，职业教育和托幼、医疗、养老等民生服务，冷链物流设施，水电气热等市政和产业园区基础设施，且专项债可用作项目资本金范围为符合上述重点投向的重大基础设施领域，并明确专项债资金不得用于土地储备和房地产相关领域、置换债务以及可完全商业化运作的产业项目。

2020年7月1日，国务院常务会议提出，允许地方政府专项债合理支持中小银行补充资本金。会议决定，在2020年新增地方政府专项债限额中安排一定额度，允许地方政府依法依规通过认购可转换债券等方式，探索合理补充中小银行资本金的新途径。

2020年4月3日，国务院联防联控机制新闻发布会上，财政部提出结合疫情防控和投资需求变化等适当优化专项债券资金投向，将国家重大战略项目单独列出、重点支持，增加城镇老旧小区改造领域，允许地方投向应急医疗救治、公共卫生、职业教育、城市供热供气等市政设施项目，特别是加快5G网络、数据中心、人工智能、物联网等新型基础设施建设。2020年7月27日，财政部发布《关于加快地方政府专项债券发行使用有关工作的通知》（财预〔2020〕94号），提出优化新增专项债券资金投向，积极支持“两新一重”、公共卫生设施建设中符合条件的项目，可根据需要及时用于加强防灾减灾建设。依法合规调整新增专项债券用途。

2020年12月9日，财政部制定出台了《地方政府债券发行管理办法》（财库〔2020〕43号），此为“地方债券新规”，修订一般债券、专项债券的定义，明确新增债券、再融资债券、置换债券限额分类管理，允许更改资金用途、接续发行融资，加强信息公开机制，推进市场机制建设。

2021年1月14日，财政部制定了《地方政府债券信息公开平台管理办法》（财预〔2021〕5号），为推进地方政府债务信息公开，要求地方财政部门及时公开地方政府债务限额、余额、还本付息、重大事项，以及经济社会发展指标、财政状况等相关信息。

2021年6月28日，财政部印发《地方政府专项债券项目资金绩效管理办法》（财预〔2021〕61号），这是为推进专项债券资金使用提质增效，国家首次出台关于专项债绩效管理的政策文件，该办法提出通过事前绩效评估、绩效目标管理、绩效运行监控、绩效评价管理、评价结果应用五大环节来持续跟踪问效，切实做到“举债必问效、无效必问责”，推动提升债券资金配置效率和使用效益。

三、地方政府的专项债券管理制度演进

根据国家专项债券政策有关规定，省、自治区、直辖市和经省级人民政府批准自办债券发行的计划单列市（以下简称“省级”）人民政府是发行主体，省级政府对专项债券依法承担全部偿还责任。市县级政府在举借相关专项债务时，由省级政府代为发行专项债券，再转贷市县使用。所以省级人民政府是地方政府专项债券的发行主体，也是专项债券对外偿还主体，是专项债券举债管理责任、保障清偿责任落实的核心。随着专项债券项目与资金的不断增加，各级地方政府都在积极通过制定专项债券政策来对本区域的专项债券进行有效管理。通过梳理，现列举部分典型管理政策如下。

2018年7月2日，陕西省财政厅发布《陕西省地方政府项目收益与融资自求平衡专项债券管理暂行办法》（陕财办预〔2018〕11号）。2019年3月15日，陕西省财政厅再发布《陕西省地方政府债券资金管理办法》（陕财办预〔2019〕32号），提出对专项债券资金“借、用、还”的常态化监督管理机制，包括建立债券资金使用的绩效评估机制。

2019年9月25日，广西壮族自治区财政厅发布《项目收益与融资自求平

衡政府专项债券募集资金管理办法》（桂财预〔2018〕207号），值得一提的是，该办法包含了四个具体的专项债券募集资金管理办法，分别针对高等学校、公立医院、产业园区和社会领域项目。2020年修订上述管理办法，更新为《广西壮族自治区财政厅关于修订〈项目收益与融资自求平衡政府专项债券募集资金管理办法〉的通知》（桂财债〔2020〕75号），新修订的管理办法包含三个具体的专项债券募集资金管理办法，分别针对交通基础设施、产业园区和社会领域项目。

2019年，成都高新区出台了《成都高新区专项债券全生命周期风险管理办法》（成高管发〔2019〕9号），作为我国地方政府探索专项债券风险管理的首个实践样本，该办法对专项债从发行前准备到运营管理、资产管理再到信息披露、法律责任等，制定了涵盖其全生命周期的风险管理机制。

2019年，部分省级政府出台了针对特定领域发行专项债券的相关规定。9月12日，天津市财政局和天津市交通运输委员会发布《天津市智慧绿色港口专项债券管理暂行办法》（津财债务〔2019〕36号），天津市卫生健康委员会发布《天津市医疗卫生专项债券管理暂行办法》（津财债务〔2019〕35号）；10月14日，河北省财政厅和河北省教育厅出台《河北省省级高等教育政府专项债券管理暂行办法》（冀财规〔2019〕15号）。

2020年，北京市印发了《北京市政府专项债券全生命周期管理办法（试行）》，建立完善覆盖项目储备、需求申报、债券发行、资金使用、还本付息等各环节的全过程管理机制，提升政府债务规范化管理水平。

2020年10月31日，为全面助力武汉疫后重振、灾后重建和高质量发展，充分发挥政府专项债券资金在推进重大项目建设、稳住经济基本盘中的重要作用，武汉市人民政府办公厅发布《关于做好新增政府专项债券发行使用管理工作的通知》（武政办〔2020〕98号）。

2020年，《地方政府债券发行管理办法》出台后，内蒙古自治区人民政府印发《内蒙古自治区政府债券资金管理办法》（内政发〔2020〕23号），涵盖了一般债券和专项债券的资金管理。

2020年12月11日，山西省人民政府发布《关于印发山西省政府专项债券管理暂行办法的通知》（晋政发〔2020〕23号），是全国首个出台政府专项债券管理办法的省份，该办法从项目储备与申报、项目安排与预决算、发行与使用、还本付息、配套融资、资产与绩效管理分章规定，以实现政府专项债券“借、用、管、还”全生命周期管理。

2021年，四川省财政厅、四川省发展和改革委员会、四川省自然资源厅、四川省生态环境厅联合印发《四川省地方政府专项债券全生命周期管理办法》（川财规〔2021〕6号），对地方政府专项债券“借、用、管、还”全生命周期管理健全制度机制，防范化解债务风险。

2021年6月28日，财政部印发《地方政府专项债券项目资金绩效管理办法》（财预〔2021〕61号），随后在同一年内，浙江省、广西壮族自治区、山东省、青海省、上海市、重庆市相继发布了《关于印发〈浙江省地方政府专项债券项目资金绩效管理办法〉的通知》（浙财债〔2022〕24号）、《关于印发〈广西壮族自治区政府专项债券项目绩效管理暂行办法〉的通知》（桂财规〔2021〕2号）、《关于印发〈山东省政府专项债券项目资金绩效管理办法〉的通知》（鲁财预〔2021〕53号）、《关于印发〈辽宁省地方政府专项债券项目资金绩效管理暂行办法〉的通知》（辽财绩〔2022〕3号）、《关于印发〈上海市地方政府专项债券项目资金绩效管理办法〉的通知（沪财绩〔2021〕27号）、《关于印发〈重庆市政府专项债券项目资金绩效管理办法〉的通知》，其中福建省紧跟财政部专项债券相关政策还同期发布了《关于印发〈政府专项债券用途调整操作指引〉的通知》（闽财债管函〔2021〕10号）。

2022年4月26日，河南省人民政府办公厅发布《关于建立专项债券使用管理三项制度的通知》（豫政办〔2022〕42号），为充分发挥专项债券稳增长、补短板、惠民生重要作用，建立专项债券使用管理三项制度，分别是：建立专项债券项目谋划储备常态化制度、实施项目建设和资金支出月调度制度和建立专项债券使用管理核查制度。

2022年8月31日，贵州省人民政府办公厅发布了《关于印发贵州省地方政府新增专项债券管理办法（试行）的通知》（黔府办发〔2022〕23号），这是省级政府发布的首个针对新增专项债券的管理办法，按照“项目储备常态化、支持项目成熟化、额度分配科学化、资金使用规范化、风险防控稳妥化、责任分工明晰化”原则，对新增专项债券项目储备申报、债券分配发行、资金使用管理、资产及收入管理、本息费用偿付、风险防范控制、信息公开与监督绩效管理等工作流程及政策要求进行了明确。

总的来说，专项债券管理制度体系初步形成。

为落实省级地方政府对于发行地方政府专项债券主体管理责任，中央出台了一系列相关文件，要求各级地方政府从以下几个方面出台符合本省情况的配套文件：

（1）预算管理。地方政府债务是地方财政收支的重要组成部分，依法纳入各级预算管理。地方政府只能通过发行地方政府债券方式举债，国发〔2014〕43号文明确，专项债务纳入政府性基金预算管理。因此，加强预算管理、提高预算资金的使用效益，是发挥专项债券作用、打通地方政府债券管理全链条的首要环节。

2021年3月7日，国务院印发了《国务院关于进一步深化预算管理制度改革的意见》（国发〔2021〕5号），提出要完善专项债券管理机制，明确专项债务限额与政府性基金预算收入及项目收益相匹配。专项债券必须用于有一定收益的公益性建设项目，建立健全专项债券项目全生命周期收支平衡机制，实现融资规模与项目收益相平衡，专项债券期限要与项目期限相匹配，专项债券项目对应的政府性基金收入、专项收入应当及时足额缴入国库，保障专项债券到期本息偿付。

国发〔2021〕5号文也提出各地区要按照该意见要求，结合本地区实际，细化各项政策措施，切实加强制度建设，夯实改革基础，推动预算管理水平再上新台阶。

（2）发行管理。地方政府债券作为在我国债券市场上公开发行的主要债券类型之一，随着地方债券发行规模不断增大，发行期限逐渐拉长，尤其专项债券的期限要求结合项目周期、债券市场需求等与项目期限相匹配，地方政府债券正在进入长期化时代。为更好规范地方政府性债务管理，保护投资者合法权益，加强地方债券发行管理是十分必要的。

自2016年起，为保障地方债顺利发行，财政部每年就地方政府债券发行工作都制定相应意见，同时，也要求地方财政部门应当按照意见要求，结合实际情况，细化政策措施。

财政部制定出台《地方政府债券发行管理办法》（财库〔2020〕43号）于2021年1月1日起实施，废除了此前一般债券与专项债券的管理办法，是地方政府债券发行管理的最新指引。

财库〔2020〕43号文明确指出，地方政府依法自行组织本地区地方政府债券发行和还本付息工作。地方政府债券发行兑付工作由地方政府财政部门负责办理。地方财政部门应当切实履行偿债责任，及时支付债券本息，维护政府信誉。加强专项债券项目跟踪管理，严格落实项目收益与融资规模相平衡的有关要求，保障债券还本付息，防范专项债券偿付风险。

（3）绩效管理。专项债券自2014年修订的预算法颁布后正式实施，此次修订的预算法将政府所有收入和支出全部纳入预算管理，并明确将绩效作为预算法基本的管理原则，这是在财政领域推动绩效管理的标志性信号。

2018年9月1日，中共中央、国务院发布《关于全面实施预算绩效管理的意见》，这是党中央、国务院对全面实施预算绩效管理作出的顶层设计和重大部署，旨在加快建成全方位、全过程、全覆盖的预算绩效管理体系，构建事前、事中、事后绩效管理闭环系统，包括建立绩效评估机制、强化绩效目标管理、做好绩效运行监控、开展绩效评价和加强结果应用等内容。

2020年2月25日，财政部发布《项目支出绩效评价管理办法》（财预〔2020〕10号），明确政府性基金预算项目支出必须纳入绩效评价的范围，涉及预算资金及相关管理活动的其他项目，如政府债务项目支出可参照执行，并对项目支出涉及的单位绩效自评、部门绩效评价以及财政部门绩效评价作出具体规定。该办法表明我国的财政预算绩效评价工作已进入具体实施细则的制定阶段。

针对地方政府专项债券项目资金绩效管理，2021年6月28日，财政部印发的《地方政府专项债券项目资金绩效管理办法》（财预〔2021〕61号）提出对专项债券资金预算执行进度和绩效目标实现情况进行“双监控”，利用信息化手段探索对专项债券项目实行穿透式监管。该办法的出台对于健全地方政府举债融资机制、管好用好专项债券、防范化解政府债务风险具有重要意义。

为进一步规范和加强地方政府专项债券管理，提高专项债券资金使用绩效，防范化解地方政府债务风险，2021年财政部印发《关于地方政府专项债券用途调整操作指引》的通知（财预〔2021〕110号），指导地方规范专项债券用途调整，主要是对新增专项债券资金已安排的项目，因债券项目实施条件变化等原因导致专项债券资金无法及时有效使用，需要调整至其他项目产生的专项债券资金用途变动，有利于通过盘活存量资金，推动专项债券资金支出尽快形成实物工作量。

为提高专项债资金使用绩效，财政部会同有关部门在专项债券资金使用管理工作上持续强化，加强对地方项目储备和前期工作的指导，同时加强对地方申报专项债券项目的审核把关，推动提高项目储备质量，如2021年9月28日财政部联合发展改革委印发《地方政府专项债券资金投向领域禁止类项目清单》（财预〔2021〕115号），加强对专项债券资金投向领域的管理。

第四节　从问题视角理解和认识地方政府专项债券

随着专项债制度的不断深入完善，专项债券项目建设对地方政府投资建设提出了更高的要求，地方政府必须从过去粗放式的经济建设模式逐步转变为更加注重效果、以项目建设为核心的高质量发展模式。转变过程中必然出现各种各样的问题，以问题为导向来推动转变地方政府投资建设模式是最快的提升发展质量路径。

结合地方政府项目投资实务经验，针对当前影响和制约地方政府专项债券项目高质量发展的核心问题进行分析研究，直面问题，才能不断优化改进。

一、项目建设投资需求粗放限制了专项债券资金使用效率

（一）问题及后果

项目建设投资需求精准确定是专项债券项目成熟度的重要标志。一般来讲，项目成熟度由两个维度来衡量：

一是项目投资需求精准，项目规划、设计符合实际需求，项目实施中不发生重大调整，项目最终投资金额不超投资需求；

二是相关手续批复及招投标工作已经完成，项目已具备开工条件。

这与专项债项目申报评审中成熟度指标“国有土地使用证”“建设用地规划许可证”“建设工程规许可证”“建设工程施工许可证”以及“施工图审查”等要件一脉相承，项目的成熟度越高，项目的总投资控制越精准，申报的资金需求就越符合实际。

项目总投资是专项债项目申报资金需求的依据。总投资必须精准测算，如果做不好总投资控制，直接影响项目投资资金效率，造成资金浪费。总投资测算随着项目成熟度的不断提升而越来越接近实际需求，在实际运用中总投资测算体现在如下两个总投资标准：

总投资标准一：项目可研投资估算。

可研投资估算是指在项目规划、项目建议书、可行性研究阶段，对拟建项目固定资产投资、流动资金和项目建设期贷款利息的估算，是项目决策和设计概算的重要依据。

总投资标准二：设计概算。

设计概算是指在初步设计或扩大初步设计阶段，对建设项目所需全部建设费用进行概略计算的文件，相比于投资估算，设计概算由于依据初步

设计图纸，对工程造价的预测更加精准。根据发展改革委《中央预算内直接投资项目概算管理暂行办法》（发改投资〔2015〕482号）第五条“经核定的概算应作为项目建设实施和控制投资的依据。项目主管部门、项目单位和设计单位、监理单位等参建单位应当加强项目投资全过程管理，确保项目总投资控制在概算以内”，概算一经批准，将作为建设项目投资的最高限额。

通过对全国部分省市专项债项目的随机项目数据统计，具体统计结果如表1–4所示。

表 1–4　全国部分省市专项债项目的随机项目数据统计

省份	抽查项目数（个）	债券资金需求为可研估算总投资的项目数（个）	比例
北京	15	15	100.00%
广东	15	14	93.33%
江苏	15	15	100.00%
山东	15	15	100.00%
四川	15	15	100.00%
海南	15	14	93.33%
吉林	15	15	100.00%
贵州	15	15	100.00%
湖北	15	15	100.00%

可以看出，当前大部分专项债项目的债券资金需求依据为可研估算总投资，这是项目初步的投资估算，距离项目最终的资金需求有较大的误差，以项目可研投资估算作为专项债券项目资金需求将严重影响专项债项目资金的使用效率。项目总投资不精准将直接导致众多后果。

后果一：不符合《政府投资条例》的相关规定。

《政府投资条例》第十一条指出，投资主管部门应根据“初步设计及其提出的投资概算是否符合可行性研究报告批复以及国家有关标准和规范的要求”对政府投资项目进行审查。专项债券项目隶属于政府投资项目，应遵循《政府投资条例》的一般规定。

后果二：导致项目投资虚高。

估算总投资作为项目规划决策阶段的投资控制指标，对项目的具体实施内容把握不够精准，一般允许与概算投资有10%的差额。在实际操作过程中，由于项目设计方案未出，估算投资不好把控，有些估算总投资甚至高出实际需求30%以上，直接导致了投资项目虚高、单位造价指标经不起推敲。

后果三：影响债券资金使用效率。

目前，专项债券资金申报金额受资本金比例和项目收益的制约，在项目收益足够的情况下，总投资过大，会导致债券需求相比于实际需求增加，导致债券资金沉淀，影响资金使用效率。

（二）问题改进建议

从项目投资与资金使用效率来看，项目总投资是一个随着项目前期规划、设计概算实施逐步精准的过程。专项债项目资金需求产生于项目具体实施之前，采用设计概算作为债券发行资金需求更为合理，可对专项债项目的成熟度进一步提升标准。

（三）延伸阅读：不同阶段总投资对债券资金需求的影响?

根据下面摘取的部分专项债项目案例，具体分析不同阶段的总投资对项目债券资金需求的影响。

第一个项目是某片区供水设施及配套管线项目，此项目立项文件确定的估算总投资为3500万元，随着项目条件的逐步成熟，根据项目初步设计确定的项目的概算金额为2382.24万元，估算金额与概算金额差额比例为31.94%。倘若项目的收益足够支撑项目债券资金需求额，此类项目的资本金比例最低为20%，按照估算总投资确定的资金需求为2800万元，按照概算总投资确定的资金需求为1905.79万元，差额为894.21万元，占全部概算投资的37.53%。

第二个项目为某再生水项目，此项目立项文件确定的估算总投资为47900万元，根据初步设计确定的概算总投资为41013.41万元，估算金额与概算金额差额为6886.59万元，比例为14.38%。倘若项目的收益足够支撑项目债券资金需求额，此类项目的资本金比例最低为20%，按照估算总投资确定的资金需求为38320万元，按照概算总投资确定的资金需求为32810.73万元，差额为5509.27万元，占全部概算投资的13.43%。

上述两个项目均为已发行、已开工项目，符合专项债形成实物工作量的要求。从上述数据可以看出，估算总投资确定的债券资金需求偏高，且比例不小，会造成债券资金的沉淀，与财政部拉动有效投资的初衷不符。

二、项目收益测算缺乏基准，导致融资与收益自求平衡失真

（一）问题及后果

专项债券作为地方政府落实财政政策的重要金融工具，财政部对其还本付息资金来源明确规定，要求项目收入来源必须契合建设内容，专项收入明确，测算依据满足地区市场发展规律和专项债券管理要求，项目收益能够满足与融资自求平衡，本息覆盖倍数满足要求，还本付息资金具有一定稳定性与风险抵抗能力。

融资与收益自求平衡是专项债券发行的前提，收入测算定价基准选取的合理性、合规性、准确性、真实性和谨慎性是决定未来专项收入能够还本付息的重要参考指标。目前的专项债券项目收益测算一直缺少标准，即使是同一地区同一类型的项目，其收益测算都存在较大差异。

缺少收益测算基准，使得人为调整项目收益达到融资收益平衡成为可能，这将直接导致专项债券项目融资与收益平衡失真，使得不具备发行条件的项目得以发行，增加了地方政府专项债券的债务风险。在实际操作中，专项债券收益测算基准缺失具体体现在如下方面：

（1）不按照政府定价类项目或有正在执行的标准测算收益；

（2）参照类标准，未提供调研数据，或调研数据不具有参考性；

（3）政府补贴类收入，未提供相关依据；

（4）成本测算无依据、无分析过程，仅机械推算。如本项目动力费年支

出××万元；本项目管理费按收入的××%测算。

（5）对于市场调节类项目，通常采用的收费标准开展市场调研或分析论证（比如租金标准参考同类项目市场调研数据），由于市场数据较多可以选择的定价基准上下浮动空间大，选取定价人为变动的空间大，对测算最终的结果也会有较大的影响。

后果一：不符合《关于试点发展项目收益与融资自求平衡的地方政府专项债券品种的通知》（财预〔2017〕89号）的相关要求。

财政部《关于试点发展项目收益与融资自求平衡的地方政府专项债券品种的通知》（财预〔2017〕89号）明确指出项目预期收益涉及的相关收费政策内容、收费政策合法合规依据、覆盖群体分布、预计产生反映为政府性基金收入或专项收入的稳定现金流收益规模分析（应当由独立第三方专业机构进行评估，并出具专项评估意见）。

后果二：导致项目无法把控还本付息风险。

收益自求平衡测算作为专项债项目申报评审控制风险的重要定量指标，对项目的投资建设运营都具有指导意义，如果没有统一有效的定价基准将导致测算质量良莠不齐，无法精准有效把控同类型项目的发债额以及投资强度。在实际操作过程中，由于项目测算定价随意，实施方案中测算定价过高，导致在实际运营的过程中无法实现预期收益，不能保障债券按期还本付息。

后果三：影响债券发债额度以及政府信誉。

专项债券项目可申报的金额额度受资本金比例以及项目收益两方面的制约，资金本比例是确定的，但是项目收益如果没有定价基准的约束，浮动空间就比较大，无法精准有效控制同一类型应该真实有效的发债额度。在实操过程中，如果项目收益没有真实有效框定，会导致地方政府随意拍定发债额度，债券上报需求相比于实际需求极有可能存在较大差异，导致债券资金申报不准确，债券资金申请过小，无法保障项目顺利建设，债券资金申请过大则会导致资金浪费以及无法保障还本付息，影响政府形象和信誉，也无法做到有效地把控风险。

（二）问题改进建议

收益测算是当前控制地方政府专项债券还本付息风险的核心问题。基于已经发行的项目收益测算分析总结，地方政府专项债项目收益测算定价基准应当遵循和满足两大测算基准。

测算基准一：按照政府定价类及市场调节类进行收益测算。

（1）对于政府定价类项目，具体项目的收入测算可参照《政府定价的经营服务性收费目录清单（2018年修订）》中的中央及各省市定价项目对应的收费文件，同时各行业相关的政策文件、地方收费标准也可作为项目收入和成本测算的参考文件。

（2）对于市场调节类项目，通常对拟采用的收费标准开展市场调研或分析论证（比如租金标准参考同类项目市场调研数据）。

涉及以历史数据作为测算依据的，应列明近三年历史数据，通过分析数据之间的关系，可以选择移动平均、指数平滑、线性回归等预测方法，科学合理地对项目收入及成本进行预测。涉及新建项目的运营负荷需要逐年达产时（如新建污水处理设施，污水处理量有一个逐步达到设计生产能力的过程；新建旅游景区，旅游人数有一个逐步达到设计接待能力的过程等），建议按照行业生命周期理论（导入期、成长期、稳定期、衰退期）对运营负荷进行合理的预测，而不是一味地追求每年100%的运营负荷。

测算基准二：专项债券的收益测算基于审慎原则保留安全边际。

项目收益测算是对预期收益的合理性预估，由于未来充满不确定性，为提高发行主体的风险意识，需保留一定的安全边际，以应对难以预测的风险。在收益测算中必须保持谨慎，对收入的测算应尽量保守，对成本费用的测算则要全面，保障项目收益测算的合法性和合规性。

（三）延伸阅读：污水处理类专项债券项目收益测算基准如何确定？

下面以污水处理类项目的收益测算为例，探讨项目收益测算基准如何体现在实际运用过程中。

污水处理类项目是当前专项债券支持的重点领域，收益模式较为清晰，主要是由公共供水企业（自来水公司）代征污水处理费后全额上缴财政，财政再通过政府购买服务的方式向污水处理企业支付污水处理服务费，对于收取的污水处理费不足以支付城镇污水处理设施正常运营成本的，由地方人民政府给予补贴。污水处理费实行“收支两条线”模式，政府制定的污水处理费标准与其向污水处理厂购买污水处理服务约定的污水处理单价并不一定相等。

污水处理服务单价则通过地方政府与污水处理企业签订《特许经营合同》约定，当电费、人工费、药剂费等指标变动触发调价机制时，污水处理企业可申请调整污水处理服务费用。

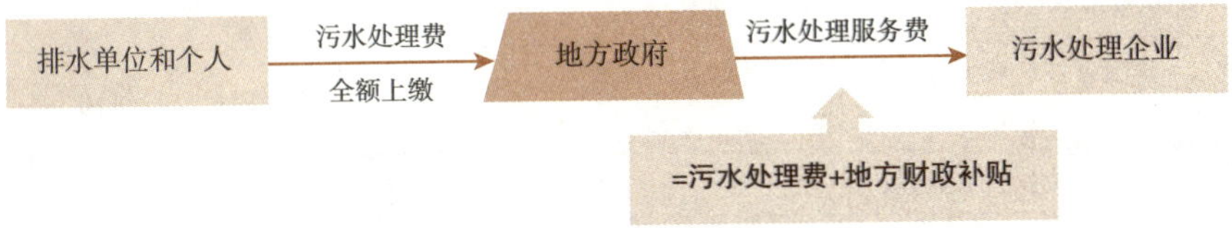

图 1-28 污水处理项目收益模式

污水处理项目在PPP项目、专项债券、环保类上市企业均有相关收益数据，通过这三类主体的收益数据分析，可以对污水处理类专项债的收益测算基准有一个更加明确清晰的认识。

一是污水处理类PPP项目收益数据分析。根据统计的近3—5年内20家已中标的PPP项目污水处理服务费初始价格数据，平均污水处理服务费单价为3.46元/立方米（见表1-5）。

表 1-5　20 家 PPP 项目污水处理服务费初始价格　单位：元/立方米

序号	项目名称	时间	污水处理服务费初始价格（元）
1	赤水市污水处理PPP项目（石堡乡污水处理）	2018年12月	4.83
2	乌鲁木齐市水务局乌鲁木齐市河东污水处理厂及再生水项目	2019年8月	4.41
3	忻州市住房和城乡建设局忻州市云中污水处理厂新建工程（近期）PPP项目	2019年9月	1.68
4	沈阳市苏家屯区城乡建设管理局沈阳市苏家屯城区污水治理工程项目二期PPP项目	2020年1月	1.77

续表

序号	项目名称	时间	污水处理服务费初始价格（元）
5	阳泉市新建污水处理厂建设工程PPP项目	2020年4月	1.98
6	漳浦县住房和城乡建设局漳浦县西北片区村镇污水处理PPP项目	2020年7月	1.43
7	德江县城乡污水PPP建设项目	2020年7月	11.80
8	七星关区五龙桥再生水处理工程PPP项目	2020年8月	3.84
9	当涂县城镇污水处理设施及配套管网一期PPP项目	2020年10月	1.88
10	从江县城乡污水处理厂网一体化工程PPP项目	2020年11月	2.52
11	大同市城市管理局大同市东郊污水处理厂搬迁PPP项目	2020年11月	1.99
12	广西中泰（崇左）产业园新寨污水处理厂及配套管网工程PPP项目	2020年12月	1.32
13	灌南县住房和城乡建设局灌南县城乡一体化污水治理PPP项目	2020年12月	15.18
14	余庆县城乡污水处理PPP项目	2021年1月	2.58
15	邳州市城镇污水处理设施全覆盖建设工程PPP项目	2021年1月	1.61
16	安顺市平坝区污水处理设施及污水管网工程PPP项目	2021年2月	1.71
17	丰县城乡污水处理PPP项目	2021年5月	1.99
18	乌鲁木齐七道湾污水处理厂扩建工程PPP项目	2021年6月	3.53
19	开平市城区生活污水处理设施完善PPP项目	2021年9月	1.12
20	泰州市海陵区城市生态水环境治理PPP项目	2022年7月	1.95
平均污水处理服务费			3.46
污水处理服务费区间			1.12—15.18

资料来源：中国政府采购网。

二是污水处理类专项债券收益分析。根据统计的近3年20家专项债类污水处理项目污水处理服务初始价格，平均单价为2.88元/立方米（见表1–6）。

表1–6　20家专项债类污水处理项目污水处理服务初始价格　单位：元/立方米

序号	项目名称	时间	污水处理服务费初始价格（元）
1	从台北部区域污水处理厂及配套基础设施建设项目	2019年	1.00
2	古蔺县城市污水处理厂三期建设工程	2019年	2.65

续表

序号	项目名称	时间	污水处理服务费初始价格（元）
3	河北省馆陶县轴承工业园区污水处理（一期）工程	2019年	5.50
4	汉源县污水处理项目	2019年	1.00
5	达州市工业园区（北部）污水处理厂项目	2020年	2.20
6	达州市第二城市污水处理厂二期工程项目	2020年	1.85
7	大英县工业污水处理厂二期及配套管网建设项目	2020年	6.50
8	敦化市大石头镇污水处理工程项目	2020年	2.00
9	敦化市高新产业园区污水处理厂及配套管网建设项目	2020年	5.90
10	敦化市黄泥河镇污水处理工程项目	2020年	2.00
11	额尔古纳边境经济合作区拉布大林产业园区污水处理厂及管网工程	2020年	2.50
12	额尔古纳市污水处理及人工湿地工程	2020年	1.00
13	高粱坪园区污水处理厂项目	2020年	3.60
14	高县城镇污水处理厂及配套管网工程	2020年	1.60
15	藁城区南部城区污水处理厂及附属基础设施建设工程	2020年	1.20
16	广安经济技术开发区前锋园区污水处理厂建设项目	2020年	5.36
17	邯郸市肥乡区污水处理工程项目	2020年	1.57
18	河北深州经济开发区（南区）污水处理厂项目	2020年	5.00
19	河北省国营海兴农场污水处理项目	2020年	1.65
20	河北临西轴承工业园区污水处理厂项目	2021年	3.50
平均污水处理服务费			2.88
污水处理服务费区间			1.00—6.50

资料来源：中国债券网。

三是污水处理类上市企业收益分析。国家发展改革委价格成本调查中心的《我国污水处理行业成本分析及对策建议》提出，根据上市公司披露的“污水处理板块平均水价”，可整理得到污水处理服务费。2019年，污水处理服务费平均为1.74元/立方米，西南地区污水处理服务费水平最高，为2.28元/立方米，西北地区污水处理服务费水平最低，为0.89元/立方米。

根据上市公司北控水务集团有限公司（00371HK）年报显示，2019—

2021年平均污水处理服务（含再生水）单价分别为1.01、1.13、1.22元/立方米，近十年污水处理服务单价平均每年增长率为3.62%，其中西南地区污水处理服务（含再生水）平均单价分别为1.36、1.58、1.79元/立方米，近十年西南地区污水处理服务单价平均每年增长率为13.68%（见表1–7）。

表1–7　2012—2021年平均污水处理服务费用　单位：元/立方米

上市企业名称	股票代码	年份	中国西部地区污水处理服务单价	中国西部地区处理服务单价增长率	水厂的实际平均水处理合同价格	水厂的实际平均水处理合同价格增长率	平均污水处理服务单价	平均污水处理服务单价增长率
北控水务集团有限公司	00371HK	2021	1.79	13.11%	1.39	8.59%	1.22	8.01%
		2020	1.58	16.46%	1.28	9.40%	1.13	11.00%
		2019	1.36	–3.05%	1.17	6.36%	1.01	2.39%
		2018	1.40	11.51%	1.10	1.85%	0.99	11.35%
		2017	1.26	–11.31%	1.08	6.93%	0.89	–10.95%
		2016	1.42	18.25%	1.01	–1.94%	1.00	–6.41%
		2015	1.20	38.15%	1.03	3.00%	1.07	4.47%
		2014	0.87	8.34%	1.00	3.92%	1.02	10.12%
		2013	0.80	31.68%	0.96	2.27%	0.93	2.61%
		2012	0.61		0.94		0.90	
平均增长率				13.68%		4.49%		3.62%

资料来源：北控水务各年年报。

根据上市公司昆明滇池水务股份有限公司（03768HK）年报显示，2019—2021年平均污水处理服务单价分别为1.95、1.94、1.94元/立方米（见表1–8）。

表1–8　2019—2021年平均污水处理服务费用　单位：元/立方米

上市企业名称	股票代码	年份	污水处理结算量（万吨）	污水处理收入（万元）	污水处理成本（万元）	平均污水处理服务单价
昆明滇池水务股份有限公司	03768HK	2021	70608	137028.30	76050.71	1.94
		2020	65750	127646.60	71865.04	1.94
		2019	62284	121381.00	69915.46	1.95

资料来源：滇池水务各年年报。

根据上市公司黑龙江国中水务股份有限公司（600187）年报显示，2019—2021年平均污水处理服务单价分别为1.55、1.49、1.50元/立方米（见表1-9）。

表1-9　2019—2021年平均污水处理服务费用　单位：元/立方米

上市企业名称	股票代码	年份	污水处理结算量（万吨）	污水处理收入（万元）	污水处理成本（万元）	平均污水处理服务单价
黑龙江国中水务股份有限公司	600187	2021	13110.78	19652.12	14551.93	1.50
		2020	13889.62	20654.36	12500.51	1.49
		2019	15493.87	24042.10	13074.26	1.55

资料来源：国中水务各年年报。

根据上市公司成都市兴蓉环境股份有限公司（000598）年报显示，2019—2021年平均污水处理服务单价分别为1.33、1.53、1.94元/立方米（见表1-10）。

表1-10　2019—2021年平均污水处理服务费用　单位：元/立方米

上市企业名称	股票代码	年份	污水处理结算量（万吨）	污水处理收入（万元）	污水处理成本（万元）	平均污水处理服务单价
成都市兴蓉环境股份有限公司	000598	2021	113052.00	218915.77	132731.91	1.94
		2020	103440.00	158584.30	94671.91	1.53
		2019	98840.00	131863.00	80848.82	1.33

资料来源：兴蓉环境各年年报。

综上所述，目前污水处理服务单价基本维持在2.00元/立方米以内。

基于上述三类污水处理项目收益数据的比较分析，可以看到：

专项债券类项目污水处理服务费高于上市企业低于PPP类项目平均值，主要原因是上市公司的运营能力更强，产能规模整体较大，由于存在规模效应，各项单位成本可以维持在较低水平，因此其污水处理服务单价可以最低；PPP类项目与专项债券项目相比具有更高的财务成本，同时项目无法达到上市公司的规模化水平，项目参与方要求更高的回报收益，最终导致污水处理单价最高；专项债项目运营能力和规模效应达不到上市公司标准，同时财务成本与回报要求又远远低于PPP类项目，因此，专项债券类项目污水处理收益测算实际应用应当介于上市企业和PPP类项目之间，这就是污水处理类专项债项目收益平衡是否合理可行的判断基准与依据。

三、项目资产权属不清问题给专项债券项目资产安全带来隐患

（一）问题及后果

明确地方政府专项债券项目资产权属也是当前专项债券项目面临的一个重要问题。《政府投资条例》第九条规定，政府采取直接投资、资本金注入方式投资的项目，统称为政府投资项目。具体而言，政府投资是指在中国境内使用预算安排的资金进行固定资产投资建设活动，包括新建、扩建、改建、技术改造等。政府投资资金按项目安排，以直接投资方式为主；对确需支持的经营性项目，主要采取资本金注入方式，也可以适当采取投资补助、贷款贴息等方式。

地方政府专项债券是省级政府为有一定收益的公益性项目而发行的政府债券，以该公益性项目对应的政府性基金或专项收入作为还本付息资金来源，政府通过安排债券资金进行项目建设，符合政府投资条例对政府投资项目的定性，形成的资产也应当归属政府所有。

在国有资产产权界定和纠纷处理的问题中，遵循的是“谁投资、谁拥有产权”的原则。专项债券属于政府投资这一点是可以确定的，但是按照固定资产投资项目的立项要求，很多项目都是平台公司或实施机构作为项目立项主体，资产权属形式上很多也是归属于项目单位，造成专项债项目形成的资产存在权属上的不确定性。具体讲，当前项目资产权属不清直接导致如下后果。

后果一：不符合《政府投资条例》的相关规定。

根据《政府投资条例》，政府投资项目使用的政府投资资金为“预算安排的资金”，专项债券系为有一定收益的公益性事业发展而需政府举借的专项债

务，纳入政府性基金预算管理，与国家预算管理和政府投资有关的制度设计相契合，与政府预算资金安排的项目严格对应，通过对资产的建设运营，实现了债券资金使用与项目管理、偿债责任相匹配。因此，专项债资金属于财政预算资金，投向有一定收益的公益性项目，符合政府投资的范畴，但是在专项债券项目实际建设运营过程中，使用专项债券资金和参与项目建设运营的多是地方国有企业或事业单位。加上不同类型的项目立项主体不同，导致项目形成的资产权属在形式上乃至实际控制上都在平台公司或事业单位名下，无法真正做到“国家投资，国家拥有产权”，这直接造成专项债项目资产的管理责任无法落实，与政府投资条例和国有资产管理相关规定相冲突。

后果二：加大专项债券封闭式管理的难度和政府债务偿还风险。

专项债的发行主体和偿还主体都是地方政府，是以项目对应的政府性基金收入或专项收入来还本付息，项目的收益是还本付息的保障来源，如项目形成的资产权属不清晰，将违反财政部对专项债项目收益与资产封闭运行的管理要求，无法对债券资金形成的资产进行统一、高效的管理，难以提升财政资源的配置效益，而地方政府承担着专项债券的偿债责任，项目能否收支平衡直接受资产价值的影响，如资产权属不清晰最终将加大资产封闭运行管理的难度和地方政府的债务风险。

因此，随着专项债券规模的扩大，将专项债券项目资产的权属问题进行明确规范非常是十分有必要的。

（二）问题改进建议

专项债项目资金经过5年的持续投入，已经形成了一大批优质的地方政府资产，尽快完善专项债项目资产管理相关制度，对于地方政府可持续发展以及专项债券项目良性运行都具有重大意义。

一是地方政府明确专项债券项目资产权属是债券还本付息的资产保障。2016年11月9日，财政部下发了《关于印发〈地方政府专项债务预算管理办法〉的通知》（财预〔2016〕155号），从债务限额确定、预算编制和批复、预算执行和决算、监督管理等方面，提出了规范地方政府专项债务预算管理的工作要求。专项债务是地方政府债务管理的重要内容，防范政府债务风险始终是专项债券管理的核心命题。

地方政府对其举借的债务负有偿还责任，中央实行不救助原则。专项债券项目强调收益自平衡，由地方政府履行全部偿债责任，根据《地方政府性债务风险分类处置指南》，在固定必要时可以处置政府资产偿还债务。专项债券项目经严格筛选进入发改部门项目库，资产权属清晰，并按照国有资产管理相关制度进行，为地方政府专项债券还本付息提供了有效的资产保障。

二是专项债券项目的资产纳入政府资产管理体系，可以最大限度保障专项债券项目资产的安全。

为了专项债项目的收益能如期实现，确保项目资产的安全性很关键。将专项债项目的资产纳入国有资产监管的法律法规体系进行管理，更有利于项目资产整体的运营与处置。严格资产的登记、核算、统计报告等相关制度，加强对项目资产的建设和运营的动态监控，并严禁项目资产和权益用于为项目单位及关联主体等融资提供担保，落实国有资产保值增值的责任，为专项债券管理提供有力保障。

三是专项债券资产权属明确为政府，项目资产的管理依法进行信息披露，符合资本市场投资人保护的要求。

政府债券作为资本市场的组成部分，尽管其发行人和信息披露义务人为政府，也无法独善其身，政府债券的发行、交易等整个生命周期也要符合国家形成崇法守信、规范透明、开放包容的良好资本市场生态的目标。

专项债券的资产明确归属于政府，并按照《预算法》《地方政府债务信息公开办法（试行）》等规定依法切实增强地方政府债务信息透明度，对于依法规范地方政府债务管理、自觉接受监督、维护投资者权益具有重大意义。

总的来说，问题导向是解决当前专项债券健康发展的最优路径。

随着专项债券作用持续提升，作为政府合法融资渠道之一，对地方政府补充财力、支持经济建设、推进社会事业发展，都起到了积极有效的作用。但目前专项债券制度还在不断完善过程中，债券项目从规划到发行、建设、运营都面临各种各样的问题，这些问题有项目层面，也有制度层面，除了已经提出的问题外，诸如专项债项目如何筛选问题、项目是否需要缴纳所得税问题、项目授权经营问题、项目运营与收益如何实现等等，都会在债券生命周期中不断出现，也没有现成的答案可以借鉴，坚持问题导向是当前专项债券健康发展的最优路径，针对各类问题逐项解决，不断完善，最终形成中国特色的地方政府专项债券发行管理和建设运营体系，服务中国高质量发展。

第五节　从安全与发展的视角认识和理解专项债券

安全与发展始终是地方政府专项债券健康发展的两条核心主线，只有将政府债务风险管理和经济增长发展有机结合，才能有效解决目前专项债券在实践中出现的诸多问题。

一、防风险：专项债券的全生命周期管理

为规范地方政府专项债券管理，发挥专项债券资金效益，切实防范专项债券风险，加强地方专项债券及项目全生命周期管理，已经成为防范化解重大风险的必然选择和政府稳定经济增长的重要抓手，国务院和各地方政府对专项债券的全生命周期管理提出了切实要求。近年来按照党中央、国务院决策部署，我国建立“借、用、还”相统一的地方政府性债务管理机制，构建起规范的地方政府举债融资机制，同时坚决控制和化解地方政府性债务风险、妥善处理存量债务，政府负债率显著低于主要市场经济国家和新兴市场国家水平，取得一定成效，但在整体制度体系构建程度和风险防范把控要点方面仍旧缺少完善的落地机制，只有将专项债券的经济拉动效用与债务风险高度结合，将全生命周期债券管理切实落地，才能安全规范、高效地使用债券资金。

（一）中央层面对专项债券管理要求

近年来国家针对政府债务、专项债券管理制定出台了一系列管理办法，《中华人民共和国预算法》、《中华人民共和国预算法实施条例》、《中共中央办公厅 国务院办公厅关于做好地方政府专项债券发行及项目配套融资工作的通知》（厅字〔2019〕33号）、《地方政府专项债务预算管理办法》（财预〔2016〕155号）、《关于加强地方人大对政府债务审查监督的意见的通知》（厅字〔2021〕26号）、《地方政府专项债券项目资金绩效管理办法》（财预〔2021〕61号）、《地方政府专项债券项目穿透式监测工作方案》（财预〔2021〕10号）等有关规定支撑起了专项债券管理的制度体系架构，也成为我国专项债务风险管理的"基石"。

为更好地部署完善地方政府专项债券管理，中华人民共和国财政部在每年举行的国务院例行吹风会和财政部新闻发布会上都将规范地方政府举债融资、防控专项债务风险作为重点强调，明确国家政策措施。

在财政部举行的"解读加快发行使用地方政府专项债券有关政策"专题新闻发布会上。财政部特别强调，按照党中央、国务院决策部署，在发挥专项债券促进投资作用的同时，为防控专项债务风险、提高专项债券资金使用效益，专项债券重点加强如下四个方面。

一是以资金绩效为导向，坚持形成有效投资，确保形成实物工作量。

二是以合格合规为重点，坚持项目合格合规。加强项目储备，必须要做好项目前期准备，履行各项审批程序，优选经济社会效益比较明显、群众期盼、迟早要干的项目，决不能一哄而上、"萝卜快了不洗泥"，确保项目建设取得实效。

三是以风险防控为底线，明确项目投资方向。专项债券必须用于有收益的政府投资项目，融资规模与项目收益相平衡，聚焦地方政府早晚都要投的项目和补短板、强弱项的基础设施项目。优先考虑专项债券发行使用好的地区，重点支持财力好、举债空间大的地区，对地方债务风险较高的地区少安排或不安排。

四是以发挥合力为要求，健全项目安排协调机制。地方政府举借债务坚持中央不救助、谁举债谁负责。为此，地方政府根据上述要求合理确定项目，由所在省、自治区、直辖市负总责。在地方党委和政府领导下，建立财政、发展改革、金融管理等部门协同配合机制。各地财政部门上报专项债券需求时，由同级发展改革部门提供项目需求单子，符合专项债券发行条件的财政部门全部吸收采纳，最终需要省级政府批准确认。

基于历年来在着力防范化解地方政府隐性债务风险，坚决打好防范化解重大风险的攻坚战方面取得积极成效，在国务院新闻办公室举行的《积极防范化解地方政府隐性债务风险》国务院政策例行吹风会上，财政部结合我国政府债务实情，在防范化解地方政府隐性债务问题上给出了明确政策措施，归纳为五个方面。

一是完善常态化监测机制。加强部门间信息共享和协同监管，统一认识、统一口径、统一监管，形成监管合力。

二是坚决遏制隐性债务增量。严堵违法违规举债融资的“后门”，着力加强风险源头管控，硬化预算约束，要求严格地方建设项目审核，管控新增项目融资的金融“闸门”，强化地方国有企事业单位债务融资管控，严禁违规为地方政府变相举债，绝不允许新增隐性债务上新项目、铺新摊子。

三是稳妥化解隐性债务存量。坚持中央不救助原则，做到“谁家的孩子谁抱”。建立市场化、法治化的债务违约处置机制，稳妥化解隐性债务存量，依法实现债务人、债权人合理分担风险，防范“处置风险的风险”。坚持分类审慎处置，纠正政府投资基金、政府和社会资本合作、政府购买服务中的一些不规范的行为。

四是推动平台公司市场化转型。规范融资平台公司融资管理，严禁新设融资平台公司。规范融资平台公司融资信息披露，严禁与地方政府信用挂钩。分类推进融资平台公司市场化转型，妥善处理融资平台公司债务和资产，剥离融资平台公司政府融资职能。防止地方国有企业和事业单位“平台化”。

五是健全监督问责机制。推动出台终身问责、倒查责任制度办法，坚决查处问责违法违规行为。督促省级政府健全责任追究机制，对继续违法违规举债违规行为，发现一起、查处一起、问责一起，做到终身问责、倒查责任。从严遏制新增隐性债务，稳妥化解存量隐性债务的体制机制，有效防范化解重大风险，坚决不留后患，牢牢守住不发生系统性风险的底线。

2022年，财政部部长刘昆多次在新闻发布会上提出我国积极财政政策要提升效能，更加注重精准、可持续，有力有效对冲经济下行压力，稳定宏观经济大盘，稳字当头、稳中求进。在国务院新闻办举行的新闻发布会《财政改革与发展工作》和《深入学习贯彻中央经济工作会议精神 稳字当头稳中求进做好财政改革发展工作》报告中特别提出，落实好积极的财政政策，必须进一步加强和完善政府债务管理，既有效发挥政府债务融资的积极作用，又坚决防范化解地方政府债务风险，增强财政可持续性。

财政部部长刘昆强调，必须坚持“开好前门”，持续优化地方政府举债融资机制，合理安排地方政府专项债券，按照“资金跟着项目走”的原则，推动做深做细项目储备和前期工作，合理加快债券发行使用进度，尽快形成实物工作量，带动扩大有效投资。建立专项债券支出进度通报预警制度，严格执行专项债券投向领域禁止类项目清单，实行违规使用专项债券处理处罚机制，确保资金依法合规使用。开展专项债券项目穿透式监测，及时掌握资金使用、项目建设进度、运营管理等情况，发现问题及时纠正。坚持“严堵后门”，完善常态化监测机制，加强部门间信息共享和协同监管，严禁违法违规举债融资，着力加强风险源头管控，坚决遏制新增地方政府隐性债务。支持地方有序化解存量隐性债务，建立市场化、法治化的债务违约处置机制，依法实现债务人、债权人合理分担风险，推动融资平台公司市场化转型。健全监督问责机制，对违法违规举债融资行为严肃追责问责，发现一起、查处一起、问责一起。

（二）地方政府的专项债券全生命周期债券管理探索实践

为加强制度体系建设，推动政府债务规范化管理，各地方政府依据国家政策指引积极开展符合当地实际情况的管理探索，从2019年成都高新区管委会制定印发了《成都高新区专项债券全生命周期风险管理办法》（成高管发〔2019〕9号）以来，全国各个地方政府对专项债券管理工作高度重视，陆续出台了本地区的《全生命周期管理办法》。2020年北京市印发了《北京市政府专项债券全生命周期管理办法（试行）》，2020年7月浙江省台州市椒江区人民政府办公室印发了《椒江区政府债券项目全生命周期管理办法》（椒政办发〔2020〕49号），2021年3月四川省出台了《四川省地方政府专项债券全生命周期管理办法》（川财规〔2021〕6号），2021年12月嘉兴市出台了《嘉兴市地方政府专项债券全周期管理办法》，2022年3月乐山市印发了《乐山市地方政府专项债券全生命周期管理办法》（乐市财政规〔2022〕1号），2022年3月温州市编制了《温州市地方政府专项债券全生命周期管理办法（试行）》，2022年6月温州市乐清县印发了《乐清市地方政府专项债券全生命周期管理办法（试行）》（乐政办发〔2022〕34号），2022年11月浙江省湖州市长兴县印发了《长兴县地方政府专项债券全生命周期管理办法（试行）》。

值得注意的是，成都高新区出台的《专项债券项目全生命周期风险管理办法》（成高管发〔2019〕9号），是全国首个由地方出台的地方债务风险管理相关办法，该办法从事前、事中、事后进行风险防控，实现全生命周期风险管理，真正实现管好项目、用好资金、规范收入管理，最终实现债券本息的偿还，保障专项债券健康持续发展。四川省出台《四川省地方政府专项债券全生命周期管理办法》（川财规〔2021〕6号）是全国首个省级政府出台的专项债券全生命周期管理办法，这份制度出台标志着四川省对地方政府专项债券“借、用、管、还”全生命周期管理实现了制度化，对于健全地方政府举债融资机制、管好用好专项债券、防范化解政府债务风险具有重要意义。鉴于这两份《全生命周期管理办法》的里程碑意义，本书对这两份文件主要内容进行了重点研究。

《四川省地方政府专项债券全生命周期管理办法》（川财规〔2021〕6号）（以下简称“四川省管理办法”）内容包含10章54条，关键内容包括项目库管理、新增限额分配与下达、债券发行、债券资金管理使用、预算管理、还本付息、职责分工、监督与绩效管理等。

《四川省管理办法》第二章“项目库管理”进一步明确了专项债券项目申报、储备、调整、发行等程序和条件，并根据项目成熟度建立“储备库、备选库、执行库”三级子库联动管理的专项债券项目库。

《四川省管理办法》第十五条、第十六条分别明确了省级和市县新增专项债务限额确定和下达方式，在分配程序上，财政厅在财政部下达的全省新增专项债务限额内，合理分配省本级和各市（州）、扩权县新增专项债务限额，分配方案报省政府批准后下达。市（州）财政部门应根据下达的新增专项债务限额，合理分配本地区（不含扩权县）新增限额，经市（州）政府批准后下达。从分配方法上，省本级各单位新增专项债务限额由财政厅根据省本级项目资金需求、收益与融资平衡、部门（单位）预算安排情况、债券资金使用绩效等确定。市（州）、扩权县新增专项债务限额由财政厅根据项目资金需求、债务风险状况、财力情况、债务管理绩效等因素测算。

《四川省管理办法》第三十条至第三十五条明确了专项债券收入、支出以及对应项目形成的收入、支出都应当全部纳入政府性基金预算管理。对预算编制、预算调整、决算办理作出规定。将专项债券项目资产纳入国有资产管理，建立相应的资产登记和统计报告制度。严格管控专项债券收入、支出，是保障到期足额兑付债券本息前期。

《四川省管理办法》作为全国首个省级政府出台办法，在进一步健全地方政府举债融资机制、推进专项债券管理规范方面至关重要，已成为构建地方政府债务管理体系的重要组成部分，对于促进专项债券市场的发展、防范债务风险、提高政府效率、更好地发挥市场在资源配置中的决定性作用，都有非常重要的意义，但从已取得成效和远期目标来看，地方政府的专项债券全生命周期债券管理探索实践才刚刚开始。

《成都高新区专项债券全生命周期风险管理办法》（成高管发〔2019〕9号）内容包含9章42条（以下简称“成都高新管理办法”），内容涵盖了专项债券发行前准备、项目的建设管理、运营管理、资产管理、资金管理、信息披露等方面，对各个环节的权责划分、风险把控等都提出了明晰的监管要求。

《成都高新管理办法》第二章专项债券项目发行前准备，从项目申报、项目初选、中介机构、方案编制等方面进行规定，各业务主管部门和有关单位应当根据公益性事业发展规划、项目性质、预期收益、成本及融资平衡、立项审批等情况，积极向财政申报拟申请发行地方政府专项债券的项目，保证成都高新区专项债券发行市场化、法治化。

《成都高新管理办法》第三章专项债券项目建设管理，从建设主体、施工组织设计、进度管理、质量和技术、安全和环境保护、验收等方面进行规定，建设单位确定后应当根据总工期要求制订进度计划和进度保障措施，并建立工期保障体系，实现工期目标，保证项目竣工验收按时完成。

《成都高新管理办法》第四章专项债券项目运营管理，从运营主体、合规经营、人力资源、主营业务、项目收益、运营移交等方面进行规定，规定项目业主依法委托具备相应资质的单位对项目资产进行运营。在项目运营期内的每个计息年度，项目收入应该能够完全覆盖债券当年还本付息的规模。

《成都高新管理办法》第五章专项债券项目资产管理，从资产权属、资产管理、资产独立、资产安全、资产的查验和评估等五个方面进行规定，专项债券项目建设过程中和建成后形成的所有资产属于政府投资形成的国有资产，其权属归政府所有。

《成都高新管理办法》第六章专项债券项目资金管理，从封闭使用、账户托管、资金使用、项目运营收入和支出、定期报告、接受定期检查和审计等方面进行规定，规定项目涉及的所有资金均采取“封闭式”资金管理方式进行监管，专款专用，专项用于项目建设和运营。

《成都高新管理办法》第七章信息披露，从发行信息披露、存续期信息披露、重大事项披露、债券资金调整用途披露等方面进行规定，规定业务主管部门和有关单位配合做好拟发行专项债券对应项目信息。包括项目概况、分年度投资计划、项目资金来源、预期收益和融资平衡方案、潜在风险评估、主管部门责任等。

二、促发展：专项债券的项目绩效管理

针对专项债券发行使用过程中存在的问题，2021年6月28日，财政部印发了《地方政府专项债券项目资金绩效管理办法》（以下简称“资金绩效管理办法”），是目前对政府专项债券风险与绩效管理的核心政策文件，办法明确了对专项债券项目资金绩效实行全生命周期管理，涵盖事前绩效评估、绩效目标管理、绩效运行监控、绩效评价管理、评价结果应用等环节，弥补了当前专项债券监管制度的空白，是未来政府专项债券风险管理、绩效管理等监管审查的重要指南。

通过对《资金绩效管理办法》的分析研究，其在如下方面体现了专项债券的风险与绩效管理要求。

（一）事前绩效评估方向和绩效目标设置均围绕项目展开，符合实施项目全生命周期绩效管理的要求

党的十九届五中全会强调，要推进财政支出标准化，强化预算约束和绩效管理。《国务院关于进一步深化预算管理制度改革的意见》（国发〔2021〕5号）对此提出了相应的改革举措之一，就是要实施项目全生命周期管理。

地方政府专项债券是为有一定收益的公益性项目发行的、以项目对应的政府性基金收入或专项收入作为还本付息资金来源的政府债券设计的，即围绕项目展开。专项债券制度实施以来，相关文件始终在强调风险防控和项目管理，要求行业主管部门、项目单位要合理评估分类发行专项债券对应项目风险，切实履行项目管理责任，但并没有专门针对专项债券项目的各个流程有较为清晰的风险管理指导意见。

为提高专项债券资金使用效益，有效防范政府债务风险，《资金绩效管理办法》提出了以专项债券支持项目为对象，通过事前绩效评估、绩效目标管理、绩效运行监控、绩效评价管理、评价结果应用五个环节，来进行项目的资金绩效管理。在这个全流程的动态管理过程中，事前绩效评估和绩效目标管理这两个基础环节无处不体现实施项目全生命周期管理的要求。

（二）事前绩效评估通过论证专项债券项目的全流程，夯实项目实施的必要性和可行性

根据《资金绩效管理办法》第五条，在申请专项债券资金前要开展事前绩效评估，并将评估情况纳入专项债券项目最主要的公开信息披露文件——实施方案。事前绩效评估主要是从八个方面覆盖专项债券项目的全过程来评估资金支持项目的必要性和可行性。

《财政部关于试点发展项目收益与融资自求平衡的地方政府专项债券品种的通知》（财预〔2017〕89号）是推进地方政府专项债券制度发展的第一部重要文件，文件给出了实施方案参考框架，包括项目主要内容、项目重大经济社会效益分析、资金筹集情况、预期收益规模分析、项目预期收益、支出以及融资平衡情况、项目融资计划与潜在影响项目收益和融资平衡结果的各种风险评估。上述实施方案的参考框架实质是对专项债券项目的评估和发行提出了具体明确的要求，因此各个地方政府也是按照这个框架来设计和发行专项债券。

《资金绩效管理办法》第五条列举了在事前绩效评估中重点论证资金必要性和可行性的八个方面，包括：项目实施的必要性、公益性、收益性；项目建设投资合规性与项目成熟度；项目资金来源和到位可行性；项目收入、成本、收益预测合理性；债券资金需求合理性；项目偿债计划可行性和偿债风险点；绩效目标合理性；其他需要纳入事前绩效评估的事项。上述八个方面与专项债券实施方案要求的内容是完全契合的，这个事前绩效评估环节的设定将推动各级财政部门、项目主管部门和项目单位在设计完专项债券项目后

还要再反过来考虑项目每个环节内容的科学性和精准度，如在预测潜在影响项目收益和融资平衡结果的各种风险同时，也要通过绩效评估判断偿债风险点能否应对，即不仅要展现资金支持项目的必要性，还要展现资金支持项目后的直接产出和效果。

（三）绩效目标管理要求重点反映项目的产出和效益指标，通过指标的细化量化反映预测项目的全过程管理

《资金绩效管理办法》第七条明确要求，绩效目标应当重点反映专项债券项目的产出数量、质量、时效、成本，还包括经济效益、社会效益、生态效益、可持续影响、服务对象满意度等绩效指标；并且绩效目标要尽可能细化量化，能有效反映项目的预期产出、融资成本、偿债风险等。

要真正做到“有效”反映，指标的制定必须具体明确。参考财政部2020年2月出台的《项目支出绩效评价管理办法》（财预〔2020〕10号），绩效评价指标的确定应当符合以下要求：与评价对象密切相关，全面反映项目决策、项目和资金管理、产出和效益；优先选取最具代表性、最能直接反映产出和效益的核心指标，精简实用；指标内涵应当明确、具体、可衡量，数据及佐证资料应当可采集、可获得；同类项目绩效评价指标和标准应具有一致性，便于评价结果相互比较。应当突出结果导向，原则上产出、效益指标权重不低于60%。

明确的绩效目标管理符合专项债券项目的根本要求：注重融资收益平衡与偿债风险。目标的制定体现了要将经济、效率、效益、公平等绩效管理理念贯穿在专项债券项目的全过程，同时也能形成可测量、易考核、全评价的工作规范，确保资金投入的项目能尽量转化为高质量的产出。

（四）树立结果导向，通过约束有力的程序设置强化财政资金投入与绩效管理目标之间的关联

全面绩效管理贵在“约束有力”。在程序设置上，《资金绩效管理办法》充分展现了资金的绩效管理要以结果为导向。

一方面，《资金绩效管理办法》第六条，规定了事前绩效评估是项目进入专项债券项目库的必备条件。在申请专项债券资金前，项目单位或项目主管部门要开展事前绩效评估，并将评估情况纳入专项债券项目实施方案。《资金绩效管理办法》通过运用成本效益分析等方法研究开展事前绩效评估，建立健全项目入库评审机制，做实做细专项债券的项目储备。

另一方面，《资金绩效管理办法》第九条，还规定了绩效目标设置是安排专项债券资金的前置条件。项目单位在申请专项债券项目资金需求时，要同步设定绩效目标，审核后的绩效目标与专项债券资金同步批复下达。《项目资金绩效管理办法》通过建立项目实施、资金投入以及绩效管理目标之间的关联，强力推动资金绩效管理的切实执行。

根据《资金绩效管理办法》第二十六条的规定，2022年及以后年度新增专项债券到期后按规定发行的再融资专项债券即要按照上述程序严格执行。

（五）专项债券项目要建立全生命周期的动态监控管理体系

专项债券属于公益性资本支出，大多数项目回报期在10年以上，需要立足项目的全生命周期进行运行监控，构建全方位、多层次债券项目绩效管理体系，这与一般预算支出项目的绩效管理有较大区别。

当前，专项债券已成为国内目前及今后一个时期带动有效投资、补短板、扩内需的重要抓手，其绩效管理目标应该服务于提升项目质量、加快使用债券。为管理好专项债券项目、防止出现“半拉子”工程，应坚持“资金跟着项目走、项目跟着规划走、规划跟着目标走”的定位，实行限额和自主申报两结合，实现债券发行需求和发行能力相匹配，更好地符合当地发展需要。

绩效目标作为申请政府专项债券额度的重要依据，要清晰反映政府专项债券资金的预期产出和效果，并细化量化为绩效指标。主要包括数量、质量、实效、成本以及效益，重点关注偿债资金来源、融资与项目收益平衡等反映偿债能力、风险防控的目标和指标，遵照“谁申请资金，谁设置目标”的原则。因此，建立以第三方机构为核心、财政部和项目单位为支撑的全方位、多层次专项债资金绩效评价体系迫在眉睫，这将有利于提高地方政府债券资金的使用绩效，从而促进地方社会经济的高质量发展。

《资金绩效管理办法办法》第十一条、第十八条指出，地方政府专项债券资金预算执行进度和绩效目标实现情况进行“双监控”。通过制订项目的绩效预算管理方案，对债券全生命周期和本息偿还实施全方位、动态运行监控。专项债券项目建立全生命周期跟踪问效机制，项目建设期绩效评价侧重项目决策、管理和产出等，运营期绩效评价侧重项目产出和效益等。

明确专项债券绩效管理从运行到评价需要全生命周期监控管理，以项目绩效目标为核心，以绩效管理为抓手，从全方位、全过程、全覆盖角度出发，通过电子信息技术管控，实现预算绩效目标和资金支出同步监管，对各项政府工作制定考评指标，实施绩效评价，充分利用评价结果，以寻求“更高绩效的财政分配、更高质量的公共服务”，使各种资源得到更加合理的配置与利用，充分彰显“绩”与“效”，确保项目目标的最终实现。

构建以第三方机构为核心、财政部门和项目单位为支撑的全方位、多层次绩效评价体系，实现项目运营过程中的“自我纠正”“协助纠正”“合规纠正”，是提升专项债资金绩效和控制项目风险的重要举措。同时，在项目管理实操层面，强化三方绩效评价的作用，实现多层次绩效管理的效用叠加，确保实现专项债项目的绩效目标：一是项目目标的可量化，包括投资额、债券资金使用额和实物工作量的可量化；二是债券资金要根据项目实施进度分配、发行和使用，确保跟着项目走。

（六）专项债券项目要开展全面化、常态化的绩效评价管理

绩效评价管理，建立了专项债券项目的全生命周期跟踪问效机制，坚持“举债必问效”。《资金绩效管理办法》对绩效评价管理的责任机制、指标框架、信息公开等做了具体规定。

《资金绩效管理办法》第十五条、第十六条规定，绩效评价责任机制由地方财政部门牵头组织本地区专项债券项目资金绩效评价工作。绩效评价以项

目单位自主开展绩效自评为主，主管部门和本级财政部门选择部分重点项目开展绩效评估，省级财政部门选取部分重大项目开展绩效评估，财政部在必要时直接组织开展绩效评价。文件明确了省级财政部门每年开展重大项目绩效评价的资金规模，原则上不低于本地区上年新增专项债务限额的5%，并逐步提高比例；并鼓励引入第三方机构，对重大项目开展重点绩效评价。

《资金绩效管理办法》第十七条、第十八条规定，绩效评价指标框架和绩效评价提纲由省级财政部门结合实际情况自主制定，省级财政部门制定本地区专项债券项目资金绩效管理办法，报财政部备案。也就是说省级财政部门对绩效评价指标框架、绩效评价提纲和本地区专项债券项目资金绩效管理办法有自主权。虽然如此，但是相关制度的制定也需突出专项债券项目资金绩效评价特点，并贯穿于专项债券项目的立项、建设运营、本息偿还等债券存续期间的全过程，分别从决策、管理、产出和效益等多维度对项目进行客观、公正的测量、分析和评判，可以参考《项目支出绩效评价管理办法》有关范例。专项债券项目建立全生命周期跟踪问效机制，项目建设期绩效评价侧重项目决策、管理和产出等，运营期绩效评价侧重项目产出和效益等。

《资金绩效管理办法》第十九条规定，绩效评价信息公开按年度开展，并明确了公布时间及渠道，在每年6月底前公开上年度专项债券项目资金绩效评价结果。绩效评价结果要在全国统一的地方政府债务信息公开平台上公开，自觉接受社会监督，通过公开推动提高专项债券资金使用绩效。

（七）地方政府专项债券项目资金绩效评价结果应用

评价结果应用，明确了绩效评价与结果应用相统一的原则，坚持“无效必问责”，突出绩效管理结果的激励约束作用，提高专项债券资金使用效益。《资金绩效管理办法》对评价结果的整改机制、激励约束机制、违法违规行为等做了具体规定。

《资金绩效管理办法》第二十一条、第二十二条规定，项目主管部门和项目单位要根据绩效评价结果及时整改问题，告知同级财政部门，根据财政整改意见，提出明确整改措施，认真组织开展整改工作。上级财政部门对下级财政部门绩效管理工作定期开展抽查，指导和督促提高绩效管理水平。

《资金绩效管理办法》第二十三条要求制定激励约束机制，规定财政部、省级财政部门要把绩效评价结果、抽查结果作为分配新增地方政府专项债务限额的调整因素之一，并与有关管理措施和政策试点等挂钩。地方财政部门也要将绩效评价结果作为项目建设期专项债券额度以及运营期财政补助资金分配的调整因素之一。对于绩效评价结果严重偏离绩效目标的项目要暂缓或停止拨款，督促及时整改，项目无法实施或存在严重问题的要及时追回专项债券资金并按程序调整用途。

《资金绩效管理办法》第二十四条也对资金绩效管理过程中涉及的违法违规行为规定了对应的措施，对于各财政部门、主管单位、项目单位及个人违反相关管理规定致使财政资金使用严重低效无效并造成重大损失的，以及出现其他违法违规行为的，依法责令改正；对负有直接责任的主管人员和其他直接责任人员依法给予处分；涉嫌犯罪的，依法移送有关机关处理。

《资金绩效管理办法》第十四条提出，财政部门要利用信息化手段探索对专项债券项目实行穿透式监管，根据工作需要组织对专项债券项目建设运营等情况开展现场检查，及时纠偏纠错。

总的来说，统筹安全与发展是专项债券高质量发展的核心。

如果说中国经济是一盘大棋，那么地方政府专项债券的安全与发展就是必争之地。最好的进攻就是防守，最好的防守就是进攻，统筹安全与发展攻防一体才是最佳。坚持防控风险，是地方政府专项债券制度最重要的基本原则。好的风险管理制度一定能够提升项目绩效。专项债券项目的绩效管理和风险管理二者相互统一，把握好二者的关系，对于提高专项债券资金使用效益，有效防范政府债务风险具有重要意义。

当前从国家到地方各级政府都充分认识到专项债券风险与绩效管理的重要性，特别是2022年财政部已经全面开展专项债券资金的穿透式监管，实行专项债券资金逐笔监控，在对项目运行实现全过程风险把控的同时，能够促使资金发挥出最大投资效益。

但仅加强监管并不能从根本上解决专项债券的风险与效率问题，随着专项债制度的影响不断深入，地方政府正在经历从过去粗放式的经济建设模式逐步转变为更加注重效果、以项目建设为核心的高质量发展模式，这一过程更需要专业赋能。通过地方政府专项债券项目运行完成稳经济、促增长的高质量发展已成为如今专项债券承担的重要使命，帮助地方政府有效提升专项债券项目的建设和运营能力是完成使命最大的现实需求。只有在项目层面通过合规运营实现了融资与收益自求平衡，让每个项目发挥最大的经济社会效益，专项债券整体的风险与绩效管理目标要求才能真正落地，最终实现中国社会经济可持续的高质量发展。

第二章

地方政府专项债券的中国式治理方法创新

如何有效应对政府债务问题，对世界各国都是重中之重。美债风险外溢导致全球经济受阻，欧元区的债务问题引发了希腊等小国的债务破产重组。中国省一级地方政府的经济体量与债务规模，接近甚至超过全球很多独立经济体，一旦发生大规模债务风险，对国家乃至世界的经济社会发展都会造成严重的负面影响。

近几年来，如何有效地控制债务风险、提升债券资金使用绩效一直是地方政府专项债券研究的热点。但是当前专门针对政府专项债券债务风险与绩效管理的相关研究更多集中在数据实证分析和政策建议层面，对专项债券管理实践指导有限，更很少有从专项债券治理理论创新角度深入研究探讨专项债券风险和绩效管理的成果。党的二十大明确提出了建设中国式现代化的历史任务，地方政府专项债券就是中国式现代化在财政政策领域的一次重大创新实践，经过几年的快速发展，已经成为中国债券市场上的基石品种，特别是在当前经济环境下，专项债券对国家整体“稳经济、促发展”发挥了重要的作用。

“实践没有止境，理论创新也没有止境。”以地方政府专项债券制度为核心，政府债务能否管理好，需要与之相应的治理理论支撑。孙中山先生在《建国方略》中提出“知难行易”，就是在强调理论创新对实践的重大指导意义。因此，研究地方政府专项债券治理首先应当从治理理论入手。

第一节　从复杂系统的角度理解政府专项债券的治理特性

要对地方政府专项债券进行有效管理，首先要全面了解专项债券的复杂系统特性，这一特性决定了专项债券治理必须满足多主体、多层次、多目标管理的要求。从本质上来讲，专项债券是地方政府采取的城市建设项目融资办法，政府作为债券发行主体通过专项债券融资进行政府投资项目建设。但是专项债券又与传统债券具有很大的不同，相对传统债券类型而言，其参与主体更为复杂，涉及地方政府的财政、发改、国土、环保等多个部门，债券市场、工程建设、投资运营等多个领域。通过债券市场，使得包括普通民众都能投资购买，其债券持有人受众面向全社会。这也就意味着地方政府专项债券项目投资建设的风险管理将直接关乎社会经济稳定与民生福祉，具有无比广泛的影响力。

地方政府专项债券的管理首先要在对地方政府专项债券发行、使用、管理实际情况的充分了解基础上进行。通过我们近几年参与地方债工作的实践经验，深刻地感受到地方政府专项债券管理是一项系统性、综合性极强的专业工作，地方政府专项债券本身就具有多重特性，包括政府财政资金属性、债券市场金融产品属性、项目投资建设运营属性等多项突出特点，必须充分了解其复杂系统特性后才能给出针对性的治理方案。

通过归纳分析，地方政府专项债券作为一个复杂系统体现出的多主体、多层次、多目标管理特性，至少体现在以下五个方面。

一、专项债券需要满足财政资金监管要求

地方政府专项债券首先是属于政府财政资金投入的范畴。所有的专项债券项目都属于政府投资项目，由财政通过债券市场募集资金进行投资建设，因此专项债券必须满足财政资金的监管要求。

地方政府专项债券是以地方政府作为举借主体的政府投资项目融资手段，既发挥着容纳社会资本、促进当地经济发展和地区建设的作用，也给地方财政带来了需要按期偿还的政府债务。地方政府财政一方面负责利用专项债券进行融资，发挥投融资杠杆作用，为政府投资项目带来包括资本金、债券融资和市场融资等为主的资金支持；另一方面，地方财政必须承担起对整个专项债券监管的责任，保证项目后期运营成果能覆盖项目融资，按期完成还本付息，避免政府违约、政府信誉受损的情况发生。

地方政府专项债券项目由于地方财政密不可分的参与，具有浓重的地方财政性质。地方政府财政部门的全面参与必然会成为专项债券发展的方向。这也就意味着财政部门将在整个专项债券项目中具有举足轻重的作用，同时，

专项债券项目背后的地方财政性质也会愈加显现。因此，专项债券项目必然会成为以地方财政为主导、其他相关部门单位参与协助、极具地方财政特色的项目，也会成为未来地方财政愈加重视的新领域。

二、专项债券项目必须符合地方城市建设整体规划要求

地方政府专项债券是落实积极的财政政策，稳投资、扩内需、补短板的重要举措，国发〔2014〕43号、财预〔2016〕155号等文件明确指出，专项债是省级（省、自治区、直辖市）政府作为发行主体，这也从根本上决定了专项债券项目的建设必须是当地政府以地区发展为考量前提，专项债项目的建设必须是建立在促进地方城市经济社会发展的基础上。

从城市规划基准上考虑，“十四五”规划纲要、城市总体规划、项目专项规划等作为实施城市建设、城市管理的基本依据，对城市性质、发展目标、市域城镇布局及交通、市政基础设施布局均考虑了中远期的发展要求，并对城市远景发展进程和方向作出了轮廓性安排。在城市发展策略上，不论是经济发展策略、社会发展策略还是环境保护策略，都给出了明确指引，即旨在基本形成以促进人的全面发展为核心的社会发展体系，建设布局合理、环境洁净、配套齐全、生活舒适、交通便捷的现代化城市。而专项债券项目正是重点围绕交通基础设施、能源、农林水利、生态环保、社会事业、物流基础设施、市政和产业园区基础设施、国家重大战略项目、保障性安居工程等城市建设、社会民生领域的基础建设问题。可以说城市规划是专项债项目投资的基本原则和落脚点，专项债券是加强城市高质量发展的助推剂。

从国家大盘指引方向上考虑，在国新办举行的历届国务院政策例行吹风会上，财政部多次提出专项债券项目投资要为稳定宏观经济大盘提供有力支撑，专项债券项目投资要重点体现在三个聚焦：一是要聚焦短板领域；二是要聚焦重点方向；三是要聚焦重点项目。财政部要求地方储备项目应当属于经济社会效益明显、群众期盼、早晚要干的实体政府投资项目。同时，要优先支持纳入国家“十四五”规划，以及国家重大区域发展战略的重点项目，

积极发挥专项债券对重大规划和战略的支撑作用。

从专项债券项目落地条件上考虑，专项债券项目作为政府投资工程项目，其立项的核心条件是符合政府建设工程投向，建设内容契合地方城市规划。在落地前期项目单位需向同级财政、发改部门申请纳入“地方政府债券项目库”和“国家重大建设项目库”，按照“资金跟着项目走”的原则，省发展改革委会同省财政厅对专项债项目进行初核，初核通过后分别提报国家发展改革委、财政部相关“项目库”。不论是发改还是财政部门都对项目是否符合政府建设工程投向、建设内容是否契合地方城市规划有严格的审核标准。所以，专项债券项目必须符合地方城市整体规划要求。

三、专项债券项目必须符合建设工程项目管理要求

地方政府专项债券项目涉及大量的地方基础设施项目建设，包括水电气、污水、管廊、医院、园区基础设施等项目建设内容。大量的基建工程项目必须满足建设工程项目的管理要求，包含保证工程质量、把控工程建设进度、控制工程投资预算等工程建设管理的各个方面。建设工程管理是地方政府专项债券项目管理的基本要求，从工程招投标、工程的建设、工程的竣工验收，到工程建设完成之后的维护保养，都应当满足相关的管理要求。保证专项债建设项目的工程质量不出问题，更好地达到工程建设标准，持续为当地提供具备高安全、高质量、高水准的公共基础设施。

四、专项债券项目必须符合政府投资合规管理要求

专项债券资金属于财政资金，财政部门对于财政资金的预算绩效考核有明确的要求和规范。大部分专项债项目委托地方国有平台公司运营，国资委对于国有企业的合规运营与风险管理也有明确的要求。通过项目专业化、合规化运营来控制运营过程中的风险，有效提高项目运营效率，实现项目运营收益，同时降低违规运营带来的风险。

五、专项债券项目必须满足债券市场监督管理要求

中国有多种类型的债券市场，按照市场组织者划分，主要可分为柜台市场、银行间市场和交易所市场。从债券市场的现状来看，目前形成了以银行间市场为主、交易所市场为辅和商业银行柜台市场为补充的多层债券市场。由于历史原因，我国债券市场中不同品种的债券由不同的监管部门核准、注册或备案，在不同的市场发行和流通，使得债券市场呈现出相对分割的局面。推动构建统一的监管体系、实现统一互联是中国债券市场发展的目标。

专项债券作为我国财政政策的重要组成部分，是全国各地公益性项目发展的重要融资渠道。国发43号文赋予地方政府通过发行政府债券自主举债的权限，明确提出了“地方政府举借债务要遵循市场化原则”。财库〔2020〕43号文是财政部出台的关于专项债券发行管理的规范性文件，其明确规定了地方财政部门、地方政府债券承销团成员、信用评级机构及其他相关主体，应当按照市场化、规范化原则，做好地方政府债券发行相关工作。具体而言，地方政府债券发行可以采用承销、招标等方式，主要在全国银行间债券市场和证券交易所债券市场发行。自2019年财政部发布《关于开展通过商业银行柜台市场发行地方政府债券工作的通知》（财库〔2019〕11号）后，开始在一些省市的商业银行柜台市场发行，意味着个人和中小机构投资者也可购买地方债券。不断拓宽地方政府债券发行渠道，积极推动扩大地方政府债券投资者范围，是专项债券发行管理的前进方向，也是未来融入我国互联互通的债券市场的必然选择。因此，加强投资者权益保护，完善信息披露等债券市场中重要的原则和制度，对于目前日趋公开化的地方政府专项债券同样关键。专项债券的制度建设应加快符合我国债券市场管理体系的要求和改革趋势。

通过对专项债券的特性分析，就目前专项债券涉及的诸多领域而言，很难单一地用财政的方法，或者是金融市场的方法，以及项目管理的方法来解决这种包含诸多领域的风险管理问题。专项债券管理是一个典型的复杂系统问题，只有通过跨学科的研究才能够得到真正有效解决。

地方政府专项债券就是一个复杂系统，其基本符合复杂系统开放性、巨型性、非线性、层次性、不确定性的特点，这些特性彼此交叉综合熔铸成了一个复杂系统。地方政府专项债券从中央到地方，从省级到市县，从政府到企业，从企业到个人，涉及的各类体系数不胜数，相互交叉，相互联系，共同参与地方政府专项债券工作。来自中央政府、地方财政等相关部门和市场投资人的监督，使得专项债券的这一系统愈加错综复杂，内在和外在充满了大量的不确定性。单纯的子系统管理，或者单个目标、单个主体的独立管理，很难适应如此复杂的体系系统。因此，将地方政府专项债券作为一个复杂系统，从系统内部进行动态的、全面的管理，才能真正实现对整个专项债券项目的风险控制。

第二节　基于复杂系统的地方政府专项债券治理基本原则

如果把地方政府专项债券看成一个超大型的复杂系统，那么任何基于局部或者线性的治理方法都很难有效地控制地方政府专项债券的风险管理，也无法整体提升专项债券系统的运行效率。所以，从复杂系统科学的角度出发来进行地方政府专项债券的治理，首先要遵循系统运行的特性，从点、线、面、系统的整体协调、良性互动要求出发，确立地方政府专项债券治理的基本原则。

一、坚持把市场化、法治化作为专项债券治理体系的主线

我们把市场化、法治化作为专项债券管理的主线，是因为市场化、法治化代表了债券管理的发展方向，只有通过市场化、法治化的方式，才能真正有效地控制专项债券各种风险。

通过市场化，可以有效整合优秀社会专业资源参与专项债券各个阶段的管理过程，提升专项债券的建设运营能力与水平，有效控制各阶段的风险。通过法治化可以让专项债券各个阶段的发展运作更加规范、有章可循，消除债券管理过程中的不确定性，保障专项债券依法合规、健康发展。

同时，专项债券的市场化和法治化是专项债券进入债券市场的基本要求。充分的市场化保证优胜劣汰，促进债券资金使用效率提升，让优秀的项目能够得到市场认可，获得更多的发展资金。法治化是市场化发展的重要保证，让专项债券在各种阶段都能够得到有效的保障。

二、坚持以项目为核心进行专项债券微观管理

地方政府专项债券制度的重要创新点就在于，它是以项目为核心进行资金募集，把债券的风险与具体项目实现了一一对应。这就要求专项债券管理应当以每一个项目的风险管理为基础进行，实现项目的融资和收益自求平衡是债券管理的最终目标与要求。

以项目为核心的地方政府债券管理不同于传统的财政资金管理。传统的财政资金监管模式主要针对资金的拨付、使用、流向和有无挤占等情况进行监管，很难满足当前地方政府债券管理要求。资金监管是全生命周期债券管理的重要环节，却无法有效控制债券项目的运营收益风险，因此只有以项目管理为核心的风险管理才能够满足当前地方政府债券管理要求。

以项目为核心的债券管理，可以围绕项目整合多方资源参与债券管理，这与传统的上下级或外部的监管审查完全不同。通过更多的相关主体参与的债券管理可以不断丰富其内涵，提升项目管理水平，保证项目成功。

三、坚持满足不同债券参与主体的多层次管理需求，形成多元共治良性互动

从横向来看，专项债券的管理以财政部为主导，债券的发行和项目的实施运营应满足国家不同部委的监管要求。专项债券的监管工作由财政部负责，从预算管理强化规模控制，到开展风险评估，建立应急处置机制，再到资金绩效管理，实行监督问责，主要由财政部出台相关规范性文件，形成了一套覆盖地方政府专项债务管理各个环节的制度体系。由于专项债券属于政府投资项目，对应的项目应先进入国家发展改革委的项目库，因此国家发展改革

委就专项债券的投向领域出台了相关文件，明确禁止类项目清单，指导资金的投资方向。

此外，专项债券是以项目收益作为还款来源的，要求项目是具备一定收益的基础设施和公共服务项目，资金投向覆盖交通基础设施、能源、农林水利、生态环保、社会事业、国家重大战略项目等各个民生领域。因此专项债券相关管理工作根据不同项目需要，将进入住建部门、国土资源部门、交通运输部门、文化部门等多部门的管理范畴。专项债券的发行市场主要为银行间市场与交易所市场，发行工作也需要满足中国证监会和中国人民银行等相关主体的监管要求。

从纵向来看，专项债券的全流程管理工作需要从国家层面至省级政府再到市县级政府，自上而下相互配合完成。专项债券由市县级财政部门根据项目融资需求向省级财政厅申请额度，省级财政厅汇总后向财政部申请全年的发债额度，最后经国务院批准向各地区在专项债务限额内统筹安排分配。省级政府是专项债券的发行主体，对外承担着债券的偿还责任；市县级政府作为专项债券的资金使用主体和项目主体，承担债券最终的偿还义务。专项债券项目的建设和运营主体作为债券的具体实施单位，承担着项目风险管理与收益实现的具体责任。债券的投资人通过债券市场获取债券信息，进行投资，享有投资者法定的权益保护。

综上所述，无论从纵向或横向来看，专项债券不同的参与主体通过参与专项债券生命周期的不同阶段，有不同的需求和职责。如何满足专项债券管理工作需要、满足多层次主体的管理需求，形成多元共治的良性互动是专项债券管理的难点。

第三节　地方政府专项债券的中国式治理理论方法

"工欲善其事，必先利其器。"如此大规模的省级地方政府专项债券发行，在全世界范围内也绝无仅有，我们不可能找到情况相同、可借鉴的治理理论与方法。因此，地方政府专项债券的风险管理与绩效提升必须立足于中国自身的现状与发展基础，结合现代最新的管理专业成果，吸收中国传统文化精髓，并针对人口规模、经济规模、债务规模均无比复杂的中国地方政府实际，建立起能够切实解决中国债务问题的中国特色地方政府债务治理理论，才能真正指导地方政府专项债券风险管理与绩效提升的实践工作，防微杜渐，将专项债券引入高质量发展的道路。

一、中国式专项债券治理理论对中国国家治理传统的借鉴

（一）诸子百家到黄老独盛：先秦时代中国国家治理的探索

在公元前4世纪，中国先秦时期以稷下学宫为代表的诸子百家对中华后续文明影响深远，其价值犹如古代希腊雅典文化对西方文明之影响。“百家殊业，皆务为治”（《淮南子》），中国传统文化对于治理理论的研究源远流长。先秦时代百家争鸣、学派林立，且各学派间交流十分频繁，学术交流与政治现实紧密结合，由此产生出的各种思潮、各种治理理论不断地在国家竞争中实践检验，最终“百家盛于战国，但后来却是黄老独盛，压倒百家”（蒙文通《略论黄老学》），形成了各学派融合创新的全新治理理论——黄老道家治理理论。

对于先秦诸子百家的评价，以《史记》最后一篇《太史公自序》中《论六家要旨》最为精当，其全文如下：

太史公学天官于唐都，受《易》于杨何，习道论于黄子。太史公仕于建元元封之间，愍学者之不达其意而师悖，乃论六家之要旨曰：

《易大传》：“天下一致而百虑，同归而殊涂。”夫阴阳、儒、墨、名、法、道德，此务为治者也，直所从言之异路，有省不省耳。尝窃观阴阳之术，大祥而众忌讳，使人拘而多所畏；然其序四时之大顺，不可失也。儒者博而寡要，劳而少功，是以其事难尽从；然其序君臣父子之礼，列夫妇长幼之别，

不可易也。墨者俭而难遵，是以其事不可遍循；然其强本节用，不可废也。法家严而少恩；然其正君臣上下之分，不可改矣。名家使人俭而善失真；然其正名实，不可不察也。道家使人精神专一，动合无形，赡足万物。其为术也，因阴阳之大顺，采儒墨之善，撮名法之要，与时迁移，应物变化，立俗施事，无所不宜，指约而易操，事少而功多。

儒者则不然。以为人主天下之仪表也，主倡而臣和，主先而臣随。如此则主劳而臣逸。至於大道之要，去健羡，绌聪明，释此而任术。夫神大用则竭，形大劳则敝。形神骚动，欲与天地长久，非所闻也。

夫阴阳四时、八位、十二度、二十四节各有教令，顺之者昌，逆之者不死则亡，未必然也，故曰"使人拘而多畏"。夫春生夏长，秋收冬藏，此天道之大经也，弗顺则无以为天下纲纪，故曰"四时之大顺，不可失也"。

夫儒者以六艺为法。六艺经传以千万数，累世不能通其学，当年不能究其礼，故曰"博而寡要，劳而少功"。若夫列君臣父子之礼，序夫妇长幼之别，虽百家弗能易也。

墨者亦尚尧舜道，言其德行曰："堂高三尺，土阶三等，茅茨不翦，采椽不刮。食土簋，啜土刑，粝粱之食，藜霍之羹。夏日葛衣，冬日鹿裘。"其送死，桐棺三寸，举音不尽其哀。教丧礼，必以此为万民之率。使天下法若此，则尊卑无别也。夫世异时移，事业不必同，故曰"俭而难遵"。要曰强本节用，则人给家足之道也。此墨子之所长，虽百长弗能废也。

法家不别亲疏，不殊贵贱，一断于法，则亲亲尊尊之恩绝矣。可以行一时之计，而不可长用也，故曰"严而少恩"。若尊主卑臣，明分职不得相逾越，虽百家弗能改也。

名家苛察缴绕，使人不得反其意，专决于名而失人情，故曰"使人俭而善失真"。若夫控名责实，参伍不失，此不可不察也。

道家无为，又曰无不为，其实易行，其辞难知。其术以虚无为本，以因循为用。无成埶，无常形，故能究万物之情。不为物先，不为物后，故能为万物主。有法无法，因时为业；有度无度，因物与合。故曰"圣人不朽，时变是守。虚者道之常也，因者君之纲”也。群臣并至，使各自明也。其实中其声者谓之端，实不中其声者谓之窾。窾言不听，奸乃不生，贤不肖自分，白黑乃形。在所欲用耳，何事不成。乃合大道，混混冥冥。光耀天下，复反无名。凡人所生者神也，所讬者形也。神大用则竭，形大劳则敝，形神离则死。死者不可复生，离者不可复反，故圣人重之。由是观之，神者生之本也，形者生之具也。不先定其神，而曰“我有以治天下”，何由哉？

从《论六家要指》来看，“夫阴阳、儒、墨、名、法、道德，此务为治者也”。先秦所有理论学说都围绕国家社会治理为核心展开，通过比较，黄老道家是可以用最小的政治资本来获得最大政治效果，而且行之有效的治理理论。其理论成果至今仍有现实意义，例如我们现在常讲的“与时俱进”，这个理念最早就是出自《论六家要指》中对黄老道家“与时迁移，应物变化”的评价。

1973年马王堆出土的《黄帝四经》是目前最早的黄老道教理论文献，是黄老道家的奠基之作。《黄帝四经》充分体现了黄老道家的国家治理理念与模式，从中可以看到黄老道家既是一种政治理论，也是一种政治实践，是以道家为主导的政治哲学，这种政治哲学既有丰富的理论性，又有强烈的现实性。

黄老道家的理论与现实紧密结合的特性，决定了它一定不会回避现实之中各种复杂的矛盾，而且直面当时的政治、经济、军事、外交、君民关系和君臣关系中存在的问题，从根本上考察了矛盾产生的主要原因，寻求国家治理成功、军事斗争胜利的解决之道。

（二）专项债治理对黄老道家治理理论的借鉴

黄老道家治理理论的核心是“道法结合，兼采百家”。黄老道家的治理思想，使得整个治理理论具备强大的实践应用价值，同时它在道法结合的基础上进一步融合了儒家的道德教化，使得严刑峻法变得温和、易于人民接受与推行，最终成为中国传统国家治理的基本制度与方略，我们历朝历代均采用的外儒内法、儒法兼济的治国理政之术，其本质就是黄老道家的治理理论。

具体而言，黄老道家的治理理论有如下可借鉴之处：

借鉴一：以“道生法”为治理核心

黄老道家的“道”是天地自然的客观规律，不以人的意志为转移。道生法，便是要让社会政治和大众生活法度遵循自然法则和客观规律来运行。“人法地，地法天，天法道，道法自然。”黄老道家通过“道生法”将人类社会治理与天地自然法则进行了完美对接，如同自然法哲学是西方法律系统的哲学基础，道生法为东方治理体系奠定了中国式的自然法哲学基础，构建起“从天道到人道”的天人合一式的黄老道家治理思想体系。

“道生法。法者，引得失以绳，而明曲直者殹（也）。故执道者，生法而弗敢犯殹（也），法立而弗敢废［也］。［故］能自引以绳，然后见知天下而不惑矣。”

（《黄帝四经》《道法·经法》）

具体讲，黄老道家认为，一切政治行动必须从自然规律中找到合理性依据，准确把握自然的节奏，然后按照自然的规律和节拍进行人事，这就是最好的社会治理。依据天道自然规律法则制定出来的人间法律，才具有必然性和合理性，才具有最大的认可度和公共性，这就是所谓的由天道的固然推出人事的必然。天人合一的“道生法”治理传统，排除了神学与君权的国家治理的影响，这些正是中国传统国家治理理论的独有特色。

借鉴二：以道驭法，兼采百家

只有伟大的思想体系才具有兼容百家的可能。在汉以前，只有黄老道家思想体系具有这样的功能。以“道生法”为其治理核心思想的黄老道家，一方面继承老子的道论，同时又引进社会治理所必需的法治观念，形成一个天人合一的开放治理体系，以此来兼容百家。通过吸收各方传统的好东西，不断构建和完善现实的治理体系，成为一种非常具有可操作性的治理理论。

黄老道家充分体现了中华传统文化的特点与精髓，那就是整体的认识论、系统动态发展的治理思想、天人合一的社会发展自然观。如此才能完美地用宏大的视野、超脱的胸怀、长远的眼光，善于从整体的、全局的、超越的角度来考虑问题。融汇百家是基于现实需要主动地、有意识地对各家的兼容吸收，通过道生法自然哲学不断整合，将其变为黄老道家治理理论的一个有机组成部分，形成全新的黄老道家社会治理理论，最终实现以本治末、以一治多、以简驭繁的社会治理目标。

借鉴三：以务为治，重视实效

秦汉之际的百家争鸣，从来都不是坐而论道。诸子献计献策，献出的都是当时社会治理的解决方案，黄老道家所追求的目标也是解决当时社会发展的现实问题，这一点决定了黄老道家治理理论的现实可借鉴性。

当下我们的社会治理目标和黄老道家时代基本一致，都是探寻国家统一、社会安定、人民富裕和国家的高质量持续发展。一种高明的治理理论，必须能够有效解决现实发展问题，黄老道家的“道法结合，以道论法，兼采百家”的治理理论是经过历史实践证明，能够切实有效地治理国家社会的理论，可以作为当前地方政府专项债券治理学习借鉴的中华优秀传统文化。通过吸取其中的精华治理思想，在尊重自然规律基础上，以法为治，基于专项债券的管理实践，建立中国自身特色的专项债券治理理论方法体系，实现专项债券的有效治理。

二、中国式专项债券治理理论对现代中国管理智慧的吸收

专项债券治理离不开中国传统文化传承，更需要吸取现代中国的管理智慧成果。地方政府专项债券治理问题的本质其实是如何有效对复杂性综合系统进行管理，针对这类开放的复杂系统问题的处理。20世纪90年代，我国著名系统科学与控制论专家钱学森先生，首次提出了从定性到定量综合集成方法（以下简称“综合集成方法”）。这套方法论是从整体上研究和解决问题的方法，采取人机结合、以人为主的思维方法和研究方式，对不同层次、不同领域的信息和知识进行综合集成，达到对整体的定量认识。

（一）综合集成方法是中国现代管理智慧的精华

综合集成方法是现代由中国人自己提出的系统管理方法论，具有非常鲜明的中国文化特色，从某种意义上可以说是黄老道家治理思想的现代系统管理升级版：首先，都强调管理的整体系统性，要求尊重客观规律进行管理；其次，都采用兼采百家的跨学科跨领域模式解决问题；最后，针对当前复杂系统管理控制提出解决方法。而人类社会治理就是最典型的复杂系统，因此完全可以应用在社会治理领域。

人类经过2000多年的发展，已经取得了突飞猛进的进步，社会组织发生了翻天覆地的变化。综合集成方法是在当前社会科技发展的基础上提出的，与黄老道家的治理理论相比，增加了现代科学技术的应用，“兼采百家”的数量与范围更加广泛，并引入信息技术解决了2000年前黄老道家治理理论中定量分析与管理的不足，使得系统管理得以更加高效地进行。

综合集成实际运用中就是通过将各种专业知识、信息、行业知识、经验数据以及各种情报与计算机网络进行整体结合，建设一个现代化的智能信息集成系统，将搜集到的定性信息以定量的方式进行呈现，从而有效解决复杂系统由于信息过载导致的管理混乱失控问题。

综合集成法的特点包括：（1）定性和定量研究相整合；（2）科学知识与实际经验数据相整合；（3）采用系统化、跨学科的思维开展综合研究；（4）利用建设的复杂巨系统，从多个角度呈现信息，实现宏观和微观的同时处理；（5）方法以计算机网络为支撑，需要管理信息系统、决策支持系统等功能，以方便快捷地处理各种信息。

综合集成方法是把专家体系、数据和信息体系以及计算机体系结合起来，构成一个高度智能化的人机结合系统。这个方法的成功应用，就在于发挥了这个系统的综合优势、整体优势和智能优势。它能把人的思维以及思维的成果，包括经验、知识、智慧等各种情报、资料和信息通通集成起来，从多方面定性认识上升到定量认识。按照我国的传统说法，把一个复杂事物的各个方面综合起来，达到对整体的认识，称之为“集大成”的智慧，所以钱学森把这个方法称为“大成智慧工程”（meta-synthetic engineering）。

（二）专项债治理对现代系统管理智慧成果的借鉴

“大成智慧”充分代表了现代中国应对复杂系统管理的研究实践成果，是传统中华文化“兼采百家，皆务为治”思维模式的体现，也为解决专项债券目前的管理问题提供了方法论基础。将综合集成方法论应用到地方政府专项债券管理中将产生全新的效果，主要体现在如下方面。

一是开展跨学科交叉领域研究。通过跨学科多领域的交叉研究，利用经济、金融、法律、管理等多学科知识，综合解决全面债券管理研究难题。

二是定性与定量结合。通过定性分析，分析全面债券管理的性质、特点等属性，研究出一定的理论框架，并通过数据分析、模型构建等定量分析方法检验，对理论进行实证检验。

三是系统、动态、风险评估与管理。全生命周期债券管理的研究方法并不是一成不变的，而是根据具体的情况引入动态的评估机制对债券管理工作进行动态调整，以求保证最终管理效果的准确性。

四是引入信息技术进行债券管理。通过引入互联网等信息技术，构建基于项目收益专项债券的全面管理信息管理系统，提高债券管理的风险控制能力与管理绩效水平。

综合集成方法打破了学科和知识领域的壁垒，一切知识体系都以服务系统管理为目标，构建起了强大的、具有内生动力的系统管理体系，能为复杂性系统运行项目单位提供持续的风险管理指导和效率能力提升意见，有效地控制项目的每一个细微活动单元，并提升其自身管理水平。

三、专项债券治理的中国式模式创新：法律管理方法

中国传统文化中黄老道家的治理理论为我们指明了专项债治理的方向，提供了可以借鉴的“以道论法，道法结合、兼采百家”治理思想。现代中国

提出的系统科学的综合集成方法又为我们指出了一条通过定性定量结合，跨学科吸收各种专业知识解决复杂性系统管理的有效路径，这些都是中国的优秀文化精华，对于地方政府专项债券这一复杂系统的治理至关重要。但上述治理方法并不能直接运用到专项债治理中，黄老道家侧重管理哲学缺乏具体的操作性指引；综合集成方法侧重自然科学领域问题解决，而如何运用到社会治理中也需要创造性转化。专项债券治理需要在现有文明成果的基础上将传统与现代进一步融合，形成更加适应中国社会治理的管理方法体系。这里我们提出通过法律管理方法来建立中国地方政府专项债券的治理体系。

（一）法律管理方法是针对社会治理的综合集成方法

法律管理（Legal Management）是指以复杂系统理论与法学理论为基础，采用综合集成的方法，针对以人为基本组成单元的社会组织而采用的一种管理理论与方法。法律管理的根本目标是：在对以人为主体的社会组织系统行为规律充分认识的基础上，通过法律管理手段对其进行有效的管理控制，使社会组织能够实现整体管理绩效的全面提升。

法律管理是一种跨专业、跨领域的综合管理理论与方法，以中国传统黄老道家道法结合思想为基本哲学，将现代系统科学与法学专业成果作为理论基础，是复杂系统思想在管理领域的典型应用。鉴于自然人以及以自然人为主体的社会组织自身的复杂系统特性，传统的管理方法已经不再适用。法律管理是基于上述现状针对复杂性系统特性而提出的一种跨专业、跨领域的综合管理理论与方法。

（1）法律管理方法论的哲学基础是中国黄老道家治理哲学与西方法律哲学的综合集成。法律管理方法论吸收了西方哲学中的实证主义哲学与法律哲学精华，同时也把东方文化中的和谐系统哲学观融为一体，形成自己的综合哲学。这三者并不矛盾，实证主义哲学的优势在于对客观世界的研究与描述；法律哲学的重点在于社会个体之间及个体与整体社会之间的平衡关系；而东方文化中则关注个体自身的身心升华，将其有效结合起来，可以使得我们能够充分理解社会复杂系统的特性与个体的行为，为探索复杂系统自我管理与发展奠定坚实的哲学基础。

（2）法律管理方法论是以复杂性系统理论为基础的研究方法综合集成。法律管理方法在方法论层面同时吸收借鉴还原论、系统论与法律方法论三种方法，并将其结合形成新的综合集成方法，以此来帮助企业组织这一复杂系统的良性发展。还原论将复杂系统分解为最小单元结构模块，使之可以分析，厘清其组织脉络，加以系统整理、归纳，进而认识系统的发展规律；系统论将复杂系统组织的各模块关系厘清，利用其发展规律进行组织调整；法律方法论则把复杂系统中的交互关系作为重点进行有效梳理，把复杂系统的复杂关系由混乱变为清晰，由此来实现对复杂系统的控制。在理解上述方法论的着眼点与操作思路的基础上，将很容易掌握法律管理方法的内容。

（二）运用法律管理方法定性定量结合，解决社会治理的实际问题

法律管理可以通过采用定性与定量相结合的方法来有效应对社会发展各种问题，特别是在定量精细化管理方面，与现有管理方法相比有着本质的区别。

（1）用法律管理方法进行定性分析。法律管理方法利用系统科学的系统仿真方法与法律理论的案例方法，构建复杂系统应用模型，来解决复杂系统的定性问题。案例法可以解决复杂系统中不同主体的交互过程描述。定性描述的过程是把系统分析问题、法律实践经验及专家的判断力与智慧相结合而形成的。在这个过程中，要充分应用法学、系统科学、控制科学等各种有效方法和手段，包括系统建模、仿真、分析、优化等。构建出以法律关系为基础的复杂系统应用模型，就能更准确地描述与预测判断企业组织的行为活动。

（2）用法律管理方法进行定量分析。在定量问题上法律管理方法具有其他方法所难以相比的优势。由于社会复杂系统的生物性与非线性，过去在自然科学领域中有效的数学定量分析方法很难再发生作用，然而在法律系统领域则以权利义务为核心积累了大量的处理社会系统定量问题的成功经验。法

律管理方法可以直接从中借鉴吸取经验，甚至直接应用法律系统的定量处理问题方法。因为二者面对的主体完全一致，且都必须遵守法律系统规范这一硬约束。法律管理定量分析的重点在社会问题内部主体之间的法律关系与社会组织作为整体与外部环境的法律关系，最终凭借法律知识与系统理论，我们将实现对组织复杂系统的定量分析。

法律管理方法论对解决社会复杂系统问题有其独特的优势，是迄今为止运用于社会复杂系统管理并卓有成效的应用方法。从这种意义来看，法律管理方法可以应用在诸多社会复杂系统的管理研究。地方政府专项债券的治理属于最典型的社会科学领域复杂性系统治理，法律管理综合集成方法是最适合的管理方法，具有独特的管理优势。

（三）在法律管理方法基础上的兼采百家，跨学科融合解决问题

基于地方政府专项债券的复杂系统特性，我们在法律管理方法基础上，还需要整合法律、管理、财务、工程等专业领域开展跨学科跨领域交叉研究，才能够全面地揭示政府债券风险的方方面面，找到最有效的债券管理方法。专项债券管理研究主要涉及的相关理论基础包括：项目管理理论、（政府）债务风险管理、债券市场监管、复杂系统科学理论、法律管理理论、财政预算绩效评价、COSO风险管理理论等，下面将专项债券管理最常用的项目管理与风险管理专业研究知识体系进行简要介绍。

（1）项目管理理论与方法。项目管理理论是将项目作为研究对象，使用系统化的方法和理论，建立一个临时性的柔性组织，在相关资源条件的限制下，对项目执行制订相应计划，开展高效率的指导、执行和控制活动，从而对项目进行整个存续周期的动态管理，并对项目计划和目标进行不断调整和优化的方法。

国际上主要分为以欧洲为首的国际项目管理协会，以及以美国为首的美国项目管理协会。PMI（美国项目管理协会，Project Management Institute）在项目管理上的贡献主要是建立了较为完善的项目管理知识体系，被称为

PMBOK（Project Management Body Of Knowledge），它把项目管理分成了5个过程组（启动、规划、执行、监控、收尾）和10个知识领域（项目整合管理、项目范围管理、项目时间管理、项目成本管理、项目质量管理、项目人力资源管理、项目沟通管理、项目风险管理、项目采购管理、项目相关方管理）。PMBOK的基本观点是充分发挥项目管理在10个领域知识的作用，对项目管理的5个过程组进行合理、有效的资源分配，在实现资源最优配置的同时保证项目达到预期的目的（见图2-1）。

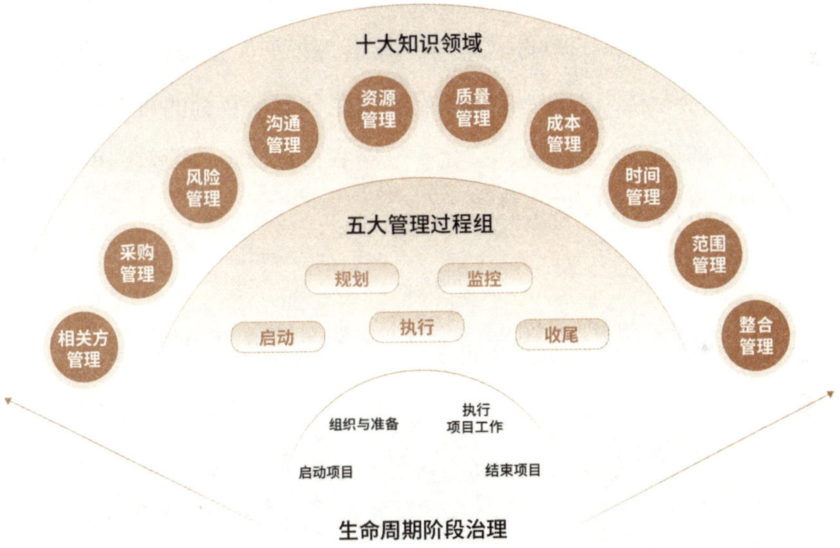

图2-1 PMBOK流程

随着时代的演变，针对外部环境不确定因素的增加，传统的纵向项目管理方式开始向扁平化的组织架构转变，这使得一系列新型组织形态出现。在这样的情况下，项目管理的方式开始了从传统的管理项目向通过项目进行管理的变化。相比于西方的发达国家，我国现有的项目管理相关理论研究起步较晚，但随着现代化建设的提速，在社会经济快速发展和全球化背景下，国内许多项目都开始进行项目管理工作，并吸纳了大量的项目管理相关人才，营造了国内学习项目管理相关理论的良好氛围。

地方政府专项债券以项目为核心进行管理，正好与项目管理的特性相符合。因此项目管理是地方债券管理主要应用的方法，为我们提供了一个项目全生命周期债券管理的理论框架，帮助我们更好地理解债券管理。

（2）COSO风险管理理论与方法。COSO风险管理理论针对风险管理和内部控制相关理论进行了深入的分析和介绍，自1992年出版企业内部控制整合框架（Internal Control-Integrated Framework）以来，它已经成为美国上市公司的内部控制制度建设的重要理论依据。我国也对COSO风险管理理论进行了相关应用，比如，2008年，财政部发布的《企业内部控制基本规范》，里面的内容就使用了COSO风险管理理论关于内部控制的相关内容。

2017年，新一版本的COSO《企业风险管理框架》发布，它对风险管理重新进行了定义，认为风险是影响企业发展战略和发展目标的可能事件。同时，它将内部控制的内容分为治理和文化、战略和目标设定、绩效、审阅与修订、信息、沟通与报告五大要素（见图2-2）。

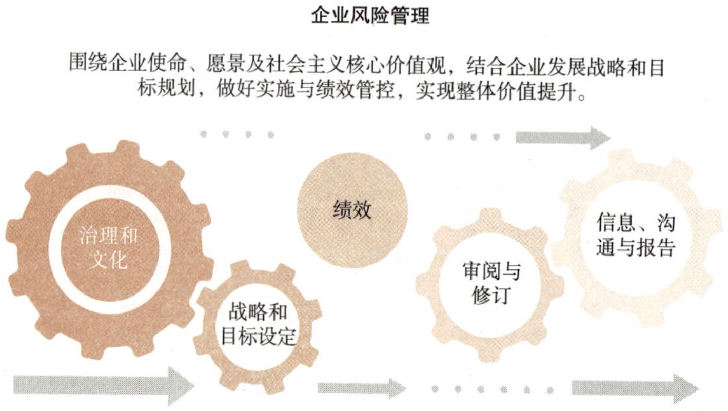

图2-2　企业风险管理架构框架

五大元素分别囊括部分原则，具体见图2-3。这些原则涵盖了从治理到监控的所有内容。它们在规模上是可管理的，它们描述的实践可以以不同的方式应用于不同的组织，无论大小、类型或部门。遵守这些原则可以为管理层和董事会提供合理的期望，使组织了解并努力管理与其战略和业务目标相关的风险。

图 2-3　五大元素原则

COSO关于内部控制的五大要素对风险管理重新进行了相关的界定，为企业提供了一个项目风险管理的具体的可操作的框架。从可操作性来看，企业拥有确定的发展目标、使命和发展文化，并根据目标制订了相应的发展规划，就可以用COSO开展风险管理相关工作。它是一套为特定组织构建或集成流程的原则，是一个监控、学习和改进绩效的系统。任何规模的组织都可以使用企业风险管理。如果一个组织有一个使命、战略和目标，并且需要作出充分考虑风险的决策，那么就可以应用企业风险管理。它可以也应该被各种组织使用，从小型企业到社区社会企业，从政府机构到财富500强企业。

专项债券的建设运营都是由政府委托相关企业进行，因此COSO的风险管理框架也适用于专项债券项目的风险管理。以风险管理为导向的专项债券项目管理可以帮助我们更加有效地去管理项目风险，项目管理理论为专项债券全生命周期的管理提供了一个宏观的框架，COSO的风险管理框架可以将项目的不同生命周期的阶段的风险进行细化，形成项目风险管理的列表和清单，帮助我们更加有效地积极管理项目风险，提升运营绩效。

综上所述，法律管理综合集成方法以其强大的自身动力，吸收并借鉴了项目管理方法、COSO方法等诸多方法与理论用于专项债券管理，最终形成了以项目管理理论为框架、COSO风险管理模型为基础，通过法律管理对债券管理进行动态风险控制，从而实现专项债券项目的有效治理。

第四节　地方政府专项债券治理创新的理论价值与实践意义

一、地方政府专项债券治理创新的理论价值

（一）对地方政府专项债券的复杂系统特性研究、描述更加贴近现实情况

通过梳理地方政府专项债券自身多重特性的特点，分析其债券管理的特点，将地方政府专项债券定义为一个以项目为核心的复杂系统，对做好其债券管理的工作具有一定的理论价值。

（二）将法律管理综合集成方法引入地方政府专项债券治理，是中国式政府债务治理理论与方法的积极探索

探讨地方政府专项债券的研究方法，具有重大的理论价值。我们将综合集成方法引入地方政府专项债券管理研究，是针对当前地方政府专项债券管理的一个重要的创新。如果综合集成的理论能够得到有效应用，对于今后类似于地方政府专项债券这样具有复杂系统特性的金融产品，或者是相关领域项目的风险管理提供了一个非常好的可借鉴样板。

在借鉴项目管理理论、COSO企业内部控制、法律管理方法三种理论基础上，提出具有分析和解决复杂系统功能的综合集成方法，作为整个专项债券项目风险管理的方法理论支撑。

综合集成方法与全生命周期理念的结合，实现了将专项债券项目还原为可控的业务单元并进行有效债券管理的目标，既弥补这一研究领域的空白，又为亟待解决的地方政府专项债券管理工作提供了理论支撑和操作指引。

专项债券管理理论创新是一次中国特色政府债务管理的理论探索实践，体现了我们对政府债务治理的中国智慧，提出了对政府债券管理的中国方案，中国式现代化需要更多地满足中国发展需求的理论研究和创新成果。随着后续的不断完善，基于系统科学的跨学科政府债务管理理论一定能够有效支持

中国地方政府债务治理各项工作开展。

二、地方政府专项债券治理创新的实践意义

现有的地方政府专项债券管理研究大多停留在政策方向等宏观层面。由于发行地方政府专项债券的时间不长，相关领域可供借鉴的实践经验和数据有限，因而目前的研究深度难以达到指导实际项目进行债券管理的目的。

在传统债券管理模式下，无法考虑地方政府专项债券项目本身的特殊性，难以提出具有针对性和实践性的债券管理方法。缺乏实务操作基础的研究是难以应用的，要想将债券管理理论与地方政府专项债券结合起来，提出创新性意见就更加困难。因此，现有的研究很难用于实践，达不到地方政府和市场对于地方政府专项债券管理的要求。

通过运用法律管理综合集成方法构建地方政府专项债券治理体系，针对模型不同阶段开展深入研究，进行地方政府专项债券项目管理分析，搭建了适用我国目前专项债券项目的债券管理框架，对地方政府专项债券管理者具有较大实践意义。具体体现在，系统科学的地方政府专项债券管理体系可以使得地方政府对专项债券能够更加充分理解，进而对专项债券进行有效管理，提升债券项目与资金使用绩效。

第一，全生命周期债券管理帮助地方政府更好地全面理解专项债券。基于全生命周期理论，以地方政府专项债券为视角，从现阶段我国地方政府专项债券的整体发行情况出发，全面、客观、科学界定地方政府专项债券项目生命周期的各个阶段，以最终实现识别和分析风险、评估风险以及应对风险，能够切实让地方政府专项债券治理落到实处。

过去政府投资项目管理侧重定期审计、检查与绩效评估等，这种事后风险管理方法很难有效管理当前专项债券面临的风险。专项债券全过程、动态的风险管理，从项目规划、发行到建设、运营，直至债券清偿，将事前、事中、事后全过程动态的债券管理理念贯穿始终，才能有效控制专项债券的风险。

第二，地方政府专项债券参与各方都能够全面认识专项债券风险，掌握基本风险应对方法。对地方政府专项债券各个阶段风险的界定和项目全生命周期风险的分析，能够帮助地方政府对项目风险进行更全面的认识，并针对风险提出全生命周期分阶段动态性的评价，从而进行相应的风险应对，为地方政府专项债券的风险控制起到借鉴和指导意义。

传统的财政资金监管模式主要针对资金的拨付、使用、流向和有无挤占等情况进行监管，很难满足当前专项债券对于风险管理的要求。资金支出和使用的监管是全生命周期债券管理的重要环节，但资金监管无法有效控制专项债券项目的运营收益风险，因此只有以项目管理为核心的全生命周期债券管理才能够满足当前专项债券管理要求。

第三，提高项目建设主体和运营主体的风险意识和能力，保证专项债券项目绩效管理始终处于高水平。地方政府对专项债券项目运营管理能力的影响和作用普遍缺乏重视，但就我国地方政府专项债券发展来看，地方政府通过委托授权形式，指定相关建设和运营主体。只靠项目监督管理并不能根本改进项目绩效水平现状，债券项目管理不只是发现问题、纠正问题或追究责任，债券项目管理的价值更在于帮助、指导项目建设运营主体解决问题，提升项目运营能力，推动项目低风险运行，真正发挥债券资金使用的效能，最终达成专项债券促发展的目标。随着地方政府专项债券发行数量逐步增多，通过专项债管理理论体系来对专项债券进行全生命周期风险识别、分析、应对，来有效规避风险，并能相应制定全面的风险预防办法，使项目获得更好的经济效益和社会效益，对国家整个债券市场的健康、有序发展都有着特殊的意义。

“只有把马克思主义基本原理同中国具体实际相结合、同中华优秀传统文化相结合，坚持运用辩证唯物主义和历史唯物主义，才能正确回答时代和实践提出的重大问题，才能始终保持马克思主义的蓬勃生机和旺盛活力。”面对债务这一全球人类面临的共同问题，如果我们的债务治理理论能够有效发挥作用，那么可以为世界提供债务治理的中国智慧、中国方案，推动全球债务治理走向良性有序发展。

第三章

地方政府专项债券治理体系构建

基于综合集成方法对地方政府专项债券进行全生命周期分析研究，紧紧围绕专项债券管理目标，探讨各种管理工具应用效果与可行性。通过全生命周期管理模型构建，找出地方政府专项债券运行中的问题和风险，研究和找出提升地方政府专项债券资金使用效率的路径与方法；通过有针对性的措施来提升专项债券项目的运营效率，有效保障政府专项债券的顺利进行，保障地方政府融资能够健康持续开展。

地方政府专项债券管理围绕债券和项目这两条主线进行。一方面，地方政府专项债券与具体投资建设项目之间相互交织、密不可分，专项债券发行对应具体的投资建设项目，项目建设运营又是专项债券形成资产和本息偿付的基础；另一方面，债券和项目具有完全不同的管理属性，专项债券发行和清偿属于财政金融制度创新，项目建设和运营则是地方政府具体的社会经济发展实体经济行为。

专项债券管理模型要同时能够满足“专项债券”和“项目”二者的管理目标与要求，通过研究发现，专项债券生命周期和项目的生命周期完全一致，二者在生命周期上形成一个有机整体，因此通过全生命周期理论把专项债券和项目管理进行有效的融合与统一，在全生命周期基础上为聚焦研究目标、形成系统科学的债券管理思路，在不同生命周期的阶段中将专项债券与项目风险进行了充分、全面的梳理，最终形成专项债券全生命周期管理模型。

第一节　专项债券的治理目标与治理体系

一、专项债券治理目标

在充分考虑当前地方政府专项债券现状的基础上，以系统科学综合集成方法为核心，结合最新的跨学科理论研究成果，对符合中国特色的专项债券管理理论体系建立提出如下目标。

（一）目标一：能够有效识别和控制专项债券项目风险

专项债券由省、自治区、直辖市人民政府作为发行人，有地方政府的信用背书，因此一旦专项债券遭遇突发风险，不仅会影响其还本付息，也势必会影响到政府的信用，如果没有进行全生命周期债券管理导致风险应对不及时、专项债券违约大量出现，便会加大政府债务风险的发生概率，因此首要目标就是有效识别和控制专项债券项目的风险。

（二）目标二：能够有效提升专项债券项目的运营效率

专项债券管理理论能够有效指导债券项目现实管理，有效保障专项债券的顺利发行，开好地方政府的“前门”，研究和找出提升专项债券资金使用效率的路径与方法；通过债券管理的实施来提升专项债券项目的运营效率，保障地方政府融资能够健康持续开展。

综上所述，紧紧围绕上述两个专项债券管理目标，建立起符合中国专项债券管理需求的全生命周期债券管理理论体系。

二、专项债券治理研究框架（见图 3–1）

在确定了地方政府专项债券管理方法论的基础上，基于专项债券的全生命周期对债券管理进行深入分析研究，在如下三个方面不断补充完善管理要素，最终形成满足中国地方政府专项债券管理需求的治理体系。

首先，构建地方政府专项债券管理全生命周期的管理模型。基于全生命周期理论，站在专项债券管理者的角度，根据我国专项债券实际情况，专项债券项目的生命周期可以分为五个阶段：规划期、发行期、建设期、运营期、清偿期；站在债券管理的角度，对专项债券项目的五个阶段分别开展风险识别工作，并将潜在的风险问题及时纠正，在此基础之上以法律合同文件、资金流和行为三者为核心，建立有效的专项债券项目全生命周期债券管理体系。

其次，探索专项债券全生命周期的动态管理。过去政府投资项目管理侧重定期审计、检查与绩效评估等，这种事后风险管理方法很难有效管理当前的地方政府专项债券风险。地方政府专项债券管理应当更加侧重全过程动态的全生命周期债券管理，从项目规划、发行到建设、运营直至债券清偿，将事前、事中、事后全过程动态的债券管理理念贯穿始终，才能有效控制管理地方政府专项债券风险。

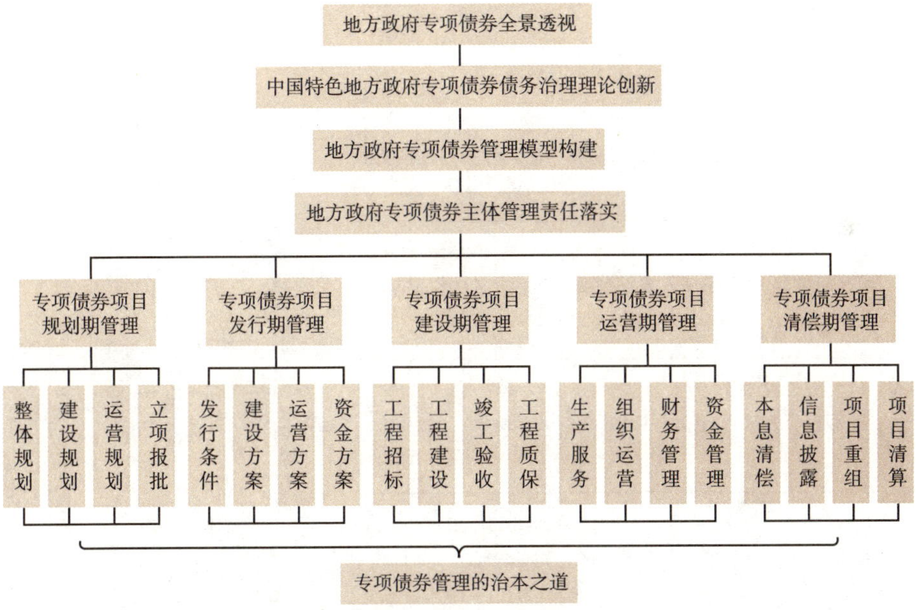

图 3-1　地方政府专项债券治理体系研究框架

最后，地方政府专项债券管理不仅是项目监管，更应当是项目赋能。只靠项目监督管理并不能从根本改变债券管理现状。债券管理不只是发现问题、纠正问题或追究责任，债券管理的价值更在于帮助、指导项目建设运营主体解决问题，提升项目运营能力，推动项目低风险运行，真正发挥专项债券资金使用的效能，最终达成专项债券促发展的目标。

第二节　专项债券全生命周期管理模型

一、全生命周期管理模型

根据国内外关于项目及地方政府专项债券管理的研究成果及文献资料，

结合现阶段我国地方政府专项债券项目整体情况，在分析地方政府专项债券项目全生命周期管理的特点基础上，提出如下地方政府专项债券项目全生命周期管理模型，并针对专项债券项目不同阶段风险特点，进行定性和定量的风险识别、预警、应对和评价，以确定各阶段最科学的管理方法，模型如图3–2所示。

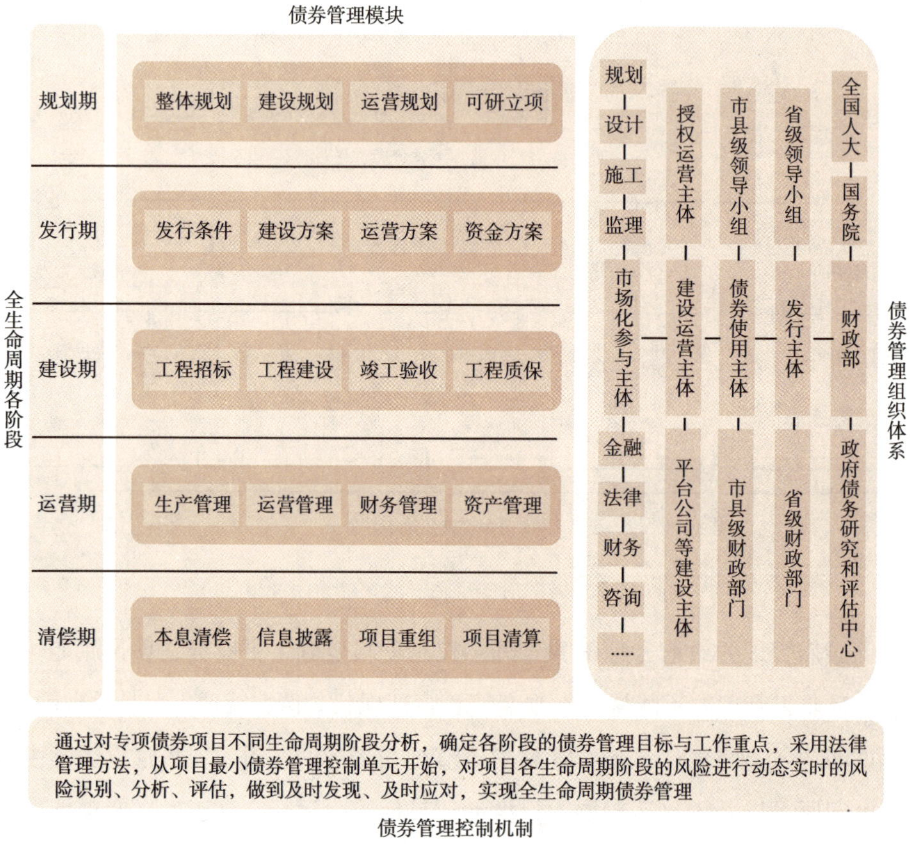

图 3–2　地方政府债券全生命周期管理模型

二、全生命周期管理模型说明

专项债券全生命周期管理模型可分为五个大部分，分述如下。

第一部分是债券项目参与主体构成的组织管理体系。

第二部分是债券项目按照不同的生命周期分为五个生命周期阶段。

第三部分是债券项目每一个生命周期阶段的核心管理控制模块。

第四部分是债券项目的管理控制机制。

第五部分是上述四个部分形成的地方政府专项债券的整体管理体系，系统整体大于部分，整体系统将四个部分紧密联系，密不可分。

专项债券全生命周期管理模型提供了一个整体宏观的专项债券项目管理框架，从以上各阶段核心债券管理模块可见，对于一只地方政府专项债券而言，其生命周期各阶段前后密切联系，风险具有逐级传递的基础特征。尤其是在发行筹资工作完成后的项目建设期、运营期和清偿期三个阶段，主要风险前后关联：建设期一旦爆发“进度、安全、技术、质量、资金使用五要素控制不力”的风险，则会导致运营期面临有效运营时间缩短和运营收入下降的风险，即项目“运营不力”的风险，而运营期一旦爆发“运营不力”的风险，则必然使项目清偿期可能面临“无法如期足额清偿”的风险。其风险流程如图3-3所示。

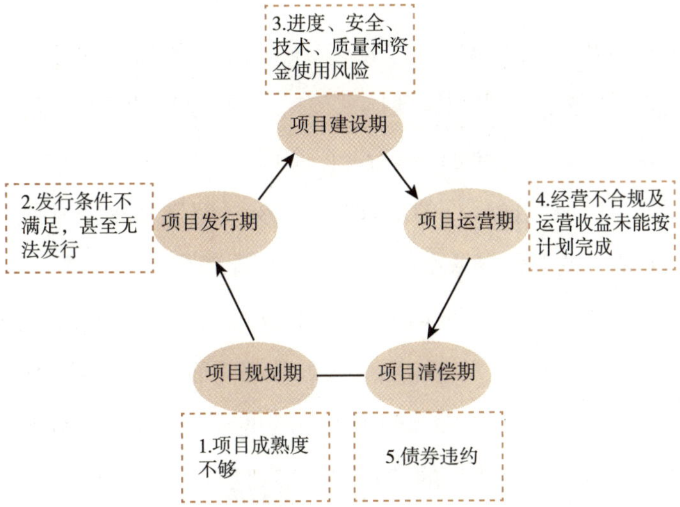

图3-3 地方政府专项债券全生命周期各阶段主要风险点及其传导图

从以上风险传递的链条可见，一旦专项债券发行成功完成筹资，则对发债主体（地方政府）而言，其面临的主要风险即可递归至项目还本付息的清偿风险，无论建设期的风险（建设单位的五要素控制不力）、运营期的风险（运营主体的运营不力），最终均递归影响到项目的清偿能力上。

综上所述，可认为地方政府专项债券所面临的主要风险即按期还本付息，而反映项目清偿能力的指标则是按期还本付息。该指标有必要成为债券管理的核心指标。本次所构建的专项债券全生命周期管理模型，将集中围绕“按期还本付息”这一核心指标展开。各个阶段的债券项目管理目标都是服务于“按期还本付息”这一核心指标，皆以项目成功运行、保障政府债务能力为宗旨。各个阶段的债券管理目标的实现是核心债券管理目标实现的基础，核心债券管理目标的实现即意味着项目的绩效管理目标实现。

第三节　专项债券管理的组织体系

专项债券全生命周期管理模型构建了债券管理制度体系，以落实债券管理的各级实施主体职责，从而为进一步落实债券管理各项措施奠定基础。基于前述激励相容和权责一致原则，并充分考虑现行的地方政府债券发行和管理规定，债券管理模型的组织制度体系包括“中央层面指导、省级层面监管、市县级层面落实、实施机构层面执行”四个层级。

具体而言，按照我国现行的地方政府债券（特别是专项债券）发行管理方案，所有的地方政府债券系由全国人大授权国务院下达分省（市、自治区）额度（即所谓“地方政府债务限额”），由省级人民政府委托相关职能部门（财政部门）在限额内审批发行；而省级财政部门通常将本省限额在全省各市（地、州）进一步细分，各市在保留市本级额度后进一步在本地各县（区）细分。本章认为，这是一个典型的“从省到市到县三级”层叠细分额度的发行模式。

鉴于在这一模式中，省本级发债的比例相对极低，绝大多数额度均在市、县层面落实，可认为，多数债券项目均由市、县层面负责，既然相关融资所获得的市场资金以及由债券资金形成的资本均落地到市县层面，则基于前述“权责一致”原则，债券管理责任应主要落实在市县层面，这就是本章设计“市县层面落实”的基础依据。

而对省级地方政府而言，作为专项债券发行主体，也是对外偿还主体。因此根据权责对等原则，省级政府担任项目监管主体，对下级地方政府专项债券项目负有监管职责。

按照上述思路，建议机构设置方案如图3-4所示。

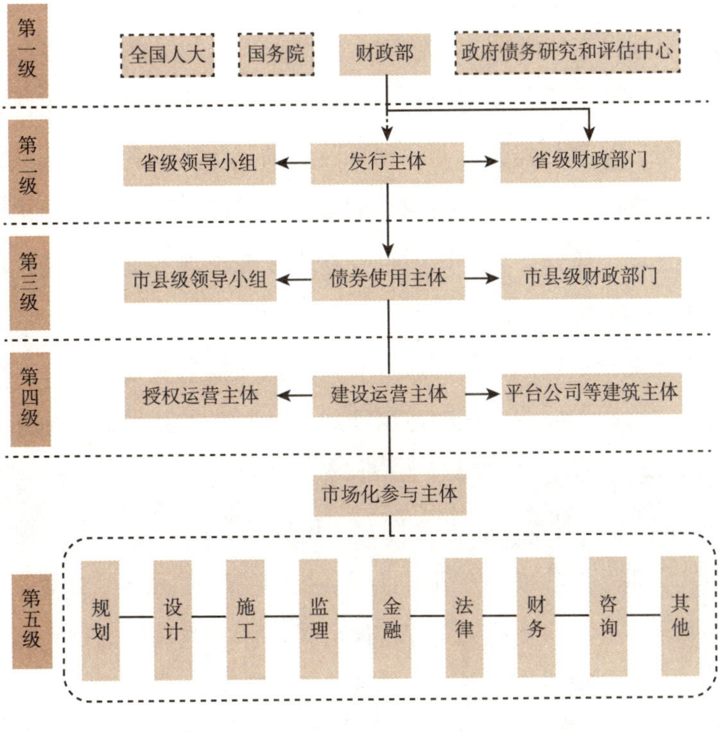

图3-4　地方政府专项债券组织体系预设方案

具体而言，地方政府债券管理组织体系由四个层级构成。

（1）第一层级为国务院财政部。通过制定专项债券统一管理政策，指导监督管理全国地方政府专项债券的发行与风险管理。

（2）第二级层级为专项债券发行人，即各省级政府。在省级地方政府设置“××省地方政府专项债券发行和使用管理领导小组”（建议名，下同）并设立办公室，以此作为发行人的决策机构。省级财政部门，具体落实省政府、领导小组的各项决策，牵头组织全省范围内的项目申报、发行，发挥对本省地方政府专项债券的发行、建设、运营和清偿各阶段的监管工作，尤其对本省下辖各市专项债券项目的风险管理情况进行监督，控制债务风险。

（3）第三层级是市县级政府。市县是专项债券资金的实际使用者，也是清偿责任人。县市级财政部门承担落实专项债券项目发行使用的具体工作，会同业务主管部门负责提出具体项目资金需求、落实资金使用和专项债券的清偿，以及对项目实施机构进行监管。

（4）第四层级为项目实施机构，包括项目建设主体、运营主体、专业机构等项目单位，是项目建设运营和项目收益的具体实现者。四级项目风险管理组织体系贯穿于专项债券生命周期的每一个阶段，从项目的提出、规划设计，到项目建设、运营，直至用项目收益完成专项债券资金清偿，都有明确的主体负责。

按照上述机构设置原则，与风险有关的基础信息从具体的“专项债券项目工作组”获得后，经“发行和使用管理办公室”汇总、整理和分析后定期报送“市/县级领导小组”，再经进一步汇总后报送“省级管理办公室”；而“省级管理办公室”对本省各地全部专项债券项目的风险情况进行统计分析后，报备财政部，并按照相应情况进行必要的风险提示乃至奖励、惩罚，向“市/县级领导小组”下发相关文件，最后对具体实施机构进行奖惩。由此形成一个信息传递和激励/压力传递的闭环。

为实现对专项债券项目风险的全过程管理，以保证清偿率核心指标的实现，下级机构均应定期（或不定期地在项目进行的关键控制性节点）向上级机构报告阶段性的项目进展情况和风险分析，以便上级单位进行相应的指导与帮助。而上级机构收到下级机构的报告后，需汇总本地所有专项债券项目的进展和风险暴露状况进行统计分析，并对每个项目进行风险评估，并将评估结果下发。

第四节 专项债券全生命周期各阶段管理目标与重点

地方政府专项债券生命周期可分为五个阶段，依次是规划期、发行期、建设期、运营期、清偿期，不同的管理阶段有其对应风险特性，管理目标也不同。基于此，从生命周期的角度研究专项债券各阶段不同管理目标和工作重点，从而实现地方政府专项债券风险与绩效管理的全面覆盖。

一、项目规划期管理目标与重点

规划期管理的目标是保证拟发债项目的成熟度。

项目首先应当是能够促进当地经济社会发展的公益性项目。在规划期，重点围绕项目可行性研究、建设规划、运营规划和收益平衡估算展开，项目主管部门、建设运营单位、规划设计单位、相关专业机构可同时参与，保证项目立项、用地、环评等审批程序完备，建设规划和运营规划成熟，能够实现项目收益融资平衡要求。

项目规划期核心债券管理模块如图3-5所示。

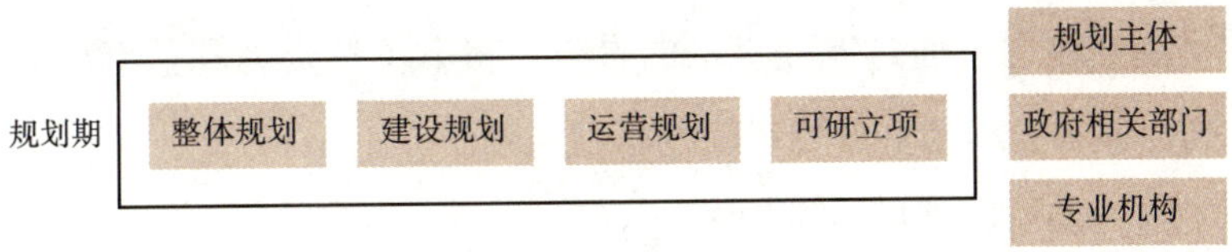

图3-5 地方政府专项债券项目规划期债券管理模块

如前所述，多数地方政府专项债券项目均耗资较多、投资周期较长，因此投资回报具有不确定性（对于强调项目公益性的专项债更是如此），加之每年发债额度的限额管理导致不同项目之间事实上存在直接竞争关系，该阶段的主要风险为可行性研究风险、确定筹资金额与期限风险、项目设计风险。从项目规划期开始，所有的风险均可能递归影响到地方政府专项债券投资建设项目最终的“按期还本付息”指标，具体而言：

（1）如项目可行性研究出现问题，则直接导致可行性研究报告相关结论可能与项目未来运营中的实际情况出现较大偏离，从而可能影响到未来项目清偿期的还本付息。

（2）筹资金额与期限的风险，则可能导致项目筹资金额过大或过小（前者导致债务融资资金闲置增加项目利息成本；后者导致融资资金不足甚至可能使项目无法完成建设任务）、债券期限过长或过短（长期债券利率通常高于短期债券，因此期限过长可能增加利息成本；过短则造成还本付息的压力）。

（3）各种历史遗留问题（如征地拆迁补偿等）、规划变更等项目设计风险，则可能直接导致项目实际开展过程面临各种复杂问题的困扰，导致项目从建设期开始就受风险因素拖累而无法满足预期要求。

二、项目发行期管理目标与重点

发行期管理的目标是项目满足发行条件，依法合规发行。

发行期管理工作重点围绕项目公益性和项目融资与收益自求平衡这个核心，保证项目满足主体适当、项目成熟、资本金落实、成本收益测算科学等一系列发行标准。专项债券发行方案与法律意见和财务评价要能够全面充分反映项目真实情况，通过专业机构的参与，将事关投资者利益事项进行全面披露，从而实现专项债券发行风险的事前控制。

项目发行期核心管理模块如图3–6所示。

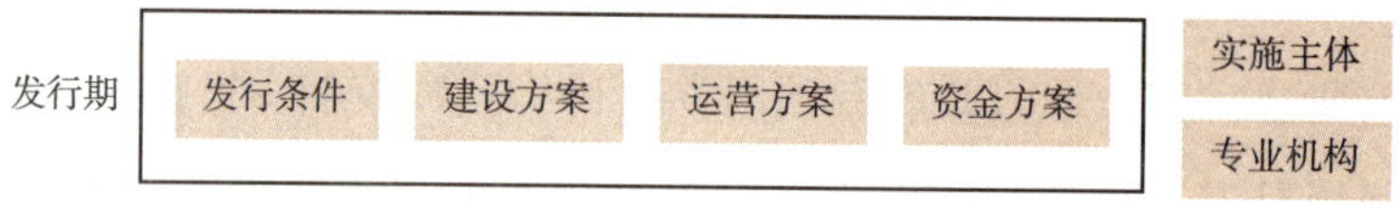

图 3–6　地方政府专项债券项目发行期债券管理模块

需要强调的是，发行融资中风险因素的影响并不局限于发行期，因为融资具有阶段性，不仅可能一期发债，而且可能在项目设计中为实现资金有效使用而分期发债，则一旦后续发债出现问题将导致项目面临再融资风险。

科学完成一案两书编制、确定合适的发债金额和期限及信息披露，对该环节的参与主体（包括作为发债主体的地方政府相关机构、作为实施主体的项目公司，以及一案两书编制机构）提出极高要求。

对进入发行期的专项债券项目而言，主要的风险包括再融资风险、发行时间的风险和筹资风险。但必须指出的是，由于我国金融市场长期存在的对政府“刚性兑付”信仰至今仍根深蒂固，导致近年来地方政府专项债券发行均普遍受到市场的集中追捧（一个典型的例证即动辄数十倍的超额认购），因此发行期风险在可以预见的相当长一段时间内均可维持在较低水平。

三、项目建设期管理目标与重点

在建设期，政府投资项目管理目标是项目建设按期完成和工程质量达标。

政府投资项目通常具有工程量大、建设过程复杂的特点，在实际施工过程中，要将债券管理工作细化到具体施工阶段，同时引入工程监理、财务、法律等专业资源，以建设期参与主体为重点，围绕项目建设期的开支、工程进度、工程质量、施工安全、施工技术和环保等各个方面进行风险管控，确保专项债券项目的质量达标、按时完工。

项目建设期核心管理模块如图 3–7 所示。

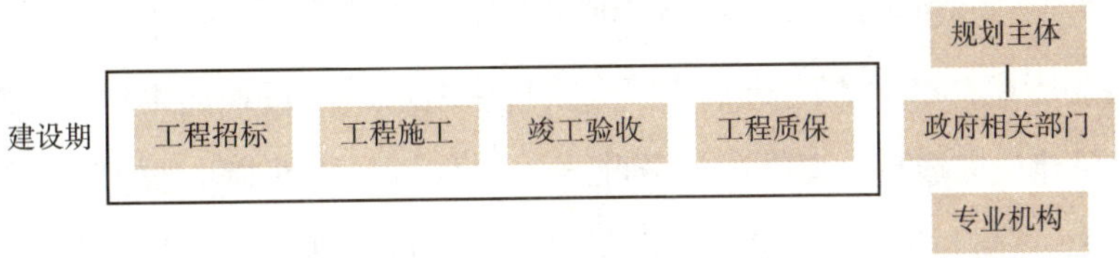

图 3–7　地方政府专项债券项目建设期债券管理模块

此外需要说明的是，项目完成施工后进行工程验收，通过验收则可竣工投入运营。这期间的主要风险是验收失败的风险，但考虑到委托方具有地方政府背景，从实务角度看竣工验收失败的风险可以忽略不计。

专项债券项目的建设期，是整个专项债券实体工程实施阶段，其参与的主体最多，对于工期进度和质量安全等建筑专业领域知识要求比较高。在建设中，通过政府财政部门将专项债券融资交给施工单位，用于实体工程建设或者相关项目的使用，要想让资金发挥应有的作用，必须对资金的使用和资金流情况进行严格的把控。施工单位应当在投资估算和建设概算的基础上，控制好工程量和成本，一旦发生成本变更，将可能引发整个项目的平衡体系失稳。因此，搭建以建设阶段为主线、主体制度建设为核心的债券管理机制，有利于确定相关主体职能，更好地推动整个项目的按期完成。

四、项目运营期管理目标与重点

运营期管理目标是项目合规经营和项目收益按期实现。

运营期是检验和实现项目价值、保障项目经营收入满足清偿率的关键阶段。本阶段债券管理重点围绕运营主体及其运营能力展开，从人力资源、主营业务、资产管理、财务管理等方面对其进行全程债券管理支持，确保项目运营收益按预期实现，同时各项业务依法合规进行。

项目运营期核心管理模块如图3-8所示。

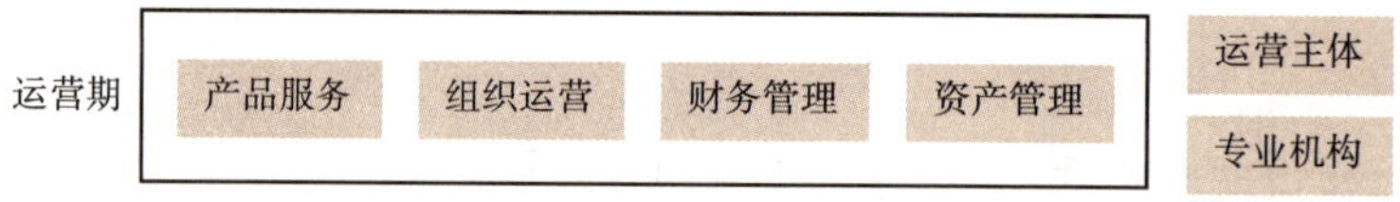

图 3-8　地方政府专项债券项目运营期债券管理模块

如前所述，对地方政府专项债券管理中核心的“按期还本付息”指标而言，项目建设完成后运营期的运营收入（及利润）是还本付息的最重要来源。可以认为，项目按期还本付息的衡量，很大程度上取决于项目运营期的债券管理。而从我国地方政府专项债券投资项目的实务运作情况看，虽然按相关政策要求地方政府作为发债主体，但毕竟地方政府没有足够的专业人力资本进行项目运营，通常都是将专项债券发行筹资获得的资金经建设后形成的资产委托于专门的运营主体进行运营。由此，即在发债主体（地方政府）与运营主体（项目公司）之间形成了经济学中的委托-代理关系，而对这一委托-代理关系的有效规范，构成了运营期债券管理的主要基础。采用委托-代理理论中的规范方法，对委托人（发债主体，即地方政府相关机构）如何有效克服信息不对称的劣势，构建对代理人（运营主体，即项目公司）的有效监管进行系统分析。

五、项目清偿期管理目标与重点

项目清偿期的管理目标是投资者保护和专项债券本息兑付。

当出现专项债券存续期不能支付利息或到期后不能支付专项债券本息情形，项目即产生了清偿风险。本阶段重点工作是帮助清偿主体履行清偿责任，通过应急预案等措施保护投资者利益，同时及时向债券市场进行清偿信息披露，有利于稳定市场信心、减少市场风险。

项目清偿期核心管理模块如图3–9所示。

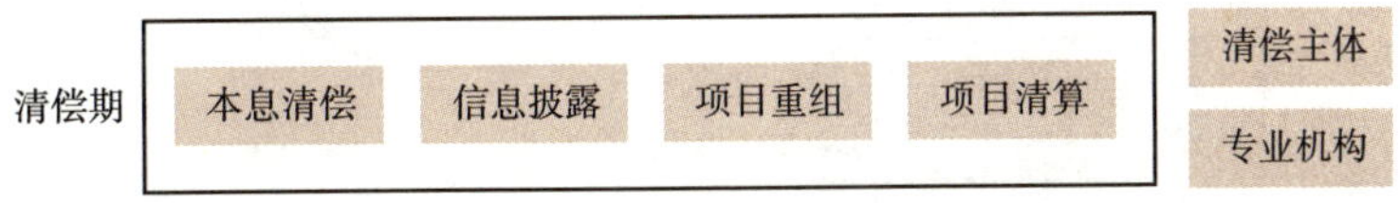

图3–9　地方政府专项债券项目清偿期债券管理模块

整个专项债券项目的全生命周期通过人为的划分阶段，并对每个阶段涉及的债券管理核心模块进行罗列，直观地反映出每一个阶段的风险控制核心区域，有利于更好地了解专项债券项目全过程管理工作。

第五节　专项债券管理模型的管理控制机制

基于综合集成方法论，针对专项债券各阶段与模块的管理进行跨学科综合研究，最终认为通过法律管理方法可以最有效地实现对专项债券项目的全生命周期各个阶段的微观管理控制。法律管理可以从项目最小债券管理控制单元开始，对项目各生命周期阶段的风险进行动态实时的风险识别、分析、评估，做到及时发现、及时应对。

最小债券管理控制单元是以项目建设运营中的法律合约作为最小业务单

元，结合业务合约涉及的资金拨付与具体工作成果来实现业务单元债券管理控制。

每个专项债券项目都涉及大量建设、运营活动，每个活动最终都体现为法律合约，每个法律合约作为最小业务单元，共同构成了项目的整体建设、运营。“千里之堤溃于蚁穴”，项目债券管理失控一定从最小业务单元开始；“千里之行始于足下”，通过对每一个最小业务单元的有效债券管理控制，积少成多，最终实现专项债券的全生命周期债券管理落地（见图3-10）。

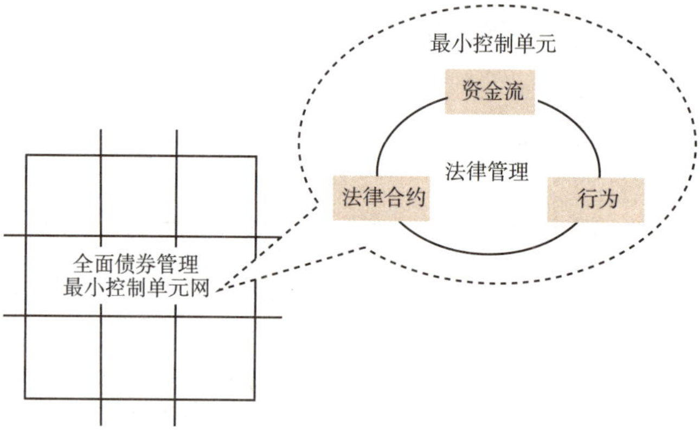

图 3-10　地方政府专项债券项目债券管理控制示意

因此，整个专项债券项目全生命周期管理模型的核心问题，同时也是整个债券管理的难点，就是如何区分出整个全生命周期中可能涉及最小控制单元的核心行为。通过前面的分析不难发现，通过使用综合集成方法，已经将专项债券这一复杂系统拆分成了五大生命阶段，进而对每一阶段进行债券管理核心模块分析，找出了每一阶段工作的重点，或者说是每一阶段中风险高爆发、影响最广泛、破坏最严重的集中事件。每一阶段都是由这些不同的重要模块构成，通过对核心模块的债券管理，从而保证整个阶段的合法合规，并为后续阶段提供良好的法律和事实基础。

通过法律管理实施的债券管理控制机制能够将每一个债券管理模块的风险控制进行量化分析，从而实现对项目的动态债券管理。即一涉及具体行为，必然就能找到这一行为参与的主体，通过搭建的债券管理制度体系，可以迅速定位相关主体的位置。“不在其位不谋其政”，找到相关主体的位置后，就能确定他们之间的职能和作用。为保障相关行为的受控和被约束，必然要对主体进行法律管理，通过法律合同要件和资金流规范和引导主体的工作，确定其权利与义务，并以之作为监督和指引其具体行为的纲领，从而保障每一个核心模块中的具体行为能完全地服务于整个阶段的债券管理目标。约束和控制具体行为所形成的法律合同要件，决定了整个模块乃至整个阶段的工作将遵循合约并得到有序开展。

最小控制单元可以认为是整个专项债券风险管理体系的基础，是一个个的圆点，最后由这些点形成线、形成块，进而形成网，从而将专项债券的全生命周期全部囊括进去。通过一个个动态的可调节的最小单位，来控制由这些最小控制单元构成的整个复杂专项债券系统。同时在现实情况中，动态事务往往更难监管，风险控制中存在诸多漏洞，仅仅通过现代信息平台的智能化操作和管理是难以实现的，也是无法捕捉的，而法律管理理论中的控制论适时地将人为监控（专家）加入进来，人的主观能动性极大地弥补了这一动态调整等不确定因素带来的漏洞。

全生命周期动态的债券管理体系控制住了每一个最小控制单元，进而控制了核心模块，控制了每一个阶段，最后构建起健康运行的全生命周期专项债券项目。通过控制每一个地方政府专项债券项目，进而控制每一个市县的项目，保证每一个市县的专项债券健康运行，控制每一个市县的政府债务和提升市县政府的偿债能力。市县的财政健康是各省各个地方政府财政健康的基础，市县专项债券有效的管理必能推动全省的专项债券管理，进而保证全国的专项债券风险处于一个良性可控状态。同时，专项债券相关体系制度的搭建又会彻底打通自上而下的管理通道，形成完整的专项债券风险管理体系。因此，综合集成方法通过对每一个项目的债券管理，从而实现对全国地方政府专项债券管理。

第六节　专项债券全生命周期管理模型的实现路径

在宏观层面，专项债券全生命周期管理模型将专项债券管理从过去的模糊状态变得清晰可控，使得对专项债券的不同阶段都能有一个精准、清晰的认识，同时模型的高度结构化又使得各种类型的专项债券都能够充分适用。

自2017年开始试点发行以来，专项债券已广泛涉及收费公路、棚改、土地储备、轨道交通等诸多领域。尤其是2018年以来随着中央对地方政府发债相关政策的宽松，项目收益专项债品种创新显著提速，全国范围内各省区出现高等学校、旅游扶贫开发、职业教育、污水处理、公立医院、乡村振兴、产业园区等近十大类上百种专项债创新品种。在充分研究各种类型债券品种基础上形成的地方政府专项债券管理模型普遍适用于目前所有项目类型债券的全生命周期管理，以此作为专项债券管理工作的起点，提纲挈领把地握整个债券管理工作，是实现专项债券管理目标的有效路径。

在微观层面，专项债券全生命周期管理模型通过最小控制单元实现了对债券项目各项具体工作的有效管理。

通过法律管理具体工作，对债券各业务单元涉及的法律合同要件、资金流和行为进行有效管理，也就实现了对每一个债券控制模块的有效管理。在此基础上，从每一个阶段的角度重点关注模块的管理，完成对整个专项债券全生命周期的管理工作。这也符合以项目为核心的综合集成方法的指导思想，同时大大简化债券管理流程，厘清了整个债券管理工作的脉络。

专项债券全生命周期管理模型是基于系统科学原理设计的动态管理模型，可以满足债券项目管理的实时动态管理要求，能够随时调整以适应各种债券管理需求。

全生命周期的漫长性和主体与现实环境的复杂性决定了专项债券的管理经常处于实时变动之中，有效的债券管理工作必然要求及时性、实时性和动态性。这些要求是传统的监管、审计与绩效考核难以达到的，必须要通过管理模型及时发现问题，调动各方参与主体来进行债券管理与绩效提升，管理模型实现了债券宏观管理与微观调控之间的有效互通，能让整个专项债券参与主体之间的互动与沟通实时与便捷化，也使得债券管理工作更加灵活高效，由此使得债券项目实时动态管理成为可能。

专项债券全生命周期管理模型为专项债券后续数字化管理提供了算法模型基础。

基于管理模型可以进一步完成专项债券的数字化管理，通过专项债券管理系统，可以将所有需要债券管理专业机构参与的会议和事件进行线上实时对接，将专业机构的参与与见证作为所有项目参与主体的硬性要件，这样既保证了项目建设和运营等相关工作的有序开展，又提供了一个项目管理者或决策者通过专业机构见证和监督的渠道，数字化管理系统将彻底破除债券管理之间信息不对称的沟通壁垒，极大地避免风险和提高项目管理能力。

专项债券管理引入法律管理方法，解决了最后一公里的风险管理问题。项目管理构建了一个基础性的框架，COSO的风险管理框架为每一个阶段提供了一个风险管理的风险清单列表和模型，但是在具体的最终债券管理实施上，只有通过法律管理的方法，才能有效保证每一个项目的活动中的债券管理得到有效实施，通过法律管理理论方法在微观层面上推动债券管理要求落地，以此从最小业务单元的风险控制实现项目的整体风险管理的有效实施。

第四章

地方政府专项债券
主体管理责任落实

第一节　地方政府专项债券主体责任的落实路径

根据《关于试点发展项目收益与融资自求平衡的地方政府专项债券品种的通知》（财预〔2017〕89号）、《关于做好地方政府专项债券发行及项目配套融资工作的通知》（厅字〔2019〕33号）、《地方政府债券发行管理办法》（财库〔2020〕43号）等文件的规定，省、自治区、直辖市和经省级人民政府批准自办债券发行的计划单列市（以下简称“省级”）人民政府是专项债券的发行主体，省级政府对专项债券依法承担全部偿还责任，实行“从省到市到县”的、多层级叠加细分额度的发行模式。

整体来看，省级财政部门负责制订分类发行专项债券试点工作实施方案，重点明确专项债券对应的项目概况、项目预期收益和融资平衡方案、分年度融资计划、年度拟发行专项债券规模和期限、发行计划安排等事项。市县级政府确需举借相关专项债务的，依法由省级政府代为分类发行专项债券、转贷市县使用。专项债券可以对应单一项目发行，也可以对应同一地区多个项目集合发行，具体由市县级财政部门会同有关部门提出建议，报省级财政部门确定。市县级政府及其部门负责承担专项债券的发行前期准备、使用管理、还本付息、信息公开等工作。

具体来看，地方政府专项债券管理组织体系由五个层级构成（见图4-1）。

第一层级：国务院财政部。上层机关制定专项债券统一管理政策，指导监督管理全国地方政府专项债券的发行与债券管理。

第二层级：专项债券发行主体——各省级政府。在省级地方政府设置“××省地方政府专项债券发行和使用管理领导小组”并设立办公室，作为发行人的决策机构。省级财政部门，具体落实省政府、领导小组的各项决策，牵头组织全省范围内的项目申报、发行，发挥对本省地方政府专项债券的发行、建设、运营和清偿各阶段的监管工作，尤其对本省下辖各市专项债券项目的管理情况进行监督，控制债务风险。

第三层级：市县级政府。对应设立领导小组，市县是专项债券资金的实际使用者，也是清偿责任人。县市级财政部门承担落实专项债券项目发行和资金使用的具体工作，会同业务主管部门负责提出具体项目资金需求、落实资金使用、债券资产管理、项目收益归集和债券本息偿付，以及对项目实施机构进行监管。

第四层级：项目实施机构。包括专项债券项目主管单位、建设主体、运营主体等项目单位，是项目督导、建设运营及收益的具体实现者。

第五层级：市场化参与主体。市场化参与主体是项目建设运营主体的支撑单位，包括项目规划、设计、施工、监理等单位，也包括咨询、金融、财务、法律等专业机构。

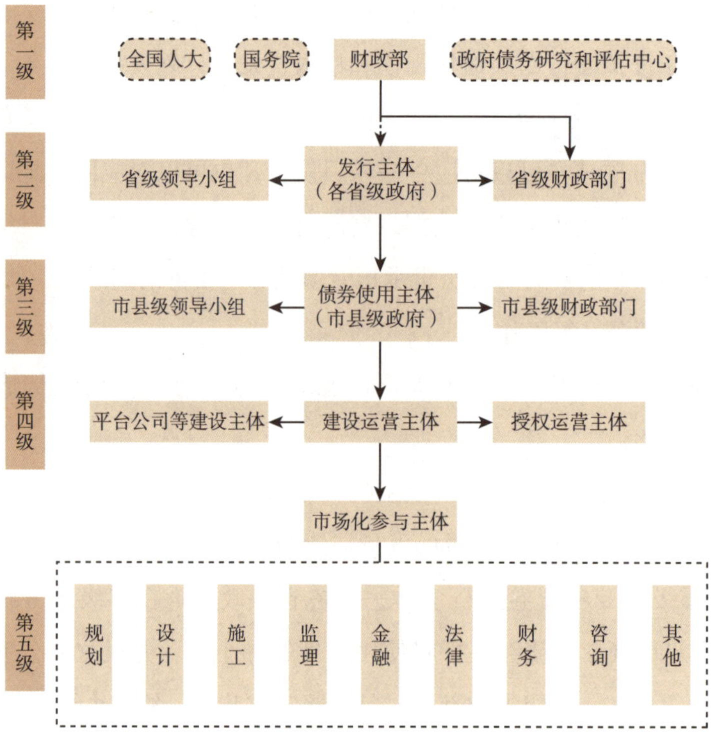

图 4-1　专项债券全生命周期债券管理的组织体系图

综合来看，上述五层级项目债券管理组织体系贯穿于专项债券生命周期的每一个阶段，从项目的提出、规划设计，到项目建设、运营，直至用项目收益完成专项债券本息偿还，都有明确的主体负责。

值得注意的是，省级政府是地方政府专项债券的发行主体，也是专项债券对外偿还主体。根据权责对等原则，省级政府是专项债券项目的主要管理监督主体，是专项债券举债管理责任、保障清偿责任落实的核心，因此必须同时做好省级专项债券额度管理分配，以及对下级地方政府专项债券项目进行有效监管。

第二节　债券发行主体管理制度现状及问题

随着专项债券发行规模的提高，加强对专项债券管理变得尤为重要。尽管财政部出台了一系列管理举措，但现实中一些专项债券仍存在项目泛化、收益注水等管理不规范的问题。

在此背景下，财政部明确将对专项债券项目实行全生命周期管理，全国各省份也陆续发文落实具体工作，确保债券“发得出、用得好、还得上”，而这也是提高债券资金使用效率的有效途径。

全国各省份就政府债务管理落实情况如图4–2、图4–3和图4–4所示。

以上是各省关于政府债务文件的发行情况。从2014年开始呈现逐年增加趋势，到2022年9月份发行的文件共有366份[①]，由此可见政府日益重视债务问题。其中山西省、广西壮族自治区、天津市、浙江省、青海省、四川省、山东省省市相关政策最多，占比达总量的35%。伴随着各省份政府债务管理政策不断出台，政府债务已呈现出的问题也在不断解决，管理体系逐年完善，但要从根源做好政府债务管控依旧任重而道远（见图4–5、图4–6和图4–7）。

① 此为原始收集数据，对官网年度更新文件或存在偏差，以官网发布为准。

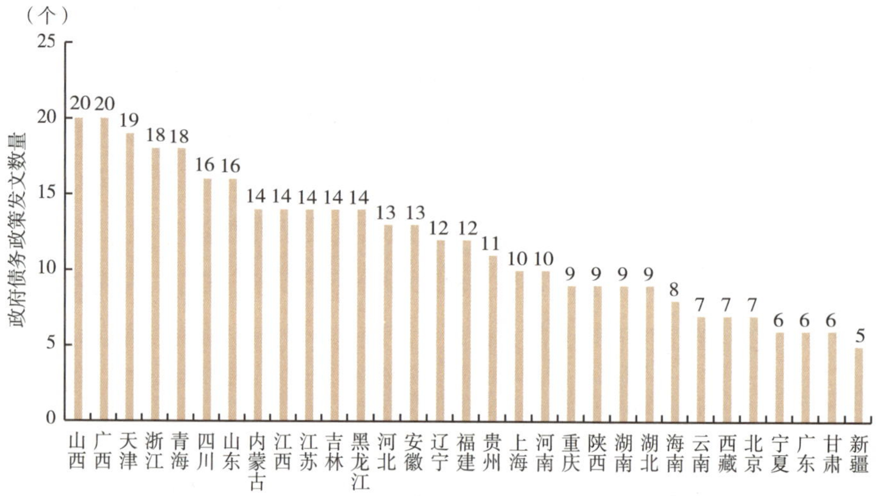

图 4-2　2014—2022 年 9 月各省关于政府债务政策文件的数量[①]

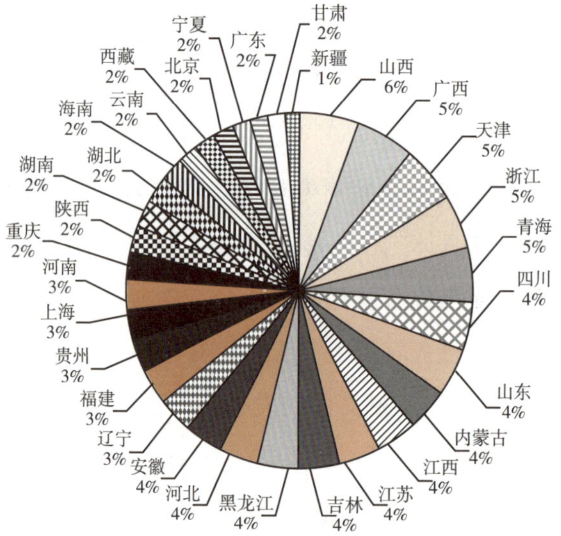

图 4-3　2014—2022 年 9 月各省关于政府债务政策文件占比

① 本章数据为第一手统计数据（不包含港澳台地区），来源于各省份人民政府官方网站、财政厅官方网站的政府信息公开查询，原始数据收集过程中考虑到搜索引擎和人为因素影响，对各省份官方网站年度更新文件或许存在偏差，以官网发布为准。分析整理中，进一步区分政府债务管理及专项债券管理两个细分方向。

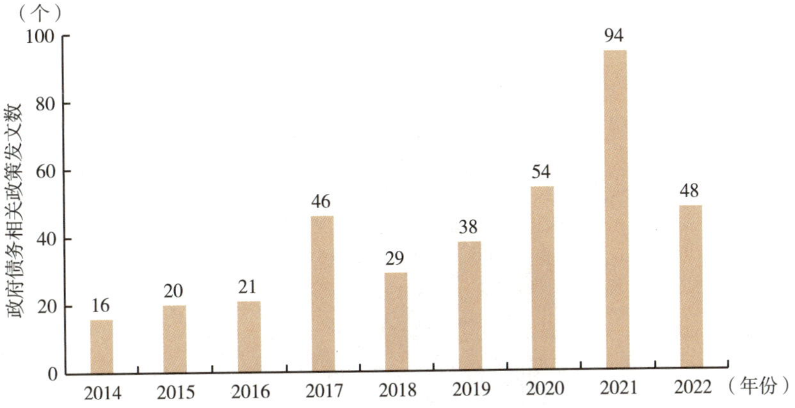

图 4-4　2014—2022 年 9 月政府债务文件发行情况

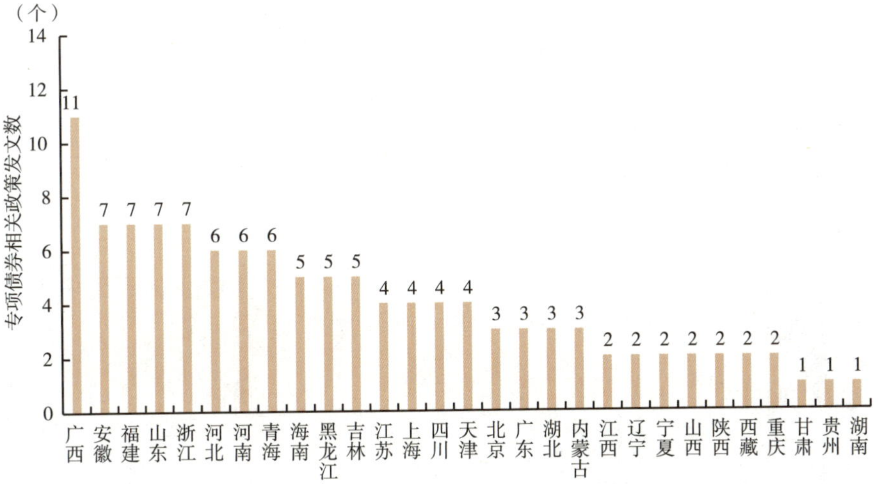

图 4-5　2014—2022 年 9 月各省关于专项债券政策文件的数量

共有29个省份单独印发了关于专项债券的政策性文件，其他2个省市行政区尚未印发专项债券管理政策性文件。广西、浙江、山东、福建、安徽等省份发文数量最多，占总量的33%。近年，四川省和北京市还单独印发了关于专项债券全生命周期债券管理的办法。还有一部分省市虽然在尝试全生命周期债券管理办法，但尚未形成正式的政策文件。按年份来看，2021年发文最为集中。

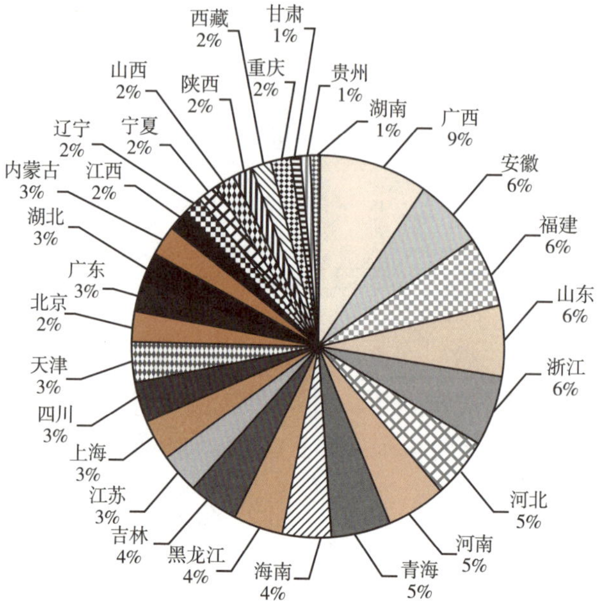

图 4-6　2014—2022 年 9 月各省关于专项债券政策文件的占比

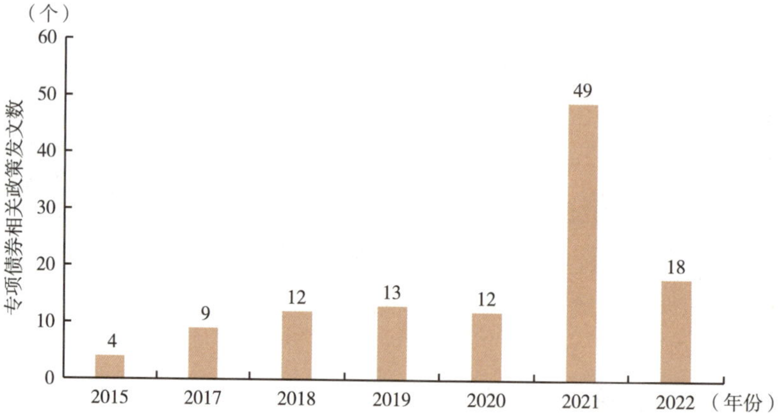

图 4-7　2014—2022 年 9 月专项债券文件发行情况

下面根据管理流程将政策文件按照预算管理、发行管理、招标发行、绩效管理、风险管理五个方面进行分析。

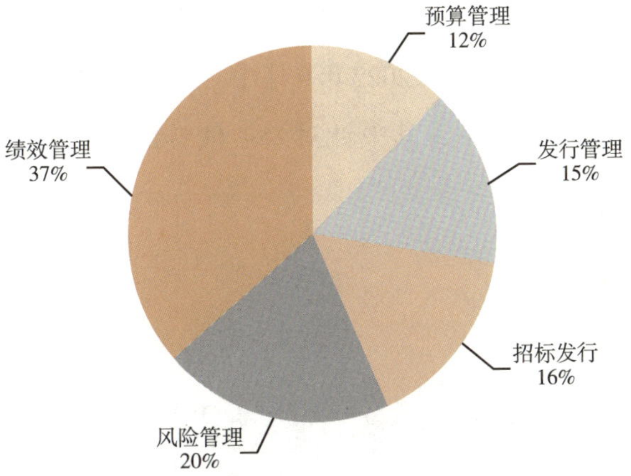

图 4-8　2014—2022 年 9 月政府债务五类文件占比

由图4-8可知，政府债务相关文件中绩效管理占比最大为37%，风险管理次之为20%，预算管理方面相关政策文件数量占比最少。

由图4-9可知，专项债券相关政策文件中招标发行类文件占据了48%的比例，其他四个阶段明显没有得到足够的重视。

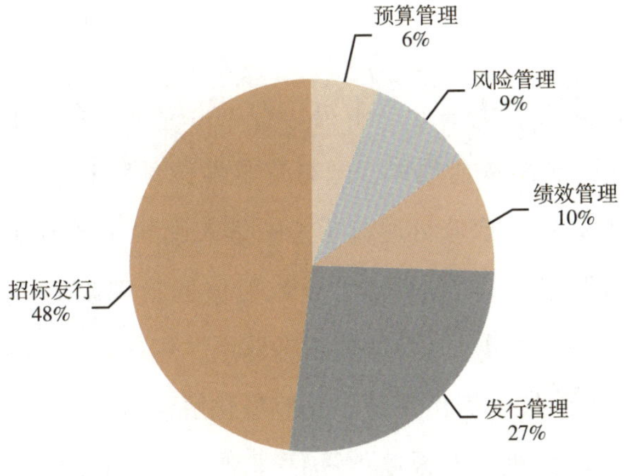

图 4-9　2014—2022 年 9 月专项债券五类文件占比

总体来说，从以上图表中可以看出，专项债券文件与政府债务文件相比，不论是从地区还是从五个阶段，都呈现出明显的分布不均，少数省份就占据了近半数发文量。绩效管理和风险管理近年来得到了重视，绩效管理正在全面落实，风险管理也在试点，但从整体上来说，依然还有很长的路要走。

据不完全统计，在2014—2022年9月中，我国32个省份行政区已印发366份政府债务管理文件中，其中针对专项债券的有117份，占32%（见图4–10）。

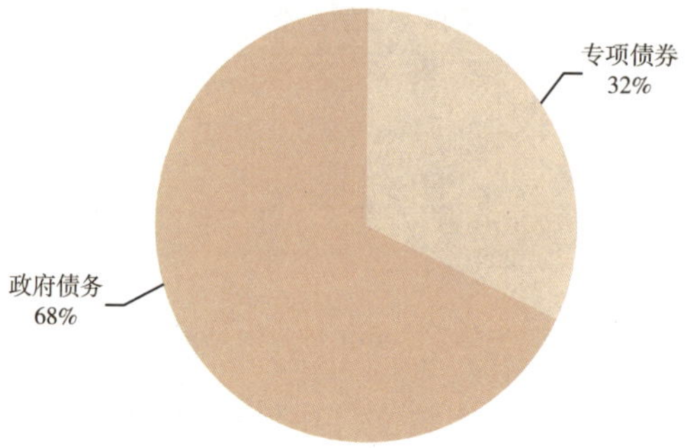

图4–10　2014—2022年9月政府债务和专项债券文件占比

下面根据专项债券管理流程的五个分类进行介绍。

一、预算管理

我国政府预算管理体系分为中央、省、市、县、乡等五个层级，包括一般公共预算、政府性基金预算、国有资本经营预算和社会保险基金预算。2018年12月29日，第二次修订通过了《中华人民共和国预算法》（中华人民共和国主席令第22号），对预算法关于政府债务管理规定予以细化和明确，要求建立健全地方政府债务风险评估指标体系，组织评估地方政府债务风险状况，对债务高风险地区提出预警，并监督化解债务风险。2021年3月7日，国务院印发了《关于进一步深化预算管理制度改革的意见》（国发〔2021〕5号），从加强收支管理上提高财政资源的配置效率和资金使用效益，重点解决预算管理中深层次问题，规范管理、提高效率、挖掘潜力、释放活力（见表4–1）。

表 4-1　　2014 年以来全国各省份预算管理相关政策梳理

序号	范围	文件类型	文件内容	来源	发行年份	文件名称和文号
1	四川	政府债务	预算管理	制定	2014	《四川省人民政府关于贯彻落实国务院深化预算管理制度改革决定的意见》（川府发〔2014〕74号）
2	山西	政府债务	预算管理	制定	2014	《关于加强财政支出管理硬化预算约束的意见》（晋政办发〔2014〕4号）
3	辽宁	政府债务	预算管理	制定	2014	《辽宁省人民政府关于印发辽宁省深化预算管理制度改革实施方案的通知》（辽政发〔2014〕38号）
4	陕西	政府债务	预算管理	制定	2015	《陕西省人民政府关于深化预算管理制度改革的实施意见》（陕政发〔2015〕10号）
5	山西	政府债务	预算管理	制定	2015	《山西省人民政府关于深化预算管理制度改革的实施意见》（晋政发〔2015〕19号）
6	江苏	政府债务	预算管理	制定	2015	《省政府关于深化预算管理制度改革的通知》（苏政发〔2015〕10号）
7	广西	专项债券	预算管理	制定	2015	《广西壮族自治区财政厅关于印发政府专项债券预算管理实施细则的通知》（桂财预〔2015〕232号）
8	福建	专项债券	预算管理	制定	2015	《福建省财政厅关于转发财政部〈2015年地方政府专项债券预算管理办法〉的通知》（闽财预〔2015〕44号）
9	北京	政府债务	预算管理	制定	2015	《北京市人民政府关于深化预算管理制度改革的实施意见》（京政发〔2015〕27号）
10	重庆	政府债务	预算管理	制定	2016	《重庆市预算审查监督条例（重庆市人民代表大会常务委员会公告）》（〔2016〕第45号）
11	云南	政府债务	预算管理	制定	2016	《中共云南省委办公厅 云南省人民政府办公厅印发〈关于进一步推进预算公开工作的实施意见〉的通知》
12	河北	政府债务	预算管理	制定	2016	《河北省财政厅关于印发〈省级项目支出预算管理办法〉的通知》（冀财预〔2016〕153号）
13	吉林	政府债务	预算管理	制定	2017	《吉林省省级国有资本经营预算支出管理暂行办法》

续表

序号	范围	文件类型	文件内容	来源	发行年份	文件名称和文号
14	河南	专项债券	预算管理	制定	2017	《河南省财政厅关于印发〈河南省地方政府专项债务预算管理办法〉的通知》（豫财预〔2017〕2号）
15	广西	专项债券	预算管理	制定	2017	《全区政府专项债务预算管理实施细则》（桂财预〔2017〕170号）
16	重庆	政府债务	预算管理	制定	2018	《重庆市人民政府办公厅关于印发重庆市市级预算管理办法和重庆市市级重点专项资金管理办法的通知》（渝府办发〔2018〕151号）
17	云南	政府债务	预算管理	制定	2018	《中共云南省委办公厅印发〈关于人大预算审查监督重点向支出预算和政策拓展的实施意见〉》
18	云南	政府债务	预算管理	制定	2018	《云南省人民政府关于进一步深化预算改革加强预算管理的意见》（文号云政发〔2018〕57号）
19	山西	政府债务	预算管理	制定	2018	《山西省财政厅关于加强预算执行管理 加快支出进度的通知》
20	山西	政府债务	预算管理	制定	2020	《省级财政项目库管理办法》
21	江苏	政府债务	预算管理	制定	2020	《江苏省预算管理一体化规范（试行）》（苏财办〔2020〕41号）
22	甘肃	政府债务	预算管理	制定	2020	《甘肃省人民政府办公厅关于印发甘肃省预算管理改革实施方案的通知》
23	贵州	政府债务	预算管理	制定	2021	《贵州省省级预算项目库管理办法（试行）》
24	广东	政府债务	预算管理	制定	2021	《广东省人民政府关于加强统筹进一步深化预算管理制度改革的实施意见》（粤府〔2021〕34号）
25	天津	政府债务	预算管理	制定	2021	《市发展改革委关于印发〈天津市市级预算内投资资本金注入项目管理办法〉的通知》（津发改投资规〔2021〕12号）
26	山西	政府债务	预算管理	制定	2021	《山西省人民政府关于进一步深化预算管理制度改革的实施意见》（晋政发〔2021〕42号）
27	山东	政府债务	预算管理	制定	2021	《山东省人民政府关于进一步深化预算管理制度改革的实施意见》（鲁政发〔2021〕19号）

续表

序号	范围	文件类型	文件内容	来源	发行年份	文件名称和文号
28	湖南	政府债务	预算管理	制定	2021	《湖南省人民政府关于进一步深化预算管理制度改革的实施意见》(湘政发〔2021〕14号)
29	海南	专项债券	预算管理	制定	2021	《海南省人民政府关于进一步深化〈预算管理制度改革的实施意见〉》(琼府〔2021〕52号)
30	云南	政府债务	预算管理	制定	2021	《云南省人民政府关于完善省以下财政体制深化预算管理制度改革的意见》(云政发〔2021〕20号)
31	福建	专项债券	预算管理	制定	2021	《福建省财政厅福建省交通运输厅关于印发〈福建省高速公路专项资金管理办法〉和〈福建省交通建设偿债专项资金管理办法〉的通知》(闽财建〔2021〕39号)
32	西藏	政府债务	预算管理	制定	2022	《西藏自治区人民代表大会常务委员会关于加强自治区级预算审查监督的决定(2022修订)》
33	四川	政府债务	预算管理	制定	2022	《四川省人民政府关于进一步深化预算管理制度改革的实施意见》(川府发〔2022〕4号)
34	山东	政府债务	预算管理	制定	2022	《山东省财政厅关于印发山东省省级非财政拨款资金预算管理暂行办法的通知》(鲁财预〔2022〕54号)
35	河南	政府债务	预算管理	制定	2022	《河南省人民政府关于进一步深化预算管理制度改革的实施意见》(豫政〔2022〕16号)
36	湖北	政府债务	预算管理	制定	2022	《省人民政府关于进一步深化预算管理制度改革的实施意见》(鄂政发〔2022〕8号)
37	贵州	专项债券	预算管理	制定	2022	《贵州省人民政府办公厅关于印发贵州省地方政府新增专项债券管理办法(试行)的通知》
38	内蒙古	政府债务	预算管理	制定	2022	《内蒙古自治区人民政府关于进一步深化预算管理制度改革的实施意见》(内政发〔2022〕2号)
39	江苏	政府债务	预算管理	制定	2022	《江苏省2022年地方政府债务限额及省级预算调整方案(草案)》

续表

序号	范围	文件类型	文件内容	来源	发行年份	文件名称和文号
40	安徽	专项债券	预算管理	制定	2022	《安徽省人民政府关于印发安徽省政府投资管理办法的通知》（皖政秘〔2022〕194号）
41	甘肃	政府债务	预算管理	制定	2022	《甘肃省财政厅 甘肃省农业农村厅关于印发〈甘肃省农民专业合作社财务管理实施细则（暂行）〉的通知》
42	青海	政府债务	预算管理	制定	2022	《青海省财政厅关于下达2022年城镇老旧小区改造一般债券转贷资金的通知》（青财综字〔2022〕443号）
43	青海	政府债务	预算管理	制定	2022	《青海省财政厅关于下达省级农业生产发展资金一般债券转贷资金的通知》（青财农字〔2022〕442号）
44	青海	政府债务	预算管理	制定	2022	《青海省财政厅关于下达2022年水利项目一般债券转贷资金的通知》（青财农字〔2022〕501号）
45	青海	政府债务	预算管理	制定	2022	《青海省财政厅关于下达2022年城镇老旧小区改造一般债券转贷资金的通知》（青财综字〔2022〕443号）

由表4–1可以看出，国家各省级行政区2014年以来出台的预算管理相关的规章制度及规范性文件，大多聚焦于政府债务。

（一）政府债务分析

在国家多项预算管理政策指导下，各省份地方政府也积极推进预算管理工作，强化落实、完善相关制度体系。据不完全统计，截至2022年9月全国各省份发布政府债务预算管理相关文件共有45份，其中，山西省5份，云南省和青海省各4份，江苏省3份，重庆市等8个省市各2份，陕西等13个省市各1份，剩余6个省份行政区尚未发行相关文件。按年份来看，从2014年至2022年9月，2022年发行数量最多为13份，其余年份各省份地方政府关于政府债务的预算管理文件发行数量相对持平（见图4–11和图4–12）。

其中，结合现阶段地方政府性债务治理现实环境，统筹兼顾、综合平衡、细化实施相对较好的有，如江苏省印发的《江苏省预算管理一体化规范（试行）》（苏财办〔2020〕41号）、河南省印发的《河南省地方政府专项债务预算管理办法》（豫财预〔2017〕2号）等。

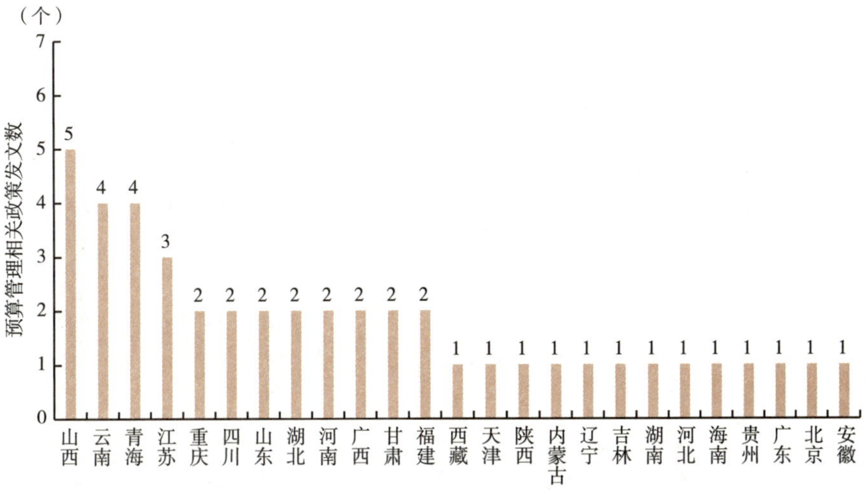

图4-11　2014年以来各地方政府债务预算管理政策发布情况

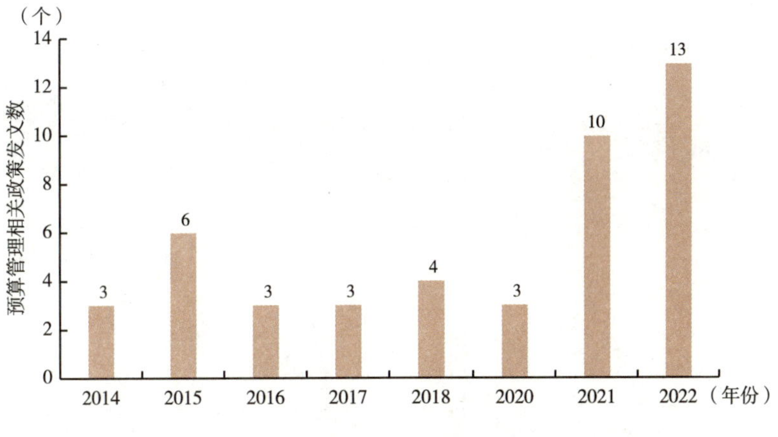

图4-12　历年政府债务预算管理政策发布情况

（二）专项债券分析

从专项债券角度对已发行预算管理文件进行分析（见图4-13和图4-14），截至2022年9月全国各省份发布地方政府专项债券相关文件共有7份，其中广西省、福建省各2份，河南省、海南省、安徽省各1份，其他26个省份行政区尚未发行专项债券预算管理相关文件。按年份来看，从2014年至2022年9月，专项债券方面预算管理相关政策出台主要集中在2015年、2017年、2021年，对应发行数量各2份，2022年仅贵州省出台1份。其中2015年和2017年各省份发布专项债券预算管理政策是基于财政部于2015年印发的《2015年地方政府专项债券预算管理办法》(财预〔2015〕32号)，就省级地方政府层面来看，关于专项债券预算管理相应管理政策比较缺失，尚未形成完整管理体系。

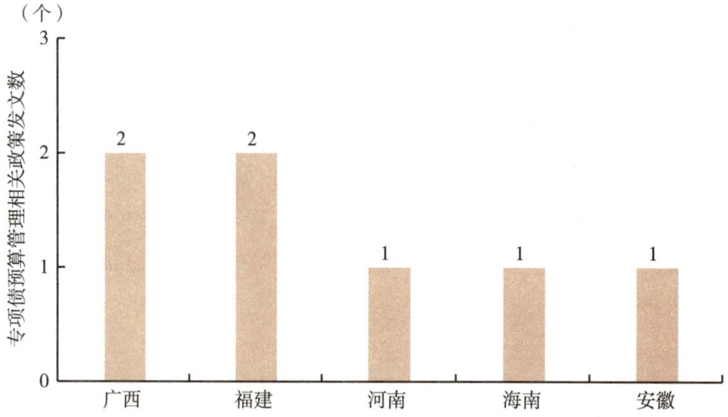

图 4-13　2014 年以来各地方专项债券预算管理政策发布情况

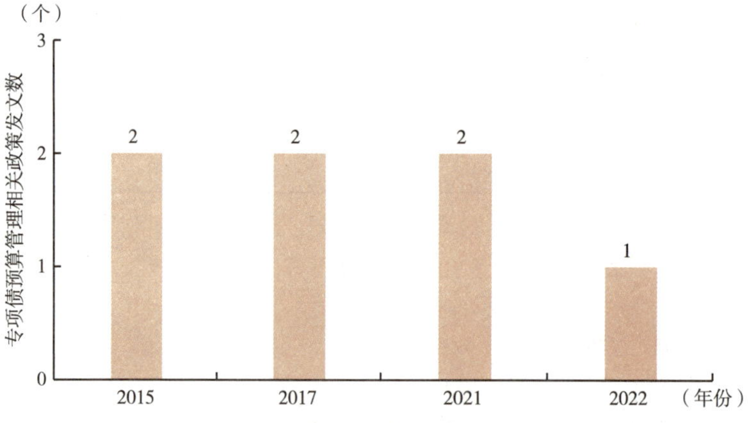

图 4-14　历年专项债券预算管理政策发布情况

（三）小结

综合来看，各省份预算管理的改革对规范地方政府的收支行为、规范预算管理制度以及规范地方政府债务管理起到了重要的指导督察作用。各省份预算管理制度更加强调财政的逆周期属性，同时根据预算收入进度和资金调度需要等，合理安排地方政府专项债券的发行规模和节奏，节省资金成本。但从整体来说，要实现地方政府专项债券预算管理的风险、责任进一步细化落实，使地方政府专项债券管理更具操作性和标准化，还需深入完善对应管理体系，形成标准的、统一的管理规范，切实达到地方政府专项债券预算常态化管理目标。

二、发行管理

专项债券发行坚持用改革的办法来解决发展中的矛盾和问题，把“开前门”和“堵后门”协调起来，在严控地方政府隐性债务、坚决遏制隐性债务增量、坚决不走无序举债搞建设之路的同时，加大逆周期调节力度，厘清政府和市场边界，鼓励依法依规市场化融资，增加有效投资，促进宏观经济良性循环，提升经济社会发展质量和可持续性。持续推进专项债券管理改革，可以在较大幅度增加专项债券规模基础上，加强宏观政策协调配合，同时保持市场流动性合理充裕，做好专项债券发行及项目配套融资工作，促进经济运行在合理区间（见表4–2）。

表 4–2　　2014 年以来全国各省份发行管理相关政策梳理

序号	范围	文件类型	文件内容	来源	发行年份	文件名称和文号
1	黑龙江	专项债券	发行管理	制定	2015	《黑龙江省财政厅关于印发〈2015年黑龙江省政府一般债券发行管理办法〉和〈2015年黑龙江省政府专项债券发行管理办法〉的通知》（黑财债务〔2015〕3号）
2	吉林	政府债务	发行管理	制定	2015	《吉林省人民政府办公厅关于完善政府预算体系实行全口径政府预算管理的意见》（吉政办发〔2015〕52号）

续表

序号	范围	文件类型	文件内容	来源	发行年份	文件名称和文号
3	江苏	政府债务	发行管理	制定	2016	《省政府关于加强政府性债务管理的实施意见》（苏政发〔2016〕154号）
4	吉林	政府债务	发行管理	制定	2016	《吉林省人民政府关于进一步加强政府性债务管理的实施意见》（吉政发〔2016〕2号）
5	广东	专项债券	发行管理	制定	2017	《关于做好试点发展项目收益与融资自求平衡的地方政府专项债券品种的通知》
6	山东	专项债券	发行管理	制定	2017	《关于印发〈地方政府土地储备专项债券管理办法（试行）〉的通知》的通知（鲁财债〔2017〕17号）
7	河南	专项债券	发行管理	转发	2017	《河南省财政厅关于转发〈试点发展项目收益与融资自求平衡的地方政府专项债券品种的通知〉的通知》（豫财预〔2017〕248号）
8	河南	专项债券	发行管理	转发	2017	《关于转发〈地方政府土地储备专项债券管理办法（试行）〉的通知》（豫财预〔2017〕236号）
9	浙江	专项债券	发行管理	转发	2017	《浙江省财政厅 浙江省国土资源厅转发财政部、国土资源部关于印发〈地方政府土地储备专项债券管理办法（试行）〉的通知》（浙财预〔2017〕41号）
10	青海	专项债券	发行管理	转发	2018	《青海省财政厅 青海省住房和城乡建设厅 关于转发财政部 住房城乡建设部〈试点发行地方政府棚户区改造专项债券管理办法〉的通知》（青财债字〔2018〕679号）
11	山东	专项债券	发行管理	制定	2019	《山东省财政厅等五部门关于做好政府专项债券发行及项目配套融资工作的实施意见》（鲁财债〔2019〕50号）
12	江苏	专项债券	发行管理	制定	2019	《关于做好地方政府专项债券发行及项目配套融资工作的通知》（中共江苏省委办公厅苏办厅字〔2019〕24号）

续表

序号	范围	文件类型	文件内容	来源	发行年份	文件名称和文号
13	河北	专项债券	发行管理	制定	2019	《关于印发〈河北省省级高等教育政府专项债券管理暂行办法〉的通知》（冀财规〔2019〕15号）
14	天津	政府债务	发行管理	制定	2019	《天津市财政局关于印发天津市政府债务信息公开实施细则（试行）的通知》
15	贵州	专项债券	发行管理	制定	2019	《关于做好地方政府专项债券发行及项目配套融资工作的实施方案》
16	广西	专项债券	发行管理	制定	2019	《广西壮族自治区人民政府办公厅关于做好我区政府专项债券发行使用及项目配套融资工作的实施意见》（桂政办发〔2019〕91号）
17	广西	政府债务	发行管理	制定	2019	《广西壮族自治区财政厅关于印发广西政府债务信息公开实施细则的通知》（桂财规〔2019〕1号）
18	吉林	专项债券	发行管理	制定	2019	《吉林省试点发行棚户区改造专项债券管理实施细则》（吉财债〔2018〕250号）
19	安徽	专项债券	发行管理	制定	2020	《安徽省财政厅关于加快地方政府专项债券发行使用有关工作的通知》（皖财债〔2020〕841号）
20	河北	专项债券	发行管理	制定	2020	《河北省财政厅关于增补河北省政府债券项目评审专家库成员的通知》（冀财债〔2020〕75号）
21	湖北	专项债券	发行管理	制定	2020	《省人民政府办公厅关于做好新增政府专项债券发行使用管理工作的通知》（鄂政办发〔2020〕44号）
22	湖北	专项债券	发行管理	制定	2020	《市人民政府办公厅关于做好新增政府专项债券发行使用管理工作的通知》（武政办〔2020〕98号）
23	黑龙江	政府债务	发行管理	制定	2020	《黑龙江省财政厅关于印发〈黑龙江省财政厅新增地方政府债券管理工作规程（试行）〉的通知》（黑财办〔2020〕40号）
24	广西	专项债券	发行管理	制定	2020	《广西壮族自治区财政厅关于修订项目收益与融资自求平衡政府专项债券募集资金管理办法的通知》（桂财债〔2020〕75号）

续表

序号	范围	文件类型	文件内容	来源	发行年份	文件名称和文号
25	广西	专项债券	发行管理	制定	2020	《广西壮族自治区财政厅关于切实加强政府债券资金使用管理有关工作的通知》（桂财债〔2020〕63号）
26	重庆	政府债务	发行管理	制定	2020	《重庆市政府债券资金管理办法》
27	山西	专项债券	发行管理	制定	2020	《山西省政府专项债券管理暂行办法》（晋政发〔2020〕23号）
28	四川	政府债务	发行管理	制定	2021	《四川省地方政府债务管理专家库管理办法》（川财规〔2021〕7号）
29	安徽	政府债务	发行管理	转发	2021	《安徽省财政厅关于贯彻落实地方政府债券发行管理办法有关规定的通知》
30	浙江	政府债务	发行管理	制定	2021	《浙江省财政厅关于做好浙江省政府债券公开发行工作有关事项的通知》（浙财预执〔2021〕5号）
31	江西	政府债务	发行管理	制定	2021	《江西省"项目大会战"（2021—2023年）实施方案》
32	天津	政府债务	发行管理	制定	2021	《天津市财政局关于印发〈天津市政府债券公开发行承销团组建工作管理办法〉的通知》（津财规〔2021〕17号）
33	吉林	专项债券	发行管理	制定	2021	《四平市人民政府办公室关于印发四平市专项债券项目管理工作方案的通知》（四政办发〔2021〕9号）
34	吉林	专项债券	发行管理	制定	2021	《伊通满族自治县人民政府办公室关于印发伊通满族自治县专项债券项目管理工作方案的通知》（伊政办发〔2021〕7号）
35	重庆	专项债券	发行管理	转发	2021	《关于印发地方政府专项债券用途调整操作指引的通知》（财预〔2021〕110号）
36	青海	政府债务	发行管理	制定	2021	《青海省财政厅关于2022年地方政府再融资债券需求统计报送有关事宜的通知》（青财债字〔2021〕1943号）
37	四川	政府债务	发行管理	制定	2022	《四川省人民政府关于印发〈四川省政府投资管理办法〉的通知》（川府规〔2022〕5号）

续表

序号	范围	文件类型	文件内容	来源	发行年份	文件名称和文号
38	天津	政府债务	发行管理	制定	2022	《天津市财政局关于印发〈天津市政府采购评审专家管理办法〉的通知》
39	河北	政府债务	发行管理	转发	2022	《河北省财政厅关于做好地方政府专项债券用途调整有关工作的通知》
40	山东	政府债务	发行管理	制定	2022	《山东省财政厅关于进一步加强政府采购和政府购买服务监管工作的意见》(鲁财采〔2022〕3号)
41	河南	专项债券	发行管理	制定	2022	《河南省发展和改革委员会关于进一步加强专项债券谋划储备及调度管理的通知》(豫发改投资〔2022〕459号)
42	河南	专项债券	发行管理	制定	2022	《河南省人民政府办公厅关于建立专项债券使用管理三项制度的通知》(豫政办〔2022〕42号)
43	湖北	政府债务	发行管理	制定	2022	《省财政厅关于印发〈湖北省政府采购评审专家管理实施办法〉的通知》(鄂财采规〔2022〕1号)
44	内蒙古	专项债券	发行管理	制定	2022	《〈内蒙古自治区人民政府办公厅关于印发自治区投资负面清单〉(2022年版)的通知》(内政办发〔2022〕63号)
45	黑龙江	专项债券	发行管理	制定	2022	《黑龙江省人民政府关于印发贯彻落实国务院扎实稳住经济一揽子政策措施实施方案的通知》(黑政规〔2022〕3号)
46	海南	专项债券	发行管理	制定	2022	《关于加强地方政府专项债券项目谋划的建议》(省财政厅2022第1期)
47	浙江	专项债券	发行管理	制定	2022	《缙云县人民政府办公室关于印发重大项目提速及专项债项目倍速行动工作方案的通知》(缙政办发〔2022〕27号)
48	浙江	专项债券	发行管理	制定	2022	《缙云县财政局 缙云县发展和改革局关于印发〈缙云县地方政府专项债券管理暂行办法〉的通知》(缙财债〔2022〕1号)
49	浙江	政府债务	发行管理	制定	2022	《浙江省财政厅关于公布2022年浙江省政府债券柜台业务承办银行的通知》(浙财预执〔2022〕13号)

续表

序号	范围	文件类型	文件内容	来源	发行年份	文件名称和文号
50	浙江	政府债务	发行管理	制定	2022	《浙江省财政厅关于修订浙江省政府债券公开发行承销团组建及管理办法部分条款的通知》（浙财预执〔2022〕1号）
51	安徽	政府债务	发行管理	制定	2022	《安徽省财政厅关于印发〈安徽省政府债券公开发行承销团组建及管理办法〉的通知》（皖财债〔2022〕97号）
52	安徽	专项债券	发行管理	制定	2022	《安徽省财政厅关于建立安徽省政府专项债券项目评审2022—2024年专家库的公告》（皖财债〔2022〕78号）
53	甘肃	政府债务	发行管理	转发	2022	《甘肃省人民政府关于印发甘肃省贯彻落实稳住经济一揽子政策措施实施方案的通知》（甘政发〔2022〕37号）
54	青海	政府债务	发行管理	制定	2022	《青海省人民政府〈关于贯彻落实国务院扎实稳住经济一揽子政策措施的实施方案〉》（青政〔2022〕24号）
55	青海	政府债务	发行管理	制定	2022	《青海省财政厅关于报送2022年新增一般债券需求有关事项的通知》（青财债字〔2022〕1942号）
56	陕西	政府债务	发行管理	转发	2022	《陕西省财政厅关于落实稳住经济一揽子政策财政措施的通知》（陕财办〔2022〕15号）

（一）政府债务分析

据不完全统计，从各省份来看，浙江、吉林、青海、河南、广西、安徽、天津、山东、湖北、黑龙江、河北等22个省份制定了对于债务发行管理的相关办法和意见，其他9个省份行政区尚未印发相关文件。从2014年到2022年9月，各省市印发政府性债务发行管理阶段政策文件共58份，2014—2018年发行数量较少，作为早期债务发行管理的相关文件，主要涉及政府性债务管理办法和指导意见，为后续债券债务市场的发展和开拓明确了规范性标准。

2019—2022年发行数量增加，2022年对发行管理重视程度明显大幅提高，随着债券发行管理体系的日渐完善，债券管理也逐步规范化，有效推动着债券市场的发展（见图4-15和图4-16）。

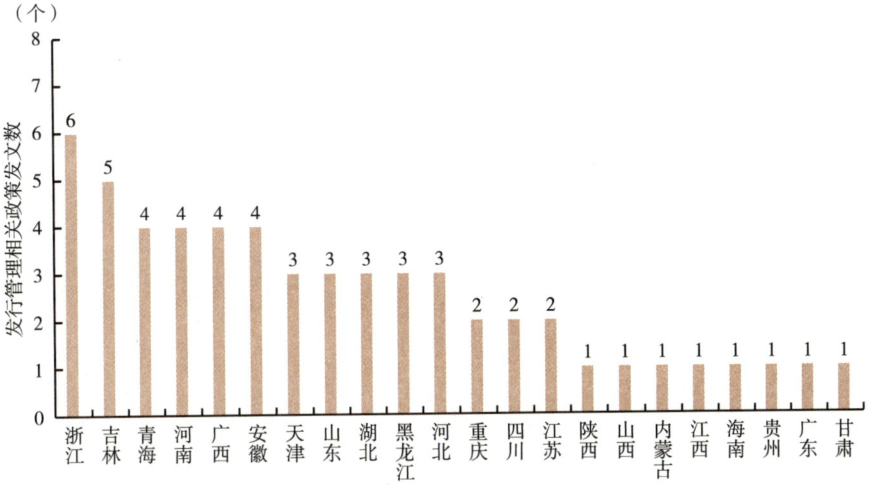

图4-15　2014年以来各地方政府债务发行管理政策发布情况

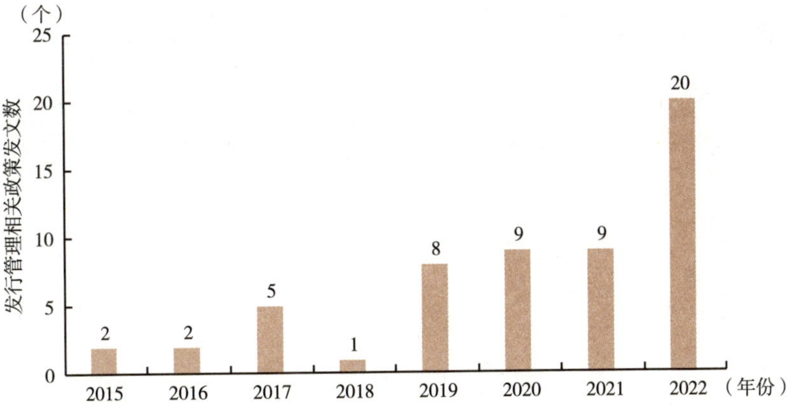

图4-16　历年政府性债务发行管理政策发布情况

（二）专项债券分析

从地方政府专项债券来看，据不完全统计，从各省份来看，河南、浙江、吉林、广西等17个省份都制定了针对专项债券的发行管理办法和要求，在落实国家发展改革委和财政部专项债指导精神的同时，对于地域发展和基础设施建设也发挥着重要作用，其他省份行政区尚未印发相关政策文件。从2014年到2022年9月，各省份印发地方政府专项债券发行管理阶段政策文件31份，2015年发行了1份涉及专项债券发行管理办法的相关要求。2019—2022年的各地的政策数量逐渐增多，可见全国多个省级政府对专项债券管理日趋重视，制度管理逐步规范化，还有地方针对土地储备和棚改房、医疗卫生、教育甚至农田建设领域等专项债券领域出台专门的发行管理办法，给社会创造了的效益（见图4-17和图4-18）。

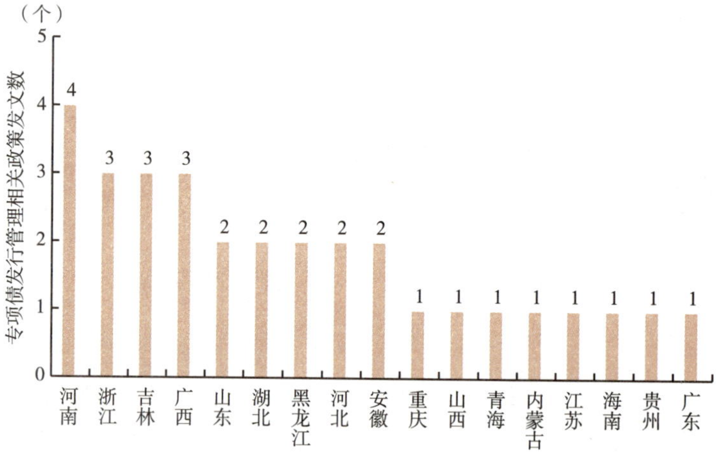

图4-17　2014年以来各地方政府专项债券发行管理政策发布情况

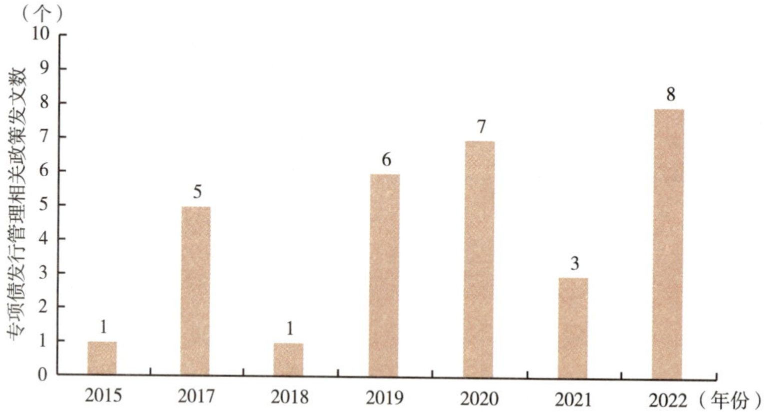

图4-18　历年政府专项债券发行管理政策发布情况

（三）小结

综上所述，据不完全统计，目前全国及各省份最新发布的政府性债务发行管理的相关文件56份，专项债券发行管理的相关文件共有31份，主要包括发行前期准备、申报、实施方案编制、审核评定标准、政府信息公开、项目管理、还本付息等工作相关的发行专项债券的流程管理制度和责任制度。从现有实际情况来看，专项债券发行前的评审规则制定不当、发行程序要求不完善、项目成熟度及资金使用进度不合理等问题，会加剧债券资金募集后的闲置或挪作他用风险，一定程度上增加了地方政府的利息负担和地方性债务风险。

三、招标发行

招标发行指通过招标方式确定债券承销商和发行条件的发行方式。债券的应募者、债券的价格或利率通过招标来决定发行方式。地方政府专项债券的招标发行管理直接影响到债券的发行和清偿，同时也会对项目的建设造成一定影响。为规范管理专项债券的招标发行、兑付、承销等，财政局及各地区财政厅都有印发相应的管理政策，以规范市场秩序，保障专项债券的顺利发行和清偿。

在国家多项政策指导下，各省份地方政府也都积极落实完善招标发行工作，每年都会对招标发行规则和招标发行兑付方法进行更新，相应地出台适应当地情况的发行政策（见表4-3）。比如，《四川省财政厅关于印发〈四川省政府债券招标发行规则〉的通知》（川财债〔2021〕25号）、《广东省财政厅关于做好广东省政府债券公开招标发行工作的通知》（粤财债〔2021〕11号）、《安徽省财政厅关于印发〈安徽省政府债券招标发行兑付办法〉的通知》（皖财债〔2021〕10号）、《天津市财政局关于印发〈天津市政府债券招标发行规则〉的通知》（津财库〔2021〕11号）、《四川省人民政府办公厅关于印发四川省评标专家和综合评标专家库管理办法的通知》（川办发〔2021〕54号）等。

表 4-3　　2014 年以来全国各省份招标发行相关政策梳理

序号	范围	文件类型	文件内容	来源	发行年份	文件名称和文号
1	湖南	专项债券	招标发行	制定	2015	《湖南省财政厅关于印发〈湖南省公开发行地方政府债券承销团组建及管理暂行办法〉的通知》(湘财库〔2015〕7号)
2	广西	专项债券	招标发行	制定	2017	《广西壮族自治区政府债券发行兑付办法》(桂财库〔2017〕91号)
3	河南	专项债券	招标发行	制定	2018	《河南省财政厅关于印发〈2018年河南省政府债券公开招标发行规则〉的通知》(豫财库〔2018〕22号)
4	浙江	专项债券	招标发行	制定	2018	《浙江省财政厅关于印发2018年浙江省政府债券招标发行规则的通知》(浙财预执〔2018〕34号)
5	浙江	专项债券	招标发行	制定	2018	《浙江省财政厅关于印发2018年浙江省政府债券公开发行兑付办法的通知》(浙财预执〔2018〕33号)
6	福建	专项债券	招标发行	制定	2018	《福建省财政厅关于印发〈福建省政府债券招标发行规则〉的通知》(闽财债管〔2018〕21号)
7	福建	专项债券	招标发行	制定	2018	《福建省财政厅关于印发〈福建省政府债券公开招标发行兑付办法〉的通知》(闽财债管〔2018〕20号)
8	辽宁	专项债券	招标发行	制定	2018	《辽宁省政府债券招标发行规则》(辽财债管〔2018〕233号)
9	陕西	专项债券	招标发行	制定	2018	《陕西省财政厅关于印发〈2018年陕西省政府债券招标发行兑付办法〉的通知》
10	陕西	专项债券	招标发行	制定	2018	《陕西省财政厅关于印发〈2018年陕西省政府债券招标发行规则〉的通知》
11	青海	专项债券	招标发行	制定	2018	《青海省财政厅关于印发〈青海省政府债券承销团组建及管理暂行办法〉的通知》(青财债字〔2018〕168号)
12	江苏	专项债券	招标发行	制定	2019	《江苏省财政厅关于印发江苏省政府债券招标发行兑付办法的通知》(苏财绩〔2019〕37号)
13	江苏	专项债券	招标发行	制定	2019	《江苏省财政厅关于印发江苏省政府债券招标发行规则的通知》(苏财绩〔2019〕38号)

续表

序号	范围	文件类型	文件内容	来源	发行年份	文件名称和文号
14	湖北	专项债券	招标发行	制定	2019	《湖北省财政厅关于印发〈2019年湖北省政府债券公开发行兑付办法〉的通知》(鄂财债发〔2019〕1号)
15	吉林	专项债券	招标发行	制定	2019	《吉林省财政厅关于印发〈吉林省政府债券招标发行规则〉的通知》(吉财库〔2019〕362号)
16	海南	专项债券	招标发行	制定	2019	《海南省财政厅关于印发海南省政府债券招标发行兑付办法的通知》(琼财库〔2019〕414号)
17	海南	专项债券	招标发行	制定	2019	《海南省财政厅关于印发海南省政府债券招标发行规则的通知》(琼财库〔2019〕415号)
18	黑龙江	专项债券	招标发行	制定	2020	《黑龙江省财政厅关于修订〈黑龙江省政府债券承销团组建及管理暂行办法〉的通知》(黑财库〔2020〕41号)
19	青海	专项债券	招标发行	制定	2020	《青海省财政厅关于印发〈青海省政府债券发行兑付办法〉的通知》(青财债字〔2020〕2038号)
20	海南	专项债券	招标发行	制定	2020	《海南省财政厅关于印发〈海南省政府债券承销团组建及管理办法〉的通知》
21	广东	专项债券	招标发行	制定	2021	《广东省财政厅关于做好广东省政府债券公开招标发行工作的通知》(粤财债〔2021〕11号)
22	广东	专项债券	招标发行	制定	2021	《广东省财政厅关于进一步加强广东省政府债券承销团管理的通知》(粤财债〔2021〕19号)
23	山东	专项债券	招标发行	制定	2021	《山东省财政厅关于印发2021年山东省政府债券招标发行规则的通知》(鲁财库〔2021〕10号)
24	山东	专项债券	招标发行	制定	2021	《山东省财政厅关于印发2021年山东省政府债券招标发行兑付办法的通知》(鲁财库〔2021〕9号)
25	四川	专项债券	招标发行	制定	2021	《四川省财政厅关于印发〈四川省政府债券招标发行规则〉的通知》(川财债〔2021〕25号)
26	四川	专项债券	招标发行	制定	2021	《四川省财政厅关于印发〈四川省政府债券公开招标发行与兑付管理办法〉的通知》(川财债〔2021〕24号)

续表

序号	范围	文件类型	文件内容	来源	发行年份	文件名称和文号
27	安徽	专项债券	招标发行	制定	2021	《安徽省财政厅关于印发〈安徽省政府债券招标发行规则〉的通知》(皖财债〔2021〕8号)
28	安徽	专项债券	招标发行	制定	2021	《安徽省财政厅关于印发〈安徽省政府债券招标发行兑付办法〉的通知》(皖财债〔2021〕10号)
29	河北	专项债券	招标发行	制定	2021	《河北省财政厅关于印发〈2021年河北省政府债券招标发行兑付办法〉的通知》
30	河北	专项债券	招标发行	制定	2021	《河北省财政厅关于印发〈2021年河北省政府债券招标发行规则〉的通知》
31	天津	专项债券	招标发行	制定	2021	《天津市财政局关于印发〈天津市政府债券招标发行规则〉的通知》(津财库〔2021〕11号)
32	天津	专项债券	招标发行	制定	2021	《天津市财政局关于印发〈天津市政府债券发行兑付办法〉的通知》(津财库〔2021〕12号)
33	黑龙江	专项债券	招标发行	制定	2021	《黑龙江省财政厅关于印发〈黑龙江省政府债券招标发行规则〉的通知》(黑财库〔2021〕11号)
34	黑龙江	专项债券	招标发行	制定	2021	《黑龙江省财政厅关于印发〈黑龙江省政府债券招标发行兑付办法〉的通知》(黑财库〔2021〕10号)
35	江西	专项债券	招标发行	制定	2021	《江西省财政厅关于印发〈2021—2023年江西省政府债券承销团管理办法〉的通知》(赣财绩〔2021〕14号)
36	辽宁	专项债券	招标发行	制定	2021	《辽宁省政府债券公开发行兑付办法》(辽财债管〔2021〕5号)
37	内蒙古	专项债券	招标发行	制定	2021	《2021年内蒙古自治区政府债券招标发行规则》
38	内蒙古	专项债券	招标发行	制定	2021	《2021年内蒙古自治区政府债券招标发行兑付办法》
39	北京	专项债券	招标发行	制定	2021	《北京市财政局关于印发〈北京市政府债券招标发行规则〉的通知》(京财国库〔2021〕85号)
40	北京	专项债券	招标发行	制定	2021	《北京市财政局关于印发〈北京市政府债券招标发行兑付办法〉的通知》(京财国库〔2021〕86号)

续表

序号	范围	文件类型	文件内容	来源	发行年份	文件名称和文号
41	吉林	专项债券	招标发行	制定	2021	《吉林省财政厅关于印发〈吉林省政府债券招标发行兑付办法〉的通知》(吉财库〔2021〕178号)
42	青海	专项债券	招标发行	制定	2021	《青海省财政厅关于印发〈青海省政府债券招标发行规则〉的通知》(青财债字〔2021〕34号)
43	青海	专项债券	招标发行	制定	2021	《关于印发2018年青海省政府债券招标发行规则的通知》(财债字〔2021〕34号)
44	宁夏	专项债券	招标发行	制定	2021	《自治区财政厅关于印发〈宁夏回族自治区政府债券招标发行兑付办法〉的通知》(宁财债发〔2021〕84号)
45	宁夏	专项债券	招标发行	制定	2021	《自治区财政厅关于印发〈宁夏回族自治区政府债券招标发行规则〉的通知》(宁财债发〔2021〕85号)
46	西藏	专项债券	招标发行	制定	2021	《西藏自治区财政厅关于印发〈2021年西藏自治区政府债券发行兑付办法〉的通知》(藏财债〔2021〕17号)
47	西藏	专项债券	招标发行	制定	2021	《西藏自治区财政厅关于印发〈西藏自治区政府债券招标发行规则〉的通知》(藏财债〔2021〕16号)
48	上海	专项债券	招标发行	制定	2021	《关于印发〈上海市政府债券招标发行规则〉的通知》(沪财库〔2021〕18号)
49	上海	专项债券	招标发行	制定	2021	《关于印发〈上海市政府债券招标发行兑付办法〉的通知》(沪财库〔2021〕17号)
50	上海	专项债券	招标发行	制定	2021	《关于印发〈上海市政府债券招标发行规则〉的通知》(沪财库〔2021〕18号)
51	四川	政府债务	招标发行	制定	2021	《四川省人民政府办公厅关于印发〈四川省评标专家和综合评标专家库管理办法〉的通知》(川办发〔2021〕54号)
52	湖南	政府债务	招标发行	制定	2021	《湖南省人民政府办公厅关于建立健全招标投标监管长效机制规范招标投标活动的意见》(湘政办发〔2021〕77号)
53	广西	专项债券	招标发行	制定	2021	《广西壮族自治区财政厅关于组建2022—2024年广西壮族自治区政府债券承销团的通知》(桂财库〔2021〕94号)

续表

序号	范围	文件类型	文件内容	来源	发行年份	文件名称和文号
54	广西	专项债券	招标发行	制定	2021	《广西壮族自治区财政厅关于公布2022—2024年广西壮族自治区政府债券承销团名单的通知》(桂财库〔2021〕101号)
55	河北	专项债券	招标发行	制定	2022	《河北省财政厅关于印发〈河北省政府债券招标发行兑付办法〉和〈河北省政府债券招标发行规则〉的通知》(冀财债〔2022〕38号)
56	山东	专项债券	招标发行	制定	2022	《山东省财政厅关于印发2022年山东省政府债券招标发行兑付办法的通知》(鲁财库〔2022〕10号)
57	山东	专项债券	招标发行	制定	2022	《山东省财政厅关于印发2022年山东省政府债券招标发行规则的通知》(鲁财库〔2022〕11号)
58	福建	专项债券	招标发行	制定	2022	《福建省财政厅关于组建2023—2025年福建省地方政府债券承销团的通知》(闽财债务〔2021〕13号)

(一)政府债务分析

据不完全统计，从各省份来看，在国家债券管理要求相关政策和办法的指导下，各省份地方政府积极完善招标发行相关的制度体系和管理办法，山东省、青海省、四川省、上海市、黑龙江省等25个省份制定了政府债券招标发行规则和兑付管理办法(见图4-19和图4-20)。从2015年至2022年9月，各省份印发地方债券招标发行相关政策文件58份①，通过强化落实、完善相关制度体系，促进工作人员勤勉尽责，严格遵守职业规范和相关规则，规范企业债券招标发行行为，保护参与各方的合法权益，确保招标发行过程公平、规范、有序进行，避免利益冲突和债务违约的出现。

① 此为原始收集数据，对官网年度更新文件或存在偏差，以官网发布为准。

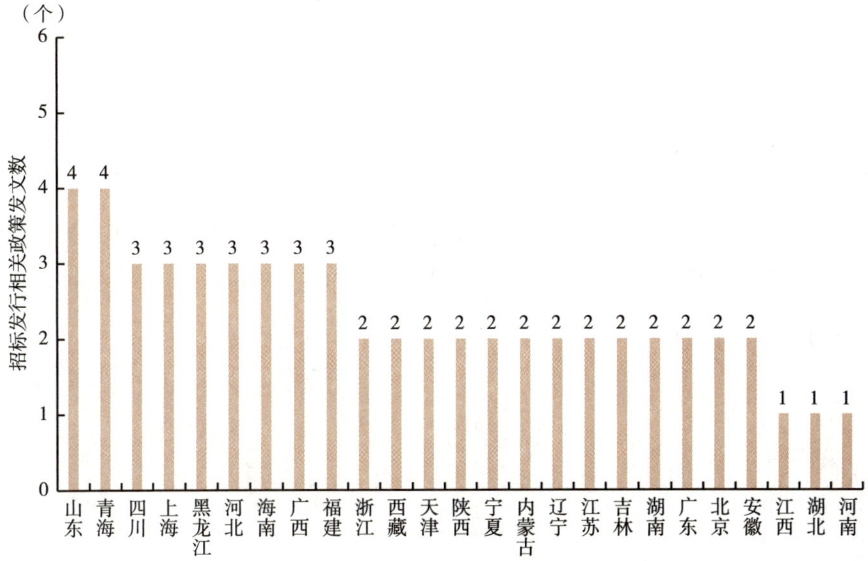

图 4-19 2014 年以来各地方政府债务招标发行政策发布情况

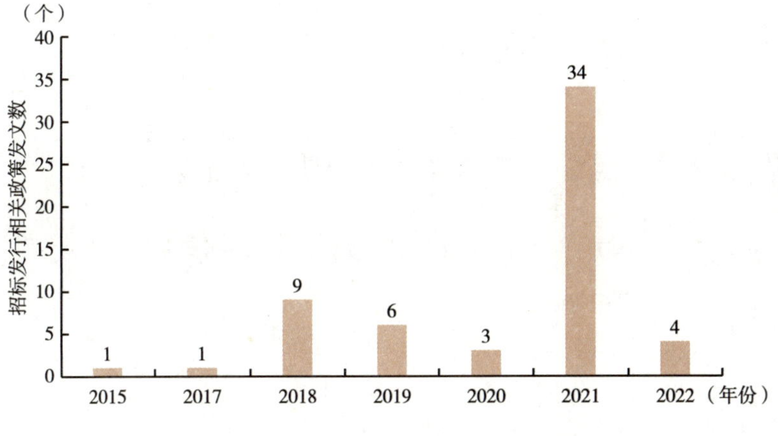

图 4-20 历年政府债务招标发行政策发布情况

（二）专项债券分析

从地方政府专项债券来看，山东省、青海省、上海市、黑龙江省、河北省、海南省等25个省份都制定了针对专项债券的招标发行管理办法，如《吉林省政府债券招标发行兑付办法》（吉财库〔2021〕178号）、《山东省财政厅关于印发2022年山东省政府债券招标发行规则的通知》（鲁财库〔2022〕

11号）等政策文件。从2014年到2022年9月，各省份印发地方政府专项债券招标发行阶段政策文件56份，2021年政策发布最为集中（见图4–21和图4–22）。专项债券招标发行管理是按照市场化方式采用公开招标发行的同时，对地方政府专项债券招标发行单独提出了要求。专项债券应披露对应项目的详细情况、项目融资来源、项目预期收益和融资平衡方案，以及由第三方专业机构出具的评估意见等，这与专项债券发行的要求相吻合，对于确保专项债券资金合理使用具有重要作用，提高了发行效率和质量。

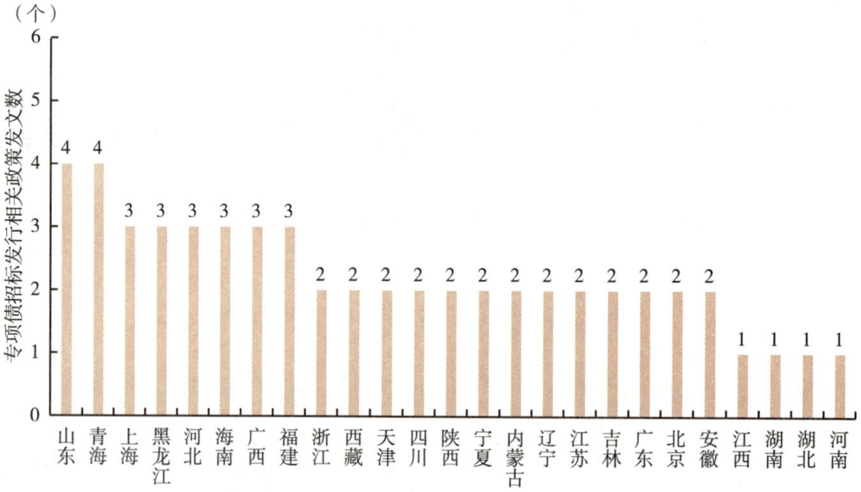

图4–21　2014年以来各地方政府专项债券招标发行政策发布情况

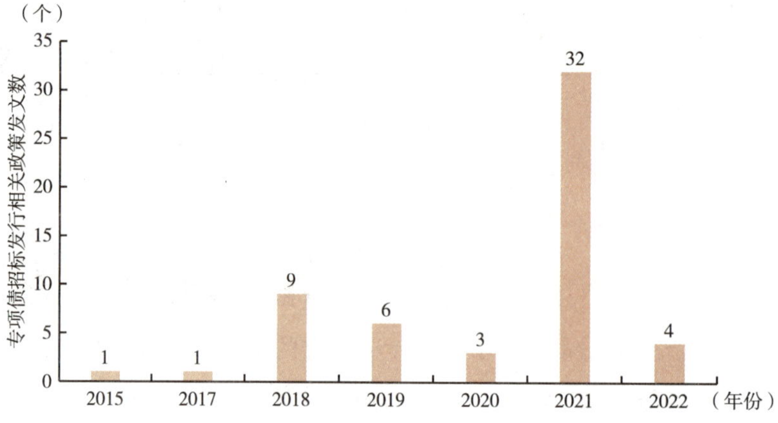

图4–22　历年政府专项债券招标发行政策发布情况

（三）小结

根据国家政策和各地区实际情况，各省份的政府债券招标发行规则、发行兑付方法、承销团管理办法等几乎每年都会进行更新，以完善债券市场制度，进一步规范债券市场，确保债券能够规范发行以及按期还本付息。在已有的市场招标发行机制中，有效的担保履约措施能够保障发行人的权益，提高发行效率。目前，针对专项债券的招标发行文件数量较少，尚未建立起完善有效的招标发行体系，还需后续进行进一步研究和深化。

四、绩效管理

近年来随着地方政府专项债券规模持续扩容，逐年暴露出绩效评价及配套制度尚待健全等问题。从绩效管理角度，专项债券演变历程可分为三个阶段。

第一阶段（2014—2016年），国家首次发行普通专项债券，暂未涉及绩效管理。《关于加强地方政府性债务管理的意见》和新《预算法》奠定了地方政府发债的法律基础，随后专项债券发行管理暂行办法的出台，正式拉开了专项债券发行序幕，此时鼓励发行居多，暂未涉及项目及资金绩效管理。

第二阶段（2017—2019年），初步探索专项债券绩效管理。在此期间，国家先后试点发行土地储备专项债券、收费公路和棚户区改造等项目收益专项债券，并进行小范围幅度的上层定性评价管理。

第三阶段（2020年至今），着力构建地方政府专项债券绩效管理体系。2019年9月4日，国务院常务会议提出加强专项债券项目管理，防止出现“半拉子”工程；自2020年起，按照“资金跟着项目走”要求，专项债额度向手续完备、前期工作准备充分的项目倾斜，优先考虑发行使用较好的地区和已提前具备施工条件的地区；2021年7月1日，财政部进一步发布《地方政府专项债券项目资金绩效管理办法》，提出对专项债券资金预算执行进度和绩效目标实现情况进行“双监控”，专项债券拉开全面绩效管理序幕。

2014年以来，全国各省份绩效管理相关政策发布情况如表4-4所示。

表 4-4　2014 年以来全国各省份绩效管理相关政策梳理

序号	范围	文件类型	文件内容	来源	发行年份	文件名称和文号
1	福建	政府债务	绩效管理	制定	2014	《关于印发〈福建省预算绩效管理专家管理办法〉的通知》（闽财绩〔2014〕16号）
2	河北	政府债务	绩效管理	制定	2014	《关于印发〈河北省省级政府采购项目绩效评价管理办法（试行）〉的通知》（冀财采〔2014〕13号）
3	湖南	政府债务	绩效管理	制定	2014	《湖南省预算绩效管理购买中介机构服务管理办法》（湘财绩〔2014〕26号）
4	湖南	政府债务	绩效管理	制定	2014	《湖南省财政厅关于印发〈湖南省预算绩效管理购买中介机构服务管理办法〉的通知》（湘财绩〔2014〕26号）
5	辽宁	政府债务	绩效管理	制定	2014	《辽宁省省级财政支出绩效监控管理暂行办法》（辽财预〔2014〕275号）
6	辽宁	政府债务	绩效管理	制定	2014	《辽宁省省级财政支出预算绩效目标管理暂行办法》
7	内蒙古	政府债务	绩效管理	制定	2014	《内蒙古自治区人民政府办公厅关于推进预算绩效管理工作的意见》（内政办发〔2014〕70号）
8	山西	政府债务	绩效管理	制定	2014	《山西省预算绩效评价管理办法》（晋财资〔2014〕36号）
9	上海	政府债务	绩效管理	制定	2014	《关于印发〈上海市预算绩效管理实施办法〉的通知》（沪财绩〔2014〕22号）
10	河北	政府债务	绩效管理	制定	2015	《关于印发〈河北省城镇保障性安居工程财政资金绩效评价管理办法〉的通知》（冀财综〔2015〕34号）
11	河北	政府债务	绩效管理	制定	2015	《向第三方购买省级财政支出绩效评价服务管理暂行办法》（冀财监〔2015〕1号）
12	贵州	政府债务	绩效管理	制定	2015	《贵州省省级部门预算绩效目标管理暂行办法》
13	重庆	政府债务	绩效管理	制定	2015	《重庆市财政局关于推进财政专项资金绩效评价工作的指导意见》（渝文备〔2015〕2325号）

续表

序号	范围	文件类型	文件内容	来源	发行年份	文件名称和文号
14	江西	政府债务	绩效管理	制定	2015	《江西省省直部门整体支出绩效评价工作方案》
15	辽宁	政府债务	绩效管理	制定	2015	《辽宁省财政厅关于印发辽宁省省级预算绩效管理结果应用暂行办法的通知》(辽财预〔2015〕15号)
16	辽宁	政府债务	绩效管理	制定	2015	《辽宁省财政厅关于进一步做好省级预算绩效管理工作的通知》(辽财预〔2015〕795号)
17	山西	政府债务	绩效管理	制定	2015	《关于建立省级预算绩效管理(评价)专家库的通知》(晋财办资〔2015〕5号)
18	山西	政府债务	绩效管理	制定	2015	《山西省财政厅关于建立省级预算绩效评价中介机构库的通知》(晋财资〔2015〕20号)
19	安徽	政府债务	绩效管理	制定	2016	《安徽省财政厅关于加强预算绩效管理工作的通知》(财债〔2016〕1118号)
20	辽宁	政府债务	绩效管理	制定	2016	《辽宁省省本级部门预算项目支出绩效目标管理办法》(辽财预〔2016〕546号)
21	辽宁	政府债务	绩效管理	制定	2016	《关于印发辽宁省预算绩效管理工作考核办法的通知》(辽财预〔2016〕618号)
22	山西	政府债务	绩效管理	制定	2016	《山西省省级部门预算绩效目标管理办法》(晋财绩〔2016〕8号)
23	山西	政府债务	绩效管理	制定	2016	《山西省财政厅关于建立省级财政预算绩效管理监督指导库的通知》(晋财绩〔2016〕30号)
24	福建	政府债务	绩效管理	制定	2017	《福建省财政厅关于加强和改进绩效管理有关工作的通知》(闽财绩〔2017〕4号)
25	北京	政府债务	绩效管理	制定	2017	《北京市财政局关于印发〈进一步深化项目支出绩效预算管理改革的意见〉的通知》(京财预〔2017〕2944号)
26	吉林	政府债务	绩效管理	制定	2017	《关于印发〈吉林省省级预算部门整体支出绩效评价方案〉的通知》(吉财预〔2017〕3号)

续表

序号	范围	文件类型	文件内容	来源	发行年份	文件名称和文号
27	吉林	政府债务	绩效管理	制定	2017	《关于印发〈吉林省省级预算绩效评审专家管理办法〉的通知》
28	山西	政府债务	绩效管理	制定	2017	《山西省财政厅关于印发〈省级专项转移支付绩效目标管理暂行办法〉的通知》（晋财绩〔2017〕36号）
29	海南	政府债务	绩效管理	制定	2017	《海南省财政厅 海南省扶贫工作办公室关于印发〈海南省财政专项扶贫资金绩效评价办法〉的通知》（琼财农〔2017〕2002号）
30	西藏	政府债务	绩效管理	制定	2017	《西藏自治区财政支出预算绩效评价管理暂行办法》（藏财预字〔2017〕89号）
31	西藏	政府债务	绩效管理	制定	2017	《西藏自治区财政支出预算绩效管理暂行办法》（藏财预字〔2017〕75号）
32	黑龙江	政府债务	绩效管理	制定	2018	《黑龙江省省级委托第三方机构参与预算绩效管理工作暂行办法》
33	黑龙江	政府债务	绩效管理	制定	2018	《黑龙江省省级预算绩效评审专家管理暂行办法》
34	广西	政府债务	绩效管理	制定	2018	《中共广西壮族自治区委员会 广西壮族自治区人民政府关于全面实施预算绩效管理的实施意见》（桂发〔2018〕26号）
35	陕西	政府债务	绩效管理	制定	2018	《陕西省财政厅关于印发〈陕西省政府债务管理绩效评价暂行办法〉的通知》
36	山西	政府债务	绩效管理	制定	2018	《中共山西省委 山西省人民政府关于全面实施预算绩效管理的实施意见》（晋发〔2018〕39号）
37	海南	政府债务	绩效管理	制定	2018	《海南省财政厅 海南省住房和城乡建设厅关于印发海南省城镇保障性安居工程财政资金绩效评价实施细则的通知》（琼财综〔2018〕878号）
38	上海	政府债务	绩效管理	制定	2018	《关于印发〈上海市第三方机构财政支出绩效评价工作质量评估办法（试行）〉的通知》（沪财绩〔2018〕17号）

续表

序号	范围	文件类型	文件内容	来源	发行年份	文件名称和文号
39	江苏	政府债务	绩效管理	制定	2019	《中共江苏省委江苏省人民政府关于全面实施预算绩效管理的实施意见》
40	安徽	政府债务	绩效管理	制定	2019	《关于全面实施预算绩效管理的实施意见》（皖发〔2019〕11号）
41	福建	政府债务	绩效管理	制定	2019	《福建省财政厅关于印发〈福建省省级部门预算绩效运行监控管理暂行办法〉的通知》（闽财绩〔2019〕6号）
42	福建	政府债务	绩效管理	制定	2019	《福建省财政厅关于印发〈福建省省级部门预算绩效事前评估管理暂行办法〉的通知》（闽财绩〔2019〕5号）
43	湖南	政府债务	绩效管理	制定	2019	《关于全面实施预算绩效管理的实施意见》（湘办发〔2019〕10号）
44	贵州	政府债务	绩效管理	制定	2019	《中共贵州省委 贵州省人民政府关于全面实施预算绩效管理的实施意见》
45	黑龙江	政府债务	绩效管理	制定	2019	《省委省政府关于全面实施预算绩效管理的实施意见》（黑发〔2019〕30号）
46	广西	政府债务	绩效管理	制定	2019	《关于印发全面实施预算绩效管理贯彻落实方案的通知》（桂财办〔2019〕94号）
47	重庆	政府债务	绩效管理	制定	2019	《中共重庆市委 重庆市人民政府关于全面实施预算绩效管理的实施意见》（渝委发〔2019〕12号）
48	重庆	政府债务	绩效管理	制定	2019	《重庆市财政局关于印发〈重庆市市级政策和项目预算绩效管理办法（试行）〉的通知》
49	江西	政府债务	绩效管理	制定	2019	《中共江西省委 江西省人民政府关于全面实施预算绩效管理的实施意见》（赣发〔2019〕8号）
50	辽宁	政府债务	绩效管理	制定	2019	《中共辽宁省委 辽宁省人民政府关于全面实施预算绩效管理的实施意见》（辽委发〔2019〕17号）
51	辽宁	政府债务	绩效管理	制定	2019	《关于印发辽宁省省级预算绩效管理实施细则（试行）的通知》（辽财绩〔2019〕350号）

续表

序号	范围	文件类型	文件内容	来源	发行年份	文件名称和文号
52	内蒙古	政府债务	绩效管理	制定	2019	《内蒙古自治区关于全面实施预算绩效管理的实施意见》（内财监〔2019〕1343号）
53	陕西	政府债务	绩效管理	制定	2019	《关于全面实施预算绩效管理的实施意见》（陕发〔2019〕3号）
54	新疆	政府债务	绩效管理	制定	2019	《关于印发〈自治区财政支出绩效评价管理暂行办法〉的通知》（新财预〔2018〕189号）
55	宁夏	政府债务	绩效管理	制定	2019	《关于印发〈宁夏市县（区）预算绩效管理工作考核办法（试行）〉的通知》［宁财（绩）发〔2019〕595号］
56	上海	政府债务	绩效管理	制定	2019	《关于印发〈上海市市级预算部门（单位）整体支出绩效管理办法（试行）〉的通知》（沪财绩〔2019〕19号）
57	上海	政府债务	绩效管理	制定	2019	《关于印发〈上海市市级财政政策预算绩效管理办法（试行）〉的通知》（沪财绩〔2019〕20号）
58	山东	专项债券	绩效管理	制定	2020	《山东省政府专项债券项目绩效管理暂行办法》（鲁财债〔2020〕70号）
59	江苏	政府债务	绩效管理	制定	2020	《江苏省省级预算绩效目标管理办法》（苏财规〔2020〕18号）
60	江苏	政府债务	绩效管理	制定	2020	《江苏省省级预算绩效监控管理办法》（苏财规〔2020〕19号）
61	江苏	政府债务	绩效管理	制定	2020	《江苏省省级项目支出绩效评价管理办法》（苏财规〔2020〕20号）
62	安徽	政府债务	绩效管理	制定	2020	《安徽省财政厅关于印发〈安徽省省级项目支出绩效单位自评操作规程〉和〈安徽省省级项目支出绩效财政评价和部门评价操作规程〉的通知》（皖财债〔2020〕1630号）
63	浙江	政府债务	绩效管理	制定	2020	《浙江省财政厅关于印发〈浙江省项目支出绩效评价管理办法〉的通知》（浙财监督〔2020〕11号）
64	浙江	政府债务	绩效管理	制定	2020	《浙江省财政厅关于印发规范第三方机构参与预算绩效管理工作办法的通知》（浙财监督〔2020〕17号）

续表

序号	范围	文件类型	文件内容	来源	发行年份	文件名称和文号
65	浙江	政府债务	绩效管理	制定	2020	《浙江省财政厅关于印发浙江省预算绩效运行监控管理办法的通知》(浙财监督〔2020〕6号)
66	湖北	政府债务	绩效管理	制定	2020	《省财政厅关于做好当前预算绩效管理重点工作有关事项的通知》(鄂财绩发〔2020〕4号)
67	云南	政府债务	绩效管理	制定	2020	《云南省财政厅关于印发〈云南省项目支出绩效评价管理办法〉的通知》(云财绩〔2020〕11号)
68	天津	政府债务	绩效管理	制定	2020	《天津市财政局关于印发〈天津市市级财政支出事前绩效评估管理暂行办法〉的通知》(津财绩效〔2020〕19号)
69	天津	政府债务	绩效管理	制定	2020	《天津市财政局关于印发〈天津市市级部门预算绩效目标管理办法〉的通知》(津财绩效〔2020〕16号)
70	天津	政府债务	绩效管理	制定	2020	《关于全面推进预算绩效管理的实施方案》
71	天津	政府债务	绩效管理	制定	2020	《天津市财政局关于印发〈天津市市级预算绩效运行监控管理暂行办法〉的通知》(津财绩效〔2020〕11号)
72	天津	政府债务	绩效管理	制定	2020	《天津市财政局关于印发〈天津市市级财政项目支出绩效评价管理办法〉的通知》(津财绩效〔2020〕12号)
73	天津	政府债务	绩效管理	制定	2020	《天津市财政局关于印发〈天津市市级部门预算绩效管理办法〉的通知》(津财绩效〔2020〕14号)
74	贵州	政府债务	绩效管理	制定	2020	《贵州省预算绩效管理实施办法》
75	黑龙江	政府债务	绩效管理	制定	2020	《黑龙江省财政厅关于开展2019年度省级项目(专项)支出绩效自评价工作的通知》(黑财监〔2020〕4号)
76	黑龙江	政府债务	绩效管理	制定	2020	《黑龙江省财政厅关于印发〈黑龙江省省级部门单位预算绩效管理暂行办法〉的通知》(黑财预〔2020〕38号)

续表

序号	范围	文件类型	文件内容	来源	发行年份	文件名称和文号
77	广西	政府债务	绩效管理	制定	2020	《广西壮族自治区财政厅关于印发广西壮族自治区本级部门预算事前绩效评估暂行办法的通知》(桂财办〔2020〕72号)
78	广西	政府债务	绩效管理	制定	2020	《广西壮族自治区本级部门预算事前绩效评估暂行办法》(桂财办〔2020〕72号)
79	广西	政府债务	绩效管理	制定	2020	《广西壮族自治区本级项目支出绩效评价管理办法》(桂财办〔2020〕84号)
80	江西	政府债务	绩效管理	制定	2020	《江西省省级预算部门绩效管理暂行办法》
81	江西	政府债务	绩效管理	制定	2020	《江西省财政厅预算绩效管理内部工作规程》(赣财办绩〔2020〕1号)
82	江西	政府债务	绩效管理	制定	2020	《江西省预算绩效管理专家库管理暂行办法》
83	江西	政府债务	绩效管理	制定	2020	《中共江西省委 江西省人民政府关于全面实施预算绩效管理的实施意见》(赣发〔2019〕8号)
84	江西	政府债务	绩效管理	转发	2020	《江西省财政厅转发财政部关于印发〈项目支出绩效评价管办法〉的通知》(财预〔2020〕10号)
85	辽宁	政府债务	绩效管理	制定	2020	《辽宁省预算绩效管理第三方机构工作管理暂行办法》(辽财绩〔2020〕332号)
86	新疆	政府债务	绩效管理	转发	2020	《自治区本级部门支出预算管理办法》
87	北京	政府债务	绩效管理	制定	2020	《北京市财政局关于印发〈北京市预算绩效目标管理办法〉的通知》(京财绩效〔2020〕2137号)
88	甘肃	政府债务	绩效管理	制定	2020	《甘肃省财政厅关于印发〈甘肃省省级预算绩效管理办法〉等6个办法和规程的通知》(甘财绩〔2020〕5号)
89	山西	政府债务	绩效管理	制定	2020	《省级财政支出事前绩效评估管理办法》
90	山西	政府债务	绩效管理	制定	2020	《省级项目支出绩效评价管理办法》

续表

序号	范围	文件类型	文件内容	来源	发行年份	文件名称和文号
91	宁夏	政府债务	绩效管理	制定	2020	《关于印发〈宁夏回族自治区城镇保障性安居工程财政资金绩效评价实施细则〉的通知》(宁财(综)发〔2020〕438号)
92	宁夏	政府债务	绩效管理	制定	2020	《关于进一步加强第三方服务预算绩效管理工作的通知》(宁财(绩)发〔2020〕209号)
93	西藏	政府债务	绩效管理	制定	2020	《西藏自治区财政厅关于进一步规范和完善预算项目支出绩效目标管理的通知》(藏财绩〔2020〕6号)
94	上海	政府债务	绩效管理	制定	2020	《关于印发〈上海市财政项目支出预算绩效管理办法(试行)〉的通知》(沪财绩〔2020〕6号)
95	河南	政府债务	绩效管理	制定	2021	《河南省省级预算项目支出绩效评价管理办法》
96	天津	专项债券	绩效管理	制定	2021	《天津市财政局关于开展地方政府专项债券项目事前绩效评估工作的通知》(津财债务〔2021〕26号)
97	天津	政府债务	绩效管理	制定	2021	《天津市市级部门委托第三方机构参与预算绩效管理工作暂行办法》
98	贵州	政府债务	绩效管理	制定	2021	《贵州省省级部门预算支出绩效运行监控管理实施办法》
99	贵州	政府债务	绩效管理	制定	2021	《贵州省省级部门预算支出绩效评价实施办法》
100	贵州	政府债务	绩效管理	制定	2021	《贵州省预算绩效管理工作考核暂行办法》
101	贵州	政府债务	绩效管理	制定	2021	《贵州省省级部门预算支出绩效评价结果应用管理办法》
102	贵州	政府债务	绩效管理	制定	2021	《贵州省财政支出绩效评价第三方机构管理暂行办法》
103	黑龙江	政府债务	绩效管理	制定	2021	《黑龙江省财政厅关于开展2020年度省级项目(专项)支出部门评价工作的通知》(黑财监〔2021〕17号)
104	黑龙江	政府债务	绩效管理	制定	2021	《黑龙江省财政厅 财政部黑龙江监管局关于印发〈黑龙江省2021年预算绩效管理提质增效行动方案〉的通知》(黑财预〔2021〕28号)

续表

序号	范围	文件类型	文件内容	来源	发行年份	文件名称和文号
105	江西	政府债务	绩效管理	制定	2021	《江西省省级预算绩效目标管理暂行办法》
106	江西	政府债务	绩效管理	制定	2021	《江西省省级部门预算绩效运行监控管理暂行办法》
107	内蒙古	政府债务	绩效管理	制定	2021	《内蒙古自治区预算绩效管理信息公开管理办法》
108	内蒙古	政府债务	绩效管理	制定	2021	《内蒙古自治区本级财政支出绩效监控管理办法》
109	内蒙古	政府债务	绩效管理	制定	2021	《内蒙古自治区本级预算部门财政支出绩效运行监控管理办法》
110	内蒙古	政府债务	绩效管理	制定	2021	《内蒙古自治区项目支出绩效评价管理办法》（内政办发〔2021〕5号）
111	天津	政府债务	绩效管理	制定	2021	《天津市财政局关于印发〈天津市市级预算绩效专家库管理办法〉的通知》（津财规〔2021〕19号）
112	河北	政府债务	绩效管理	制定	2021	《河北省财政厅关于印发〈河北省省级部门委托第三方机构参与预算绩效管理办法〉的通知》（冀财绩〔2021〕6号）
113	山西	专项债券	绩效管理	制定	2021	《山西省财政厅关于印发〈政府专项债券项目资金绩效管理办法〉的通知》（晋财债〔2021〕38号）
114	山西	政府债务	绩效管理	制定	2021	《山西省财政厅关于印发〈省级部门委托第三方机构参与预算绩效管理工作管理办法〉的通知》（晋财绩〔2021〕13号）
115	山东	政府债务	绩效管理	制定	2021	《山东省财政厅关于印发〈山东省省级部门委托第三方机构参与预算绩效管理工作暂行办法〉的通知》（鲁财绩〔2021〕12号）
116	湖南	政府债务	绩效管理	制定	2021	《湖南省财政厅关于印发〈湖南省省级预算支出绩效运行监控管理办法〉的通知》（湘财绩〔2021〕9号）
117	湖南	政府债务	绩效管理	制定	2021	《湖南省财政厅关于印发〈湖南省省级预算事前绩效评估管理暂行办法〉的通知》（湘财绩〔2021〕8号）

续表

序号	范围	文件类型	文件内容	来源	发行年份	文件名称和文号
118	上海	专项债券	绩效管理	制定	2021	《关于印发上海市地方政府专项债券项目资金绩效管理办法的通知》(沪财绩〔2021〕27号)
119	广西	专项债券	绩效管理	制定	2021	《广西壮族自治区财政厅关于印发广西壮族自治区政府专项债券项目绩效管理暂行办法的通知》(桂财规〔2021〕2号)
120	重庆	专项债券	绩效管理	制定	2021	《重庆市财政局关于印发重庆市政府专项债券项目资金绩效管理办法的通知》(渝财债〔2021〕68号)
121	浙江	政府债务	绩效管理	制定	2021	《青田县农业农村局关于印发〈青田县村级债务管理办法〉的通知》(青农发〔2021〕105号)
122	浙江	政府债务	绩效管理	制定	2021	《湖州市国资委关于印发〈湖州市市属国有企业债券发行管理暂行办法〉的通知》(湖国资委〔2021〕63号)
123	浙江	政府债务	绩效管理	制定	2021	《关于印发〈莲都区村级债务管理细则〉的通知》(莲农发〔2021〕206号)
124	安徽	专项债券	绩效管理	制定	2021	《安徽省财政厅关于印发〈安徽省政府专项债券项目资金绩效管理办法〉的通知》(皖财债〔2021〕1485号)
125	福建	专项债券	绩效管理	制定	2021	《福建省财政厅关于印发〈政府专项债券项目资金绩效管理办法〉的通知》(闽财债管〔2021〕50号)
126	四川	政府债务	绩效管理	制定	2022	《四川省财政厅关于印发〈四川省财政厅关于规范第三方机构参与预算绩效管理的实施办法〉的通知》
127	四川	政府债务	绩效管理	制定	2022	《四川省委办公厅省政府办公厅关于深入实施预算绩效管理的通知》(川委厅〔2022〕5号)
128	天津	专项债券	绩效管理	制定	2022	《天津市财政局关于印发〈天津市地方政府专项债券项目资金绩效管理暂行办法〉的通知》(津财债务〔2022〕15号)
129	山西	政府债务	绩效管理	制定	2022	《山西省财政厅关于印发〈省级部门预算绩效运行监控管理办法〉的通知》(晋财绩〔2022〕7号)

续表

序号	范围	文件类型	文件内容	来源	发行年份	文件名称和文号
130	山东	政府债务	绩效管理	制定	2022	《山东省财政厅关于开展成本预算绩效管理的实施意见》(鲁财绩〔2022〕4号)
131	浙江	专项债券	绩效管理	制定	2022	《浙江省财政厅关于印发浙江省地方政府专项债券项目资金绩效管理办法的通知》(浙财债〔2022〕24号)
132	安徽	专项债券	绩效管理	制定	2022	《关于印发〈淮北市政府专项债券项目资金绩效管理实施细则(试行)〉的通知》(财债办〔2022〕167号)
133	青海	专项债券	绩效管理	制定	2022	《青海省财政厅关于印发青海省政府专项债券项目资金绩效管理办法的通知》(青财债字〔2022〕46号)

（一）政府债务分析

在此背景下，各省份陆续发布细化落实绩效管理相关文件。据不完全统计，截至2022年9月全国各省份发布政府债务绩效管理相关文件共有133份，我国30个省份已发行相关政策文件，其中，山西省、天津市、辽宁省、江西省、贵州省发布政策数量最多，分别为12份、10份、9份、9份、8份，位列发行量前五。按年份来看，2014—2018年因各省份相关绩效管理处于探索阶段，发布的相关政策较少，从2019年开始发布数量相对集中，尤其是2020年文件印发最为密集（见图4-23和图4-24）。

其中，结合现阶段地方政府性绩效管理工作，地方政府已印发政策中标准化、可操作性较好的有浙江省印发的《浙江省预算绩效运行监控管理办法》(浙财监督〔2020〕6号)、湖南省印发的《关于全面实施预算绩效管理的实施意见》(湘办发〔2019〕10号)、天津市于2021年4月印发的《天津市市级部门委托第三方机构参与预算绩效管理工作暂行办法》、黑龙江省于2018年12月印发的《黑龙江省省级预算绩效评审专家管理暂行办法》、甘肃省印发的《甘肃省省级预算绩效管理办法》(甘财绩〔2020〕5号)、安徽省印发的《淮北市政府专项债券项目资金绩效管理实施细则(试行)》(财债办〔2022〕167号)等。

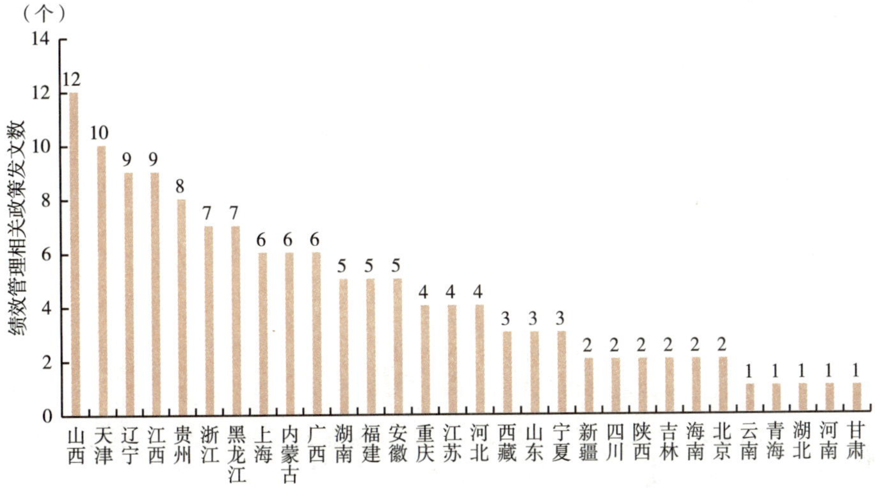

图 4-23　2014 年以来各地方政府债务绩效管理政策发布情况

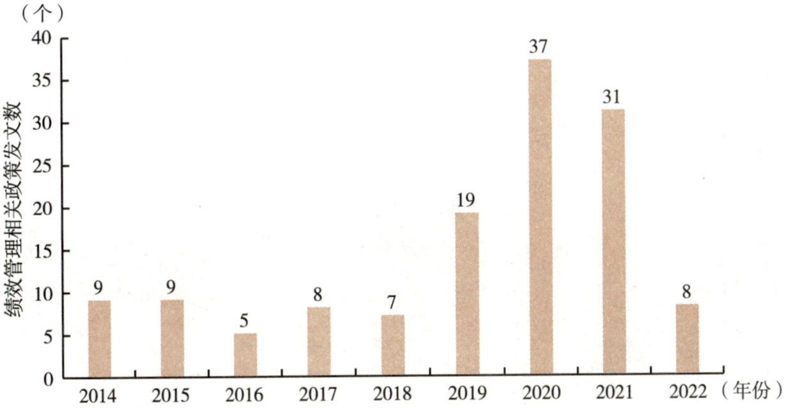

图 4-24　历年政府债务绩效管理政策发布情况

（二）专项债券分析

从专项债券角度对已发行绩效管理文件进行分析，截至2022年9月全国各省份发布地方政府专项债券相关文件共有12份，其中，天津市和安徽省分别印发2份，重庆市、浙江省等8个省市各发行1份，剩余21个省市尚未印发专项债券绩效管理类文件。就省级地方政府层面来看，关于专项债券绩效管理相应管理政策严重缺失，已有管理办法省份凤毛麟角，未形成完整管理体系（见图4-25和图4-26）。

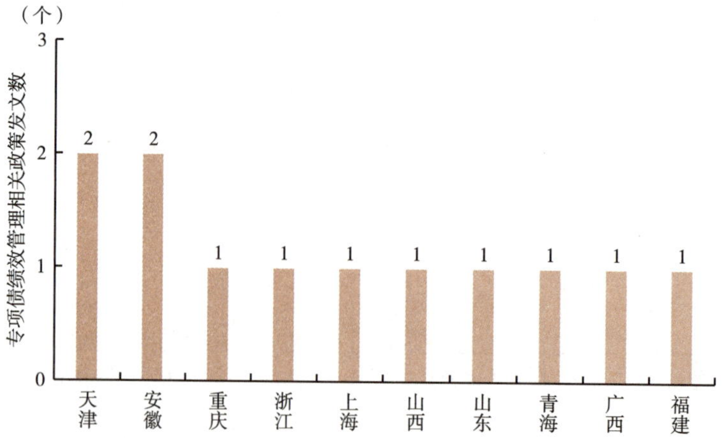

图 4-25　2014 年以来各地方政府专项债券绩效管理政策发布情况

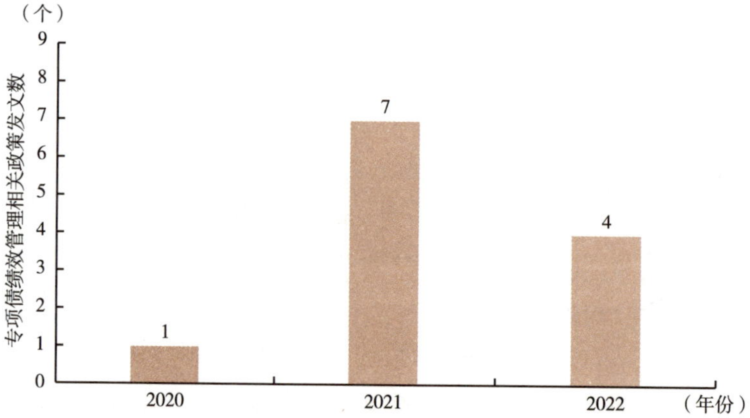

图 4-26　历年政府专项债券绩效管理政策发布情况

（三）小结

综合来看，各省份“专项债券项目绩效管理办法”有待印发，地方政府对此前一系列政策的落实和完善措施有待提升，尤其是填补专项债券绩效管理领域的制度空缺，补齐预算绩效管理的制度“短板”，加快建立符合“举债必问效、无效必问责”的地方政府债务风险监管导向的专项债券绩效管理体系，促使各地方政府从事前绩效评估、绩效目标管理，事中绩效运行监控管理，事后绩效评价管理和绩效结果应用管理等环节健全全过程绩效管理机制，将每个节点工作更加细化和可操作性，如此，伴随着后续专项债发行难度或将加大，但专项债项目质量及资金使用效率将有所提高，有利于防范政府债务风险。

五、风险管理

发行地方政府专项债券，是规范地方政府举债、防范隐性债务风险的关键性举措。同时，专项债券使用相对较为灵活，在支持重点领域和补短板项目建设方面发挥了重要作用。由于内外经济环境的变化，专项债券被赋予了宏观逆周期调控的重任，但在充分发挥专项债券作用的过程中，也将不可避免地带来一定的风险隐患，如专项债券规模扩大导致偿债能力风险加剧，项目质量不高易导致财政偿付风险加剧，加杠杆将带来新的风险隐患，房地产政策将会加剧地方政府土地出让收入的波动，这些方面需要加以关注和予以防范。

2014年以来全国各省份风险管理相关政策情况如表4–5所示。

表 4–5　　2014 年以来全国各省份风险管理相关政策梳理

序号	范围	文件类型	文件内容	来源	发行年份	文件名称和文号
1	四川	政府债务	风险管理	制定	2014	《关于深化投融资体制改革的指导意见》（川府发〔2014〕22号）
2	湖南	政府债务	风险管理	制定	2014	《湖南省人民政府办公厅关于印发〈湖南省政府性债务管理实施细则〉的通知》（湘政办发〔2014〕32号）
3	广西	政府债务	风险管理	制定	2014	广西壮族自治区人民政府《关于进一步加强政府性债务管理的意见》（桂政发〔2014〕73号）
4	吉林	政府债务	风险管理	制定	2014	《关于印发〈吉林省地方政府性债务规模管理和风险预警指标监测管理办法〉的通知》（吉财债〔2014〕275号）
5	四川	政府债务	风险管理	制定	2015	《四川省政府性债务管理办法》（川府发〔2015〕3号）
6	陕西	政府债务	风险管理	制定	2015	《陕西省政府性债务管理办法》（陕政发〔2015〕18号）
7	四川	政府债务	风险管理	制定	2016	《四川省人民政府办公厅关于印发四川省政府债务风险化解规划的通知》（川办发〔2016〕50号）

续表

序号	范围	文件类型	文件内容	来源	发行年份	文件名称和文号
8	四川	政府债务	风险管理	制定	2016	《四川省政府债务风险评估和预警暂行办法》（川办发〔2016〕53号）
9	江苏	政府债务	风险管理	制定	2016	《江苏省政府关于加强政府性债务管理的实施意见》（苏政发〔2016〕154号）
10	河南	政府债务	风险管理	制定	2016	《河南省人民政府关于加强政府性债务管理的意见》（豫政〔2016〕11号）
11	江西	政府债务	风险管理	制定	2016	《江西省政府性债务管理办法》（赣府厅发〔2016〕68号）
12	内蒙古	政府债务	风险管理	制定	2016	《内蒙古自治区人民政府办公厅关于 印发地方政府债务风险化解规划的通知》（内政办发〔2016〕176号）
13	新疆	政府债务	风险管理	制定	2016	《关于印发〈自治区政府债券资金管理奖惩暂行办法〉的通知》（新财预〔2016〕105号）
14	吉林	政府债务	风险管理	制定	2016	《关于印发〈吉林省地方政府债务风险评估和预警指标监测暂行办法〉的通知》（吉财债〔2016〕102号）
15	青海	政府债务	风险管理	制定	2016	《青海省人民政府办公厅 关于印发青海省地方政府债务风险评估和预警暂行办法的通知》（青政办〔2016〕78号）
16	海南	政府债务	风险管理	制定	2016	《海南省人民政府办公厅关于印发海南省地方政府性债务风险预警与应急预案的通知》（琼府办〔2016〕321号）
17	西藏	政府债务	风险管理	制定	2016	《西藏自治区人民政府关于进一步加强政府债务风险防范工作的通知》（藏政发〔2016〕73号）
18	广东	政府债务	风险管理	制定	2017	《广东省人民政府办公厅关于印发广东省政府性债务风险应急处置预案的通知》（粤办函〔2017〕729号）
19	山东	政府债务	风险管理	制定	2017	《关于规范政府举债融资行为防控政府性债务风险的意见》（鲁政办字〔2017〕154号）
20	山东	政府债务	风险管理	制定	2017	《山东省人民政府办公厅关于规范政府举债融资行为防控政府性债务风险的意见》（鲁政办字〔2017〕154号）

续表

序号	范围	文件类型	文件内容	来源	发行年份	文件名称和文号
21	山东	政府债务	风险管理	制定	2017	《山东省人民政府办公厅规范举债融资行为防控政府性债务风险的意见》（鲁政办字〔2017〕154号）
22	四川	政府债务	风险管理	制定	2017	《四川省人民政府办公厅关于印发四川省政府性债务风险应急处置预案的通知》（川办发〔2017〕91号）
23	河南	政府债务	风险管理	制定	2017	《河南省人民政府办公厅关于印发河南省政府性债务风险应急处置预案的通知》（豫政办〔2017〕39号）
24	安徽	政府债务	风险管理	制定	2017	《安徽省人民政府办公厅关于印发政府性债务风险应急处置预案的通知》（皖政办秘〔2017〕10号）
25	浙江	政府债务	风险管理	制定	2017	《浙江省人民政府办公厅关于印发浙江省地方政府性债务风险应急处置预案的通知》（浙政办发〔2017〕35号）
26	福建	政府债务	风险管理	制定	2017	《福建省人民政府办公厅关于印发福建省政府性债务风险应急处置预案的通知》（闽政办〔2017〕85号）
27	河北	政府债务	风险管理	制定	2017	《河北省人民政府办公厅关于印发河北省政府性债务风险应急处置预案的通知》（冀政办字〔2017〕27号）
28	湖北	政府债务	风险管理	制定	2017	《省人民政府关于规范政府举债融资行为防范和化解债务风险的实施意见》（鄂政发〔2017〕38号）
29	湖北	政府债务	风险管理	制定	2017	《省人民政府办公厅关于印发湖北省政府性债务风险应急处置预案的通知》（鄂政办函〔2017〕45号）
30	云南	政府债务	风险管理	制定	2017	《云南省人民政府关于印发云南省政府性债务管理办法的通知》（云政发〔2017〕60号）
31	云南	政府债务	风险管理	制定	2017	《云南省人民政府办公厅关于印发云南省政府性债务风险应急处置预案的通知》（云政办函〔2017〕52号）
32	天津	政府债务	风险管理	制定	2017	《天津市财政局关于印发天津市政府性债务风险分类处置指南的通知》（津财债务〔2017〕45号）

续表

序号	范围	文件类型	文件内容	来源	发行年份	文件名称和文号
33	天津	政府债务	风险管理	制定	2017	《天津市人民政府办公厅关于印发天津市政府性债务风险应急处置预案的通知》（津政办函〔2017〕20号）
34	贵州	政府债务	风险管理	制定	2017	《省人民政府办公厅关于印发贵州省政府性债务风险应急处置预案的通知》（黔府办函〔2017〕78号）
35	广西	专项债券	风险管理	制定	2017	《广西壮族自治区人民政府办公厅关于印发广西壮族自治区政府性债务风险应急处置预案的通知》（桂政办发〔2017〕73号）
36	重庆	政府债务	风险管理	制定	2017	《重庆市人民政府办公厅关于印发重庆市政府性债务风险应急处置预案的通知》（渝府办发〔2017〕53号）
37	新疆	政府债务	风险管理	制定	2017	《关于印发自治区地方政府性债务风险应急处置预案的通知》（新政函〔2017〕号）
38	新疆	政府债务	风险管理	制定	2017	《关于印发自治区地方政府性债务风险应急处置预案的通知》
39	北京	政府债务	风险管理	制定	2017	《北京市人民政府办公厅关于印发〈北京市政府性债务风险应急处置预案〉的通知》（京政办发〔2017〕34号）
40	吉林	政府债务	风险管理	制定	2017	《吉林省人民政府办公厅关于印发吉林省政府性债务风险应急处置预案的通知》（吉政办函〔2017〕89号）
41	吉林	政府债务	风险管理	制定	2017	《吉林省政府性债务风险应急处置预案》
42	甘肃	政府债务	风险管理	制定	2017	《甘肃省人民政府办公厅关于印发甘肃省政府性债务风险应急处置预案的通知》（甘政办发〔2017〕11号）
43	山西	政府债务	风险管理	制定	2017	《山西省人民政府办公厅关于印发山西省政府性债务风险应急处置预案的通知》（晋政办发〔2017〕99号）
44	青海	政府债务	风险管理	制定	2017	《青海省人民政府办公厅 关于印发青海省政府性债务风险应急处置预案的通知》（青政办〔2017〕58号）
45	宁夏	政府债务	风险管理	制定	2017	《自治区人民政府办公厅关于进一步加强政府性债务管理的实施意见》（宁政办发〔2017〕163号）

续表

序号	范围	文件类型	文件内容	来源	发行年份	文件名称和文号
46	上海	政府债务	风险管理	制定	2017	《上海市地方政府性债务风险应急处置预案》(2017版)
47	河北	专项债券	风险管理	制定	2018	《关于印发〈河北省省级医疗卫生政府专项债券资金管理暂行办法〉的通知》(冀财规〔2018〕12号)
48	黑龙江	政府债务	风险管理	制定	2018	《黑龙江省人民政府办公厅关于进一步加强省对县预算管理的意见》(黑政办发〔2018〕45号)
49	广西	专项债券	风险管理	制定	2018	《广西壮族自治区财政厅关于印发自治区本级新增政府债券使用管理办法的通知》(桂财预〔2018〕8号)
50	广西	政府债务	风险管理	制定	2018	《广西壮族自治区人民政府办公厅关于进一步加强政府性债务管理防范化解政府性债务风险的意见》(桂政办发〔2018〕6号)
51	山西	政府债务	风险管理	制定	2018	《临汾市人民政府办公厅关于印发临汾市政府性债务风险应急处置预案的通知》
52	青海	政府债务	风险管理	制定	2018	《青海省财政厅关于印发〈青海省财政厅地方政府性债务管理风险内部控制办法(试行)〉的通知》(青财债字〔2018〕1207号)
53	青海	政府债务	风险管理	制定	2018	《中共青海省委办公厅 青海省人民政府办公厅关于进一步规范政府融资行为防范化解政府性债务风险的通知》(青办发〔2018〕36号)
54	青海	政府债务	风险管理	制定	2018	《青海省人民政府关于印发青海省政府性债务管理办法的通知》(青政〔2018〕36号)
55	广东	政府债务	风险管理	制定	2019	《广东省发展改革委等五单位关于城投债券发行与风险管控的办法(试行)》(粤发改规〔2019〕4号印发)
56	四川	专项债券	风险管理	制定	2019	《成都高新区专项债券全生命周期风险管理办法》(成高管发〔2019〕9号)
57	广西	政府债务	风险管理	制定	2019	《广西政府债务信息公开实施细则》(桂财规〔2019〕1号)

续表

序号	范围	文件类型	文件内容	来源	发行年份	文件名称和文号
58	陕西	政府债务	风险管理	制定	2019	《陕西省财政厅关于印发〈陕西省地方政府债券资金管理办法〉（试行）的通知》（陕财办预〔2019〕32号）
59	陕西	政府债务	风险管理	制定	2019	《陕西省财政厅关于印发〈陕西省政府性债务管理问责办法（试行）〉的通知》（陕财办预〔2019〕33号）
60	内蒙古	政府债务	风险管理	制定	2020	《内蒙古自治区人民政府关于印发〈内蒙古自治区政府债券资金管理办法〉的通知》（内政发〔2020〕23号）
61	北京	专项债券	风险管理	制定	2020	《北京市政府专项债券全生命周期管理办法（试行）》
62	四川	专项债券	风险管理	制定	2021	《四川省地方政府专项债券全生命周期管理办法》（川财规〔2021〕6号）
63	江苏	政府债务	风险管理	制定	2021	《省政府办公厅关于规范融资平台公司投融资行为的指导意见》
64	江西	政府债务	风险管理	转发	2021	《财政部关于印发〈地方政府专项债券项目资金绩效管理办法〉的通知》
65	天津	政府债务	风险管理	制定	2021	《市发展改革委关于修订印发〈天津市发展和改革委员会投资咨询评估管理办法〉的通知》（津发改投资规〔2021〕11号）
66	山东	政府债务	风险管理	制定	2021	《山东省财政厅关于进一步加强和规范政府采购保证金管理的通知》（鲁财采〔2021〕20号）
67	内蒙古	政府债务	风险管理	制定	2021	《内蒙古自治区“十四五”审计工作发展规划》（内审委办发〔2021〕27号）
68	江苏	专项债券	风险管理	转发	2021	《关于印发〈地方政府专项债券用途调整操作指引〉的通知》（财预〔2021〕110号）
69	福建	专项债券	风险管理	制定	2021	《福建省财政厅关于印发〈政府专项债券用途调整操作指引〉的通知》（闽财债管函〔2021〕10号）
70	江西	专项债券	风险管理	转发	2021	《江西省财政厅关于转发〈财政部关于印发〈地方政府专项债券用途调整操作指引〉的通知〉的通知》（赣财债〔2021〕70号）

续表

序号	范围	文件类型	文件内容	来源	发行年份	文件名称和文号
71	甘肃	专项债券	风险管理	转发	2021	《甘肃省财政厅关于转发财政部〈地方政府专项债券用途调整操作指引〉的通知》（甘财预〔2021〕67号）
72	内蒙古/辽宁	政府债务	风险管理	制定	2022/2020	《赛罕区“十四五”审计工作发展规划》（呼赛审委办发〔2022〕1号）《辽宁省防范和处置金融风险条例》（辽宁省人民代表大会常务委员会公告〔13届〕第49号）
73	浙江/湖南	政府债务	风险管理	制定	2022	《金华市婺城区人民政府办公室关于印发金华市婺城区地方政府性债务风险应急处置预案的通知》（婺区政办〔2022〕32号）/《湖南省人民政府办公厅关于印发〈进一步规范政府性投资项目决策和立项防范政府债务风险的管理办法〉的通知》（湘政办发〔2022〕26号）
74	浙江/青海	专项债券	风险管理	制定	2022	《乐清市人民政府办公室关于印发〈乐清市地方政府专项债券全生命周期管理办法（试行）〉的通知》（乐政办发〔2022〕34号）/《青海省人民政府办公厅关于印发省直部门办公和业务用房基建项目债务风险防控办法的通知》（青政办〔2020〕64号）

（一）政府债务分析

为了加强地方政府专项债券管理，有序做好专项债券发行和使用工作，国家先后发布了《国务院关于加强地方政府性债务管理的意见》（国发〔2014〕43号）、《中共中央办公厅 国务院办公厅关于做好地方政府专项债券发行及项目配套融资工作的通知》（厅字〔2019〕33号）等。各省份地方政府也基于此类规定研究、制定与本地区实际环境相适应的专项债券风险管理制度体系。据不完全统计，截至2022年9月全国各省份地方政府发布风险管理相关文件共有74份，有30个省份已印发相关政策，其中，四川省7份、青海省5份、广西壮族自治区5份，山东省、内蒙古、吉林省各4份，浙江省等共

6个省份各印发3份，其他省份印发数据相对较少。按年份来看，2017年印发数量相对较多（见图4-27和图4-28）。

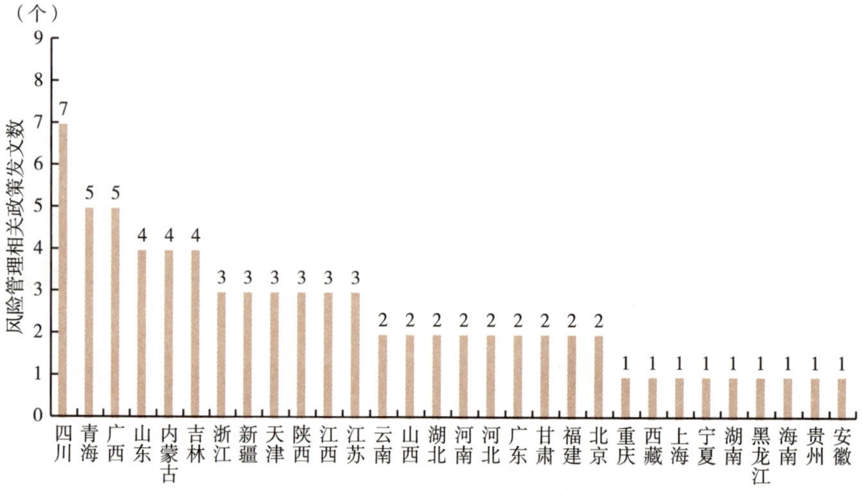

图4-27　2014年以来各地方政府债务风险管理政策发布情况

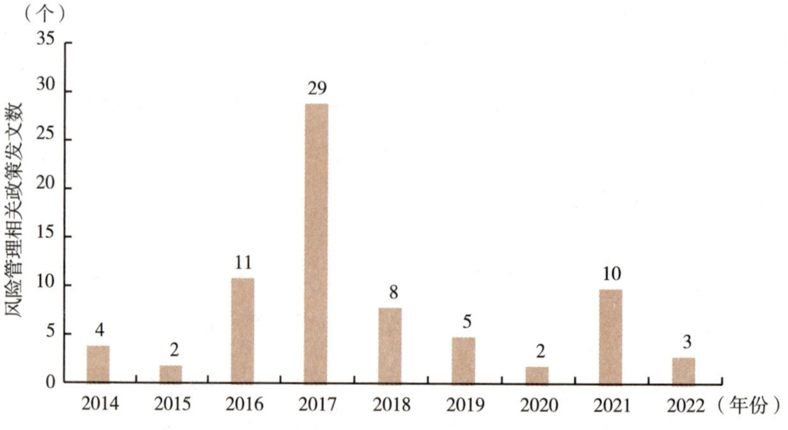

图4-28　历年政府债务风险管理政策发布情况

（二）专项债券分析

从专项债券角度对已发行风险管理文件进行分析，截至2022年9月全国各省份发布地方政府专项债券相关文件，共有9个省市已印发11份，分别是四川省、广西壮族自治区各2份，浙江省、江西省各1份，其他22个省级行政区尚未发行政府债务风险管理相关政策文件。其中成都高新区出台了全国首个《成都高新区专项债券全生命周期风险管理办法》，随后四川省财政厅、四川省发展和改革委员会、四川省自然资源厅、四川省生态环境厅联合印发《四川省地方政府专项债券全生命周期管理办法》。同时，北京市印发的《北京市政府专项债券全生命周期管理办法（试行）》，健全债务管理制度机制、加快债券发行使用、强化债务风险防控（见图4-29和图4-30）。

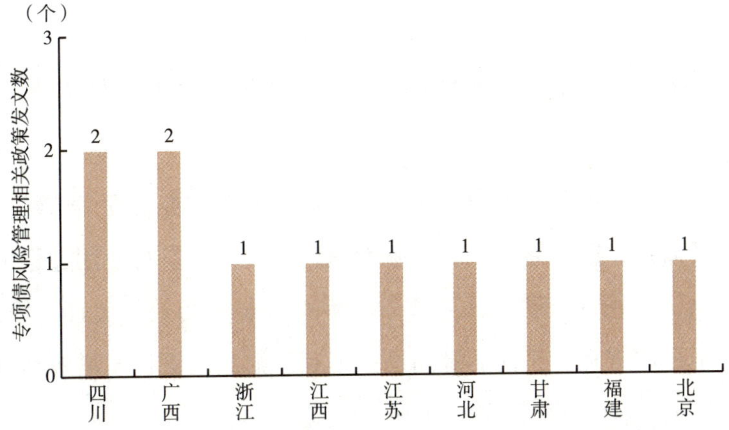

图 4-29　2014 年以来各地方专项债券风险管理政策发布情况

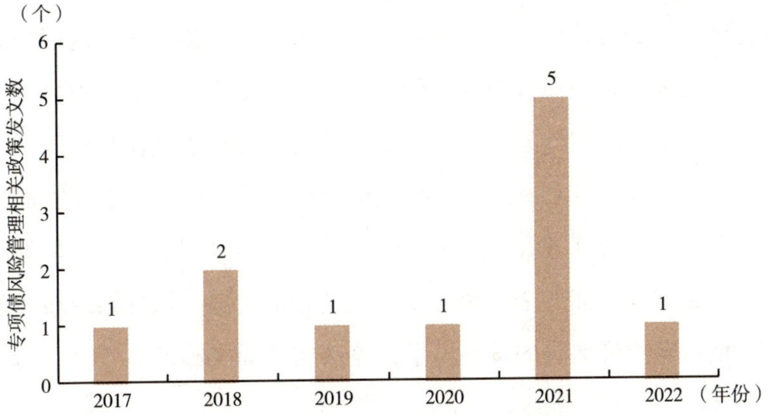

图 4-30　历年专项债券风险管理政策发布情况

（三）小结

综上所述，就目前省级地方政府层面来看，关于专项债券风险管理的管理政策严重缺失，已公布管理办法省份屈指可数，尚未形成完整管理体系，亟须完善监管制度体系，实现专项债券穿透式监管。建成后，一方面可以让监管部门更好地掌握专项债券项目建设运营情况，推动专项债券项目尽快落地见效，提高债券资金使用效率；另一方面也可以更好地发挥专项在扩大有效投资、促进宏观经济平稳运行方面的积极作用。

第三节　债券发行主题管理制度体系构建路径

总体来看，目前各地政府关于政府债务及专项债券管理尚未建立起完善有效的制度体系，这将导致政府债务管理及专项债券发行使用过程中出现债务责任不清，信用评级错位，预算软约束，资金使用效果欠佳、用途泛化、前期准备不足和管理意识落后等问题，不利于财政政策提质增效和维护财政可持续。

为进一步稳增长与防风险、控制地方政府债务偿付压力，必须构建专项债券管理制度体系路径。基于五个层次架构，因省级政府是地方政府专项债券项目管理的核心主体，所以重点在于以省级单位为主构建本地区地方政府债券管理制度体系，因而各省级政府系统、完善地出台针对政府债务、专项债券全生命周期管理文件显得极为重要。从政府债务管理流程角度出发将依次从预算管理、发行管理、招标发行、绩效管理、风险管理五个方面进行路径构建，即构建政府债务和专项债券管理的全生命周期管理制度体系。加强地方政府债务和专项债券全生命周期管理是防范化解区域性系统性风险的必然选择，是稳定经济增长的重要抓手，是落实全面实施预算管理和绩效管理等的内在要求。

政府债务和债券应按照市场化、法治化方向，进一步完善各种制度体系，让市场在专项债发行定价中起决定性作用，促使专项债券定价与其风险相一致。同时将绩效管理的理念与方法融入专项债项目全生命周期管理的全过程，加强绩效评价结果的应用。

全面实施预算绩效管理已成为推进国家治理体系和治理能力现代化的重要举措，中央部门是预算绩效管理的重要实施主体，在全国具有很强的带头作用和示范意义。但因在实际过程中预算绩效评价结果反馈的运用不充分，评价参考性不强，造成评价资源浪费，管理经验长期仍在处于探索阶段，并且因预算管理和绩效管理等工作附着在政府财政的各个环节，是一项系统性强、耗时较多的工作，倘若没有足够的专业人员支持，难以有效完成，各省份地方政府在统筹协调、主体责任落实方面应加强制度管理，对财政部门和各主管部门等相关主体在绩效管理这项工作中的权责划分应更加清晰具体，形成管理合力，并可专门设立预算绩效管理机构，引进或培养专业人员，深入做好统筹和组织实施工作，研究分析并解决管理过程中遇到的问题，保障绩效评价工作得以真正下沉到资金使用终端。在各省级政府管理制度短板补齐过程中，将执行规范与责任压实给各市县债券实际使用者，从每个项目单元上确保制度切实有效，为专项债从“量”到“质”、从“规模提升”到“注重实效”的转化做好制度基础建设，督促地方政府将资金花在“刀刃上”，提高债券资金的使用效益。

第五章

专项债券项目规划期管理

第一节　项目规划期债券管理目标与思路

一、项目规划期债券管理目标

专项债券项目规划源于政府提出的建设项目，这些建设项目应当符合当地发展的相关城市、行业和专项规划，按照政府投资条例规定的投资决策程序提出，这些建设项目的目的是促进当地经济社会效益价值最大化，提供全民所需公共物品，最大限度满足社会公共服务需求，同时筹建项目满足融资与收益自求平衡。因此，项目规划期的债券管理目标是依法合规地提出能够满足融资与收益自求平衡且能够实现当地经济社会发展的政府投资项目。

二、项目规划期债券管理思路

政府投资项目多具有投资大、工程复杂、建设内容重要等特点，从项目的前期工作至可开工建设，参与单位涉及政府部门、单位和中介机构等。因此，项目规划期的债券管理思路将围绕项目前期各程序的主体关系和各主体的责任，核对是否按照职责和规定要求，推进项目前期审批工作，确保项目申请专项债券的成熟度。

第二节　项目规划期主体责任

一、项目规划期有关主体关系

市县政府是所投项目的实际所有者，是举债融资的偿还者，也是项目的提出主体，具体项目的主管部门负责做好项目规划工作。

项目单位根据项目复杂程度通过政府购买服务等方式，聘请第三方机构参与项目规划期的工作。其中，项目《可行性研究报告》应当邀请具备相关工程咨询资质的机构进行编制，项目设计方案、环境影响评价报告、水土保持方案等项目前期规划文件都由项目单位或者委托相应的第三方机构进行相应的设计和撰写。项目的“一案两书”，即实施方案、财务评价报告和法律意见书，可以聘请具有相关经验和资质的独立第三方机构进行编制。

二、项目规划期主体责任落实

项目规划期的参与主体主要是市县政府和各有关部门，以及接受委托参与项目前期准备的中介服务机构。因此，规划期的管理制度以政府部门上下级指导与监督，政府总揽、部门具体落实的责任落实机制为主，政府部门与中介机构落实合同责任为辅。

（一）加强地方政府及其各部门的协调配合

根据《政府投资条例》，地方政府、发展改革部门及行业主管部门应当加强协调配合，由主管部门结合地方实际提出符合规划和产业政策的项目，发展改革部门对本地区的专项债项目进行前期的审核批准，自然资源、生态环境、水利等行业主管部门根据各自职责对项目涉及的各方面审批事项进行审批，政府各部门之间应当加强协调配合，提高项目提出的效率。

（二）强化政府科学决策的能力

为加强政府科学决策能力，地方政府应当有效利用自身在信息资源上的优势，结合信息技术、数据分析、统计分析等学科知识，积极建设决策支持平台，互联网、大数据、云平台等技术都可以为地方政府科学决策提供技术保障。

（三）规范政府采购流程和合同管理

通过严格规范政府采购，科学合理地选择优质、真正能提供解决方案的第三方专业机构参与政府专项债券工作，提高债券发行市场化程度，节约政府资源。

第三节　项目规划期风险分析评估

一、项目规划期工作内容

（一）项目发起

地方政府应当根据当地经济社会发展的实际情况，依据国家、地区五年发展规划，城市总体规划，行业规划和专项规划，提出近期需要通过政府投资建设的符合产业政策的公益性项目，并确认或者批复项目建议书。

（二）项目前期准备

项目前期准备主要指在项目提出的基础上，进行方案的建设规划和运营规划设计，履行相关的行政审批手续。

可行性研究是项目建设规划的主要内容，通过多种渠道和手段对该建设项目进行投资概算、实施技术、经济论证的过程，是工程项目前期工作的一个重要阶段。项目提出部门或者地方政府指定的部门（单位）承担项目立项职责，对项目建设的可行性作出初步的分析和判断，并聘请中介机构编制项目《可行性研究报告》，完成项目选址、建设内容、投资估算和财务分析等内容，并取得发展改革部门的批复，作为工程设计文件的编制及工程项目后续工作有序开展的纲领性文件。

拟申报专项债券的项目，基于项目融资和收益相平衡的角度，项目提出之初就对未来的收益进行科学预测，即投资决策阶段对项目的运营规划必不可少。运营规划可以在地方政府专项债券申报资料（专项债券实施方案）中进行明确，并由会计师事务所对项目收益预测进行评估。

同时，结合项目实际情况，完成项目用地规划许可、建设工程规划许可、用地预审与选址意见书、土地出让手续、环境影响评价、水土保持、节能等其他前期工作，保障项目具有落地条件。

二、项目整体规划期风险分析

地方政府结合当前国家“十四五”规划重点发展方向和当地经济社会发展需要，依据当地五年发展规划、城市总体规划、城乡发展规划等各类综合和专项规划，提出近期需要通过政府投资建设的公益性项目。项目发起阶段的风险主要指项目选择失当，具体可能有如下情形。

（一）项目不符合专项债券支持领域

地方政府专项债券是地方政府提供的一种公共服务提供模式，但不是所有政府的项目都可以通过专项债模式进行。专项债券项目应为有一定收益的公益性项目，项目的实施能产生向好的社会经济效益。如果项目不具有公益性，则不被专项债券支持。

针对专项债券发行的有关文件，也适时提出项目支持领域，七大重大领域发展如交通基础设施、能源、农林水利、生态环保、社会事业、城乡冷链物流基础设施、供水、供热、供气等市政和产业园区基础设施建设。后来，考虑到地方项目建设的需要，又调整扩充了应急医疗设施、公共卫生、城市供热供气、城市老旧小区改造等投向，近期新增5G通信、注资中小银行资本金等范围。财政厅字〔2019〕33号文针对专项债券用作项目资本金也提出了支持领域。

（二）项目不符合规划

项目的实施不符合城市发展规划、城乡规划、环境保护规划、国土空间利用规划等专项规划，会很大程度上增加项目无法通过的风险。

三、项目建设规划阶段风险分析

（一）建设方案不合理

建设内容不合理。可行性研究报告提出具体的项目建设内容，如医院、污水处理厂、供水设施等类别项目，通过预计就医人数、污水处理规模、供水规模等目标确定项目建设主体工程和配套工程内容，所以建设内容一般较为确定。但是政府投资项目中有一些建设项目，如道路修补、小镇建设、乡村振兴、新建公园等，针对这类项目，政府部门如果未先期组织制订项目规划，可研报告编制的空间较大，可能出现如在公园建设中加入太多的商业建设内容，或者地上地下空间设计不合理等，无法满足规划要求。建设内容的不合理，直接导致项目收益来源不足，或者过分追求项目收益，使得项目失去公益性本质。

（二）工程技术方案不合理

一般来说，工程技术方面通常有行业标准规范、技术规范等进行约束和引导，但不乏一些工程项目为偷工减料、压缩投资，在可研报告中修改工程技术方案，导致其不满足项目运行目的。如建设生活污水处理厂的核心目标是排出的水质达到国家《城镇污水处理厂污染物排放标准》，如果修建的沉淀池建设、工艺选择、设施设备选购等工程技术方案不合理，则可能导致项目建设目的不能达成。

（三）投资估算问题

项目投资估算问题，即工程造价问题，是选择投资方案的重要因素，也是项目经济效益分析的前提，直接影响可研报告的质量。项目的建设支出一般包括工程建设费用、工程建设其他费用（含土地费用）和预备费，其中主要的工程建设费用在投资估算过程中会产生较大的偏差，缺乏主要原材料、设施设备咨询价格的相关资料，相应工程造价的定额、标准缺失，导致投资概算不准确。在项目建设后期会导致两种后果，若投资不足，则出现超出概算的问题，项目因资金紧张而无法推进；或者项目融资过多，尤其在发行专项债券的情况下，会导致资金闲置，加大成本。

四、项目运营规划阶段风险分析

项目运营规划以可行性研究报告和专项债券实施方案为主要载体，运营规划的目标是实现项目收益与融资平衡。因此项目运营规划的核心风险包括如下几点。

（一）项目运营主体选定不当

当地政府作为政府投资项目的实际拥有人，一般由项目主管部门具体履行项目实施主体职责，对项目进行运营。作为履行服务职能的政府部门，往往缺乏运营项目的能力。因此在实务中，政府部门通常以委托运营的方式，将政府投资项目形成的资产进行委托运营。在此过程中，应当选定具有专业运营能力的主体进行运营，运营主体的专业性是保障项目收益与融资平衡的关键要素。

（二）项目运营设计不恰当

首先，项目收入来源设计不恰当。地方政府专项债券对应以项目为核心，通过政府性基金预算收支科目进行独立核算，由融资对应项目所形成收益计提按照国家和地方法律法规文件应当计提比例外的部分构成项目收益范畴，主要包括项目应计提的政府性基金收入和项目自身对应的专项收入。因此，可能存在的风险为，除土地储备项目外，项目的收入不能全部为国有土地出让收入或补贴收入。同时，税收收入也不应当被列为项目收入。

其次，项目收益预测应当具有科学性和合理性。例如土地收益的预测应当以项目周边近三年土地交易情况为基础，结合当地经济发展和土地市场实际，合理预测未来收益，并做好土地出让计划。

最后，项目收益测算不可避免地会存在偏差。建设运营期内相关政策、法律、市场等因素的变化可能对项目收益产生影响，若出现实际收益小于预计金额的情况，则可能影响债券的还本付息。

（三）针对在建项目，存量债务问题是否解决

各级各部门拟通过专项债券实施建设的项目，除发行地方政府项目收益专项债券外，原则上不得有其他存量债务。有存量债务的项目，在确保存量

债务偿还不影响专项债券的对应资产和偿还资金来源的情况下，方可通过项目收益专项债券融资。

五、项目立项报批阶段风险分析

在项目整体规划、建设规划和运营规划完成的基础上，一个项目要进入投资决策阶段就要通过法律规定的立项审批程序，这些程序包括如下几个方面，都可能存在一定风险（见图5-1）。

（一）未取得立项批复

《国务院关于投资体制改革的决定》（国发〔2004〕20号）提出完善政府投资体制、规范政府投资行为的要求，按照项目性质、资金来源和事权划分，审批权限按照中央政府与地方政府之间、国务院投资主管部门与有关部门之间进行划分。专项债券项目是发行专项债券的直接投资行为，这类项目的实施需要前期获得项目的可行性研究报告和当地发展改革委的项目立项批复相关文件，未经评审的项目往往不能取得批复。因此，一个项目未取得立项批复，则说明项目尚不成熟，落地条件未达成。

（二）用地不能解决

自然资源部门在项目前期准备阶段，应对项目所需要的土地手续进行及时审核。项目用地预审意见书、土地使用证等用地证明文件是专项债项目审核的前置文件，如果项目未在债券评审前获得用地的相关文件，则无法满足专项债券项目的评审要求。

（三）环评手续不合规

环境影响评价文件由建设单位自行或委托依法成立的环保中介机构进行编制，由生态环境部门进行批复；其中环境影响较小的，建设项目建成投入使用或运营前完成环境影响备案。须进行环评审批的建设项目未取得环评批复，不得开工建设。

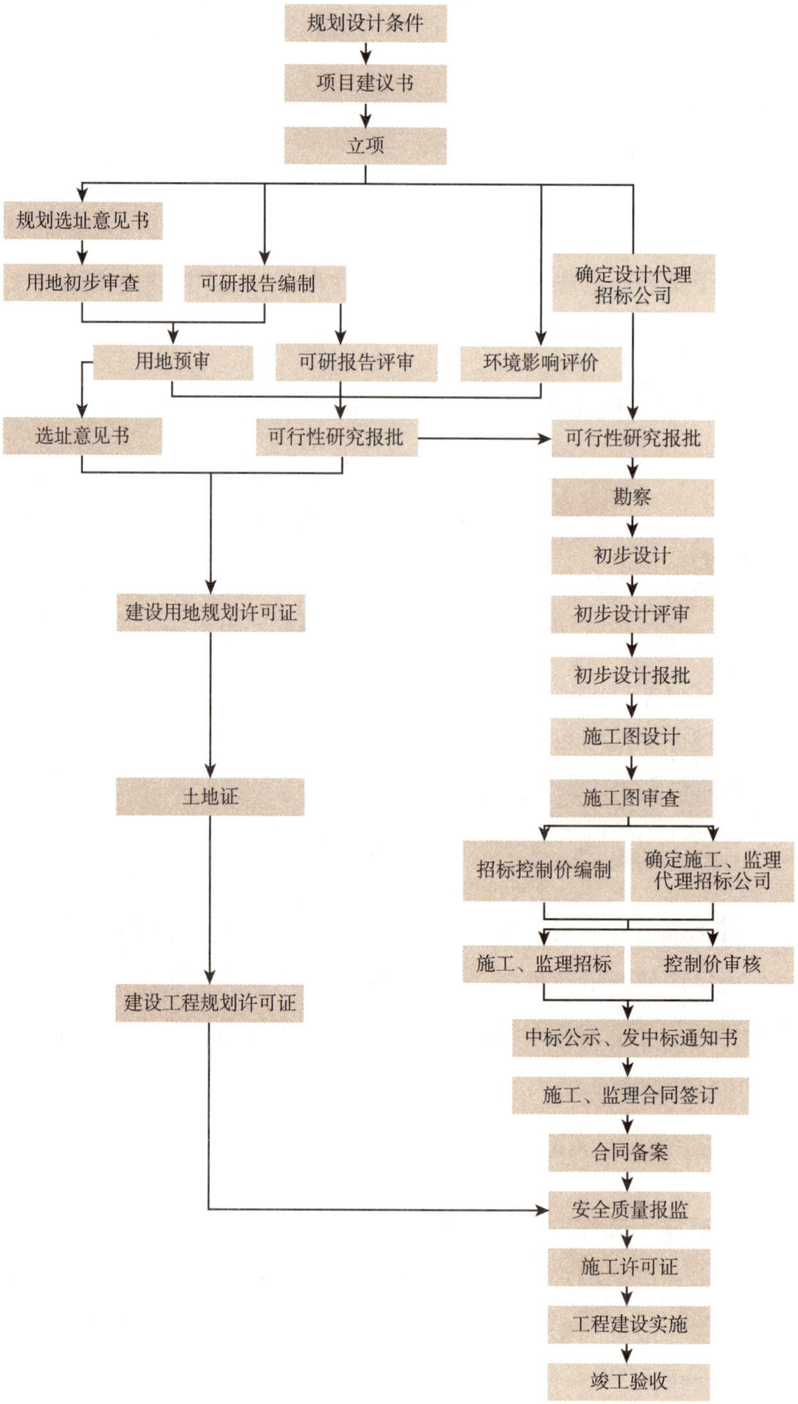

图 5-1　政府投资项目立项审批程序

（四）项目选址不符合规划

对于新增用地的项目，在建设批准前，需要由城乡规划主管部门核发项目的选址意见书，以此来明确用地性质、项目选址、拟用地面积以及规划用地范围。如果项目未按照相关规定取得选址意见书，不得核发建设项目批准文件。此外，若项目选址位于自然保护区和风景名胜区，还要取得林业、环保或者住建等部门的同意建设的意见或批复，否则项目将面临无法落地的风险。

（五）社会稳定和舆论问题

部分公益性项目虽然建设源于服务广大人民群众，但其本身可能具有负面的外部效益，在实践中可能引起社会稳定和舆论问题。如大型水电站等水利工程的建设，因潜在的生态环境影响受到自然保护等机构、公民的关注，产生舆论问题，对项目落地形成一定影响，可能导致项目延迟实施。

六、项目规划期风险等级评估

项目发行前准备过程中的风险分析以项目风险清单为基础，风险清单制定的前提需要一个完整的发行风险等级评定体系，该评价等级的设定以影响项目能否成功发行专项债券为核心标准，但风险存在被认定的时间一般在项目审核过程中。

根据设定的风险等级设定、项目风险分析和评估，我们对上述风险进行了评估，形成了规划期风险评估清单（见表5–1和表5–2）。

表 5–1　规划期五级风险清单

等级	风险因素
5	不匹配当地社会发展的社会经济效益
	项目建设运营规划不能保障收益与融资平衡
4	未取得立项批复
	用地不能解决
	环评手续未履行或未获得审批
	项目选址不符合规划

续表

等级	风险因素
3	建设方案不合理
	工程技术方案不合理
	投资估算不准确
	实施主体选定不当
	在建项目的存量债务问题不能解决
2	社会稳定和舆论问题
1	其他风险

表 5-2　风险等级标准释义

等级	相关影响	度量标准
5	灾难性的	将直接导致项目无法发行（申报）
4	较大的	对发行影响严重，项目可能因此申报失败
4	中等的	对债券发行影响较大，多个中等风险叠加将影响债券发行可能
2	较小的	对债券发行影响较小
1	无关紧要的	对项目能否发行债券几乎没有影响

第四节　项目规划期债券管理

一、核心风险

结合政府投资项目投资决策和专项债券发行管理规定，一个政府投资项目能否合理提出并申报地方政府专项债券的核心风险应当锁定在项目是否符合相关规划和产业政策，以及项目建设运营规划能够保障项目融资与收益平衡情况。因此，项目核心风险清单如表5-3所示。

表 5-3　核心风险清单

序号	等级	风险因素
1	5	不匹配当地发展的社会经济效益
2		项目建设运营规划不能保障收益与融资平衡

二、债券管理办法

项目规划期有关主体管理，已在前述第二节进行梳理，主要通过规划期主体管理制度进行管理，这是一套基于我国现行体制机制现状，依靠法律和程序作为规制手段的基本管理制度，将可有效推进地方政府建设项目提出和申报专项债券发行。

（一）科学研提建设项目

项目应当符合《政府投资条例》规定，符合国家和地方相关规划和发展战略，或者相关重大专项建设规划。《政府投资条例》第三条规定，政府投资资金应当投向市场不能有效配置资源的社会公益服务、公共基础设施、农业农村、生态环境保护、重大科技进步、社会管理、国家安全等公共领域的项目，以非经营性项目为主。在符合相关规划方面，应当符合当地“十四五”发展规划，将资金用于未来五年重点发展的领域和方向。同时，项目应该符合城市总体规划、交通规划、环境保护规划、土地利用规划等专项规划，以及应当符合乡村振兴规划、文化建设规划、医疗建设等详细、专业的建设规划。

项目应来源于地方政府投资项目库。根据《中共中央 国务院关于深化投融资体制改革的意见》（中发〔2016〕18号），地方政府应编制三年滚动政府投资计划，建立覆盖各地区各部门的政府投资项目库。

（二）紧密结合专项债券资金最新支持领域

2019年9月4日，李克强总理主持召开国务院常务会议，会议确定扩大专项债券使用范围，重点用于重点铁路、轨道交通、城市停车场等交通基础设施，城乡电网、天然气管网和储气设施等能源项目，农林水利、城镇污水垃圾处理等生态环保项目，职业教育和托幼、医疗、养老等民生服务，冷链物流设施，水电气热等市政和产业园区基础设施。

2020年4月3日，在国务院联防联控机制新闻发布会上，财政部就专项债提出优化资金投向，体现疫情防控需要和投资领域需求变化。在重点用于交通基础设施、能源项目、农林水利、生态环保项目、民生服务、冷链物流设施、市政和产业园区基础设施等七大领域的基础上，适当扩大专项债券使用范围，将国家重大战略项目单独列出、重点支持；同时，增加城镇老旧小区改造领域，允许地方投向应急医疗救治、公共卫生、职业教育、城市供热供气等市政设施项目，特别是加快5G网络、数据中心、人工智能、物联网等新型基础设施建设。

2020年5月22日“两会”提出重点支持既促进消费惠民生又调结构增后劲的“两新一重”、城镇老旧小区改造、公共卫生设施建设等领域。

2021年9月，财政部办公厅、国家发展改革委办公厅联合下达了《关于申报2022年新增专项债券项目资金需求的通知》（财办预〔2021〕209号），为保持政策延续性和稳定性，2022年专项债券资金继续重点用于交通基础设施、能源、农林水利、生态环保、社会事业、城乡冷链等物流基础设施（含粮食仓储物流设施）、市政和产业园区基础设施、国家重大战略项目、保障性安居工程等领域。

（三）确保项目符合产业政策

产业政策主要依据《产业结构调整指导目录（2019年本）》，同时，国家和地区还从不同领域制定了更加详细的产业政策，包括《市场准入负面清单》《战略性新兴产业目录》《绿色产业指导目录》《西部地区鼓励类产业目录》等，确保提出的项目符合前述产业政策，否则不能获取资金支持。

目前，按照专项债券发行有关文件规定，鼓励地方聘请专业第三方机构参与编制项目《实施方案》，并由会计师事务所、律师事务所出具相关专业报告，前文已述方案和报告依赖于项目有关单位提供的项目资料，但不同于企业投资项目，政府投资项目涉及部门多、材料广，项目主管单位和其他单位应当落实专项债券发行的准备工作，按要求提供优质、合法、有效且真实的资料。在此基础上，专业机构应当依据一定的执业规范、行业要求、专业等进行方案的编制和报告的出具，确保项目申报资料符合发行要求。

（四）科学合理编制实施方案

科学合理编制的前提是《实施方案》的基本内容符合法律法规和相关文件的规定，项目实施主体合法、资本金符合要求、债券期限符合规定、项目收益来源不违反禁止性规定等。

《实施方案》编制的核心应当围绕项目建设内容和融资与收益平衡情况，设计项目运营模式和运营方案。项目单位选择的会计师事务所、律师事务所应当在专项债券领域富有经验、在业界具有良好的口碑，在报告出具前，应全面做好项目尽职调查，深入走访项目单位和有关责任人员，查看项目现场，然后根据操作指引等行业技术规范和程序，独立出具基于第三方视角的专业报告。

从项目立项到项目用地、规划条件、环评等一系列项目前期工作，由项目主管部门申请各项审批，地方政府发改、自然资源、规划、生态环境等部门应当依法依规进行严格审批，确保项目的合法合规性。

第五节　项目规划期工作重点

一、符合国家战略和地方发展规划

地方政府专项债券是贯彻落实党中央、国务院决策部署，加快推进地方各个领域重大项目落地实施的重要融资手段，对地方城市建设具有引导作用。因此，专项债券项目资金需求一定要符合国家战略目标，包括“十四五”规划、“国际国内双循环”发展规划等，同时也要与各地方中长期发展规划相契合，包括“城市总体规划”“城市专项规划”等。充分利用专项债券撬动社会资本，吸引更多社会资源共同参与到城市建设中，助力城市实现新型城镇化、信息化、现代工业化、农业现代化，提升各地区在文化、体育、教育、健康、人才等多方面实力，共同建设绿色、生态、环保的生活环境，让人民生活更加美好。

当前地方政府专项债券主要投向惠及民生的重大基础设施领域，重点用在“补短板、扩内需”，包括交通基础设施、社会事业、生态环保、市政和产业园区基础设施、农林水利等，同时重点支持“两新一重”建设，助力信息技术企业创新，助力地区工业产业链升级。

二、筹建项目需体现社会经济效益

地方政府专项债券在城市建设中发挥了重要的作用，已经成为各地方政府举债的重要工具。规划期处于项目工程进展过程中定性定调的关键时机，应准确把握政策方针导向，从项目公益性、收益性、平衡性及社会经济效益等方面综合考量成熟度，提高公共服务及公共基础设施供给的人均覆盖度，最大程度贴近民生，提升人民生活品质，促进地区经济可持续发展。

三、选定惠及民生的重点领域项目

基于当前中央“六稳”工作要求，国家确定专项债券资金优先支持项目领域为交通基础设施（铁路、收费公路、机场、水运、城市轨道交通、城市停车场）、能源（天然气管网和储气设施、农村电网改造升级和城市配电网）、农林水利（农业、水利、林业）、城镇污水垃圾处理、社会事业（应急医疗救治设施、公共卫生设施、学前教育和职业教育、养老、文化旅游、其他社会事业）、城乡冷链物流基础设施、市政基础设施（供水、供热、供气）、产业园区基础设施、国家重大战略（京津冀协同发展、长江经济带发展、“一带一路”建设、粤港澳大湾区建设、长三角一体化发展、推进海南全面深化改革开放）、城镇老旧小区改造（主要支持符合条件的城镇老旧小区内的建筑和配套设施改造项目）。

四、保障项目融资与收益平衡

一个好的专项债券依赖于项目收益能够保障债券到期后的本息偿还，也就是专项债券发行和管理工作强调的项目融资与收益能否达到平衡的标准。做好项目运营规划，保障项目收益与融资平衡应当从几个维度进行分解落实。

首先，明确收益主体，专项债券项目资产归属于政府，经营资产取得的收益权也归属于政府，专项债券项目通常由政府委托适格的运营主体进行运营，多为政府国有平台公司。项目收益由委托运营主体创造，因此选择运营能力高、能够创造运营高收益的主体是地方政府最重要的工作，也是项目融资与收益实现平衡的最重要保障。

其次，确保项目收益来源不违反法律法规的禁止性规定，专项债券项目收益必须来源于政府性基金或者项目专项收入。

项目取得的政府性基金收入应当包括项目对应收取的政府性基金收入与项目获得的政府性基金资金支持（从财政角度看属于对应项目支出，但从项目角度来看也应属于收入）两个方面来理解，这样才能更全面地理解项目政府性基金收入内涵。

项目专项收入即项目自身经营带来的收入，是项目收益的主要来源。项目专项收入明确了只要是项目自身经营获得的收入都属于项目专项收入。就已经发行的高校、医院、生态环保类、城市地下综合管廊、污水处理厂等其他专项债券项目来看，项目收入充分体现了来源多样性这一特点，包括学费、住宿费、诊疗费、广告费、租赁住房租金、配套商业设施租售、入廊费、污水处理费等收入形式，上述收入均来自项目经营所得，用于项目经营与偿还债券本息，符合项目专项收入要求。

最后，要有优良的项目运营设计，使得收益能够充分保障债券资金本息偿还。专项债券开启了一个与过去完全不同的公益性国有资产运营模式。第一，这一模式不同于国有资本经营模式。专项债券项目形成的国有资产，由政府财政部门代表政府持有，并委托运营机构进行项目资产经营。第二，项目采用独立封闭式运营机制。项目开始就严格按照项目融资与收益要求独立运营，财政和行业主管部门要针对专项债券项目建立资产统计报告制度。第三，是运营成本和收益现金流的独立，收益实现后的净利润不能直接归入财政对应收入科目的账户，须存入专门针对本项目设立的独立账户，用于到期前的利息偿还和到期时的本息偿还。第四，项目委托运营主体与运营机制更加灵活，保证了项目收益的实现。项目收益的提升不能依靠提升政府的运营能力，而是依靠政府选择第三方的能力，比如引入竞争的方式，通过对参与竞争企业的历史沿革、项目经验、资质资格、专业队伍、企业管理模式等进行比较，选择最优的主体参与项目运营。委托运营并不代表政府放任不管，项目必须建立起有效的运营监督机制、运营主体筛选淘汰机制。也就是说，在债券存续期内，政府财政部门和相关行业主管部门应当担负起监督管理职责，确保运营主体合法合规运营和收益率的实现，一旦项目本身或者第三方出现可能导致收益不合理减少、违法违规经营等情形，政府或其指定的部门，应当对此作出反应，评估是否需要更换选择新的运营主体，以确保项目收益的持续稳定产生。

第六节　小　结

目前，地方政府专项债券已成为落实积极财政政策的重要抓手，是政府拉动投资最直接、最有效的政策工具之一。但由于政府投资项目多具有投资大、工程复杂、建设内容重要等特点，因此，项目规划期的债券管理以项目前期各程序的主体关系和各主体的责任展开，核对是否按照职责和规定要求，推进项目前期审批工作，确保项目申请专项债券的成熟度。项目规划期的债券管理最终定位在依法合规地提出能够满足融资与收益自求平衡且能够实现当地经济社会发展的政府投资项目。

依据专项债券历年政策文件和制度体系要求，专项债券项目规划将重点从项目整体规划、建设规划、运营规划、立项报批四个环节落实重点工作内容和核心风险把控，通过各环节风险评判分析，将潜在风险及时遏制并制定中长期风险应对预案措施。这就要求在项目设计初期必须将全部风险纳入设计考量范畴，项目初期设计将依从七个方面展开，一是项目实施的必要性、公益性、收益性；二是项目建设投资合规性与项目成熟度；三是项目资金来源和到位可行性；四是项目收入、成本、收益预测合理性；五是债券资金需求合理性；六是项目偿债计划可行性和偿债风险点；七是绩效目标合理性。未来，随着专项债券持续提质扩容，项目设计规划将成为专项债券资金投向效能管理和防范风险的重点，对地方政府把控平衡好稳增长与防风险的关系至关重要。

第六章

专项债券项目发行期管理

第一节　项目发行期债券管理目标与思路

一、项目发行期债券管理目标

随着我国经济快速发展，投融资需求不断加大，现有渠道已无法满足各地建设资金需求，地方政府专项债券在此背景下应运而生。毋庸置疑，发行期的目标是满足发行条件，依法合规成功发行专项债券。一旦专项债券发行成功，可落实项目资金，确保项目落地，形成资金使用实效，助力“六稳”工作。

二、项目发行期债券管理思路

专项债券发行期管理思路主要围绕项目公益性和项目融资与收益自求平衡这两个核心展开，保证项目满足主体适当、项目成熟、资本金落实、成本与收益测算科学等一系列发行标准。其中专项债券发行方案与法律意见书和财务评价要能够充分反映项目真实情况，并通过专业机构的参与，将事关投资者利益事项进行全面披露，从而实现专项债券发行风险的事前控制。

基于地方政府专项债券涉及主体的多样性和专项债券发行工作本身的复杂性，项目发行期应按照职责和规定要求，推进项目评审和发行工作，实现地方政府投资项目竞争性地获得建设资金。

第二节　专项债券项目发行期有关主体责任

一、项目发行期有关主体关系

根据新修订的《预算法》规定，经国务院批准的省、自治区、直辖市预算中必需的建设投资部分资金，可以在国务院限额内，通过发行地方政府债券方式筹措。根据《国务院关于加强地方政府性债务管理的意见》（国发〔2014〕43号），经国务院批准，省、自治区、直辖市政府可以适度举借债务，市县级政府确需举借债务的，由省、自治区、直辖市政府代为举借。因此，地方政府发行债券，面向债券市场的主体为省级人民政府，即发行人；市县政府举债的，省级人民政府将债券资金通过转贷的方式下达，即市县政府为实际举债人，具体如图6–1所示。

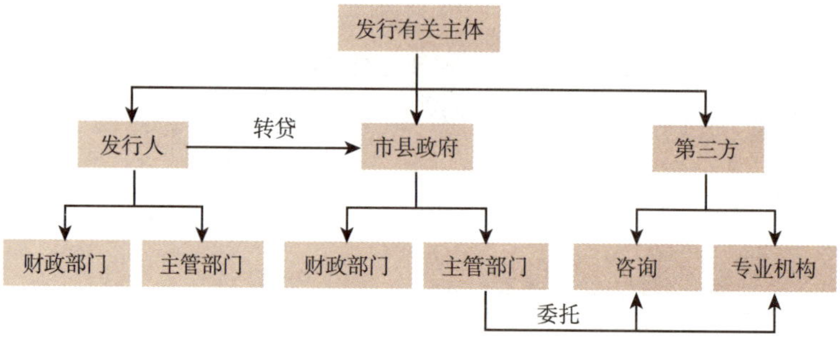

图6–1　发行主体关系图

对政府和部门层级从高到低来看，作为发行人的省级政府是最后审批决定发行专项债券的主体，具体工作由其财政部门牵头组织发行前的准备工作，其行业主管部门应当配合参与省级项目的发行前准备和市县级项目的审核，确保项目合法合规。

市县政府是所投项目的实际所有者，是举债融资的偿还者，也是项目的提出主体。发行前的具体准备工作由其财政部门根据上级财政部门的要求和规范进行，具体项目的主管部门负责配合做好发行前的准备工作。

咨询公司作为第三方辅助机构，主要辅助发行主体选择优质且符合条件的项目、进行尽职调查、编制项目建议书及实施方案等。

信用评级机构基于地方政府债务规模、偿债能力、财政收入状况、项目运营盈利状况、管理能力等开展信用评价，并给予相应的等级评价结果。

承销团成员应具有债券承销业务资格，资本充足率、偿付能力或净资本状况等指标达到监管标准的承销商自愿申请，经省财政厅核查批准后，通报当年政府债券公开发行承销团成员名单，承销团成员再直接通过财政部国债发行招投标系统，呈报当年计划投资量和利率，少数采取主承销商与政府商定利率区间后报送，并通过商业银行、证券交易所等符合条件的地方面向机构投资者及个人发售。

律师事务所在项目筛选阶段对项目的合法性、合规性进行审查，后主要为项目实施方案编制提供法律咨询，对项目进行法律审查和出具法律意见书。

会计师事务所主要在项目筛选过程中对项目的收益与融资平衡情况进行评价，包括尽职调查、相关现金流数据测算分析及出具会计评价报告。

金融机构、高校、科研机构及社会专业团队等专家学者组成评审专家组，对各地上报的项目按照评审标准进行审核，并提出相关可行性建议。

二、项目发行期主体责任落实

项目发行期的参与主体主要是省市县政府及其财政部门和各有关部门，以及接受委托参与项目前期准备的中介服务机构。因此发行期的管理制度接受政府部门上下级指导与监督，以政府总揽、部门具体落实的责任落实机制为主，政府部门与中介机构落实合同责任为辅。

（一）建立健全地方政府及其部门专项债券发行工作职责体系

根据制度先行的原则，地方政府应尽快建立健全政府及其各部门在专项债券发行期的工作职责体系，建立地方政府专项债券工作领导小组，明确政府、财政部门和行业主管部门各自职责范围、尽职履责要求。

（二）强化政府科学决策的能力

为加强政府科学决策能力，地方政府应搭建决策平台，利用信息资源，综合统计学科、信息技术、行为科学、管理科学等理论，建立科学的决策系统，互联网、大数据、云平台等技术都可以为地方政府科学决策提供技术保障。

（三）规范政府采购流程和合同管理

通过严格规范政府采购，科学合理地选择优质、真正能提供解决方案的第三方专业机构参与政府专项债券工作，提高债券发行市场化程度，节约政府资源。

第三节　专项债券项目发行期风险分析评估

一、项目发行期工作内容

根据《关于试点发展项目收益与融资自求平衡的地方政府专项债券品种的通知》（财预〔2018〕89号）的规定，以及财政部各年度下发的关于专项债券发行管理工作要求，建立专项债券发行规范流程和审核标准体系。目前，通过各地实践，专项债券项目发行前的各阶段划分如图6–2所示。

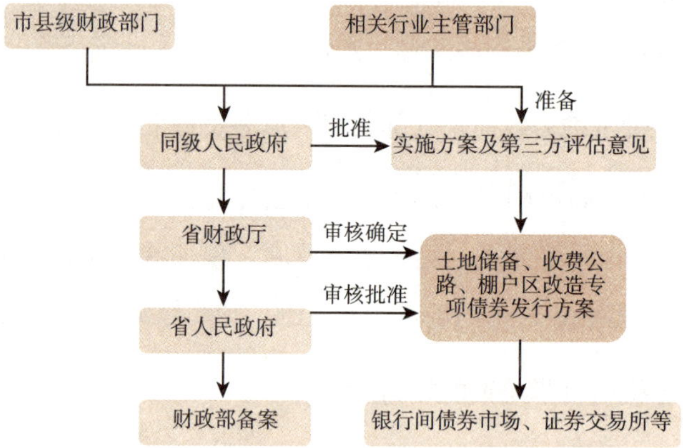

图6–2　专项债券项目发行前的各阶段划分示意

（一）县市级初审

地方政府专项债券由各省级人民政府作为发行人发行，转贷市县政府，因此市县政府是实际的债务举借人，负有对财政部门牵头组织、完成的项目申报资料进行初审的职责，优先申报相对具有建设紧迫性且条件成熟的项目。

（二）项目申报和审核

首先，由各地财政部门具体负责项目申报，提交项目实施方案、财务评价和法律意见，以及项目立项、用地和环评等备查文件资料；其次，由省级财政部门全面负责专项债券审核工作，组织交通、住房与城乡建设、自然资源等政府部门人员，以及金融机构、高校、科研机构等专家学者组成的评审专家组，对各地上报的项目进行审核，审核按照统一的评审标准进行。

（三）发行

省级财政部门按照专项债券发行规则，对审核通过并拟订发行的项目进行信息披露，发行信息披露在中国债券网和省级财政部门官方网站同时进行。经完成信息披露的项目，由省级财政部门组织承销机构进行承销，并在证券交易所、银行柜台等符合条件的地方进行发售。

（四）完成

发行的专项债券经投资者全部认购，完成专项债券项目的发行。

二、项目发行期发行条件的风险分析

地方政府提交的项目申报材料经省级财政部门及专家评审审核后，若未取得立项批复，则说明项目尚不成熟，落地条件未达成，需进一步提供用地审批手续；未提供征地批文或用地预审（选址意见书）视为不具备发债条件（无须办理用地手续的项目需要提供自然资源部门出具的相应依据）；未取得生态环境保护部门出具的环评批复、登记、备案等手续的，不具备发债条件。

项目完成前期工作并准备好专项债券申报资料后，需按照一定的程序规范和方式进行申报，一般情况下由地方财政部门组织具体的申报工作，收集项目单位提供的申报资料，并通过书面提交、系统填写等方式进行。在申报过程中，若存在未提交申报资料、提交资料不齐全、资料不符合规定等情形，将直接增大项目不能通过评审的可能性。

三、项目发行期建设方案的风险分析

（1）建设项目存在强行打包。在专项债券项目中，由多个项目统筹规划成的综合性项目，其所有子项目共同实现绩效目标才能保证整体项目建设运营目标的实现。因此，每个项目及配套工程都应符合准入政策，公益性要从项目整体来判断，不可强行打包无关项目。

（2）项目建设内容与经批准的建设内容存在重大变动。项目实施方案将项目建设内容作为核心内容之一，项目单位可能根据融资情况、后续初步设计或者项目实施计划等，对项目建设内容提出新的计划和要求，如果项目建设内容与经批准的可研报告中的建设内容形成重大差异，则构成重大变动，影响项目投资概算以及项目建设后的运营。如为确需变更的，应当根据相关规定办理变更或者重新审批手续，否则将导致项目难以通过验收。

（3）投资概算不准确。项目投资估算因各种因素存在偏差，建设期内相关法律、政策、市场等波动也会对投资估算产生影响，若出现实际投资大于投资估算的情况，会影响项目按期完工。

四、项目发行期运营方案的风险分析

运营方案是保障项目合规经营和实现收益的理论依据，只有项目运营成功，才能保障清偿率，实现债券还本付息。项目收益的提升不仅依靠提升政府的运营能力，也要依靠政府选择第三方的能力，比如引入竞争的方式，通过对参与竞争企业的历史沿革、项目经验、资质资格、专业队伍、企业管理模式等进行比较，选择最优的主体参与项目运营。委托运营也并不代表政府放任不管，项目必须建立起有效的运营监督机制、运营主体筛选淘汰机制，如若方案未围绕运营主体经营实力，在主营业务、资产管理、人力资源、财务管理等方面未进行尽职考察，则难以确保项目业务合同依法依规和运营资金流的稳定。

在债券存续期内，政府财政部门和相关行业主管部门应当担负起监督管理职责，确保运营主体合法合规运营和收益率的实现，一旦项目本身或者第三方出现可能导致收益不合理或收益减少、违法违规经营等情形，政府或其指定的部门，应当对此作出反应，评估是否需要更换选择新的运营主体，以确保项目收益的持续稳定产生。

五、项目发行期资金方案的风险分析

地方政府专项债券的最本质职能是融资，专项债券融资项目除了要实现收益对融资自求平衡，在运营期间也要杜绝出现资金缺口，否则项目会存在停摆风险，这就要求准确预测债券存续期间项目运营中的收益和支出。倘若存在资金缺口，也要有补偿缺口的应对机制。当前国家鼓励“专项债券+市场化融资”的项目融资模式，开启了政府通过市场竞争获取资金的良性筹资机制。同时，通过引入商业银行、基金、保险等金融机构投资者，实现全行业投资收益水平的提高和资金多元化配置，并盘活存量闲置资金，撬动社会投资，稳定经济发展，还可通过联合监管化解金融风险。

另外，对专项债券资金拨付及落地效率也应做好监控，以防资金长期滞留，影响项目建设进度。此外，专项债允许借新还旧的周转机制，需合理安排后续融资方案，及时化解收益债风险转嫁给财政的压力，保障地方政府的信用质量。

六、项目发行期风险评估

发行期的主体，可以归纳为三类，即政府、政府部门和第三方机构，每个主体因为职责和性质的不同，在项目发行期的风险也有所差异。

（一）政府风险

（1）政府决策风险。省级人民政府是专项债券的发行人，是各项发行管理制度的制定者，一个地区的专项债券发行是否有成效，取决于地方政府执行国家有关法律法规和政策文件，也取决于是否形成科学的管理制度。

（2）政府责任落实不严。地方政府专项债券涉及各级各部门，参与主体多，地方应建立领导小组，对项目进行全方位的监督管理，确保单个项目单元无风险，则整体风险可控。

（3）廉政风险。地方政府在专项债券发行期的履责过程中，不乏存在廉政风险，如存在官僚作风，甚至索贿受贿。

（二）政府部门风险

（1）决策不科学。在地方政府专项债券发行期，财政部门及主管部门如果对专项债券的具体工作制度要求、规范和业务流程等负有规范行政的要求，决策职能主要体现在项目评审过程中。

（2）责任落实不严。财政部门作为具体组织部门，承担统筹、协调的职责，业务主管部门则是具体承担项目建设、监管的部门，如果发生责任落实不严，财政部门不履行牵头职责，发改部门和主管部门不做好配合工作，不作为、懒作为或乱作为，则难以有效提出优质项目进行项目申报。

（3）队伍保障问题。专项债券发行期的项目筛选、材料准备和申报等一系列工作，都需要政府部门工作人员具有一定专业性，不管是人员不足，还是人员的专业素质以及工作经验不足，都会影响债券项目的成功发行。

（三）第三方专业机构

第三方专业机构作为外聘专家团体，对项目筛选审查有重要作用，其风险因素主要来源于队伍保障、行为责任、职业道德、工作技能等，反映在不能尽职尽责尽调、风险隐患披露不及时等。如信用评级机构角色缺位，评级结果同质化，全部为AAA级别，既不能体现专项债券因收益可控而带来的信用区分，也无法体现各区域、各层级政府以及各类项目之间的质量信息差异，评级信息尚不能为投资者提供实际参考。

七、项目发行期风险等级评估

根据设定的风险等级设定、项目风险分析和评估，我们对发行期风险进行了评估，形成了发行期风险清单（见表6-1），项目发行期风险分析可以帮助我们实现对项目涉及风险对项目发行（申报）能否成功影响程度大小的全面衡量，以及合理预期。

表 6-1 发行期风险清单

序号	等级	风险因素
1	5	不满足发行条件
2		未能依法合规地成功发行债券
3	4	未取得项目审批
4		项目资本金未落实
5		项目收益难以覆盖债券本息
6		建设内容重大变动
7		期限设计不符合规定
8		在建项目的存量债务不能解决
9		项目主体提供资料不真实、不准确
10		收入明显不合规、不合理
11	3	项目建设运营方案编制不合理
12		建设项目打包不合理
13		资金方案难以弥补缺口
14		第三方审核成果缺位
15		预期收益不合理
16		债券还款保障措施不明确或不完备
17		项目资金管理方案不完备
18	2	债券发行计划不合理
19		风险管理方案不明确或不具体
20	1	其他风险

八、项目发行期评估标准

项目发行前准备过程中的风险分析以项目风险清单为基础，风险清单制定的前提是需要一个完整的发行风险等级评定体系，该评价等级的设定以影响项目能否成功发行专项债券为核心标准（见表6–2），但风险存在被认定的时间一般在项目审核过程中。

表6–2　风险等级标准

等级	相关影响	度量标准
1	无关紧要的	对项目能否发行债券几乎没有影响
2	较小的	对债券发行影响较小
3	中等的	对债券发行影响较大，多个中等风险叠加将影响债券发行可能
4	较大的	对发行影响严重，项目可能因此申报失败
5	灾难性的	将直接导致项目无法发行或申报

第四节　专项债券项目发行期管理

对发行有关主体管理，已在前述第二节进行梳理，主要通过发行期主体管理制度进行管理，这是一套基于我国现行体制机制现状，依靠法律和程序作为规制手段的基本管理制度，将有效推进专项债券发行相关单位管理，降低发行风险。因此，本节将主要对发行过程中的风险提出债券管理手段和措施（见图6–3）。

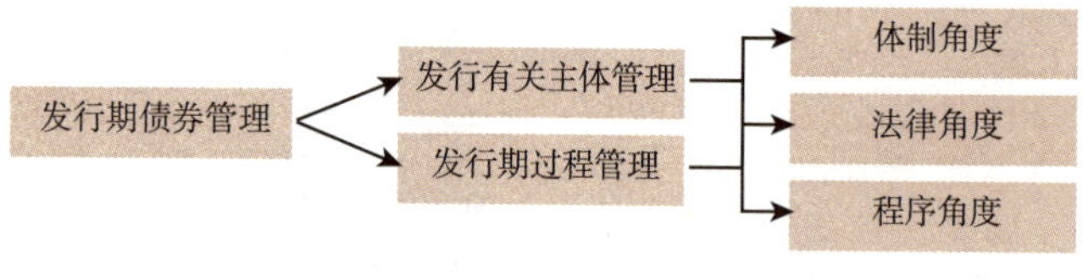

图6–3　发行期债券管理结构

在前述第三节的基础上，我们对项目发行期阶段进行简单的归纳，项目发起和立项阶段归纳为专项债券项目准备阶段，实施方案编制和财务报告、法律意见出具阶段归纳为债券申报资料形成阶段，市县级初审、项目申报、项目审核阶段皆归纳为项目申报资料阶段，最后为项目发行阶段。

第五节　专项债券项目发行期工作重点

财预〔2017〕89号文下发以来，专项债券发行管理成为地方政府债务风险管理的一次全新改革，专项债券的发行将地方政府债务风险下沉到了项目层面，这也要求必须做到风险与项目严格对应，做到对项目风险精准识别与控制。因此，结合专项债券资金使用的前提，即用于公益性项目，专项债券发行期的核心风险控制应当为项目公益性界定和项目融资与收益平衡。

一、满足发行条件

首先，从财库〔2020〕43号文中专项债券定义“专项债券是为有一定收益的公益性项目发行，以公益性项目对应的政府性基金收入或专项收入作为还本付息资金来源的政府债券”可见，公益性是专项债券项目发行的重要基础之一。但在实践中，仅仅依靠公益性特点来直接判定一个政府投资项目是否具有公益性在实践中具有一定难度，公益性特点是普遍适用的原则，具体在实践中，还应当根据当地经济社会发展、国家大政方针、财政政策等，具体采用概括加例举的方式进行列示，便于各级各部门识别、筛选项目。因此，应当在分析公益性特点的基础上，对公益性项目提出具体的评价标准。

其次，各类型项目收益债券应对照国家发展改革委地方政府专项债券项目发行审核标准及政策清单，且不涉及禁止类清单。

（一）政策清单

（1）交通基础设施：主要包括铁路、收费公路、机场（不含通用机场）、水运、城市轨道交通、城市停车场等。

（2）能源：主要包括天然气管网和储气设施、城乡电网等；其中，城乡电网领域支持农网改造升级项目和城市配电网项目等。

（3）农林水利：主要包括农业、水利、林业等。

农业：支持高标准农田建设，畜禽粪污资源化利用，农作物、畜禽、水产育种创新能力提升，制（繁）种能力提升，病死畜禽无害化处理，农作物病虫害区域应急防治中心建设项目，农村产业融合示范园建设项目，人居环境类项目（主要支持具备收益回报机制的农村生活污水垃圾处理项目，适当兼顾少量美丽新村项目）。

林业：支持已经银行审核通过的国家储备林项目，国家公园、森林公园、湿地公园、沙漠公园等保护与建设，木本油料、特色经济林、林下经济、竹藤花卉、林木种苗、沙产业、林业生物产业、森林旅游休闲康养等林业产业发展，其他有收益的林业和生态建设项目。

水利：支持水库工程、引调水工程、城乡供水一体化工程、结合供水的灌区工程4类，要求具备供水、发电等一定收益能力。城市水厂、水源地保护、城市供水管网、污水处理厂、中水回用等非水利类项目不能作为水利项目报送。

（4）生态环保：主要指城镇污水垃圾处理设施，具体包括污水处理设施新建项目、提标改造项目、污泥处理设施项目、城镇生活垃圾焚烧发电项目等。

（5）社会事业：主要包括卫生健康、教育、养老、文化旅游及其他社会事业。

卫生健康：健康扶贫工程。支持县级医院（含中医院、妇幼保健机构）门诊、住院、医技科室等基础设施建设或改造，适当增加床位数量，配备必要医疗设备，重点向传染病治疗、紧急医疗救援、妇儿、产科等领域倾斜。

支持医疗应急救治体系建设。一是加强各类传染病医疗机构基础设施建设和设备配备、物资储备，提升诊治能力。二是统筹建设重大疫情救治基地。市级层面依托一家区域综合能力强的公立医院，做好流线设计，预留传染病诊区和可改造的基础条件，适度预留应急场地，加强应急储备，建设市级重大疫情防控救治基地，使其具备简单改造即可用于传染病救治的条件。

完善疾病预防控制体系。支持建设市、县级疾病预防控制中心，建立、完善疾病预防控制体系。

教育：学前教育、职业教育。

养老：政府参与的老年养护院、老年大学等养老服务设施建设。

文化旅游：旅游公共服务保障设施建设、重点景区的旅游道路等基础设施建设、博物馆等。

其他社会事业：殡葬（含公墓建设）、残疾人康复等。

（6）城乡冷链物流基础设施。

（7）市政和产业园区基础设施：主要包括供水、供热、供气、地下管廊等和产业园区基础设施等。

（8）国家重大战略项目：主要包括京津冀协同发展、长江经济带发展、“一带一路”建设、粤港澳大湾区建设、长三角一体化发展、推进海南全面深化改革开放等重大战略及黄河流域生态保护和高质量发展等。

（9）保障性安居工程：主要包括老旧小区改造、保障性租赁住房、棚户区改造等领域。

（二）禁止类清单

1. 全国通用禁止类项目

（1）楼堂馆所：党政机关办公用房、技术用房；党校行政学院；干部培训中心；行政会议中心；干部职工疗养院；其他各类楼堂馆所。

（2）形象工程和政绩工程：城市大型雕塑；景观提升工程；街区亮化工程；园林绿化工程；文化庆典和主题论坛场地设施；其他各类形象工程和政绩工程。

（3）房地产等其他项目：房地产开发；一般性企业生产线或生产设备；用于租赁住房建设以外的土地储备；主题公园等商业设施。

2. 高风险地区禁止类项目

在全国通用禁止类项目的基础上，高风险地区增加以下禁止类项目：

（1）交通基础设施：城市轨道交通。

（2）社会事业：除卫生健康（含应急医疗救治设施、公共卫生设施）、教育（学前教育和职业教育）、养老以外的其他社会事业项目。

（3）市政基础设施：除供水、供热、供气以外的其他市政基础设施项目。

（4）棚户区改造：棚户区改造新开工项目。

二、依法合规成功发行债券

发行地方政府专项债券需要多方参与、共同工作，最终形成一系列符合财政审批、发展改革委审批的要件。其中市县政府是所投项目的实际所有者，是举债融资的偿还者，也是项目的提出主体，发行前的具体准备工作由其财政部门根据上级财政部门的要求和规范完成，具体项目的主管部门负责配合做好发行前的准备工作。

咨询公司作为第三方辅助机构，辅助发行主体选择优质且符合条件的项目，进行尽职调查、编制项目建议书及实施方案等。

律师事务所在项目筛选阶段对项目的合法性、合规性进行审查，后主要为项目实施方案编制提供法律咨询，并对项目进行法律审查和出具法律意见书。

会计师事务所主要在项目筛选过程中对项目的收益与融资平衡情况进行评价，包括尽职调查、相关现金流数据测算分析及出具会计评价报告。

市场监管方面，按照《国务院办公厅关于印发地方政府性债务风险应急处置预案的通知》（国办函〔2016〕88号）规定，本级政府对地方政府专项债券依法承担全部偿还责任。本级财政将按照《财政部关于印发〈地方政府专项债务预算管理办法〉的通知》（财预〔2016〕155号）规定，及时按照转贷协议约定逐级向省财政缴纳本级应当承担的还本付息资金，由省财政按照合同约定及时偿还专项债券到期本息。如偿债出现困难，将通过调减投资计划、处置可变现资产、调整预算支出结构等方式筹集资金偿还债务。未按时足额向省财政缴纳专项债券还本付息资金的，省财政采取适当方式扣回。

项目实施主体和建设运营主体要严格遵循上述政策要求和管理制度，及时掌握财务信息，严格按期足额筹措、准备偿债资金，保证按时足额偿付债券本息。为保证债券持有人的利益和避免政府债务，必须对项目收入实行专户制度管理，设置项目收入专户、偿债资金专户，由领导小组授权监管银行对账户资金流转情况进行实时监控，并定期报告，监督资金按计划使用，确保项目收益用于偿还债券本息。

第六节　小　结

地方政府专项债券成功发行是落实项目资金、确保项目落地的关键。《国务院关于加强地方政府性债务管理的意见》（国发〔2014〕43号）要求，经国务院批准，省、自治区、直辖市政府可以适度举借债务，市县级政府确需举借债务的由省、自治区、直辖市政府代为举借。明确划清政府与企业界限，政府债务只能通过政府及其部门举借，不得通过企事业单位等举借。所以专项债券的发行人是省级政府和经省级政府批准可以自办发行的计划单列市，市县政府举债的，省级人民政府将债券资金通过转贷的方式下达，其债务发行受中央财政约束，因此，地方政府债券的主管部门为财政部。近年来国家出台了一系列的规章制度，加快建立健全地方政府专项债券制度，从强化规模控制和预算管理、开展风险评估和预警、建立应急处置机制到实行监督问责，形成了一套覆盖地方政府专项债务管理各个环节的管理体系，对专项债券发行起到了政策指引作用。

专项债券成功发行的关键，一方面要满足国家财政关于政府债务一系列制度体系管理办法，另一方面专项债券在全国银行间债券市场、证券交易所债券市场承销交易，吸引投资者认购，包括银行、社会保险基金公司、保险公司等投资机构和个人投资者。所以专项债券发行期间满足债券市场要求、得到投资者认可是专项债发行期考虑的重点。随着债券市场进一步发展，投资者对风险识别提出更高要求，债券市场是中国多层次资本市场体系的重要组成部分，所以在专项债券发行期间进一步完善信息披露体制机制、创新披露方式、丰富披露内容，构建诚信、有效的信息披露体系，才能更好推动专项债券融入债券市场高质量发展。

第七章

专项债券项目建设期管理

第一节　专项债券项目建设期管理目标与思路

一、项目建设期债券管理目标

项目建设是专项债券实施的实体工程，项目建设能否顺利完成，直接决定着专项债券成果的好坏，也是后续项目运营的前提和保障，因此专项债券的管理离不开项目建设的管理，必须抓好项目建设工作。在项目建设期内，项目的风险是必然存在的，建设期的项目债券管理的目标主要是控制项目的进度风险、项目的投资风险、项目的质量风险、项目的安全风险以及项目的可持续性风险等（见图7-1）。形成一套债券管理系统，以保障工程项目建设的正常建设。

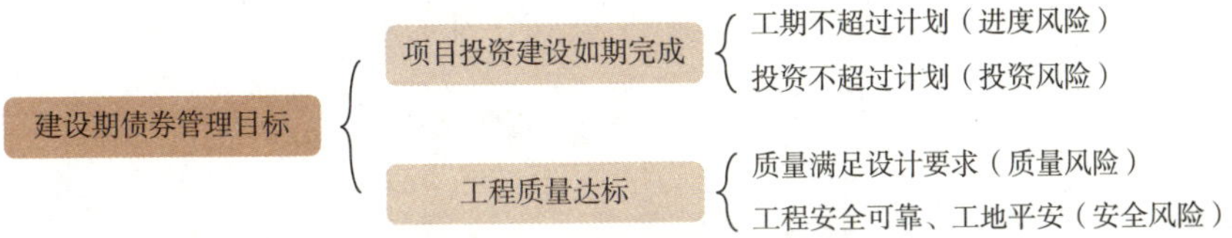

图 7-1　建设期债券管理目标

二、项目建设期债券管理思路

在进行债券管理之前，对项目建设期风险特征的了解是十分重要的。掌握项目建设期风险的特征，便于对症下药，采取有效的管理策略。建设期的风险有其共性，也有其特殊性，建设期风险具有以下特征：

（1）客观性和必然性；（2）可测性；（3）可变性；（4）随机性和突发性；（5）多样性和多层次性。

项目建设期因为风险的客观性和必然性，必须采取债券管理手段对风险进行控制，保证项目正常运作。首先，风险是可预测的，为项目进行债券管理提供了可能；其次，风险可变且随机，要想完全控制所有风险是无法实现的，只能抓大放小，把主要精力用于核心风险；最后，风险是突发无形的，有效的债券管理策略是针对建设期不同时间段单元的风险进行管理，既能保证宏观把控项目建设的进程，又能防微杜渐，将风险单元化，便于管理。

本章将项目建设期债券管理工作阶段分为识别风险、分析风险、评估风险和管理风险四个阶段（见图7–2），各个工作相辅相成，形成一套严格的债券管理体系。每一部分的工作均具有不可替代的作用，只有做好了每一部分的债券管理工作，才能真正实现建设期债券管理的目标。同时，债券管理地图有效地将各部分债券管理工作协调起来，把各参与法律主体和涉及的业务行为统一起来，从而保证债券管理工作的有序推进。

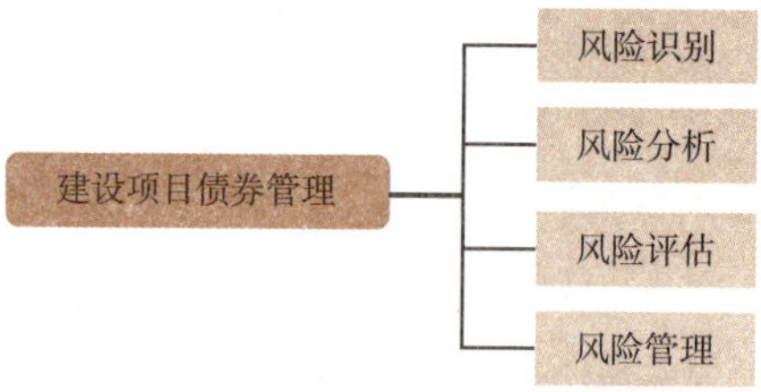

图 7–2　建设期债券管理四个阶段

第二节　专项债券项目建设期主体责任

一、项目建设期有关主体关系

工程项目建设的主要委托方式有三种：联合体委托方式、一次性委托方式与部分委托全过程工程咨询服务方式。在施工总承包合同的条件下，采用一次性委托的全过程工程咨询服务方式时，按照相关规定，建设方至少要与设计、勘察、监理、施工等四个主体签订合同，所以将这五个主体确定为五方责任主体。

五方责任主体关系如图7–3所示。

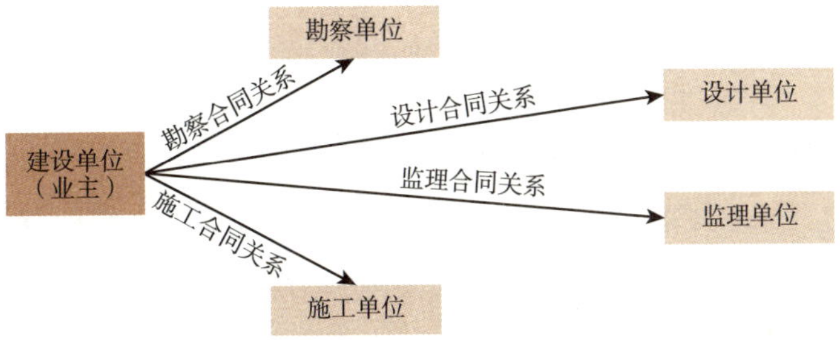

图 7-3 五方责任主体关系

建设方与勘察单位为勘察合同关系，与设计单位建立的是设计合同关系，与监理单位则是监理合同关系，与施工单位为施工合同关系。根据不同的合同确定合同双方的主体责任，各个主体还会受到相应国家政策规定的制约，在合同和政策的双层制约下，规范建设项目的实际工作中各类型工程建设行为。

全过程工程咨询采用的是施工总承包制，这种情况下建设方需要有两次招标行为，第一次招标是对总包单位、全过程工程咨询单位。总包单位负责项目实施工作，工程咨询企业负责项目管理工作，二者之间是管理和被管理的关系。而三方责任主体则是建设方与全过程工程咨询单位确立签订咨询合同关系，咨询单位下面还包含工程设计、项目前期规划、工程代理、项目招标代理、项目造价咨询、项目管理和勘察设计等，建设单位与总包方为施工合同关系，咨询机构和总包方则是受托管理关系，具体如图 7-4 所示。

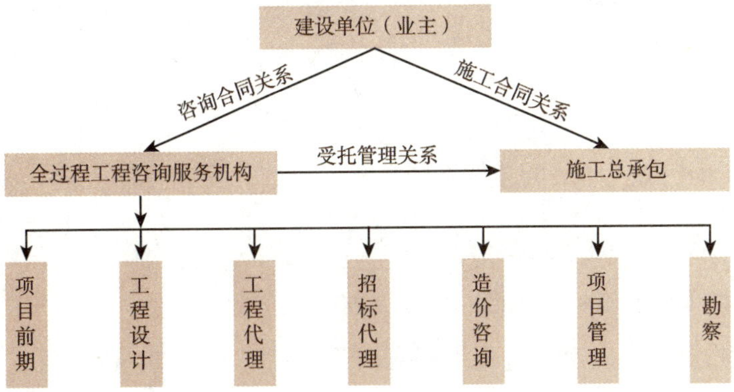

图 7-4 三方责任主体关系

二、项目建设期主体责任落实

鉴于项目建设期各主体之间存在的上述复杂关系，因而风险众多，厘清各个主体的责任，并落实执行，达到减少甚至避免这类风险的目标，是十分有必要的。项目建设因为涉及的组织系统较多，社会关系比较复杂，因此，应将每一个主体的责任落实到具体的工作中，为确保项目目标的实现付诸努力。同时，对于落实的责任重点，可以根据项目建设的不同阶段进行责任划分。

（一）招标采购阶段的主体责任

项目招标采购阶段的主体主要涉及政府方、施工方。

（1）对于政府方，应该严格执行政府相关的采购政策，制定招标采购管理制度，做好招标采购策划，对招标采购过程进行管理。根据投资需求，遵守相关法律法规要求，公平、公开、公正地进行招标，平等公平地对待每个符合招标要求的投标人。

（2）对于施工方，作为投标人，应当遵守招标文件的规定、相关的义务，严格编制投标文件，认真阅读并理解政府方的要求，充分准备承包商的设计和投标建议书，使承包商的投标建议书满足业主的要求。参与投标的施工方，有义务承担投标的费用，除非招标方的投标文件中，明确规定招标方承担一定的投标费用。另外，参与投标的施工方，应当遵守相关法律法规要求，公平、公正、公开进行投标，诚实守信，禁止串通投标等违法行为。

（二）项目施工阶段的主体责任

项目施工阶段的利益相关主体众多，参与单位主要集中在政府方、全过程工程咨询单位、施工承包商及设备、材料供应商。

（1）投资人，确定全过程工程咨询单位及施工承包、供应商，并签订合同，对项目实施进行监督；

（2）全过程工程咨询单位，需要对项目的实施进行全过程的管理、协调，集成各参建单位的关系和管理以确保项目目标的实施；

（3）施工承包商及供应商，在项目实施过程中，负责项目工程的协调，按合同要求完成承包合同。

（三）竣工阶段的主体责任

竣工阶段涉及的主体包括政府方、施工方、监理方、工程咨询单位、项目运营方。

（1）政府方，负责组织进行工程竣工验收、竣工结算，移交建设项目给项目运营方，编制竣工决算；

（2）施工方，需要负责完成对应项目的施工总结，并且配合提交相应的资料，然后配合工程师进行项目的竣工验收检查；

（3）监理方，负责提交监理工作报告，提供工程监理资料，配合竣工验收检查工作；

（4）工程咨询单位，需要积极协助配合政府相关方完成项目建设工程的竣工验收工作，以及竣工结算和工程移交等工作，协调相关资料的整理和收集；

（5）项目运营方，提交项目使用情况报告，配合竣工验收检查工作。

（四）工程质保阶段的主体责任

建设项目进入工程质保阶段后，主要涉及的主体是施工方、监理方、供应商和用户。

（1）对于施工方，如果经判定，质量问题在施工方的保修范围内，施工方应履行保修责任；

（2）对于供应商，如果经判定，质量问题属于供应商材料质量不良，应由其承担修理费用；

（3）对于用户，如果是由于用户原因导致的质量问题，建筑物功能损坏，对应的损失应该由用户承担；

（4）对于监理方，对出现的质量问题，应负责进行及时分析，找到责任方并要求其进行整改修补。

第三节　专项债券项目建设期风险分析评估

一、项目建设期工作内容

项目建设期大体可分为项目招标采购、项目施工、竣工验收、运营维护等四个阶段，本节分别对这四个阶段的工作内容进行说明。

（一）项目招标采购阶段

建设项目的招标采购阶段，是在咨询成果的基础上，通过招标采购活动，选择中标人来完成项目，并且通过合约来确定需要完成项目的建设产品的相关功能、项目建设规模、项目建设的标准以及项目的总投资和项目预期完成时间等，并明确招投标双方的责任。

（二）项目施工阶段

施工阶段是项目建设过程中极其重要的阶段，在这个阶段，施工方根据项目前期所确定下来的设计图纸、技术要求、招投标文件、施工合同以及其他相关规定进行施工建设，并在项目施工阶段对施工图进行进一步深化，以期优质地完成项目。

施工方根据项目总工期要求，分析论证进度目标，制订并实施项目计划，定期跟踪监控进度计划的执行情况，定期检查施工计划进行情况，采取适当的纠偏措施对进度计划按照实际情况进行调整，从而保证施工进度顺利完成。同时，在施工阶段还需要对建设项目施工过程中的项目投资、项目成本、项目质量、项目施工安全和项目进度等进行控制。

（三）项目竣工验收阶段

根据《建设工程项目管理规范》GB/T 50326—2017，项目竣工管理包括竣工收尾、竣工验收、竣工决算、回访保修及管理考核评价等。建设项目完成竣工验收工作后，项目的建设过程基本结束，各方集合对项目组织竣工验收并收集竣工资料。竣工验收合格后，项目进入保修期，在工程咨询单位的监管下进行项目移交工作。

（四）项目运营维护阶段

根据《建设工程质量管理条例》，工程建设项目竣工后，施工单位应在保修期内承担相应的责任，监理和全过程工程咨询单位应负责相应的管理工作。

如果建设项目在规定的保修范围和保修期内出现了项目质量问题，咨询单位应督促监理单位立即分析原因，找出责任主体，并要求相关责任单位在规定时间内完成修补工作。质保期满后，咨询单位应组织使用人、物管方、监理单位以及施工单位进行质量缺陷的检查，确认无质量缺陷后，办理书面手续，并以此作为退还质保金的依据。保修期过后，施工单位的质保义务解除，全过程工程咨询单位完成质保金退还手续后，相应的义务也完成。

如果质量问题在质保期后出现，其维修义务与质保期内的不同，根据《中华人民共和国建筑法》第80条规定："在建筑物的合理使用寿命内，因建筑工程质量不合格受到损害的，有权向责任者要求赔偿。"由此可知，质保期后的质量问题，要有损害才主张赔偿。项目建设期工作内容流程如图7-5所示。

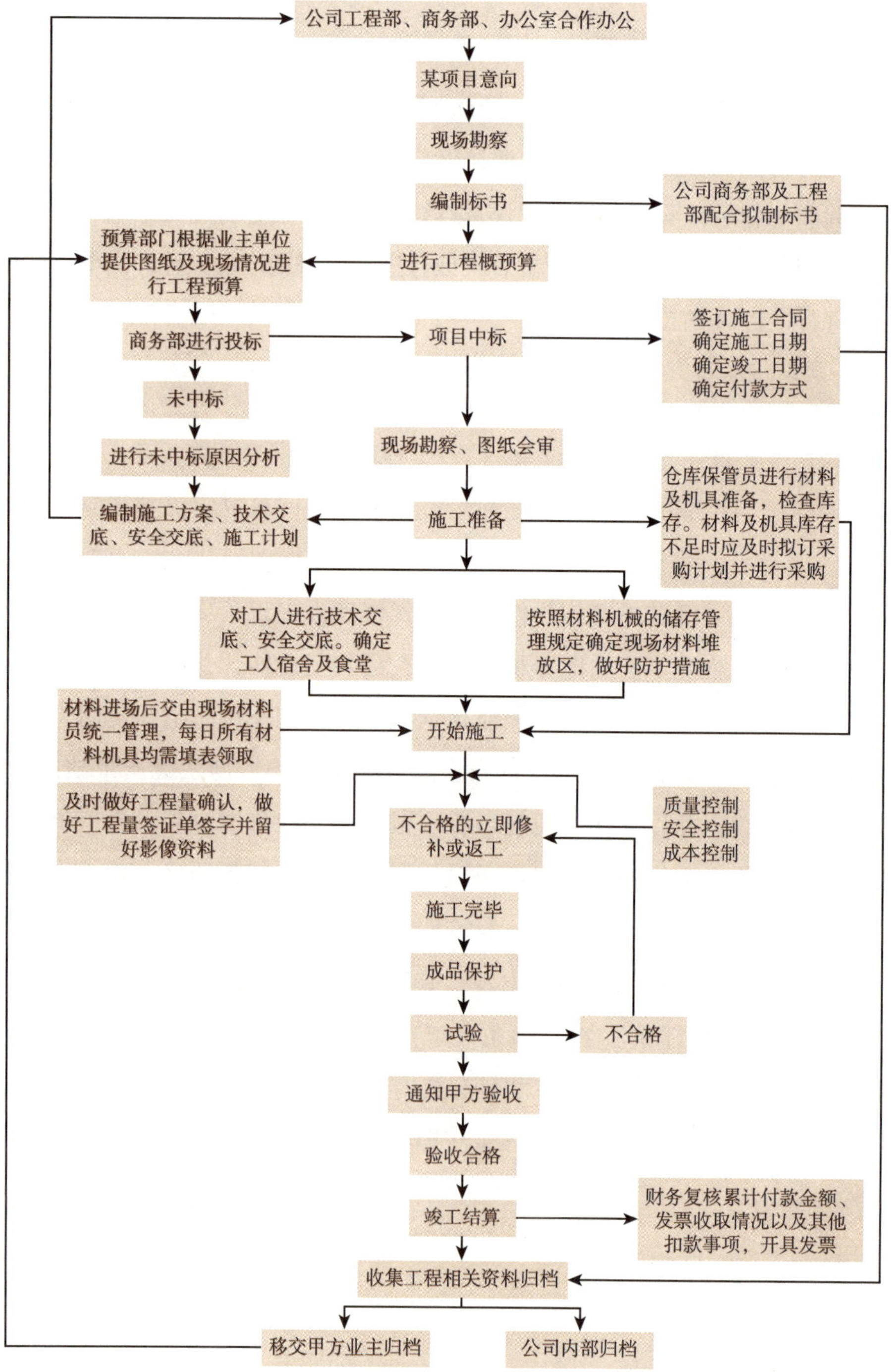

图 7-5　建设期工作内容流程

二、项目建设期风险分析

建设工程项目是专项债券的实体工程，是债券发行的核心，也是运营的前提，需要专项债券参与各方的重视，对项目建设期的债券管理分析对专项债券的发行结果、后续监管、运营状态有重要影响。

对实际的工程建设项目管理过程中有可能出现的风险事件和可能造成的后果进行分析，从而确定风险事件发生的概率，以及可能带来的不利影响。同时考虑研究风险转化条件，将恶性的风险事件转化为良性机会，量化风险的发生概率和可能造成的后果，减少风险发生带来的不确定性。可以将风险大致分为几种类型（见表7–1）。

表 7–1　　风险分类表

风险分类		风险因素
技术风险	技术	设计内容不全风险、缺陷设计风险、设计遗漏风险、设计不规范不恰当等
	施工	施工工艺落后，技术和方案不合理，安全保护措施不当，未考虑现场新情况等
	其他	工艺流程设计不合理
非技术风险	自然与环境	不可抗力风险，不明水文气象条件风险，施工对环境的影响等
	政治法律	法律法规以及规章制度的改变，社会动荡风险
	经济	市场经济的影响，通货膨胀问题，汇率变动因素以及市场动荡等
	组织协调	相关部门协调不善，没有相应的解决措施
	合同	合同相关纠纷问题
	人员	各主体相关的人员素质不高问题等
	材料	供货问题出现不足或拖延等，货物的数量差异，设施设备的规格有问题，非一般材料的使用问题，相应的损耗和浪费等
	设备	设备的供应不足问题，相关设备的类型不匹配问题，设施故障等
	资金	资金筹措方式不合理，资金短缺

（一）招标采购阶段风险分析

在项目招标采购阶段，招标方必须要保证施工企业达到理想中的水平，就必须对建设项目的招投标活动进行充分的债券管理分析，加大风险防范力度，才可以保障双方利益。招投标活动的每个环节都有可能出现影响整个招标采购达到良好结果的风险，这些流程中涉及的风险包括：

（1）招投标过程不够科学规范；（2）施工单位盲目报价现象；（3）评标方法的科学性欠缺；（4）没有正确区分招标方式与招标范围。

（二）工程施工阶段风险分析

建设项目的施工是一个十分复杂的系统工程，时刻面临着各种风险，参与的相关利益主体众多，风险错综复杂。施工阶段需完成项目建设，涉及分包转包、施工进度控制、质量控制、施工方案变更、安全控制、成本控制等内容，相关的风险包括：施工工期风险、质量风险、技术风险、安全风险、经营管理风险。

（三）竣工验收阶段风险分析

项目竣工阶段是由项目投资转入生产运营的标志，竣工验收是项目实施阶段中极为重要的一环。回顾工程项目实施的整个过程，把控好每一个环节和细节，以确保项目的验收能顺利进行并通过。建设项目施工竣工阶段主要涉及的风险包括：工程未验收风险、拒收及拖延结算风险、行政审计风险。

（四）运营维护阶段风险分析

项目竣工之后，进行工程质保期，这一阶段的主要风险体现在对发生的质量问题如何追责，如何分配修理责任，以及质保期到期验收条件等方面内容。存在的风险包括：

（1）保修责任不明确，产生纠纷。一方面，施工方签订的合同存在对质保范围、质保期限描述不清，进而在实际出现质量问题时，产生不认可保修责任的纠纷问题；另一方面，对于质保期的质量问题，由于建设项目一般比较复杂，往往存在多种修理原因，而质量问题的产生原因有可能是施工单位、使用单位以及材料、设备供应商多方面的共同原因，如果具体承担的修理义务不明确，也会产生纠纷。

（2）拖延，拒绝质保期到期验收。存在业主单位以质量问题拖延、拒绝质保期到期验收的情况，因质量问题扣留质保金，施工单位不能收到质保金。

（3）拖延维修，直至质保期到期。施工单位拖延保修义务，拖延进行修复工作，直到质保期到期后，拒绝承担修理义务，进而产生纠纷。

三、项目建设期风险评估

风险评估是对已经识别出来的项目建设风险进行风险分析和风险评估的过程，风险评估是项目决策的重要依据。

（1）风险评估的目的：确定项目风险的先后顺序；确定各风险事件的内在联系；把握风险之间的相互关系；进一步量化以识别风险的发生概率和后果。

（2）工程项目风险评估的步骤：确定项目风险评估基准；确定项目风险水平。

（一）项目建设期风险评估清单

基于以上风险分析，分别对建设期的四个阶段整理出了相关的风险清单（见表7–2）。

表 7–2 建设期风险清单

建设阶段	风险因素	风险来源
招标采购阶段	招标投标	招标方招标方式不合法，依法应当招标而未招标
		评标过程不合规，存在第三方干预
		招标人逃避公开招标
		投标人之间串通投标，排挤其他投标人
		招标方发包模式不合理
		投标人的资质条件不符合要求
		招标方泄露已获取相关招标文件名称、数量、标底等影响公平竞争的信息
		招标方招标文件工程量错、漏，特征不详细、不明确
		代理单位不合规代理

续表

建设阶段	风险因素	风险来源
招标采购阶段	招标投标	确定中标人前，投标方与招标方就实质内容进行谈判
		投标人投标合文件缺、漏项
		中标人将建筑工程肢解发包等违法发包行为
		投标人低价竞标，低于成本报价
		违法分包行为
		招标方评标不科学
		二次分包行为
		中标人将建设工程非法转包
		挂靠承接工程的行为
		开标不公开、不透明
		建设方对评标委员会造成影响，评标委员会自身成员专业性不足，导致评标活动流于形式
		招标方泄露标底等信息
		双方签订黑白合同及让利风险
		招标方发包模式不合理
		投标人投标文件缺、漏项
		代理单位不合规代理
		投标人串通投标
		围标以及陪标现象
		双方签订黑白合同及让利风险
施工阶段	施工工期风险	施工工期要求太短，实际难以实施
		工程难度大、施工单位能力不足
		工程资金不能及时到位，资金被挪用
		设备产能不足，故障率高，开动率不够
		建设单位任意压缩合理工期
		工期索赔不规范
		因发包商的原因造成的延迟耽误
		因承包商原因造成的延迟耽误
		施工方工程管理水平较差，不能有效协调各方、快速解决问题
		项目发生设计变更
		材料供应不及时，供应商拖货

续表

建设阶段	风险因素	风险来源
施工阶段	施工工期风险	天气、地质、地缘政治等条件影响
		因薪酬纠纷产生的劳动者罢工
		因施工污染带来的停工
		政府部门和行业的施工许可证不齐全
	质量风险	施工方质量管理体系混乱，未有良好策划
		施工单位资质名不副实
		承包单位主体资质风险
		建设工程工程设计图纸和施工技术标准存在缺陷
		安全技术措施不达标
		建筑材料、建筑构配件和设备不合格
		工艺方法、操作方法、施工方案不合理
		隐蔽工程的质量检查和记录未达标
		第三方监理的缺失
		使用材料以次充好
		工程器具，设备不具有要求的施工指标，生产能力不足
		现场施工材料的组织管理无序
		供应商供货质量不达标
		不合格分包施工质量差
		自然环境、气候等外界条件影响
		人员能力素质不够，不能按要求保质完成施工
	安全风险	经营者安全生产意识淡薄，安全方案缺失
		安全监督管理机构不健全
		施工单位无安全生产许可证
		从事消防工程安装企业无消防安全资格认证
		从事特种作业人员无特种作业操作上岗证
		安全生产必备器材、工具未购置
		施工单位没有安全相关的一系列制度
		施工企业未制订安全技术措施
		专业教育培训机制不健全，导致人员过失
		施工现场无防火、防爆等安全措施
		未制订季节性安全措施

续表

建设阶段	风险因素	风险来源
施工阶段	安全风险	施工现场的临时用电没有安全措施
		现场安全风险监督不完善，相关安全机构不健全
		施工组织设计不合理，缺乏相应的安全保障
		施工现场的安全风险监督管理不完善
		操作工人、管理人员及其他现场人员违规
		材料储备不够，防护用品缺乏
		施工机械设备和装置结构问题
		工作环境通风不良、噪声过大、物料储放不当
		施工人员队伍本身的素质不过关，工作存在疏忽
		施工企业过于追求利益，盲目地恶意竞争，忽视施工安全风险
		施工企业管理人员安全管理知识缺失
	技术风险	采用新技术、新工艺
		地质地基条件、施工条件复杂
		材料供应不及时
		设备供应存在不足
		缺乏技术规范或者技术规范不明确
		工程施工过程中所涉及的技术与自身技术能力不匹配
		发包人与承包人之间缺乏技术水平交流
		风险责任意识没有落实
		工程勘测资料和有关文件不足
		工程设计文件存在技术漏洞
		工程施工方案不属于技术标准
		特殊工艺没有明确采用的标准
		缺少技术专家
		计变更或设计图纸供应不及时
		对工程技术问题不能及时协调
	经营管理风险	不经济的施工管理，盈利能力差
		低价中标引发的经营利润低下
		巨额拖欠工程款项引发财务风险
		施工合同存在不平等性导致履约困难
		项目管理薄弱、管理效率低下、机制不合理

续表

建设阶段	风险因素	风险来源
施工阶段	经营管理风险	国家政策影响
		投资主体审批情况、土地征用情况、资金来源及筹集落实不明
		资金筹措方式不合理
		经营能力差，不能有效协调各方顺利开始施工工作
		对合同责任理解不清，陷入合同陷阱
竣工验收阶段	竣工资料管理	竣工验收报告等资料不按时提交
		竣工资料不完整，漏洞百出
	竣工验收、结算、决算、移交	不具备验收条件的工程，却完成了项目验收
		竣工验收的程序约定不明
		施工企业不及时进行中间验收
		总包不及时进行分包验收
		验收未通过，未按发包人要求进行整改
		发包人拖延结算，不组织竣工验收
		未组织竣工验收，擅自交付使用的
		验收不合格，擅自交付使用的
		对不合格的建设工程按照合格工程验收的
		验收通过后，未及时办理工程移交手续
		不正确进行验收程序
		业主拖延或不组织验收
		因质量问题，验收无法通过
		政府投资工程的审计纠纷及工程结算纠纷风险
		运营方未提交使用报告
运营维护阶段	保修期内的质保	保修责任不明确，产生纠纷
		拖延，拒绝质保期到期验收
		没有办法判定质量问题的原因
		建设方直接安排第三方单位进行维修，并且没有通知承包方或者进行了相关的通知，但没有足够的证据证明
		拖延维修义务，直至质保期到期
	保修期后的质保	签订的合同对保修责任约定不明确，修理义务纠纷
		过了保修期才发现的质量问题纠纷

（二）项目建设期风险评估标准

（1）评估风险的标准因素。债券管理的目标无疑是债券管理工作的指向标，也是最适合的风险评估标准。为使项目建设如期完成和工程质量达标，将项目进度、成本、质量和安全作为项目风险的四项标准，对风险地图中的风险点进行系统评估。

（2）标准因素衡量。项目正常运行关键要素、进度正常关键要素、质量正常关键要素、成本正常关键要素、安全施工关键要素。

（3）建设期债券管理评估标准（见表7–3）。

表 7–3　建设期债券管理评估标准

等级	相关影响	度量标准
Ⅰ	可忽略的	不采取措施，不必保存文件记录
Ⅱ	可容许的	考虑效果好一些的问题解决方案或者在不增加额外成本的情况下进行改进，不需要再采取额外的风险控制措施
Ⅲ	中度的	需要努力降低风险，测定风险成本，并且在一定时间内实施风险控制措施。风险控制后再次测定风险伤害性，以确认是否需要改进控制措施
Ⅳ	重大的	需要在风险降低后才能进行工作，有可能需要配置大量的资源来保证风险降低
Ⅴ	不容许的	风险降低或者消失时，项目才能开始或继续

通过表7–3中Ⅰ—Ⅴ级的风险评估标准，将项目建设期的风险进行量化，全面梳理项目在建设期各个主体及其行为所引发的风险点，并完成责任归集，为债券管理工作提供一条清晰的脉络和路径。

（三）项目建设期核心风险

项目建设期风险评估清单基本确定了项目在建设期各个主体及其行为所引发的风险点，并完成了责任归集，为债券管理工作提供了一条清晰的脉络和路径。展望地图，并未能实现揽全局而可观一隅的作用，则是由于项目债券管理工作中缺少重点和主要着眼点，难以实现从局部出发进而控制整体的目的。基于此，在项目风险清单的基础上，试图筛选出核心风险点，进一步为清单的使用、债券管理的实施提供指南：通过清单确定风险因素，完成风险识别和分析，通过债券管理评估风险的危害性及风险集中爆发处，筛选出核心风险点，为债券管理铺平道路，提供理论基础，从而达到以债券管理地图防范治理风险的效果。

核心风险点衡量标准：V级风险集中体现处为核心风险点，风险集中爆发处为核心风险点。

按照上文得出的项目建设期风险评估清单，结合核心风险点衡量标准，总结出专项债券项目建设期的核心风险如下：

（1）投标人之间串通投标，排挤其他投标人；

（2）招标方招标文件工程量错、漏，特征不详细、不明确；

（3）招标方泄露标底等信息；

（4）双方签订黑白合同及让利风险；

（5）工程难度大、施工单位能力不够；

（6）建设工程设计图纸和施工技术标准存在缺陷；

（7）工艺方法、操作方法、施工方案不合理；

（8）安全监督管理机构不健全；

（9）未按要求进行竣工验收就交付使用的。

第四节　专项债券项目建设期全过程管理

专项债券项目建设期全过程可以分为四个阶段，包括项目勘察设计阶段、建设项目发承包阶段、建设项目实施阶段和项目竣工阶段。无论选择代建模式、项目管理承包（PMC）模式、工程总承包（EPC）模式还是选择全过程工程咨询方式进行工程项目管理，项目建设的内容和实施过程依然不变，从风险管理实际操作的角度来讲，在不同模式下项目建设实施过程中的风险是相同的。下面从全过程工程咨询视角，结合合同管理立体地描述专项债券项目的建设过程及其风险管理。

一、全过程工程咨询管理

（一）全过程工程项目管理

全过程工程项目管理是指运用系统的理论方法，对建设项目工程进行计划、组织、指挥、协调和控制等活动，简称项目管理。

专项债券项目的全过程管理可以采取这几种模式：代建制、项目管理承包（PMC）、工程监理、工程总承包（EPC）、全过程工程咨询等模式。

全过程工程咨询服务是在建设项目全生命周期内，为项目提供组织、管理、技术和经济等方面的工程项目咨询服务。

我国已经存在一些属于工程咨询范围内的机构，但由于这些工程咨询服务由不同的机构主导进而造成了行业上工程咨询服务的松散化。服务的碎片化对工程项目的建设十分不利。采取全过程工程咨询的服务方式，可以有效地加强项目的管理能力，提高项目的建设效率以及资源利用率，并保障建设项目的安全和质量。

（二）全过程工程咨询服务（见表7–4）

表 7–4　　全过程工程咨询的发展历程

年份	相关内容
1981	国家建委发出《关于试办工程咨询公司的通知》，提出建立工程咨询公司，并首次提出由“设计单位”延伸业务发展“工程咨询”
1982	中国国际工程咨询公司成立；国家计委明确规定把项目可行性研究纳入基本程序
1984	《国务院批准国家计委关于工程设计改革的几点意见的通知》（国发〔1984〕157号）进一步明确“工程咨询”概念和工作内容
1985	中国勘察设计协会成立。此后十年里中国工程咨询协会、中国国际工程咨询协会、中国建设监理协会、中国建设工程造价管理协会相继成立。“先评估、后决策”制度的建立
1989	发布《建设监理试行规定》
1994	《工程咨询业管理暂行办法》首次明确工程咨询是为工程项目建设提供“全过程服务”的概念
1995	《工程建设监理规定》印发，《建设监理试行规定》废止

续表

年份	相关内容
1996	中国工程咨询协会加入国际咨询工程师联合会（FIDIC）。拉开了工程咨询国际交流与合作的序幕
1998	提出为固定资产投资全过程服务的咨询设计服务体系
1999	《国务院办公厅转发建设部等部门关于工程勘察设计单位体制改革若干意见的通知》（国办发〔1999〕101号），提出工程勘察设计单位体制改革的指导思想、目标
2001	参考国际上对工程顾问的解释，提出工程咨询8个方面内容
2005	《工程咨询单位资格认定办法》（第29号令），对工程咨询做了定义，提出了工程咨询单位8项覆盖工程建设全过程的服务内容
2010	国家发展改革委宣布工程咨询与FIDIC一致
2014	《关于推进建筑业发展和改革的若干意见》（建市〔2014〕92号）发布，推行工程造价全过程咨询服务
2017	《住房城乡建设部关于全过程工程咨询试点工作的通知》（建市〔2017〕101号）发布。研究全过程工程咨询管理制度，制定全过程工程咨询服务技术标准和合同范本等文件。 《关于印发贯彻落实促进建筑业持续健康发展意见重点任务分工方案的通知》（建市〔2017〕137号）发布。制定全过程工程咨询服务技术标准和合同范本。政府投资工程项目应带头推行全过程工程咨询，鼓励非政府投资工程委托全过程工程咨询服务。在民用建筑项目中，充分发挥建筑师的主导作用，鼓励提供全过程工程咨询服务。 《国务院关于取消一批行政行政许可事项的决定》发布。正式取消工程咨询单位资格认定，迈出了淡化勘察设计企业资质的第一步。 《工程咨询行业管理办法》（9号令）将全过程工程咨询和规划咨询、项目咨询、评估咨询一起列入工程咨询服务范围
2018	《全过程工程咨询服务发展的指导意见（征求意见稿）》和《建设工程咨询服务合同示范文本（征求意见稿）》（监事监函〔2018〕9号）发布。明确全过程工程咨询服务的定义。政府和国有投资项目带头推行全过程工程咨询，鼓励非政府和国有投资项目委托全过程工程咨询服务 《关于推进全过程工程咨询服务发展的指导意见（征求意见稿）》发布
2019	《关于推进全部过程工程咨询服务发展的指导意见》（发改投资规〔2019〕515号）发布。明确了培育发展全过程工程咨询的两个着力点：投资决策综合性咨询和工程建设全过程咨询。明确全过程工程咨询服务酬金计取方式
2020	关于征求《房屋建筑和市政基础建设项目全过程工程咨询服务技术标准（征求意见稿）》意见的函《全过程工程咨询服务管理标准》（T/CCIAT0024—2020）。本标准适用于建设项目全过程或某一阶段工程咨询服务的规范与管理
2021	《国务院关于深化“证照分离”改革进一步激发市场主体发展活力的通知》（国发〔2021〕7号）发布。取消工程造价咨询企业甲级、乙级资质认定，自2021年7月1日起施行。取消工程造价咨询资质是与国际惯例接轨的“里程碑”事件。工程造价咨询资质取消，为招监造一体化的新工程咨询打开了“闸门”，为新型业主侧项目管理企业发展提供了“沃土”

全过程工程咨询的四大优势包括：（1）节约项目投资成本；（2）加快工程建设进度；（3）提高咨询服务质量；（4）有效规避项目风险。

按照《全过程工程咨询服务管理标准》（T/CCIAT0024—2020）的相关规定，全过程工程咨询服务工作大纲应包括下列内容：（1）项目概况；（2）服务范围和内容；（3）管理目标；（4）组织模式与管理措施；（5）项目决策阶段的咨询服务；（6）勘察设计阶段的咨询服务；（7）招标采购阶段的咨询服务；（8）工程施工阶段的咨询服务；（9）竣工验收阶段的咨询服务；（10）项目运营阶段的咨询服务；（11）全过程项目咨询服务的数字化管理。

项目策划阶段的主要咨询服务包括：项目策划、项目建议书、可行性研究报告、投资估算。

勘察设计阶段的主要咨询服务包括：工程勘察、工程设计、造价管理。

招标采购阶段的主要咨询服务包括：招标采购策划、招标采购文件编制、过程管理、合同条款策划。

工程施工阶段的主要咨询服务包括：勘察设计、进度控制、质量控制、造价控制、安全文明施工与绿色施工、工程监理。

竣工验收阶段的主要咨询服务包括：竣工验收、竣工结算、竣工移交、竣工决算、项目报修。

项目运营维护阶段的主要咨询服务包括：项目后评价、项目绩效评价、设施管理、资产管理。

项目实施阶段的风险管理是在建设项目的实施过程中，通过对风险的识别与分析，采取合理有效的管理方法和技术手段，对项目的风险进行有效的控制，以合理的成本，在保证项目安全的情况下，可靠地实施项目的目标与任务。

（三）合同管理

合同管理作为工程项目管理的重要部分，与项目管理相比有很多区别，它们管理的重点不同。在管理目的上，合同管理主要是解决各方自身的利益平衡问题；而工程项目管理解决的是如何才能提高项目的生产效率，关注点在于项目的完成效果。

合同管理的内容主要包括合同价格性质、工程价款支付、风险分担、争议解决等。工程项目管理主要包括工期管理、费用管理、质量管理、HSE管理、项目组织管理等。

以往通常将合同管理作为项目管理的一部分来对待，不作为项目管理的重点。随着全球化的进一步加强，社会组织模块的集约化、标准化、规范化，中西方文化不断的融合，国际上常用的合同管理价值理念和文化将逐步被借鉴、吸收、使用。合同在国际工程中有着非常重要的地位，被认为是处理各方关系的“圣经”，甚至有人提出合同管理就是项目管理的本质，是按照合同的规定去做工作。但是从定义而言，合同管理是为了达到预期目标而设立对各方行为的约束规范，其核心功能是对“不确定性”的制约，其本质即“风险管理”，合同管理可以理解为项目风险管理。

1.进行合同管理的必要因素

合同管理是解决工程项目中各参与方的利益关系，必须熟悉实际工程项目的组织环境、特征、行为规律。要解决各方的关系问题，就必须对该项工程项目所涉及的相关专业知识有足够的了解，对团队文化有必要的认知，对规管项目工程的法律法规要熟练掌握。

2.合同管理产生的必然性

建设项目工程的建设周期长，关联方众多，牵涉的利益主体复杂，履约不确定性大，各方利益不一，各方履约都有强烈的投机行为，虽然各方都会关注项目的工程进度、项目质量、施工安全等，但业主和承包方关注的内容却存在博弈。他们的目标如果受到外界因素的影响，导致一方利益损失，就可能会出现投机行为，损失方会努力将损失转移给其他参与方。所以，为了保证合同的合理履约，需要对合同进行严格的管理。

3.工程合同范本起源

由于工程项目的复杂性，单方项目主体很难做出具有专业性、操作性强的合同。因此很多国际组织和相关学会组织高水平专业人士根据专业知识和经验，编制出相关的工程合同范本，供工程项目主体参考使用。

（1）FIDIC合同管理。FIDIC合同条款是国际上通用的土建工程合同条款。主要由专用合同条款和通用合同条款两部分构成。FIDIC具有高质量的工程合同范本，并被国际工程界广泛采纳。

（2）FIDIC应用的主要场景（见表7-5）。

表7-5　FIDIC应用的主要场景

类型	红皮书	黄皮书	银皮书	简明合同
主要适用场景	1.业主负责大部分设计工作；承包商主要工作是施工 2.由工程师来监理施工和签发支付证书 3.按工程量表中的单价来支付完成的工程量（即单价合同） 4.风险均担	1.业主只负责编制项目纲要，承包商负责大部分设计工作和全部施工安装工作 2.工程师来监督设备的制造、安装和施工，签发支付证书 3.在总价基础上实施里程碑支付方式，在个别情况下，也可能采用单价支付 4.风险均担	1.业主派出代表管理项目实施过程 2.管理较宽松，但竣工检验和竣工后检验严格，以保证完工项目的质量；承包商负责设计、采办、施工等，即交钥匙工程 3.固定总价不变的交钥匙合同，并按里程碑方式支付 4.项目风险大部分由承包商承担，但相对总价也会高些	1.项目较小，工期较短，金额较少 2.设计工作既可以是业主负责，也可以是承包商负责 3.可以是单价合同，也可以是总价合同，两方协定

目前，越来越多的建设项目开始选择使用FIDIC合同文本，但国内机构对FIDIC合同的学习研究仍有不足。FIDIC合同在国内的使用过程中，还存在着很多不同程度的问题。

4.工程项目的风险规避方式

（1）加强合同的风险管理。合同管理是风险管理的重要依据，也是重要的法律文件。

（2）通过工程索赔将风险转化为利润。《建设工程施工合同示范文本》中明确规定了工程索赔的相关事项。这些索赔条款在实际工程中可以作为处理索赔的原则和法律依据。合理运用合同条款进行索赔是降低工程风险的基本手段。

（3）利用合同形式进行风险控制。根据实际情况，适当采用计价式合同形式能够有效地降低合同风险。

二、招标采购阶段管理

（一）项目招标采购阶段管理

在项目招标采购阶段，咨询单位为保证合同签订机构具备符合条件的资质和能力，根据业主的需求和项目前期决策的结果来开展招标工作。

该阶段的风险主要包括：招标条件的设置不合理、投标对象不合格、对投标对象审查不成功问题、由于招标时间过长导致工期延误、招标活动失败、招标清单编制有重项漏项等。

从上述招标采购阶段的核心风险中，可以看出整个招标采购阶段风险体现在参与主体的合法合规性、招投标流程制度的合规完善上。因此，对项目招标采购阶段风险管理更多注重合规合法，可以采取如下的风险管理方案：

（1）加强招投标运作的监督管理工作，对实体与程序进行合规性审查；

（2）防范工程投标风险，完善内控制度；

（3）改善中标的方式；

（4）做好评标专家库的建设；

（5）建立科学的评标体系。

（二）工程招标采购期合同管理

招投标与合同管理两者互为主要内容，不可分割。但在实际操作中，主要存在以下问题：

（1）招标文件背离示范文本；

（2）合同中有语句歧义；

（3）招标文件的编制和合同管理由不同机构负责，容易造成脱节；

（4）招投标工作的控制不力会直接影响到签订的合同文件质量。

相关对策有：（1）严格规范并参与招标文件审查工作；（2）严格管理并参与招投标活动的全过程；（3）参与项目的后期管理。

三、工程施工阶段管理

（一）项目施工阶段管理

工程项目管理中，控制项目的质量、安全、进度、成本等风险是重中之重。风险可能与规划、勘察、设计、采购相关，也可能与现场管理水平相关，更可能与自然灾害相关。该阶段可能出现工程勘察质量风险、原始设计变更、物料采购价高质低以及自然灾害等风险。

如何防范实施阶段的风险，首先应该弄明白不同风险产生的原因，再根据原因追溯风险责任方。为避免争议，咨询企业需要在各自的合同中明确风险处理原则。同时，咨询企业内部也要加强风险控制管理，规范审批流程。

从上述施工阶段的核心风险中，可以看出项目施工阶段风险管理重点在于对工期风险和质量风险的管理，整个施工过程涉及众多的主体，相关的利益关系都是通过合同进行约束，各方按照合同中的约定履行合同义务，对履约过程存在争议的，按《合同法》等相关法律规定解决。对项目施工阶段风险的管理包括风险规避、预防、承担、转移。对由于施工方能力、资质方面不足带来的工期风险和质量风险，可以通过招标阶段选择资质优良、施工能力雄厚的施工方进行风险规避；通过签订索赔条款、保险条款进行风险转移；通过加强合同的管理、施工过程的工程监督和信息沟通，对发生的问题及时处理，进行风险预防。

对项目施工阶段风险管理按如下方式进行：（1）加强实行全方位工程合同法律管理；（2）加强签订合同后的履约程度管理；（3）施工方加强工程管理能力体系建设；（4）对项目风险进行转移。

（二）项目建设工程施工阶段合同管理

这个阶段主要参照《施工合同（示范文本）》，它由合同协议书、专用合同条款和通用合同条款组成。

1.合同协议书。合同协议书的主要内容包括项目概况、工期、质量标准、合同价、合同价格形式、合同文件构成、项目经理、承诺以及合同生效条件等。

2. 通用合同条款。通用合同条款主要包括：一般约定、发包人、承包人、监理人、工程质量安全文明施工与环境保护、工期和进度、材料与设备、试验与检验、变更、价格调整、合同价格、计量与支付、验收和工程试车、竣工结算、缺陷责任与保修、违约、不可抗力、保险、索赔和争议解决等。

3. 专用合同条款。专用合同条款的内容是对通用条款的进一步完善。合同相关方根据具体建设项目的特点及情况，通过谈判、协商对相应的专用合同条款进行修改完善补充。

常见风险包括如下几点：

（1）合同文字不够严谨。在大多数情况下，由于某些人为的原因或客观因素的影响，很难把控部分的合同条款。除此之外，有一部分合同中，也没有明确地界定好相关合同方的义务和合同权利。

（2）合同主体不当。合同主体的选择审核不规范导致。

解决对策包括如下几点：（1）建立健全合同管理制度。（2）对合同内容进行规范和完善。（3）推行管理合同目标制。（4）健全市场监管制度。

四、竣工验收阶段管理

（一）项目竣工验收阶段管理

建设项目的竣工验收阶段，咨询单位主要是验收竣工资料、工程内容，资料的完整准确性、建安工程的符合性和安全性，同时识别竣工验收阶段的风险来源、评估风险，并采取有效的风险控制措施处理风险，尽可能降低损失，保障项目能够顺利转入生产运营阶段。

项目竣工验收阶段会涉及整个建设项目工程的资料和内容，所以在竣工阶段，对风险管理小组的要求极高。需要包括熟知财务、造价、建设的相关专业人员，以及项目使用者。

从上述竣工阶段的核心风险中，可以看出项目竣工阶段风险管理主要需要应对的风险是项目工程不应该验收而进行了验收，以及工程因为各种原因无法按期进行验收的风险，为了规避竣工阶段的这些风险，需要建立竣工管理制度，明确各主体的责任职责和工作，提前部署计划，厘清各方关系，将影响竣工验收的风险点提前进行解决，从而顺利进行竣工验收。项目竣工阶段风险管理方案包括：（1）加强竣工验收监控管理；（2）加强对验收资料的管理，确保完整不缺失、不遗漏，资料真实可信；（3）防范行政审计风险。

竣工阶段完成后，项目建设过程基本结束，各方集合对项目组织竣工验收并收集竣工资料。项目验收合格后，进入保修期，监理单位应当积极组织监管协调项目移交工作。

（二）工程竣工阶段合同管理

1. 竣工检验

严格按照行业规范和合同约定进行建设项目的竣工验收工作。

2. 颁发工程接收证书

建设项目通过竣工检验后，确定项目可以达到“基本竣工”要求，满足工程竣工的条件，则可以予以颁发工程接收证书；如果不满足，则应该责令整改。

3. 未能通过竣工检验

（1）重新检验。在对缺陷工程进行修复和改正之后，在同等条件下再次重复进行试验和对任何相关工程工作的项目竣工检验。

（2）如果重复检验后项目仍未能通过，工程师有权按照缺陷的情况选择下列一种处理方法：

①再次进行重复的竣工检验；

②由于该缺陷导致业主无法使用该工程或项目部分区段所带来的全部利益时，可以选择拒收整个工程或区段，在这种情况下，业主有权获得赔偿。

③在业主同意的情况下颁发接收证书，折价接收该缺陷部分的工程。合同价格也相应地进行减少。

4. 竣工结算

（1）承包方按照规定格式报送竣工报表在颁发工程接收证书后的84天内。

（2）竣工结算与支付。工程师根据检查结果签署竣工结算支付证书，然后业主根据工程师的签证完成支付。

五、运营维护阶段管理

（一）项目运营维护阶段管理

建设项目的运营风险多种多样，商业运营有较高难度，大多数商业体都同质化严重。项目的前期规划和定位决定了商业运营能否成功。在项目的可行性研究阶段，对项目区域的消费群体、偏好、规划、竞争等情况做调研与分析，根据结果设计建设项目商业体的规模、业态、主题和定位。

项目运营维护阶段的风险主要表现在项目设施设备方面和成本方面。控制运营维护阶段风险的方式主要有：（1）通过合同约定设备型号；（2）约定运营期收入来源；（3）严格制定运营团队的相关管理制度和操作规范。

从上述工程质保阶段的核心风险中，可以看出项目工程质保风险管理在于对保修期质量问题的合理解决以及顺利完成保质期到期验收工作。对于出现的质量问题，如何追责，如何分配修理责任，依然是需要从合同上进行明确，确定相应的责任范围，然后才能更好地履行修理责任，进而为交付运营提供一个良好的建设产品。风险管理方案包括：

（1）明确保修合同相关内容与程序。做好合同的管理，明确质量保修的范围和相应的内容、质保期限、保修金和保修相关的程序。对于保险金，在审查质保金预留比例时，原则上不得高于工程结算价款的3%。

（2）监理方及时做好责任的分析和归责，并督促完成修理。在明确合同义务的前提下，由于质量问题的产生有可能是施工单位、使用单位，以及材料、设备供应商多方面的共同原因，监理方需要及时进行分析，针对不同的情况，判定得出不同的责任主体，并要求其尽快完成修理工作，不影响后续项目进度。

（3）及时组织进行质保期到期验收。建设工程质保期期满，咨询单位应协调好投资人、物管方、监理单位以及施工单位进行工程质量保修期到期验收，以此作为退还质保金的前提条件，不得无故扣押质保金，应完全按照合同进行履约。项目各个主体需要参与验收，及时做好签字记录。

项目保修期应注意如下事项：

（1）建设工程质保期期满时，全过程工程咨询单位应组织投资人、物管方、监理部门以及施工单位进行工程质量保修期到期验收，以作为退还质保金的前提条件。

（2）保修到期验收记录。质保期满的验收必须由项目各方同时参与，并签字盖章，施工单位以及供货单位保修到期验收记录。

（二）项目运营维护阶段合同管理

1.项目保修期管理

项目保修期应遵循《建筑工程质量管理条例》。《建筑工程质量管理条例》第四十条规定：在正常使用条件下，建设工程的最低保修期限为：

（1）基础设施工程、房屋建筑的地基基础工程和主体结构工程，为设计文件规定的该工程的合理使用年限；

（2）屋面防水工程、有防水要求的卫生间、房间和外墙面的防渗漏，为5年；

（3）供热与供冷系统，为2个采暖期、供冷期；

（4）电气管线、给排水管道、设备安装和装修工程，为2年。

2.缺陷责任期管理

工程质量缺陷指工程质量不符合工程建设强制性标准、设计文件以及承包合同的约定。缺陷责任期就是承包商对其完成的存在质量缺陷的工程项目所承担责任的期限。缺陷责任期一般为1年，最长不超过2年，具体由发承包双方在管理合同中约定。该责任期应参照《建筑工程施工合同示范文本》。

第五节　专项债券项目建设期工作重点

一、项目建设施工进度管理（见图 7–6）

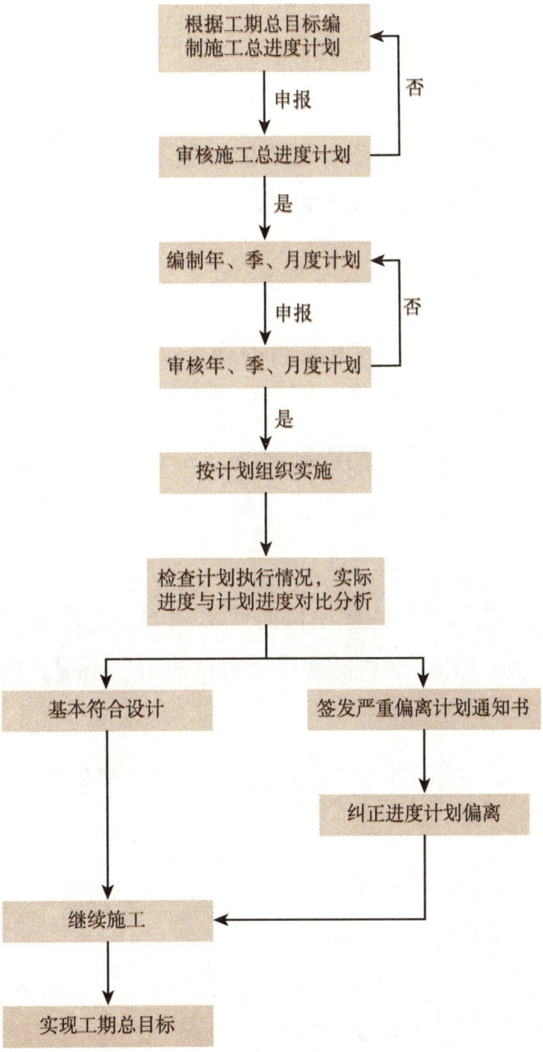

图 7–6　施工阶段进度控制流程

项目进度管理的流程是：确定进度目标→编制计划→申请开工→实施进度计划→进度管理总结→撰写进度管理报告。因此，建设工程项目进度管理的首要任务就是确立进度管理目标。

施工进度计划是进度管理的依据。如何编制进度计划才能有效地提高建设项目建设进度，管理的质量是进度管理的重中之重，进度计划可以包括单位工程施工进度计划和施工总进度计划，应分别进行编制。

对进度管理进行总结，可以得出如下结论：

（1）在完成施工进度计划检查后，应该向企业提交每个月的月度施工进度报告。

（2）在施工进度计划完成后，需要依据施工进度计划和检查结果对项目进行最终总结。实际记录和相关调整资料。

二、项目建设施工成本管理

项目施工成本是指在建设工程项目的施工过程中发生的所有费用的总和，包括直接成本和间接成本。

成本预测决策、成本计划的编制实施、成本核算检查分析和考核等都是项目成本管理的重要环节。

1. 施工项目成本预测

成本管理的重要环节之一是项目的成本预测，是事前控制的重中之重。目的是可以预计成本趋势，为后续的成本管理决策、编制计划提供数据。

2. 施工项目成本决策

项目成本决策是按照项目成本预测情况，经过严格的分析，制定成本管理目标。

3. 施工项目成本管理的手段

施工项目成本管理的手段包括：

（1）计划管理。对施工项目的成本进行管理。成本预测和决策是计划编制重要依据。

（2）预算管理。预算管理成本包括两种类型：其一是包干预算，确定预算总额，无论项目如何变化，总额不作调整。其二是弹性预算，确定包干总额，总额可以根据实际情况进行调整。

（3）会计管理。会计控制方法的优点在于具有较强的系统性和政策性，是理想的成本管理办法。

（4）制度管理。制度是对建设中一系列活动应该遵循的基本方法、程序、要求及标准所作出的规范规定。

在项目的施工建设管理中，上述手段通常是同时使用的，不应单一地使用某种成本控制手段（见图7–7）。

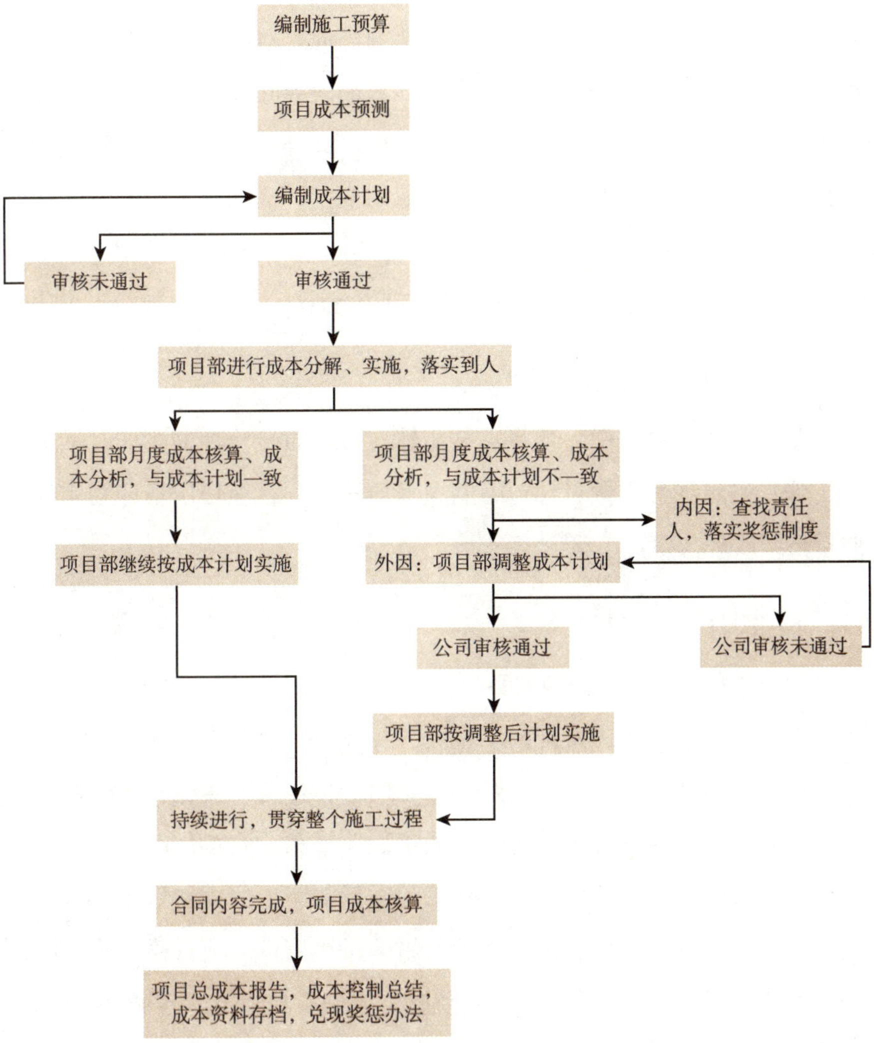

图 7–7　施工阶段成本控制流程

三、项目建设施工质量管理

项目建设工程质量管理主要是采取合理的质量管理措施和制度，在确保项目建设进度和资金支出要求的范围内，达到项目建设质量控制的目的。

项目建设工程质量管理必须按照国家目前关于工程质量要求的相关法律法规、技术标准和规范等要求进行，这也从侧面反映了项目建设施工质量管理的重要性，对于不同类型的工程建设项目都有着基本的管理规范和要求，有效确保了项目建设质量管理工作的落实。因此，对于项目建设的质量控制管理，需要根据项目的实际情况实现对项目的差异化控制，事前制定有效控制管理工作的定量和定性相结合的评价指标。此外，在制定质量管理相关要求和评价指标时，应确保符合国家和行业的规范，确保其不低于强制性质量标准的相关要求。

施工项目质量管理的主要环节包括如下方面：

（一）质量管理程序

在项目施工的过程中，项目实施主体应按照质量管理的要求，逐步开展下列工作：确定项目质量目标；编制项目质量计划；项目质量计划实施；项目质量持续改进与检查、验证。

（二）项目质量计划

1. 项目质量计划的作用和内容

项目质量计划作用主要是向质量管理工作的设计提供支撑，制定明晰合理的质量管理制度，以确保项目委托方明白工程计划的实施有效满足了项目建设的特殊质量要求，成为委托方开展工程监督和验收工作的依据。结合上述作用，项目建设质量计划主要包括工程质量的制定依据和目标、质量管理的组织结构、具体的质量控制方法以及施工过程管理、项目检验等程序，同时根据项目的调整，对质量计划进行优化，以确保与施工的各个阶段相适应，保证质量计划的有效实施。

2. 质量计划的编制

编制项目质量计划应注意以下几点：

（1）考虑到项目质量计划的重要性，工程负责人应该参与计划的编制并提出相应的建议。

（2）采取集体讨论的方式编制项目质量计划，参与者应熟悉项目情况，具有相关的编制经验，能够提出有针对性的质量控制要求。

（3）计划的编制应以委托方的建设思路为要点，有效挖掘工程建设中可能出现的质量问题，并将制订的相关计划与委托方进行有效沟通，确保符合项目建设和管理的需要。

3. 质量计划的实施与验证

质量管理人员应根据项目质量计划开展质量管理工作，完成对质量工作执行的有效记录。在质量管理过程中，若出现质量问题或相关事故，应及时查明问题出现的原因，厘清各环节的责任，对于出现问题的地方进行有效调整。同时，工程建设的主要负责人应安排具有相关资质的质检工作者和内部控制检查员对计划的实施效果进行评估。

工程施工阶段的质量控制应满足下列要求：

（1）工程方应根据建设项目的实际施工合同来制订建设项目的项目质量管理计划和目标，并且实现质量管理在各个阶段的有效落实。

（2）工程方应按照质量管理计划和目标，明确各项质量的责任。

项目决策阶段的质量控制要根据项目的可行性研究制订相应的建设方案和质量控制内容，确保项目的质量控制，以达到委托方的要求。

工程勘察设计阶段的质量控制要通过与具有相关资质的勘察设计公司进行有效合作，确保工程的勘察设计与项目质量控制的要求相适应。

工程施工阶段的质量控制首先是需要选择能够按照质量控制计划进行项目建设的施工单位；其次是确保建设单位能够按照勘察设计开展项目工程，使最后形成的工程建筑与各项合同和文件要求的一致（见图7–8）。

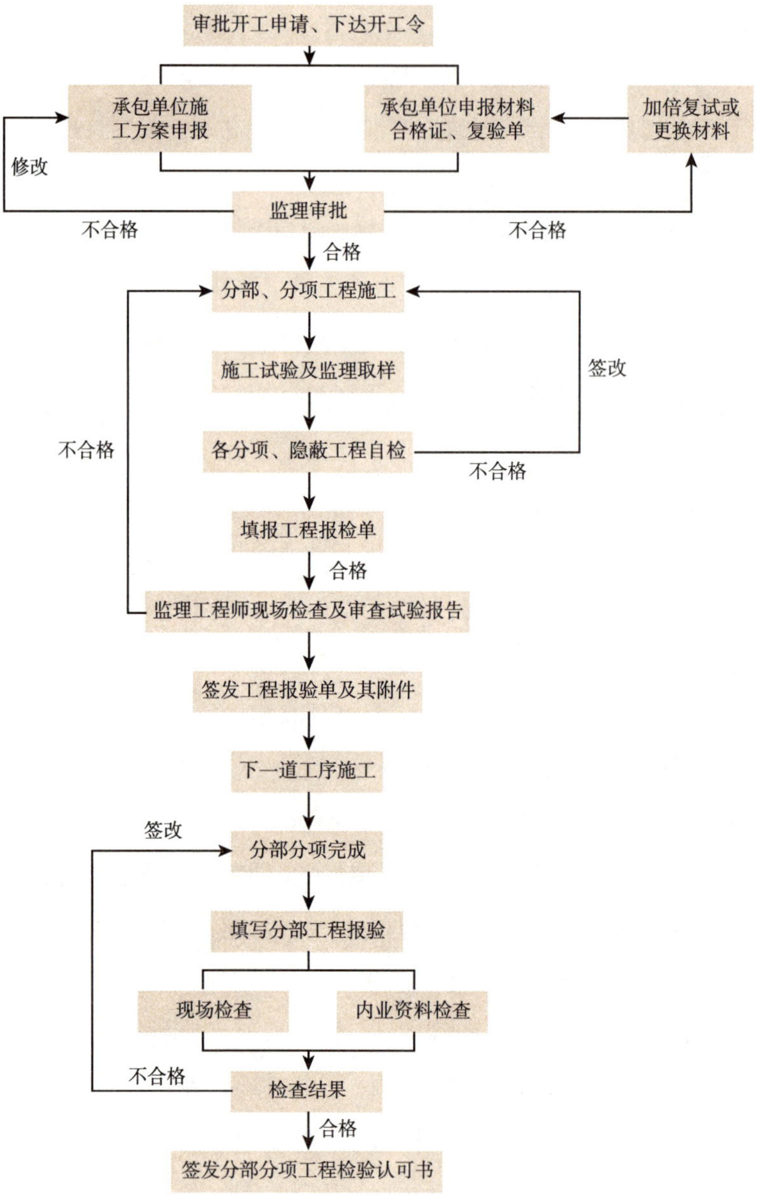

图 7-8　施工阶段工程质量控制流程

四、项目建设施工安全管理

施工项目是建筑企业开展的基本生产工作，施工项目建设的好坏是获取良好声誉、推动经济社会效益的关键。施工企业的经营和发展目标是由各个施工项目的按期进行和完成实现的。要确保施工项目的按期进行，施工过程中的安全管理是施工项目对相关生产因素有效控制、合理安排规划的重要内容。

项目建设施工安全管理主要指的是在施工过程中，按照安全生产的要求进行相应的管理活动，采取有效措施实现保障安全。因此，施工项目安全管理是一项综合性管理工作，包括施工过程中所涉及的工作人员、材料、机器设备、区域环境等。

由此可以看出，项目建设施工安全管理是项目正常开展的重要任务，在施工生产的过程中，项目建设工期、质量要求、经济效益等和施工安全的要求相冲突时，应以保证项目的安全生产为首要任务。

（1）施工项目安全管理的依据。施工项目安全管理的依据主要包括：《中华人民共和国安全生产法》、《中华人民共和国建筑法》、《中华人民共和国消防法》、《中华人民共和国劳动法》、《企业职工伤亡事故报告和处理规定》（国务院第75号令）、有关安全技术的国家标准、有关建筑施工安全强制性标准条文、安全技术行业标准、《环境管理系列标准》（GB/T24000—ISO14000）、《职业健康安全管理体系一规范》GB/T28001、《建设工程安全生产管理条例》。

（2）施工项目安全管理的方针。按照安全生产法和建筑法的要求，施工项目安全管理的方针为“安全第一，预防为主”。其中，“安全第一”反映了以人身安全为核心的项目施工管理，应把人身安全放在首要位置。“预防为主”指的是项目生产过程中需要提前做好风险防范措施，避免安全隐患带来的风险，将隐患在发生前解决，充分保障生产工作的有序进行。

（3）施工项目安全管理的程序。施工项目安全管理的程序主要包括：第一，明确施工安全的任务和目标；第二，完成项目安全技术措施执行安排；第三，确保项目安全技术措施执行安排的有效落实；第四，根据实际情况，对项目安全技术措施执行安排进行优化调整，直到整个安全生产工作的结束。

（4）安全生产管理制度。根据国务院和建筑法的相关规定，建筑相关企业应建立的安全生产管理制度包括：安全生产责任制度、安全技术措施计划制度、安全生产教育制度、安全生产检查制度、伤亡事故职业病统计报告和处理制度、安全监察制度、“三同时”制度，安全预评价制度等。

施工项目安全技术措施计划主要包括：

（1）项目安全管理目标。项目的安全管理目标是确保不发生危险，不出现安全事故，不会造成人员伤亡和财产损失。

（2）危险源与事故。危险源可能是一种或多种危险因素或有害因素的组合。

（3）不安全因素包括：人的不安全行为、物的不安全状态、环境的不安全因素。

（4）项目安全技术措施计划。在工程建设正式开工之前，项目经理部应该负责编制建设项目的安全技术措施计划，并且在批准后进行实施。

为了建设项目中生产的安全进行，保障工人健康安全，需要加强安全风险管理，并编制实施安全技术组织措施计划来进行有效的安全事故预防，并有下列有关规定（见图7–9）。

（1）所有工程的施工组织设计（施工方案）都必须有安全技术措施：对爆破、吊装、水下、深坑、支模、拆除等大型特殊工程，都要编制单项安全技术方案，否则不得开工。安全技术措施要有针对性，要根据工程特点、施工方法、劳动组织和作业环境等情况来制定，防止一般化。施工现场道路、上下水及采暖管道、电气线路、材料堆放、临时和附属设施等的平面布置，都要符合安全、卫生和防火要求，并要加强管理，做到安全生产和文明生产。

（2）企业在编制施工方案的同时，必须编制安全技术措施计划。安全技术措施所需的设备、材料应列入物资、技术供应计划。对于每项措施，应该确定实现的期限和负责人。企业的领导人应该对安全技术措施计划的编制和贯彻执行负责。

（3）安全技术措施计划的范围，包括以改善劳动条件（主要指影响安全和健康的）、防止伤亡事故、预防职业病和职业中毒为目的的各项措施，不要与生产、基建和福利等措施混淆。

（4）安全技术措施所需的经费列入工程造价的措施费。

（5）企业编制和执行安全技术措施计划，必须走群众路线，计划要经过群众讨论，使其切合实际，力求做到花钱少、效果好。要组织群众定期检查，以保证计划的实现。

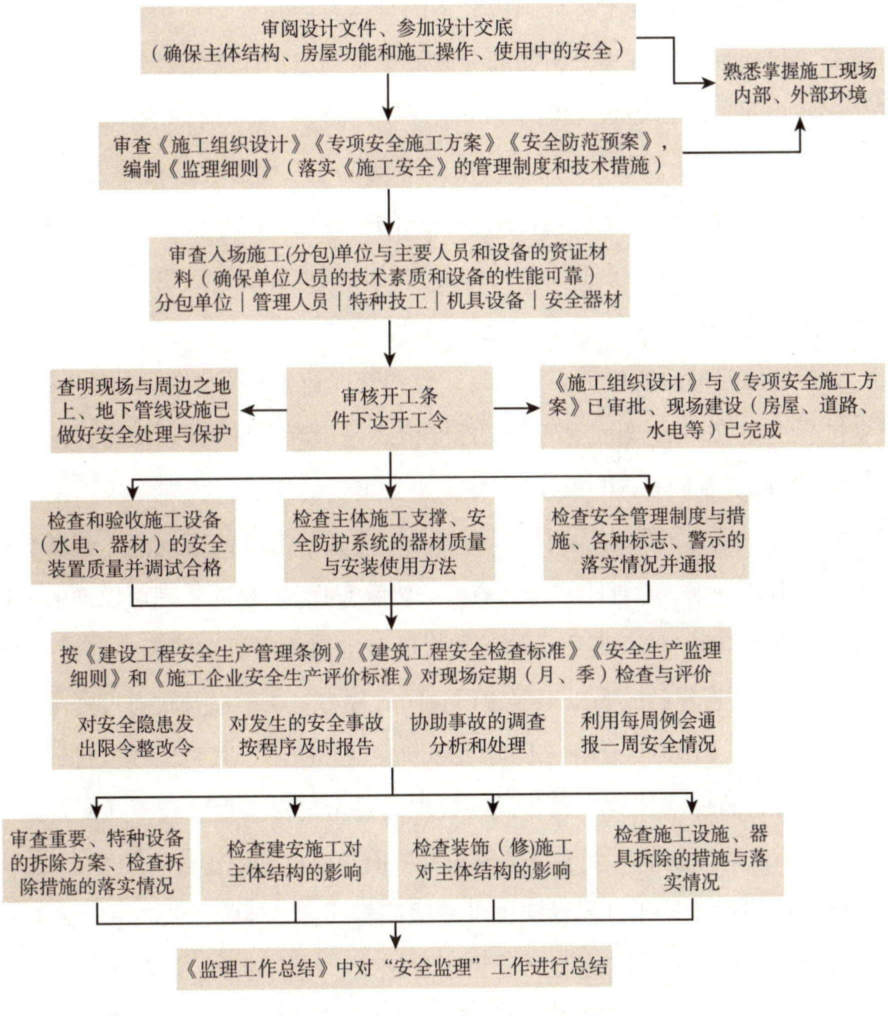

图 7-9　施工阶段安全管理流程

第六节 小 结

综上所述，近些年随着经济建设的快速发展，各级地方政府公益性和基础性项目的建设规模越发庞大，这些专项债券项目的投入增加，也从根本上改善了城市的基础设施、投资环境，提高了城市的综合实力，增强了城市的知名度和美誉度，促进了各地国民经济的全面发展和社会进步。但对这些政府投资工程项目建设过程分析，部分政府投资项目由于决策、管理、机制等方面存在不足，项目建设中也出现了不容忽视问题，如前期工作缺乏深度、组织管理相对薄弱、设计不优、招投标不规范、工程监理履行职责不到位、竣工决算高估冒算现象严重等，这些问题的存在也给国家资产造成了严重损失，因此，加强政府投资工程项目的管理已是刻不容缓，这也是专项债券项目建设期管理的核心所在。

为更好地管理政府投资工程项目，合同管理是工程项目管理的重要部分。当今世界上最常用的国际建筑合同标准格式是国际咨询工程师联合会合同，即FIDIC合同。合同在国际工程中有着非常重要的地位，合同管理就是项目管理的本质，是为了到达预期目标而设立对各方行为的约束规范，其核心功能是对“不确定性”的制约，其本质即“风险管理”，合同管理可以理解为项目风险管理。FIDIC具有高质量的工程合同范本，并广泛被国际工程界采纳，FIDIC工程风险管理已成为以工程建设合同管理为主线，提升政府投资项目效率的最快方式。FIDIC经多年来国际上不断验证和应用，其对工程项目管理效用经久不衰，将专项债券项目建设期管理通过全过程工程管理模式实现以合同作为最小风险控制单元管理，是未来专项债券项目工程建设的发展方向。

从具体路径上，项目建设期也是专项债券项目实体的形成过程，通过控制管理建设期的招标采购过程、建设工程施工、竣工验收、运营维护四个阶段来实现项目全过程工程管理，实现专项债券管理。一是在招标采购阶段，对于政府投资建设的项目来说，准确、真实和全面的招标文件能够使得投资控制更加顺利地进行。招投标程序应在公平公正的原则下，并且符合相关法律法规的规定，对招标程序要严格监督，防止腐败现象。二是在建设工程施工阶段，施工中监理单位要严格值守，不包庇施工单位。监督他们按图纸施工，以及对材料采购的过程都要有序地进行，这样不仅在投资控制中能起到好的作用，并且还能避免争议。如若存在工程变更，要有正规的变更手续，对于每一项变更都应该经过深入的考虑，从经济功能等方面进行论证，减少不必要的损失，从而能够更好地进行投资控制。三是在竣工验收阶段，要做好项目最终质量把关、审查工程结算，避免高估算、重复计量、定额高套等现象出现。四是在运营维护阶段，遵循项目区域的消费群体、偏好、规划、竞争等情况调研与分析规划，根据规划期设计方案建设或调整项目市场化的用户群体、规模、业态、功能和定位。由此可见，专项债券政府投资项目因其本身工程规模性、专业性、复杂性特征，从全过程工程咨询管理角度出发提高专项债券项目管理效率，实现管理目标，对做好专项债券项目建设期管理至关重要，从而实现更加高效地将政府投资工程集中建设工作转化为较好的社会效益和投资效益，并不断提升政府工程管理专业化水平和质量。

第八章

专项债券项目运营期管理

第一节　专项债券项目运营期管理目标与思路

一、项目运营期债券管理目标

从全生命周期的角度对一个建设项目进行评估，项目的投资与建设让社会公共服务拥有了可供实施的载体，这是提供社会公共服务的第一步，也是提升服务能力的必经阶段。要确定项目能否达到预期的成果和目标，项目需要通过后期的运营工作来体现，以运营来实现既定的目标，体现项目的社会经济效益和价值，是项目实施的最终目的。

在项目运营过程中，项目建设运营公司在对项目的日常经营进行管理的同时，需要对建设工程的质量、项目预期目标的实现进行全周期的持续管理。项目的运营作为项目达到预期服务功能的重要过程，需要组织项目生产、运行设备设施、从事维护维修、管理管护等工作。运营过程中，建设运营公司关注的核心从建设管理转变到以公益性为基础的运营管理，并根据项目运营管理的实际情况，以全周期管理的思维模式，构建全周期的运营管理体系和组织结构体系，以此来配合进行项目的运营管理。项目运营的总体目标是在实现项目的公益性基础上合规运营，在确保政府专项债券还本付息的前提下，实现方案规划的预期收益目标。全周期的运营管理中应注重统驭经营、财务管理和遵循法律法规，为实现项目总体目标寻求风险优化措施。

项目运营时期，在宏观经济环境、政策环境以及项目内部多重因素的影响下，倘若建设运营公司对外部环境的变化出现错误判断，可能会使得项目的运营无法按照计划进行，导致项目目标无法实现。项目运营的成败好坏很大程度上取决于运营公司的风险管理，因此，运营公司必须做好风险管理工作，统筹规划、综合考虑，采取制度设计、过程全线管理、危机处理的方式，避免资源浪费，把控资金风险，以期达到合规经营和按计划实现项目收益的管理目标，从而保证清偿率和整个项目运营的成功，如图8-1所示。

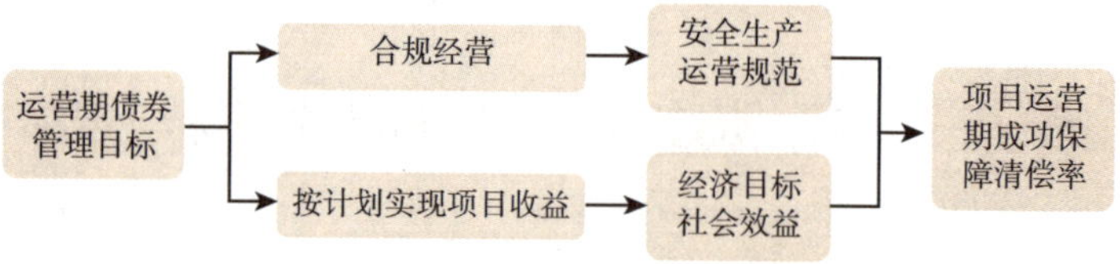

图 8-1　运营期债券管理目标

参考《中央企业全面风险管理指引》(国资发改革〔2006〕108号)，地方政府专项债券项目应设定如下目标，充分体现项目运营全周期风险管理：

(1)确保将风险控制在项目方案总体目标相适应并可承受的范围内，确保在债券存续期能够按期还本付息；

(2)确保项目内部和外部信息沟通的有效性，特别是项目运营过程中政府部门和建设运营公司间的沟通；

(3)确保项目运营、国有资产使用和维护遵守有关的法律法规；

(4)确保项目建设和运营既定计划的贯彻落实，提升经营管理的效率，降低经营过程中面临的风险，保障经营目标的实现。

二、项目运营期债券管理思路

项目的运营期债券管理是全面地、系统地、有条理地对项目运营全过程中的各时期所包含的全部风险进行分析、识别、衡量以及控制，以实现收益类公益性项目保证专项债券清偿的目的。项目运营应有准备地科学地安排、调整运营过程中合同、经济、组织、技术、管理等各个方面的工作。地方政府专项债券项目运营期债券管理由于专项债券项目的特殊性，需要结合实际情况，根据其运营管理的特征进行有系统的有针对性的控制与管理。地方政府专项债券运营管理具有以下特征：

(1)一次性。项目的建设和运营有确定开始时点和结束时点，从始至终没有可以完全借鉴的其他项目，运营模式和思路无法进行复制。

(2)独特性。项目的建设和运营都有自身的特点，充分考虑了地方和外部环境的需要，是独一无二的。

第一，时间性目标，如按照既定时间点完成建设、开展项目运营的目标；

第二，成果性目标，如按照预定计划提供项目服务和产品；

第三，约束性目标，如按照既定资金使用计划开展项目的建设。

（3）整体性。项目的运营依托于项目的建设，项目的还本付息依赖于项目的正常运营，项目各个阶段具有极强关联性，环环相扣控制项目的风险，确保项目目标的实现。

（4）不可挽回性。项目的一次性和整体性特征使得项目的运营必须环环相扣，从全过程的角度出发，避免项目规划和建设的不合理，否则将导致项目无法按计划进行，与既定的目标脱节，是不可挽回的。

不难看出，地方政府专项债券项目运营存在较大难度，做好运营债券管理更是较大挑战。由于项目运营管理本身一次性、独特性及成果的不可挽回性等特征，加强处于委托—代理理论中的双方关系，才能保证政府方对运营情况的控制和有效管理。而基于项目运营的整体性和目标性，运营公司针对自身情况，对生产管理、运营管理、财务管理、资产管理等四大板进行全面管理，更能有针对性地做好债券管理工作。

综上所述，运营期的风险管理主要分为两个方面，一方面是加强相关主体之间（特别是政府方和运营公司之间）的制度建设，保证运营信息的透明化和对称性，实现发债主体对项目运营的有效控制，进而保障清偿率；另一方面是从生产管理、运营管理、财务管理、资产管理等四大板块，对运营公司进行组织流程、人力资源、生产管理、供应链管理、资产管理、公益性资产的授权经营业务、财务制度、预算管理分析、会计核算、财务活动、财务报表等全面系统有针对的管理，提升运营效率，防范及处理紧急风险事件。通过对主体的制度建设和运营公司的全面管理，从而规避项目运营工程中可能涉及的风险，从而实现运营期管理目标。

如图8–2所示，项目运营期债券管理整体思路应设置三道防线：

（1）第一道防线：各业务部门直接从事生产建设活动，具体执行生产建设内部控制措施，是风险防控主要责任部门；对可控和不可控的风险应当进行有效的识别及控制，承担管控业务与运营过程中风险的主要责任。

（2）第二道防线：项目管理层从生产、运营、财务、资产等四个方面进行风险管控，针对重大风险进行风险提示及风险策略研究，为第一道防线赋能，支持并监管项目全周期的财务控制、风险管理、内控管理、合规管理、质量控制等。第二道防线是运营公司风险管理与前端业务紧密结合的重要体现，必须强化一线业务部门的风险责任意识。

（3）第三道防线：政府项目工作小组应通过内部审计及外部审计相结合的方式，对项目的风控进行独立评价，监管重大经济活动（如经营不善、大额合同、国有资产流失、法律诉讼等），检查风险关键点，落实风险管理，保障项目运营不偏离实施方案的预期目标。

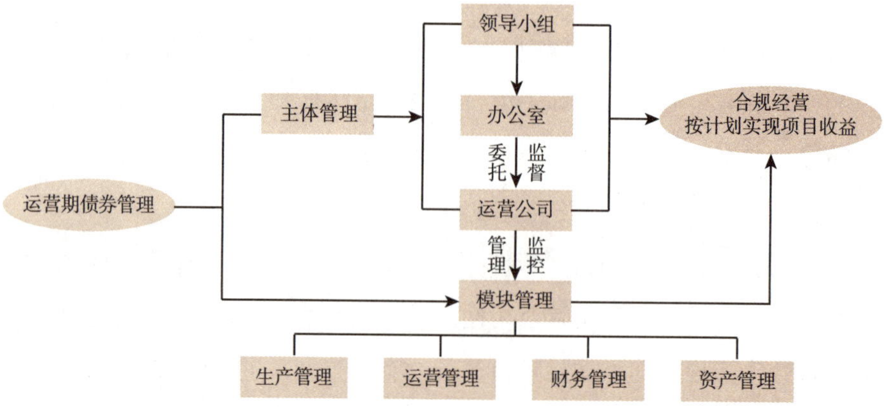

图 8-2　运营期债券管理

第二节　专项债券项目运营期主体责任

一、项目运营期有关主体关系

政府投资项目多由项目发行主体提出，实际业主为地方市县政府行业主管部门。项目建设竣工验收后，项目由地方政府行业主管部门提出，委托国有资产授权经营机构进行运营管理。虽然项目建成后的资产为地方政府所有，由于项目的专业性、复杂性，政府主管有关部门只具有监督管理职能，不直接参与具体运营，而是会选择具备国有资产授权经营资质的机构项目进行运营，由国有资产授权经营机构作为甲方与项目运营相关机构合作，地方政府则从宏观角度整体把握项目运营情况。同时，政府部门定期委托第三方绩效评价机构对项目运营情况进行客观评估，并由上级审计监督部门履行监督管理职能。因此，项目运营主体必须是项目实施主体根据政府授权，通过委托方式，通过公开招投标方式选择符合条件的国有资产授权经营机构，这些单位通常是国有公司或者民营公司。

运营项目主要基于委托—受托关系中的双方，即充当委托人的地方政府方和作为受托人的运营方，由政府方负责指导和监督运营公司开展运营具体工作，整个运营项目关系呈现层级关系。运营机构一方面接受政府方委托，全权负责项目具体业务工作，向政府方负责；另一方面也受政府方监督，合法合规运营，并根据政府方要求作出调整修改。总之，双方精诚合作、紧密联系、信息共享，以保证项目运营合法合规并完成预期收益为共同目标。

二、项目运营期主体责任落实

根据机构设置建议，政府方由专项债券领导小组及其办公室具体负责专项债券工作。在运营期，政府部门的工作重心从建设管理转移到了运营管理。限于项目的专业性，政府部门不负责具体的运营工作，而是依法委托具备国有资产授权经营资质的机构项目进行运营。政府部门承担监督和管理的职责，控制项目的整体运营情况。项目运营机构多为国有控股公司，在项目的规划上较多地依赖于当地政府，同时政府对运营机构的经营决策、组织结构等方面也产生一定影响，某种程度上可能会对项目产生消极作用。随着项目运营的趋严化管理，运营机构将面临更为艰巨和复杂的调整，这也对项目运营机构的管理能力提出了考验，需要从多角度考量项目运营面临的风险。因此，即便领导小组相对缺乏运营经验，但有必要也必须掌控项目的运营，从而实现项目收益；运营公司有经验有能力，但其不是运营项目的法人主体，对于项目没有严格意义的权利和义务约束。双方基于委托—受托形成的信息不对称，既会影响运营效率，有可能导致项目运营的失败。

政府方作为专项债券项目发行主体，在作为运营资产产权人的同时，也负担着按期还本付息的债务责任，必然对项目运营有极为迫切的管理和监督愿望。领导小组经政府授权具体行使这一职能，必然会及时获取项目运营的现状，从而有效确保项目的正常运营。因此，为避免因主体之间信息不对称导致的项目运营风险，建设一个合理有效的运营机制是十分必要的。

在委托—受托双方依法建立委托关系后，可采取前端进行标准化控制、后端进行项目绩效评估的方式来评估项目运营的情况，这一机制的前提是必须构建一个项目运营的信息平台，保证双方信息共享、信息对称。在这一基础上，前端标准化控制将以发行方案为基础，组织政府相关部门、行业专家、中介机构就项目运营规划、运营绩效的考核方式进行讨论、分析，并将其作为项目运营绩效考核的目标值。后端绩效评估主要为领导小组定期对运营公司运营绩效进行考核，以政府考核为主，也可根据情况委托第三方评估机构协助考核，提供评估考核意见。根据制定的相关详细要求及考核指标标准，从生产管理、运营管理、财务管理、资产管理四个方面进行综合评价，结合锦标制度、KPI赋值、信息平台数据确定考核结果，并采取相应的奖惩机制，最终实现对运营情况的动态调整。通过构建上述运营机制，实现对项目运营期主体之间风险的管理，全面系统有针对地动态防范风险。

因此，建立在双方信息平台基础上的这一运营机制，既能实现领导小组对于项目实际运营情况的控制和管理，又能通过政府部门的监督和考核提升运营效率。可以认为，这一机制将完成自上而下对项目运营风险的全面管理，必将有效地实现项目债券管理目标，如图8–3所示。

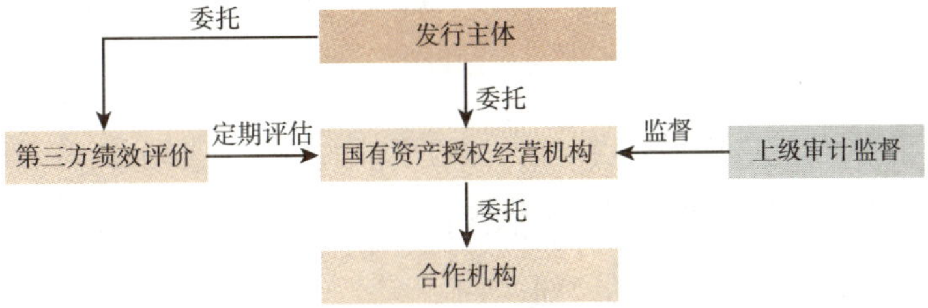

图 8-3　运营期债券管理主体责任

第三节　专项债券项目运营期风险分析评估

一、项目运营期工作内容

在项目运营期，为了使已建成的项目工程发挥功能，实现社会经济价值，需要由政府部门对建成的项目进行运营，或者委托运营机构进行经营管理。通过开展一系列活动，提供产品或服务，同时不断进行策划分析，提高运营效率，实现合规经营和项目收益以偿还债券本息的目标。

基于专项债券的公益性特征及其所属权归政府所有，故在政府部门委托具备国有资产授权经营机构全权负责运营事项时，项目的运营风险与运营机构能力直接挂钩。因此，运营期内以授权运营主体为核心的债券管理对整个项目效益影响尤为重要。

债券管理第一步是广泛地、持续地收集项目运营信息。在项目正式启动前或启动初期，把项目信息工作的职责分工落实到各个职能部门及工程作业小组。根据项目风险管理思路对外部市场（包括原材料、供应商、销售渠道、法规政策、宏观经济等）、财务数据（包括收入、成本费用、现金流、会计核算等）、生产运营管理（包括组织效能、生产管理、法律事件等）等进行分类信息收集，为开展项目风险规划做好坚实的信息数据基础。同时，建设一个合理有效的项目运营信息平台，让项目信息上下传递通畅，促进信息共享、保证信息对称，避免因各主体之间信息不对称导致的项目运营风险。

债券管理第二步是项目政府方和运营公司对收集的管理信息及各业务数据进行风险评估。具体如下：

（1）重要经营活动中有无风险，风险事件大小及种类划分；

（2）风险事件发生的条件、可能性；

（3）风险事件预期发生的时间；

（4）风险事件对项目实现预期目标的影响程度。

债券管理第三步是制定债券管理策略。根据项目情况和外部市场环境，围绕项目方案预期目标，明确项目的风险偏好、风险承受度，以此设定债券管理有效性的衡量标准和债券管理策略。制定债券管理策略的首要关注点是确定项目对于风险的承受度，然后以此为标准，确定项目的风险警戒线和相应的风险应对措施，对导致风险事件发生的关键因素采取指标化识别，量化关键因素，确定具体基准值，跟踪监测关键指标。

地方政府专项债券项目最低风险限度为项目在债券存续期内实现的收益是否可以覆盖还本付息额。地方政府在制订发行债券方案时，应充分考虑项目收入来源，并参考当地或相同经济发展水平地区的经济数据（如物价、原材料成本等）进行项目收益的合理性测算，确定项目盈亏平衡点，预测项目未来营收水平，评估项目风险承受能力。项目运营亦可聘请第三方专业机构，如律师事务所、会计师事务所、咨询公司等专业机构对项目不同业务及整体进行深度风险分析，制定债券管理策略，提高项目运营效率。但同时要注重项目成本与收益的平衡和第三方机构带来的风险，如对第三方产生依赖性、项目商业秘密的保护等。

项目债券管理策略主要包括以下几种：

（1）项目风险规避措施；

（2）项目风险承担措施；

（3）项目风险转移措施；

（4）项目风险对冲措施；

（5）项目风险补偿措施；

（6）项目风险控制措施。

整体来看，债券管理的目标是通过债券管理策略实施，确保项目实际效益和预期的计划不出现大的偏差，同时在这个过程中不断优化原先债券管理策略。项目债券管理策略应体现在项目整个债券管理流程，链接各主体、各部门、各作业单位，确保风险管理策略的有效落实。各部门各作业单位应对职责内的风险管理工作及时纠察，将发现的问题及时提出并予以改进，将结果信息反馈至政府方项目小组和运营公司管理层。

基于上述运营期风险管理框架下的合规经营，具体工作内容分为生产管理、运营管理、财务管理以及资产管理，以下分别对这四个部分的工作内容进行详细说明。

（一）生产管理

专项债券项目生产管理通常是由政府部门授权具备国有资产授权经营资质的机构全权负责生产管理，政府部门和政府审计署对其生产进行监督，并由政府委托的第三方评估机构对其生产管理效益进行定期评估，最终实现有计划、有组织的生产，更好地保障专项债券项目预期收益的实现。

基于专项债券权属归政府所有属性，专项债券项目应严格遵循国务院国有资产监督管理委员会根据《中华人民共和国安全生产法》《企业国有资产监督管理暂行条例》《国务院办公厅关于加强中央企业安全生产工作的通知》（国办发〔2004〕52号）《中央企业安全生产监督管理暂行办法》，履行国有资产出资人安全生产监管职责，督促中央企业全面落实安全生产主体责任，建立安全生产长效机制，防止和减少生产安全事故，保障中央企业职工和人民群众生命财产安全，维护国有资产的保值增值。

项目生产责任管理。政府授权的国有资产运营机构是项目生产的责任主体，生产管理按照国家安全生产政策和相关法律法规，建立覆盖生产、经营和管理过程的从上到下的安全生产责任制度。具体来看，运营机构可根据下述要求建立安全生产责任制度：

（1）项目运营的主要负责人是项目安全生产的第一责任人，承担着整个项目的安全生产工作，应认真履行《中华人民共和国安全生产法》要求的下述制度和操作规范：建立健全安全生产责任制；组织制定安全生产规章制度和操作规程；保证安全生产投入有效实施；督促、检查安全生产工作，及时消除生产安全事故隐患；组织制订并实施生产安全事故应急救援预案；及时、如实报告生产安全事故。

（2）运营机构主管生产的负责人应确保项目生产过程中安全生产制度和相关要求的有效实施，在项目安全生产工作的管理过程承担核心领导责任。

（3）运营机构主管安全生产工作的负责人应和项目主要负责人共同确保内部安全生产法律法规、标准的落实，对安全生产工作进行有计划、有秩序的安排和协调。

运营机构应当明确各职能部门的具体安全生产管理职责，各职能部门应当将安全生产管理职责具体分解到相应岗位，同时提高人员素质，支持负责安全生产的相关工作人员获取注册安全工程师的职业证书。

项目生产基本要求。项目生产的要求应体现在方方面面，运营机构应当根据项目的实际情况制订项目安全生产总体规划，并以此规划为基础建立项目安全生产管理体系、建立健全安全生产应急管理体系、加强安全生产风险辨识和评估工作、建立健全生产安全事故隐患排查和治理工作制度，将安全生产的责任和要求体现在每位生产人员的身上，确保对项目建设、运营过程风险的有效识别和控制。此外，为保证生产人员的人身安全、增强安全生产的意识，项目应建立职业健康安全管理体系，完善安全生产的教育和培训制度，提升每个人的安全意识和素质，确保项目整个周期的正常运转。

（二）运营管理

专项债券项目运营通常是政府委托运营公司代理运营，政府对运营公司进行领导、监督。合理的制度化措施和内部管理对于控制项目运营过程中的市场分析风险、经营控制风险、内部监督风险、组织人员风险、产品服务风险都具有重要作用。运营公司在项目运营期内，应对成本进行有效的管控，落实方案中各项运营收入，提升项目方案的收益，从而满足债券清算期的还本付息目标。

第一，建立完善的合规管理体系，确保项目正常运营。根据2022年10月实施的《中央企业合规管理办法》，合规管理是指企业以有效防控合规风险为目的，以提升依法合规经营管理水平为导向，以企业经营管理行为和员工履职行为为对象，开展的建立合规制度、完善运行机制、培育合规文化、强化监督问责等有组织、有计划的管理活动；中央企业应当制定合规管理基本制度，明确总体目标、机构职责、运行机制、考核评价、监督问责等内容；主要负责人要作为推进法治建设第一责任人；应当建立合规风险识别评估预警机制；应当加强合规管理信息化建设，结合实际将合规制度、典型案例、合规培训、违规行为记录等纳入信息系统。

根据《企业合规管理办法》，合规管理体系包括合规管理准则、相关的配套规定以及专项合规指引。在整个债券存续期内，运营单位应确保严格按照项目方案进行运营管理，确保各收益项目为公益性，项目收入合规、合理，建立由上到下的一体化合规组织结构。项目成本主要包括各项目的运营人力成本、水电气等成本、固定资产维护修理费、管理运营费用、土地预提费用、其他费用以及公益性资产授权经营业务等。对各类成本费用应实施合理把控，开支用在刀刃上，防止成本失控而影响项目收益效果。搭建经营管理的三道防线，充分发挥单位既有的组织架构优势，通过合理安排合规管理工作人员，确保项目各项经营活动的开展合理合规。同时，采用不定期抽查和审计的方式对相关经营活动的开展情况进行事后管理，强化项目风险隐患的排查意识，对发现的问题进行及时整改，并将责任落实到相关部门和个人，确保对项目整个运营期的管理，确保专项债券期限与项目运营期收入相匹配，增强项目的风险承受能力。

第二，在整个专项债券存续期内，落实项目主体责任，厘清项目的各类工作和任务，对于出现的问题能形成有效的问责机制，及时高效处理运营过程中出现的问题，具体可以分为如下三点：

（1）依法依规问责。根据国家国有资产管理相关法律法规的规定和运营公司的内部要求，对由于不遵守相关规、未尽勤勉尽职业务导致国有资产损失的有关人员，应该追究其相关责任，切实执行重大决策的终身问责机制。

（2）客观公正定责。结合项目的情况，综合考虑违规发生的原因、性质，以及从量和质的角度考虑损失的大小，以此来决定有关人员所应承担的责任，避免无关人员因此受到牵连，公平合理地处理问题、核定损失，保证员工工作的积极性。

（3）分级分层追责。建立合理的责任承担机制，厘清违规行为的责任承担，从上到下进行分级的责任追究，对不同层级的部门和人员追责，形成合理、有效的分级分层责任追究体系，体现内部制度的公平性。

第三，做好内外部监督机制，将政府方的各项项目运营绩效考核指标作为运营公司的经营管理指标，定期对目标完成情况进行总结、分析和整改。运营公司应与政府方和第三方机构进行良好的信息沟通，接受其监督和检查，对发现的问题及时进行纠正，自身建立内部控制体系，定期开展自查，做好合同合规性管理，避免各类法律风险，实现合规运营。企业要转变管理观念，积极推动从被动应对监管向主动对接转变，充分发挥法务等合规管理部门在规则解读、立法建议、程序应用等方面的专业能力，建立以法务管理部为主导、其余相关部门积极配合的一体化工作监督体系。

（三）财务管理

财务管理是运营期的重要工作，主要对项目经营业务进行会计核算，实现对项目投资、成本、收入与分配的管理活动，其中涉及财务制度、预算管理分析、会计核算、财务活动、财务报告等环节。一方面，通过监控经营的财务行为，反映和监督项目的运营情况，确保项目的正常运营；另一方面，通过预算管理，科学评估收益清偿债券本息的清偿率，动态调整生产经营计划。具体来看：

一是合理设定预算目标，有效促进项目战略目标的实现。项目预算管理的重点是根据项目的运营情况，合理预估项目未来产生的收入和支出，从而科学、合理地分配项目内部的各种资源，有利于实现资源和充分利用和价值最大化。

二是加强审计工作精准定位。年度审计计划要对债券管理评估形成系统性工作计划与定位，日常审计方案对工作重点、工作目标明确查错纠错、评估、控制组织风险等，减少审计人员对于审计程序和方法的选择与判断误差。内审工作除在审计专项工作中涉及风险评估外，还需要牵头组织其他部门，形成多部门联动，对项目内部实施全面、系统性的风险评估工作。

三是完善审批流程，确保合同实质性审查不流于形式。杜绝审批人员专业化程度较低、未有效跟踪合同履行情况、履约情况与结算脱节、没有对合同完成情况综合评价，导致可能没有引起重视的条款未执行完毕，造成法律风险或者声誉风险等错误出现。

四是做好资金监管。涉及的所有资金均采取“封闭式”资金管理方式进行监管，专款专用，定期报告资金使用情况，形成资金使用报告，以项目运营收益按预期实现为目标，做好绩效考核，并推动各部门进行自查整改，保证项目运营的最终目标达成。

（四）资产管理

由于项目的专业性、复杂性，政府有关部门只具有监督管理职能，不直接参与具体运营，而是会选择具备项目运营经验的企事业单位进行项目运营。由于政府部门未直接控制项目资产，故对资产的监控尤为重要。

国有资产监督管理主要委托授权经营单位，在国资企业资产盘点上，除了在管理制度上进行优化外，还应当借力外部资源，实现“人管”+“智管”的长效管控机制。产权关系复杂是国有资产的特征之一，盘点时经常遇到因产权归属不清，造成管理权责不明确的问题。部分国企因历史遗留问题，资产可能拥有多位产权人，延伸出多家代管公司，物业在产权归属上不够清晰，实际运营方面也存在交叉困扰。要想清除上述隐患，需要进一步作出如下整改。

一是明确主体授权，找到资产所有者共商解决，按照盘点实际情况，资产管理方应尽力促成产权人之间进行利益协商，并授权特定的管理公司作为运营主体，最终出具相应的资产授权书，当主责得以明确后，就可以不受外界影响正常行使运营职能。

二是订立合约关系，确立管辖范围，对于已明确主体权责，但缺乏正式委托代管合同，或者合同存在瑕疵的情况。管理方也应及时将委托合同进行重新梳理补齐，包括物业原始资料、租赁文档，以明确其管辖范围与权力。过程中也可以借助数字化的手段将合同条款等细则固化到系统中，让委托合同在线留痕，避免原始文档遗失。即便资产无法判断归属，但资管公司关注重心应当在委托合同上。

三是因历史问题而缺失规划文件的资产，需要请咨询公司重新做调研和测绘，最终出具专业的清查核资报告，人为的资产全面盘点不可或缺。以盘点工作的场景为例，通常都是用纸笔对相关的资产进行记录，里面会存在诸多不可控现象，现在通过利用手机扫描二维码将资产信息登记进入系统平台，确保系统的数据能够有效体现资产的实际状况。以线下盘点+线上数据库的组合，让企业形成清查报告的同时也拥有在线化资产数据库，让高层决策者能够清晰透视资产价值，配合定期的人工巡检，保证数据时效性。

四是加强对国有资产的使用、保管和领用管理，提高资产经营效率，保障资产安全。根据国有资产监督管理及资产处置的相关条例内容，按照《公司法》《企业国有资产法》《企业国有资产监督管理条例》《企业国有资产交易监督管理办法》，对项目资产采取有效管理措施，避免国有资产流失，以实现国有资产的保值增值，具体包括：

（1）建立和健全资产管理的各项规章制度，对项目资产进行精细化管理。对于国有资产的交易，必须经过正式的资产评估，避免国有资产流失，并按照规定规范公开企业国有产权转让信息。

（2）推动资产的合理配置和有效使用，在债券存续期内，通过不断优化资产的使用配置方案，实现资产的保值增值。

（3）做好资产的安全管理，运营公司承担项目资产的运营、管理和维护，建立专门管理。

（4）针对专项债券项目的资产进行定期查验和评估，同时强化资产的常规管理和动态监控。

二、项目运营期风险分析

专项债券项目按照预定的计划正常运营，才能保障按期还本付息。运营期的运营成果直接关系着该专项债券发行的好坏，是评价专项债券发行质量的重要影响因素。

本节分别从生产管理、运营管理、财务管理、资产管理这四个方面进行分析。

（一）生产管理风险分析

专项债券生产管理风险指的是专项债券项目生产经营中，可能遇到人身伤害的风险或者遭受其他损失的风险。风险有的来源于运营机构内部，有的来源于宏观经济环境，难以预期的风险可能在方方面面对项目的如期进行产生影响。专项债券项目安全生产风险包括原材料风险、设备设施风险、技术风险、操作风险、生产安全风险等五种类型。

1.原材料风险

原材料是保障项目一切生产经营活动正常进行的关键要素。原材料风险主要是原材料质量和采购风险。原材料质量程度直接关系生产出优质产品的前提和保证；采购风险是指在获取充足数量或质量的投入，并将其用于项目生产经营过程所产生的不确定性。原材料采购风险主要是由于生产者供应链变动、市场需求的变动产生的风险。运营机构和供应商间的合作通常是出于利益的需要，由于合作关系的不牢靠以及市场因素的影响，使运营机构可能面对较大的原材料质量和数量变动所带来的风险。

2.设备设施风险

设备设施风险指在设备风险事件发生之前或之后，给生产活动的各个方面造成的影响和损失的可能性。设备设施风险包括设备自身的风险、设备运行风险以及外界条件对设备影响的风险。

3.技术风险

技术风险是指由于社会进步所带来的科学技术改进提升、推动生产方式的转变而产生的风险，主要有技术不足风险、技术开发风险、技术保护风险、技术使用风险、技术取得和转让风险，多是由于技术创新所需要的相关技术不配套、不成熟，对技术创新的市场预测不够充分所导致的。

4.操作风险

操作风险指项目运营过程中由于系统的不合理使用或者人员的错误操作造成的损失所带来的风险。通常与作业人员相关风险直接关联，是由作业人员的心理和行为等因素共同决定的，也可称为无形风险因素，项目相关人员的素质越高风险越小。

操作风险经常发生最主要的来源是操作人员缺乏足够的安全意识，在操作出现问题或者机器出现故障后缺乏责任意识，未采取有效措施降低事故发生的可能性或者减少事故带来的损失。因此，对于操作人员的适当管理是预防生产管理环节风险的重要组成部分，是防止生产管理风险发生的重要举措。对于没有尽责的人员，应该依据相关法律法规作出惩罚。

5.生产安全风险

生产安全风险中最主要的是生产场所，生产场所是运营机构进行生产、经营、服务的基本条件，是运营机构主要生产经营活动的中心场所，其大小也可以作为确定经营规模的依据之一。因此，生产安全风险是项目生产管理风险中关键风险之一。

由国家安全生产监督管理总局发布的《企业安全生产风险公告六条规定》（国家安全生产监督管理总局令第70号）中有三条是关于生产经营安全风险的

规定："一、必须在企业醒目位置设置公告栏，在存在安全生产风险的岗位设置告知卡，分别标明本企业、本岗位主要危险危害因素、后果、事故预防及应急措施、报告电话等内容。二、必须在重大危险源、存在严重职业病危害的场所设置明显标志，标明风险内容、危险程度、安全距离、防控办法、应急措施等内容。三、必须在有重大事故隐患和较大危险的场所和设施设备上设置明显标志，标明治理责任、期限及应急措施。"

（二）经营管理风险分析

项目单位运营管理的风险分析主要是运营公司作为专项债券项目的委托运营方，能否恰当履行受托管理职责、准确把握市场变化、建立适当的经营控制和监督机制、做好组织人员管理、提供相应产品服务等一系列工作的风险分析。要从经营项目外围做好市场调查与行情分析、努力收集业务相关信息，并从项目内部建立运行有效的监督管理和内控制度。

1. 市场分析风险

项目运营期的市场风险主要来自：市场调研程序、方法不合理导致市场调研结果不准确或代表性不强；缺乏推广意识或缺乏人、财、物配备；产品市场定位不合理；推广内容不真实、欺骗或误导消费者；由经济、社会、人口、政策导致的需求变化。市场调研程序的不合理容易造成运营指标的设置出现偏差，从而对市场的分析作出错误的判断，使项目运营达不到预期。此外，产品服务推广意识的缺乏以及市场定位的不准确，容易造成消费者偏差，再加上市场的多变性和不确定性，导致不能准确预估客户的数量和消费能力。为提升项目的可行度和吸引力，过于夸张和虚假的宣传还可能造成不必要的纠纷。

2. 经营控制风险

项目运营期的经营控制风险主要来自：运营控制措施不足；缺乏预算调整机制、预算分析机制，导致预算管理不够灵活，没有起到预算预警作用；运营决策经常性变化；运营决策变化得过于主观；政府对于项目收费标准和年限的调整。项目运营单位在实际运营过程中可能出现执行偏差，导致特定项目达不到预期的效果；预算管理未起到应有的作用，造成收支的预算和实际情况不一致，影响项目后续规划。此外，运营决策的频繁变动和不合理性容易造成项目缺乏明确的发展方向，不利于长远发展。

3. 内部监督风险

项目运营期的内部监督风险主要来自：对销售业务收入、单位成本、单位利润出现背离审计界限或参数的情况，应及时预警；对重大的、可能的风险问题进行及时监控；违规问题监控；审计作业进度监控。对项目运营过程中收入的实现、成本的支出应该建立有效的动态监督机制，避免出现与预期存在较大偏差、无法覆盖债券本息的风险。同时，针对出现的偏差还应进行进一步审计分析，避免后续产生一系列问题。

4. 组织人员风险

项目运营期的组织人员风险主要来自：经营组织结构设计不合适，工作效率低下；员工考核机制不完善；对核心人物依赖性过强，缺乏相应机制应对人员离开所导致的问题；缺乏员工晋升通道和机会；员工不遵守职业道德和公司章程相关规定。组织结构设计不合理容易造成资源错配，造成权职分配不清晰、管理错乱；制度的不合理安排还可能导致员工为了一己私欲违反公司章程规定，占用公共资源，影响项目的正常运营。此外，运营单位还应完善员工的晋升通道和奖惩分明制度，这有助于激发员工的积极性，为项目的运营创造更大价值。

5. 产品服务风险

项目运营期的产品服务风险主要来自：产品、服务设计不合理；缺乏品牌建设和维护意识；缺乏产品、服务质量监督制度；缺乏及时解决消费者关于产品和服务投诉的意识和措施；顾客的满意度指数降低。在项目运营的过程中，需要关注消费者对于所提供产品和服务的态度，避免市场的变化导致供需错配；同时，项目单位应提升产品服务的质量，及时解决相关问题反馈，避免产品服务不达标而影响项目的形象和商誉。

（三）财务管理风险分析

财务管理风险受多种因素的影响，从财务管理的需求来看，风险主要有财务体系风险、收入管理风险、成本管控风险、支出风险、财务评价指标风险。

1.财务制度不完善风险

项目财务管理需要遵守的制度和规范，是由国家和地方财政部门根据社会经济发展环境的市场情况制定的，其内容包括财务收支活动的各个方面，包括成本、资产折旧和摊销、费用计提标准、专项资金的要求等。同时，也正是因为财务工作是根据国家统一的财务制度来完成，因此在实践过程中就会出现许多问题，造成相关的财务风险。

对于专项债券项目而言，财务制度风险有其统一性也有其特殊性，具体而言：财务制度不完善，不能完整反映各项财务指标；预算管理制度缺少贯彻落实细则，各部门责任指标体系不完善；缺乏对财务规范性控制、异常凭证监控、现金收支监控；缺少财务分析监控，不能及时发现管理过程中发生的问题。

2.收入管理风险

国有资产收入主要包括经营性国有资产营收入和非经营性国有资产收入。收入管理风险中，要注意以下风险：第一，国有资产的收入应按照收入来源的不同做好记账和单据保管，否则造成收入类型无法区分、收入单据保管不当、各类收入无法确认。第二，国有资产的经营、转让、使用的收费依据一般会有相关的政策规定，或者政府定价，在专项债券项目经营过程中，可能存在追求利益罔顾公益性的情况，因此要对收费进行实时跟踪、监督，对收费价格不合理现象及早发现、及早纠正。第三，国有资产的运营中存在某些人走人情关系、寻租或者为了谋取个人利益，有漏收费、私收费现象，需要避免类似损害国家利益的行为。第四，坚决杜绝私设“小金库”，滋生腐败行为。第五，收入分析不及时，造成收入严重偏离预期，重大收入风险不能及时预警，造成严重的经营风险。

3. 成本管控风险

成本管理的主要目标是实现以最少的资源获得最大的经济社会效益，推动增产节支、提高项目的经济效益。在项目运营过程中，面临的成本风险主要包括：成本转嫁风险，不可控成本替代了可控成本，产生不确定因素；过分关注短期成本目标，项目的管理者缺乏长远眼光，统筹全局意识不强，只注重项目短期成本的控制，不利于成本优势的可持续性；产品成本核算不正确；物价水平上升导致项目成本增加。

4. 资金挪用风险

项目资金支出是反映企业经营活动的一项重要内容。管好抓好资金支出，严格资金支出审批手续，确保资金合理使用、避免资金被挪作他用，是财务管理的重要组成部分。国有资产的性质使得项目的各项支出无法市场化，降低资金的使用效率，存在资金被用于谋取私利和其他非项目支出的风险。各部门的资金应当全做到资金使用的事前预测和事中的控制，提高经费考核的有效性；经费开支没有计划性，项目支出未明细化，可能造成不必要的经费开支，也为挪用资金留下了隐患；没有执行支出严格审批制度，没有有效控制财务支出，支出流程不规范，降低了项目的经济效益；报销没有原始凭证、有关批件、经办人签字，报销审批不严格，同样滋生了支出的不可控性；对异常支出不关注、不分析，没有做到提前风险预警，造成重大财务事故。

5. 财务指标监控风险

财务指标分析是根据项目运营的实际情况，评价当前财务状况和经营成果的各种分析指标的方法。运营单位不能根据实际运营时的形势和内外部环境分析，对收入、成本、费用进行核算，不能科学分析各项指标，进而不能通过对相关指标的监控，滚动调整或者及时发现并妥善处理生产经营过程中的问题，这就导致对生产经营的控制失效。

首先，现金流量预算监测不到位，不能及时做到现金短缺预警，造成经营可持续风险，或者是补充现金成本增大；其次，销售增长率风险，此数据的不准确会对项目发展的可能影响因素的预估产生影响；再次，资产负债率风险，项目的资产收益率大于项目贷款的利息率，未来偿债就不会有大的风险；再次，流动比率风险，从理论上讲，流动比率为2∶1是合适的，但是行业性质的差异也会导致各行业流动比率的标准存在较大的不同；最后，应收账款周转率反映了应收账款回收的速度，较高的周转率意味着项目账款回收期短，降低了坏账发生的可能性，提升现金流和资金的使用效率。

（四）资产管理风险分析

资产管理风险的产生是因为专项债权项目建设形成的国有资产为行政事业性国有资产，运营公司本身不享有资产的所有权，但作为受托方，直接管理着国有资产，对于项目资产没有严格意义的权利和义务约束。由此，运营公司必须接受政府方监督和指导，通过实际运营绩效进行考核。基于委托—代理理论形成的信息不对称，在项目国有资产的管理中，存在以下风险：

1. 资产不独立性风险

资产独立性风险主要来自：资产归政府所有，运营单位仅负责项目资产的运营，资产界限不清晰；与授权运营单位资产没有独立、存在混同的风险；为融资平台公司等企业融资提供担保；没有设立独立监管账户，专款专用建成实物资产国有资产监管信息披露不全面。

具体来说，政府方应对国有的资产进行定期的盘点，在运营过程中划清国有资产项目单位资产的界限，避免资产的混淆以及资产的不合理分配。此外，由于项目是公益性的，应明确相关资产的权属问题，避免不合理的担保权设立导致资产被强制变价、拍卖。针对项目运营过程的收支情况，应有专门的人员或机构进行监督，保证资金的专款专用。

2. 资产安全风险

资产安全风险主要来自：政府单位没有清晰移交待运营资产；运营单位运营过程中涉及安全事故致资产减损；资产运营中不符合生态环境生产要求标准；无形资产保护意识薄弱；运营单位不再继续运营，不配合做好资产移交工作。

具体来说，专项债券项目作为公益性的项目，在运营的过程中需要注重社会效益，在促进经济发展的同时也要注意对生态环境的保护，避免对环境造成破坏。项目方还应加强对品牌、商标、专有技术等无形资产的保护，在当地树立良好的形象。同时，对于不再使用或者报废的资产做好相应的处理工作，确保资产的合理利用或回收。

3. 资产效率不足风险

资产效率风险主要来自：资本运营效率指标低；国有资产保值增值能力弱，或者出现国有资产重大减值风险；政府单位跨越职责边界干预资产运营，导致资产运营效率低；在固定资产管理中，不合理的保管造成资产损失和闲置；无形资产市场竞争力不足，缺乏有效的技术更新。

具体来说，在项目运营过程中，应对实际运营情况进行实时监督，充分发挥资产的价值以确保项目收益的实现，增强项目的收入实现能力。同时，项目单位应强化资产使用和管理的相关制度，避免资产购置之后即发生闲置，造成资源的浪费。此外，在资产购置前，应对相关需求进行合理决策，从而将资金用于最需要的地方。

4. 资产交易风险

资产评估风险主要来自：资产没有按照规定进行产权登记，相关资料不规范；合同管理、纠纷调解、诉讼案件处理不合规、及时；串通作弊导致资产评估与市场价值不符；国有资产交易信息披露不及时、不完全。

具体来说，国有资产在交易过程中需办理产权转移登记，需要对资产资料的完整性、真实性进行审核，避免权属不清引起的法律纠纷。同时，在国有资产交易过程中，企业要构建科学合理的评估体系，注意资产评估机构是否具有相关资质，提升经审材料的可靠性，以正确估算国有资产价值。此外，相关监督管理机构应加强对相关工作的监督，避免串通舞弊导致评估结果的不信赖性。

5. 资产流失风险

资产流失风险主要来自：对国有资产的使用、保管、维护、购置、验收、领用管理审批制度缺失；不定期清查资产，账账不符、账实不符；国有资产处置未按照相关法规办理；物资采购、基建工程招投标违反法律规定；国有资产的监督、指导工作落后，没有及时报告国有资产管理情况。

具体来说，在国有企业中，由于决定权主要集中在领导层，若相关资产管理审批制度不完善、未实施有效的资产盘点方式，可能会导致国有资产的流失和不合理使用。此外，还需要物资采购、基建工程等招投标项目是否符合相关章程和法律的规定，避免后续程序和手续的不规范造成项目的搁置，造成资源的浪费。

（五）项目运营期风险评估

1. 评估风险的标准因素

债券管理的目标无疑是债券管理工作的指向标，也是最适合的风险评估标准。为确保项目运营收益按预期实现和项目运营依法合规进行，将预期收益实现、项目合规运营作为项目风险的两项标准，对风险地图中的风险点进行系统评估。

2. 运营期债券管理评估标准（见表 8–1）

表 8–1　运营期债券管理评估标准

等级	相关影响	度量标准
Ⅰ	无关紧要的	对项目合规运营几乎没有影响
Ⅱ	较小的	对预期收益实现影响较小 会影响项目合规运营
Ⅲ	中等的	对实现项目合规运营影响较大 对实现预期收益实现产生影响
Ⅳ	较大的	对实现项目合规运营影响严重 对实现预期收益实现影响严重
Ⅴ	灾难性的	将直接导致项目无法运营 将直接导致债券无法清偿

项目运营期风险评估的一个重要原则为预期风险与预期收益相平衡，并通过Ⅰ—Ⅴ级的风险评估标准，将项目运营期的风险进行量化，全面梳理项

目在运营期各个主体及其行为所引发的风险点，并完成了责任归集，为债券管理工作提供一条清晰的脉络和路径。

3. 项目运营期风险评估关键要素清单

基于上述风险分析，结合风险评估运营期债券管理评估标准，分别对运营期的生产管理、运营管理、财务管理、资产管理的风险进行评估，得到如表8-2的风险评估清单。

表 8-2　　项目运营期风险评估关键要素清单

运营阶段	风险因素	风险来源
生产管理	原材料风险	采购质量不符合要求
		采购过程中，合同条款的不完善或供应商违约所带来的风险
		供应商延迟交货，使所需原材料供应不足
		因产品试制，采购量少或因市场产品已更新而无法采购，使材料短缺
	设备设施风险	检修内容不明确，检修时危险识别不够，存在重大安全隐患
		现场监控不到位，发生安全事故时仅有作业人员在现场作业，无监护人员在现场，未起到监护和提醒作用
		因检修的环境及工况复杂，难度较大，检修工作不系统
		设备供应存在不足，或生产设备维护检修周期过长，未及时起到隐患消除作用
		缺乏技术规范或者技术规范不明确
	技术风险	采用新工艺，无规范、完整的作业指导
		具有危险有害因素的生产过程，未合理采用机械化、自动化技术，遥控、隔离操作
		工艺流程不达标，缺少技术专家
		特殊工艺没有明确采用的标准
		设计变更或设计图纸供应不及时
	操作风险	风险识别比较全面，但人员专业素质不高，执行不严格，存在违章指挥、违章作业
		从业人员未按标准要求佩戴劳动防护用品
		作业前人员安全教育和培训不到位，安全风险责任心不强
		未实报告生产问题，错过安全隐患及时处理时间
		对工程技术问题，各专业间不能及时协调

续表

运营阶段	风险因素	风险来源
生产管理	生产安全风险	生产场所不稳定，改建、扩建造成停工停产，影响生产效益
		易燃易爆、有毒有害生产经营场所
		未定期进行巡检、排查，存在占用、锁闭、封堵紧急疏散的出口或疏散通道情况
		管理责任人职责不明确
		未对生产安全管理制定具体措施
经营管理	市场分析风险	市场调研程序、方法不合理，导致市场调研结果不准确或代表性不强
		缺乏推广意识或缺乏人、财、物配备
		产品市场定位不合理
		推广内容不真实，欺骗或误导消费者
		由经济、社会、人口、政策导致的需求变化
	经营控制风险	缺乏运营控制措施、运营控制执行不力
		缺乏预算调整机制、预算分析机制，导致预算管理不够灵活，没有起到预算预警作用
		运营决策频繁变化
		运营决策变化缺乏科学依据，决策制定具有盲目性、随意性
		政府统一调整收费标准和收费年限，使项目收费价格过高、过低、收费调整不自由导致运营收入不如预期
	内部监督风险	对销售业务收入、单位成本、单位利润出现背离审计界限或参数的情况，应及时预警
		监督机制和内部制衡机制不健全
		重大疑点监控，将在审计作业过程中发现的审计疑点根据重要性原则进行监控提示，帮助明确审计详查的方向
		违规问题监控，提示审计项目在违规问题方面的严重程度
		审计作业进度监控，及时了解在项目运营中可能存在的问题及严重程度
	组织人员风险	经营组织结构设计不合适，工作效率低下
		员工考核机制不完善
		对核心人物依赖性过强，缺乏相应机制应对人员离开所导致的问题
		缺乏员工晋升通道和机会
		员工不遵守职业道德和公司章程相关规定

续表

运营阶段	风险因素	风险来源
经营管理	产品服务风险	产品、服务设计不合理
		缺乏品牌建设和维护意识
		缺乏产品、服务质量监督制度
		缺乏及时解决消费者关于产品和服务投诉的意识和措施
		顾客的满意度指数降低
财务管理	财务制度不完善风险	财务制度不规范，不能完整反映各项财务指标
		预算管理制度缺少贯彻落实细则，各部门责任指标体系不完善
		缺乏对财务规范性控制、异常凭证监控、现金收支监控
		缺少财务分析监控，不能及时发现管理过程中发生的问题
		财务出现背离审计界限或参数的情况，没有及时预警
	收入管理风险	收入类型无法区分，收入单据保管不当，各类收入无法确认
		对收费没有进行实时跟踪、监督，收费价格不合理
		有漏收费、私收费现象
		私设“小金库”
		收入分析不及时，重大收入风险没有及时预警
	成本管控风险	成本管控理念缺失，不能做到成本规划、动态成本管控，导致成本不断增长
		成本转嫁风险，不可控成本替代了可控成本，产生不确定因素
		过分关注短期成本目标产生的风险
		产品成本核算不正确扭曲成本信息，影响甚至误导相关管理决策
		物价水平上升导致项目成本增加
	资金挪用风险	各项资金支出没有纳入预算，统一核算和管理，造成资金另作他用
		经费使用没有计划性，存在不合理的支出
		资金使用的审批制度不完善，支出流程不规范
		报销没有原始凭证、有关批件、经办人签字，报销审批不严格
		对异常资金使用不关注、不分析，没有做到提前风险预警
	财务指标监控风险	现金流量预算监测不到位，不能及时做到现金短缺预警
		销售增长率风险
		资产负债率风险
		流动比率风险
		应收账款周转率

续表

运营阶段	风险因素	风险来源
资产风险	资产不独立性风险	资产归政府所有，运营单位仅负责项目资产的运营，资产界限不清晰
		与授权运营单位资产没有独立，存在混同的风险
		为融资平台公司等企业融资提供担保
		没有设立独立监管账户，专款专用建成实物资产
		国有资产监管信息披露不全面
	资产安全风险	政府单位没有清晰移交待运营资产
		运营单位运营过程中涉及安全事故致资产减损
		资产运营中不符合生态环境生产要求标准
		无形资产保护意识薄弱
		运营单位不再继续运营，不配合做好资产移交工作
	资产效率不足风险	资本运营效率指标低
		国有资产保值增值能力弱，或者出现国有资产重大减值风险
		政府单位跨越职责边界干预资产运营，导致资产运营效率低
		在固定资产管理中，维护不当，导致事故或者资源浪费
		无形资产缺乏核心技术，技术落后，缺乏可持续发展性
	资产交易风险	资产没有按照规定进行产权登记，相关资料不规范
		聘请不符合相应资质条件的资产评估机构从事国有资产评估活动
		合同管理、纠纷调解、诉讼案件处理不合规、及时
		资产评估机构串通作弊导致资产交易价值的评估结果失实
		国有资产交易信息披露不及时、不完全
	资产流失风险	对国有资产的使用、保管、维护、购置、验收、保管、领用管理审批制度缺失
		不定期清查资产，账账不符、账实不符
		国有资产处置未按照相关法规办理
		物资采购、基建工程招投标违反法律规定
		国有资产的监督、指导工作落后，没有及时报告国有资产管理情况

三、项目运营期核心风险

项目运营期风险评估清单基本确定了项目在运营期各个主体及其行为所引发的风险点，并完成了责任归集，为债券管理工作提供了一条清晰的脉络和路径。但在项目债券管理工作中缺少重点和主要着眼点，难以实现从局部进而控制整体的目的。基于此，需要进一步在项目风险地图的基础上，筛选出核心风险点，进一步为地图的使用、债券管理的实施提供指南：通过确定风险因素，完成风险识别和分析，再通过债券管理评估风险的危害性及风险集中爆发处，筛选出核心风险点，为债券管理铺平道路、提供理论基础，从而达到以债券管理防范治理风险的效果。

基于上述专项债券项目运营期风险标准和风险清单，可对专项债券项目进行管理，但由于每个专项债券项目实际情况各不相同，关键风险点会存在些许差异，故在进行具体风险核准和防范时需要制定针对性策略。同时，基于专项债券项目性质和管理模式，项目之间存在共性的核心风险点，这些核心风险点将直接影响专项债券项目能否实现项目收益与融资自求平衡、能否确保项目收益能够覆盖债券本息等目标实现，具体包括：

（1）对人体可能产生危害的生产过程，未采取合适的机械化技术进行远程遥控、隔离操作。

（2）工艺流程不达标，缺少技术专家。

（3）经营决策的变化未根据市场情况进行调整，具有主观性、盲目性。

（4）成本转嫁风险，不可控成本替代了可控成本，产生不确定因素。

（5）不定期清查资产，账账不符、账实不符。

（6）国有资产的监督、指导工作落后，没有及时报告国有资产管理情况。

第四节　专项债券项目运营期管理

采取合适的债券管理办法是确保债券管理工作有效的关键任务，是债券管理效率的直接体现。因此，翔实、全面、有效的债券管理方案是专项债券项目运营成功的基本要求，专项债券项目运营期管理的内容主要包括：一是专项债风险管理办法制定的基本要求，保障专项债券项目持续合规经营以及项目运营收益按预期实现；二是专项债风险管理的具体措施。

一、合规管理

专项债券项目能否按照预期实现项目收益是衡量整个项目运营成功与否的关键指标，在全面债券管理的框架下，项目依法合规、健康经营，既能增强运营期相关责任主体经营合规管理意识、提升经营合规管理水平，同时也能够实时追踪政策、环境等合规要求变化，并定期评估和改进项目运营内部管理流程，防范对应风险，在保障项目持续经营的基础上，更好地确保项目运营收益按照预期实现。

（一）项目运营依法合规进行

专项债券项目合法合规经营是保证项目顺利运营，从而实现债务清偿的首要条件，运营主体要充分重视运营中各个环节、各个领域的法律法规，运营公司的员工要提高对合法合规经营的意识。因此保证运营期依法合规运行，是运营期的一个重点工作。

在生产管理中，政府方和运营公司应遵守与安全生产相关的《建设工程安全生产管理条例》《中华人民共和国安全生产法（2014年修订版）》，遵守《中华人民共和国产品质量认证管理条例》《中华人民共和国标准化法》等相关法规，生产、经营符合社会需求的产品；遵守《生产安全事故应急条例》（国务院令第708号）、《国家职业卫生标准管理办法》（卫生部令第20号）认证做好生产安全、劳动者保护管理工作，抓好安全环保和劳动者教育培训，认真做好危险化学品和易燃易爆品的管理，确保安全生产。严格按照《中华人民共和国环境保护法（2014修订版）》等相关法律政策，落实环境保护措施，各项排污指标达标，实现合规生产运营。

在运营中，需要遵守《中华人民共和国公司法》《中华人民共和国劳动法》等法律法规要求，对公司组织架构和人力资源制定相关管理制度；积极落实《中共中央 国务院关于全面实施预算绩效管理的意见》，提升运营效率和效益。另外，开展项目内部自查，接受政府方和第三方的监督，针对第三方机构指出的问题，要及时地妥善地进行改进或处置，保证合法合规经营，杜绝违反法律法规的事件发生。

运营公司需要做好财务管理，严格按照会计准则完成会计核算，披露相关财务信息，接受政府方和第三方审计。项目涉及的所有资金均采取“封闭式”资金管理方式进行监管，专款专用，专项用于项目运营，不得用作其他用途。运营公司需要做好资产管理，遵守相关制度规范和要求，对资产的购置、验收、转移和处置等环节涉及的内容进行管理，实现依法合规要求。

（二）项目运营收益按预期实现

地方政府专项债券运营管理是保障项目按预期获得营业收入、实现项目价值的重要工作，运营公司应强化生产管理，不断提高生产效率，严格把控产品和服务质量，实施精益生产和有效供应链管理，降低生产、采购、销售和物流成本，确保项目的生产经营能够满足市场的需要，保证项目收益达到预期的目标。

运营公司应进行组织流程优化，强化岗位职责管理，提升信息沟通效率，开展人力资源管理，不断调动员工积极性，大力开展对工作人员的职业培训，提升生产和运营效率，降低成本，增强项目抗风险能力和收益能力。

运营公司应提升财务分析水平，将财务数据应用于根据实际情况制定科学的产、供、销等方面的经营策略和预算方针，根据实际情况编制财务预算，根据财务预算进行合理经营活动，为按预期实现项目收益提供财务支持。对于存在不能按预期实现项目收益的风险情况，积极与政府方进行信息沟通，策划解决方案。

运营公司应加强对资产的配置，提高资产管理效能。对于已购建的项目资产，组织进行生产运营，使资产按计划实现经济效益，如果出现外界环境变化，应积极策划适应于当前形势下的资产配置方案，不断提供资产管理的效能。对于新购买资产，科学决策购置资产是否有利于更高效实现项目目标，不断提高资产利用率，增加项目收益。

二、生产管理

生产管理是运营公司风险管理的重中之重，是保证项目实现的核心。从上述生产管理的核心风险中可以看出对生产风险的管理，主要是根据运营目标，统筹协调生产过程的质量管理以及供应链活动，综合评估实现最优的方案。运营公司必须明确生产建设目标，严抓生产质量、安全生产、环境保护、职业健康，建立健全的管理制度，避免腐败滋生，实现合规合法运营，为项目收益实现预期目标奠定基础。对生产管理的风险管理可从如下几方面着手：

（一）健全质量管理体系，实现生产高品质

质量的保证须建立有效的事前管理措施，项目运营公司应建立供应商库，对供应商资质信用审核，和供应商共建协同合作的经营团队，确保原材料供应及时，原材料质量符合生产标准。质量管理体系是为实现项目预期质量方针和目标而构建的，运营公司应根据运营所涉及的行业不同，严格执行相关行业标准，健全自身质量管理体系，制定自上而下的质量手册，包括质量目标、质量实施组织机构组成、操作指导文件、质量问题处理流程、质量管理评价指标等，以此来强化品质管理，提高全员质量意识，有效地避免产品责任，提高项目运营效益。

项目应结合自身所处行业的特殊要求，建立与项目相契合的质量管理评价模型。一般项目综合质量评价指标体系应包含过程指标和结果指标，过程指标注重项目运营过程中的生产活动，比如产量预实对比、原材料损耗比率等；结果指标可考虑产品合格率、用户满意度、质量损失率等，是对生产质量的重要反馈。另外，还可根据《中华人民共和国产品质量认证管理条例》的要求进行质量管理与认证。

（二）强化安全、环保、职业健康管理

2014年颁布并执行的《中华人民共和国安全生产法（2014年修订版）》，其目的是加强从事生产经营活动单位的安全生产工作，防止和减少生产安全

事故。《中华人民共和国安全生产法（2021修订版）》包括生产经营单位的安全生产保障、从业人员的安全生产权利义务、安全生产的监督管理、生产安全事故的应急救援与调查处理及法律责任。除此之外，2018年12月5日，国务院第33次常务会议通过了《生产安全事故应急条例》（国务院令708号），自2019年4月1日起施行，规范生产安全事故应急处理管理。地方政府专项债项目往往涉及社会事业、棚改、水利等建设规模较大的工程，对地方经济发展、社会治安影响广泛，安全生产作业应放在重中之重的地位。

大规模工程项目势必影响居民生活环境、城市生态环境的方方面面，比如噪声污染、粉尘扩散、化工产品使用、水体污染等。现行有效的《中华人民共和国环境保护法（2014修订版）》于2015年1月1日起实施，运营公司应按照该法要求，坚持保护优先、预防为主、综合治理、公众参与、损害担责的原则，要求企业制定内部环境保护相关的管理制度，识别危废排放风险，配合环保部门检查，对发现的问题及时整改，实现合法合规经营。

2002年3月28日，卫生部发布卫生部令第20号《国家职业卫生标准管理办法》，2020年5月1日开始实施。项目运营公司应严格遵照职业健康管理体系的要求，项目建设运营符合职业卫生、工作场所作业条件、职业照射放射防护标准等。针对生产环境的不同，充分识别职业健康危害，为项目运营工作人员配置所必需的劳保用品，定期安排工作人员进行职业健康体检，做好档案管理和职业病的应对措施。

（三）制订科学生产计划方案，进行系统统筹安排，实现精益生产

基于结果导向原则，确定专项债券存续期内各年、各季度乃至各月的运营分项目标及营收目标达成措施，预测项目能按时还本付息的未来收益，从而确定需要实现的生产类别、数量、实施计划、相应的原材料、设备采购计划等，力求使项目的生产经营过程符合当地市场需要。生产管理中应制定每一个工序的作业文件，组织员工按照作业文件要求进行标准化操作，加强对员工岗位技能培训，提高员工技能水平，降低人员操作失误对生产的影响。

从“人、机、料、法、环”各个角度持续改进、改善，提升项目运营效率，满足债券还本付息要求，保证专项债券在清偿期的偿还能力达到预期目标。

建立生产过程管理制度是加强生产过程管理的保障，运营公司应建立生产车间管理制度，包括会议规范、请假规范、车间卫生管理规范、车间生产秩序管理规范。管理层定期对生产车间生产环境卫生、员工行为进行考核，确保一线生产单位进行规范、高效生产活动。同时，也要建立库房管理制度，做好原材料的认证验货及登记存档，能及时反馈生产物资的储备情况，为生产计划方案提供数据支持。

三、运营管理

运营管理是项目经营风险管理的基石。运营风险管理必须制定风险发生前后相对应的预防措施、应对措施及补救机制，以保障风险对项目运营的影响在可承受的范围之内，对提出的合理化意见要及时解决，保证运营责任的清晰划分、运营过程合理把控。具体如下：

（一）加强对专项债项目的认识，增强运营风险意识

专项债券本质上是一种提高政府对整个社会资源管理利用效率的方式，项目的有效运营能带来巨大的经济和社会效益。在项目运营过程中，主体部门应从以往充当整个项目建设等角色，转变成为项目整体规划、协调、政策引导、监管等方面的主导者与推动者。充分发挥主体部门的统一协调资源配置能力，使项目的运营成本、运营效率、社会效益、风险级别以及可融资性相比传统的项目融资更加物有所值。

（二）强化对专项债项目的前期分析，对运营风险进行事前控制

从项目运营的行业分析、项目识别开始，必须充分考虑项目的实施背景。在具体运营项目开展前必须通过物有所值评价以及详细的市场研究论证。当项目满足相关要求和规定后，方可进行下一步的项目准备工作。针对运营过程中的风险识别工作，应召集各方面的技术人员组成专家组，对项目存在的

潜在风险进行有效识别和排序。

分析收益性项目运营风险方法，对项目风险进行合理划分，建立科学的风险管理机制，通过对项目的运营过程、项目价值链传递模型、项目运营活动的分析，构建项目运营风险影响因素的指标分解模型，确保项目收益目标的实现。

（三）加强对运营项目的事后管理和评估，有效控制营运过程中的风险

在专项债项目的整个运营过程中，主管部门应制定合理的项目风险承担制度，确保项目各方责任清晰、明确，加强合作与交流，更好地完成各自负责的工作。同时，政府部门与社会资本要做好项目运营的风险评价工作，重点评估项目风险发生的概率与风险发生后所带来的后果。

在运营风险时间发生后，应当采取积极的措施应对，保障项目的运营效率。建立运营风险评估体系，在建立项目运营风险因素指标后，通过相应的方式对项目运营活动的各个过程进行风险管理，确保项目的正常运转。风险评估指标按照各个指标的权重，设定相应的计算公式，根据不同的时间节点确定控制目标来分析风险因素指标可能产生的影响。同时，做好事后管理的经验总结工作，避免后续问题的出现，最大限度地保证项目生命周期收益的实现。

四、财务管理

财务风险处于经营风险管理的核心地位。从上述财务管理的核心风险可以看出运营阶段财务管理的风险管理主要从财务管理制度、内部控制进行，加强监督控制，增加财务分析在运营主体中的指导、监管作用。对财务管理的风险管理可从如下几个方面着手：

（一）建立完善的财务管理制度及工作规范

运营公司应建立健全的财务结构体系、完善的财务控制手册文件，实行全项目CoE模式，明确各个岗位人员的职责和权限，相互合作，良性竞争，

实现人力资源的优化和合理配套。同时，相关人员应对固定资金的数量进行抽查和盘点，保障原始凭证记录的完整性和稽核制度的可靠性，确保项目的支出落到实处，降低项目财务风险发生的可能性，建立有效的内控制度。

建立有效的对账制度，对应收账款进行明细记录，实现有效的货款收回管理办法，同时与客户及时进行对账，以此明确项目的存款和回款情况。在对现金进行核对和盘点的过程中，若出现账实不符或账账不符的问题，应立刻查明原因，对相关问题及时进行处理，若有需要，可将相关问题报告公安机关。

完善审批机制，明确对会计人员和管理人员的相关要求，以此规避不合规行为带来的风险。重大资金使用和财务行为应当报政府方领导小组进行审批。资金审批程序应在事前设置相应的程序和人员权限，采取不定期盘点的方式对项目资金的使用情况进行抽查，追责应收应付款的往来情况，降低坏账损失的风险。

（二）做好内部监控和外部监督工作

运营公司内部建立内控、内审管理体系，通过自查，对内部的各种经营活动与控制系统进行独立评价，以确定既有的标准制度是否遵循，资源的利用是否合理有效，从而防范、降低财务风险。

外部监督包括通过政府方委托业务主管部门进行具体监督管理工作，同时通过外部审计（通常是会计师事务所）对运营主体的运营情况实施独立审计而进行监督。

（三）做好财务活动与实际经营相匹配

运营公司应当根据项目的目标和规划，拟订与实际经营情况相匹配的投资方案，明确投资用途、投资规模、投资方式等相关内容，对投资的潜在财务风险做充分评估。利用全项目 CoE 模式的优势，项目运营期的投资业务突出本次专项债项目的重点，合理安排投放结构，并估算可能涉及的各项相关税费，加强投资现金流的测算，全面提升运营公司对资源运营的效率。

（四）加强对项目资金的集中监管

项目涉及的所有资金均采取“封闭式”资金管理方式进行监管，专款专用，专项用于项目运营。在项目的运营期间，项目专项收入必须全部进入偿债资金账户，偿债资金账户专门用于项目专项收入的接收、存储和划转，以及项目运营支出费用的接收、存储及划转，不得用作其他用途。

项目运营单位应当分别根据项目运营进展，定期统计资金使用情况，并形成资金使用报告，提交财政主管部门和项目业务主管部门。项目运营阶段发生资金使用计划的重大调整、超出概算、资金重大结余，以及与项目运营直接相关的其他用途等情况时，项目运营单位应当形成项目资金情况专项报告，提交财政主管部门和有关主管部门。

（五）做好项目预算工作，根据实际情况滚动调整

承接运营期初，做好未来收益预测，如果收益不及预期，分析考虑是否有创新增加收入渠道，是否可以改变运营模式，挖掘新的项目资源，通过新的资源的开发经营增加收益。

运营公司应以项目实施方案的收益预测作为绩效考核基本指标，在项目预算期内产生的各项运营成本以及使用的相应资金，按照预算来控制各部门的经营活动，做好绩效考核相关工作，定期自查。如果不达标，尽快制订方案，保证生产经营的协调进行，切实保证项目收益能够完全覆盖债券还本付息。

预算工作不仅仅是指导业务，更是落实运营公司内部绩效监督的手段。运营公司需采取合适方式加强对预算执行的监督，将发现的问题及时进行处理，从而对生产经营的过程进行有效的控制。强化政府方的监督力度，通过绩效考核机制，对运营公司的达标情况进行奖惩，调动运营公司积极性，及时调整运营方案，降低运营风险，提高项目运营收益。

（六）财务报表真实性、准确性、完整性

项目运营单位应和会计师事务所合作，对项目运营收入和成本情况开展专项审计。确保披露的信息公允反映了项目进展情况。审计中发现存在违反专项债券资金使用管理有关规定、信息披露内容和相关协议约定的行为的，应及时报告财政主管部门和项目业务主管部门。

五、资产管理

国有资产的管理是地方政府专项债券项目的一项重点。对项目资产须按照国有资产管理相关制度进行管理，加强对国有资产的保护，这对运营公司的合规经营提出了更高的要求。从上述资产管理核心风险可以看出，运营阶段资产管理的风险管理重点是要按照现行国有资产管理相关法律法规、管理文件要求，落地执行相关要求，同时加强政府方对运营公司的监督管理，切实履行指导、监督的职责，强化绩效考核管理，提高资产利用率，实现对国有资产的增值、保值目标。具体如下：

（一）完善国有资产的管理，严格遵守相关制度流程要求

运营公司务必严格遵守国有资产管理相关制度，对资产的购置、验收、转移和处置等环节涉及的流程，完全按照国有资产管理办法相关要求进行落实，实现依法合规要求。确定运营公司各部门人员的职责，奖罚分明。建立有效的资产管理制度，对实物资产进行定期或不定期的盘查，建立明细化的资产台账，明确资产责任认定追究的要求。

（二）规范资产配置使用，提升资产使用价值

对于已购建的项目资产，运营公司应根据项目立项规划阶段的使用方案。项目运营应使资产按计划实现经济效益，如果出现外界环境变化，应积极和政府方和第三方评估机构进行信息交流，做到合理的折旧摊销，策划适应于当前形势的资产配置方案，不断提高资产管理的效能。

对于新购买资产，需要根据项目运营目标和行业特性，和政府方以及相关专业机构进行共同评估，科学决策购置资产是否有利于更高效实现项目目标，从而购买资产，避免购买的资产不适用，不能发挥资产的功效，无法创造项目收益的情况。

（三）强化监督管理职能，及时披露资产管理信息

运营公司完善项目的资产日常管理制度要求，对项目的资产进行每日盘点、统计，采取动态监控的措施保障国有资产的使用安全。基于风险防患于未然的管理原则，在运营公司接手项目资产进行运营初期，委托第三方机构对项目当前资产管理情况和运营公司资产管理制度进行评估考查，项目领导小组可以根据结果了解资产管理期初情况，并根据评估结果和整改意见要求运营公司调整和完善。运营公司也可确定前期接收资产是否和合同约定一致。

第五节　专项债券项目运营期工作重点

一、通过市场化、法治化方式全面提升项目运营主体的运营能力

（一）项目运营管理存在的问题

为顺应社会发展的需要，运营单位的运作模式目前面临较大的窘境，需要从各个方向作出相应的改变。目前，公司制企业在管理模式上逐步完善，但国有运营单位由于诸多因素的限制，在规划自身发展战略时，无法基于市场的角度将信息和特点进行有效整合，这也从另一个角度导致了部分国有企业发展缓慢、效率低下的问题。

我国部分企业在日常运营管理的过程中会出现各种各样的问题，比较典型的问题为企业权力的集中化、资产权利分配不清晰、主体责任意识弱化等，这些问题在国有企业内体现得更为明显。受国有企业传统观念的影响，部分员工对国有企业改革中的各项新要求接受度低，过程缓慢，导致企业的内部

控制措施无法有效实行，这在很大程度上降低了国有企业的经营效率，与引领社会经济发展的目标相违背，如何平衡社会效益和经济效益是需要解决的问题。

（二）项目运营管理问题的解决路径

在市场竞争中，国有企业想要获得相应的竞争能力，需要从多个角度进行适应市场发展需求的改革，通过采取授权经营的方式，实现资源的下放，有效激发国有企业的发展活力，提升市场地位和竞争力，以适应市场的快速发展与变化。

1. 以管资本为主，通过混合所有制改革实现资本的市场化

国有企业改革的目标是让国有企业变成自主经营、自负盈亏、自担风险的独立市场参与者。根据《国务院国资委关于以管资本为主加快国有资产监管职能转变的实施意见》的相关要求，针对当前国有资产监管越位、缺位、错位问题，按照形成以管资本为主的国有资产监管体制的要求，从监管理念、监管重点、监管方式、监管导向等方面作出全方位、根本性转变。国有企业应与民营企业密切合作，按照平等互利和优势互补的原则，推动民营企业加入国有企业改革，同时支持国有资本对民营企业的入股投资，实现国有资本的优化配置和市场化运营能力，这对提升国有企业可持续运营管理能力具有重要的意义。

建立有效的国有资产运营管理制度，增强国有资本使用的统筹谋划，推动建立市场化国有资产运营平台。同时，完善国有资产管理的考核制度，针对不同功能、行业、发展阶段的国有企业采取适宜企业的差异化考核机制，发挥绩效考核指标的作用，建立相应的激励约束体系。

2. 加强行权能力建设和制度化管理，控制资产运营的风险

根据《国务院国资委授权放权清单（2019年版）》的相关要求，各中央企业要坚持中国特色现代国有企业制度，把加强党的领导和完善公司治理统一起来，加快形成有效制衡的公司法人治理结构、灵活高效的市场化经营机制。

国有资本投资公司加强行权能力建设和制度化管理，构建以战略目标和社会经济效益为目标的发展模式，主要关心的是所投资公司的发展情况以及未来的成长潜力。国有资本运营公司通过持股被投资公司，规范财务预算的办法，主要关心国有资本流动性和增长率。同时，国有企业也积极在所投资公司推行管理层的市场化招聘，签订合同确定招聘期限，明确企业和员工各自享有的权利与应承担的责任，增强公司的责任考核，建立有效的资本退出机制。

3. 加强合规管理，确保国有企业的依法经营管理

为有效提升国有企业合规管理的能力，确保合规经营管理制度体系的优化，以规章制度规范个人的行为，以实现国有企业的可持续发展，《中央企业合规管理指引（试行）》应运而生。合规管理主要是将防范企业运营的合规风险作为管理目标，针对企业和员工的日常行为制定相应的制度，进行潜在风险的识别、评估、应对，同时开展合规审查，将违规责任落实到部门和个人，并将其纳入绩效考核。因此，综合考虑国有企业管理中可能产生问题的流程，合规管理主要是针对市场交易、财务税收、知识产权、商业伙伴、经营决策环节、生产运营环节等环节进行管理。

4. 推进国有资产管理体制改革，提升公益性国有资产的运营能力

国有资本投资应围绕国家战略发展方向，将资金用于关系国家安全、补短板、促民生、推动社会经济发展的重要领域。国有资本通过各种方式进行公益性行业的投资，在水电气热、公共交通、公共设施等公共服务领域，结合行业的特征，有效开展资金引导活动，实现投资主体多元化发展，在推动社会基础设施建设、保障民生方面发挥了巨大的作用，有效实现了经济发展成果惠及广大人民群众的夙愿。

（三）专项债券符合国有企业资产运营管理方向

专项债券是中国财政与金融领域的最重要制度创新，是积极财政政策的重要体现，是稳投资、补短板、促民生的重要内容，对于促进中长期经济的

发展有显著的作用，符合国有企业资产运营管理方向。专项债券的核心目标是防风险和促发展，这与国有资产运营管理的方向相契合，优化国有资本资金结构，推动资本流动性增强和实现价值的增长，促进国有经济的持续性发展，为实现国家发展目标提供重要的社会保障。

专项债券项目具有公益性和市场化的特征，这与国有资产运营管理的方向相契合。专项债券项目的公益性主要表现在属于地方公共服务建设的重要组成部分，对于改善人民福祉、保护生态环境、支持科技进步、促进社会发展都具有积极的意义；专项债券项目的市场化主要体现在项目发行市场化、项目建设运营市场化、债券持有人市场化、债券信息披露市场化、债券清偿机制市场化，通过市场化运作，提升项目运营的活力和竞争力。

二、构建全方位多层次债券项目绩效管理体系

（一）专项债券项目绩效管理体系的背景

专项债券如今已成为地方政府进行基础设施建设、保障民生、推动经济发展的重要资金来源，随着专项债券项目的日益增加，专项债券项目绩效管理需求也愈发迫切。专项债券绩效目标作为项目管理的重要组成部分，应成为项目债券额度申请的组成部分，遵照“谁申请资金，谁设置目标”的原则，合理地设置各种可量化、清晰明白的指标，可以有效体现专项债券项目的运营和产出能力。绩效指标可以从时间、数量、收入和成本等多个维度进行考量，同时关注项目债券本息的偿还能力以及是否与预设目标相偏离，设定有效的风险控制办法。

因此，构建以第三方机构为核心、财政部和项目单位为支撑的全方位、多层次绩效评价体系，实现项目运营过程中的“自我纠正”“协助纠正”“合规纠正”，是提升专项债资金绩效和控制项目风险的重要举措。同时，在项目管理实操层面，强化第三方绩效评价的作用，实现多层次绩效管理的效用叠加，能有效确保实现专项债项目的绩效目标。

（二）全方位多层次专项债项目绩效管理体系

构建以第三方机构为核心、财政部和项目单位为支撑的全方位、多层次绩效评价体系，实现项目运营过程中的“自我纠正”“协助纠正”“合规纠正”，是提升专项债资金绩效和控制项目风险的重要举措。同时，在项目管理实操层面，强化三方绩效评价的作用，实现多层次绩效管理的效用叠加，能有效确保实现专项债项目的绩效目标。

1.项目单位自我绩效管理

依据《财政部关于印发〈项目支出绩效评价管理办法〉的通知》（财预〔2020〕10号）的通知，绩效自评价应由项目单位实施，即“谁支出、谁自评”。自评的内容包括项目总体绩效目标、各项绩效指标完成情况、项目预算执行情况。在项目建设运营过程中，若出现与设定指标相偏离的情况，需要分析问题出现的原因和进行相关的说明，根据项目现状提出改进的要求。

单位自评指标是在项目批复时明确的绩效指标，主要包含项目的产出数量、质量、时效、成本等数量指标，同时包含经济效益、社会效益、生态效益、可持续影响、服务对象满意度等社会经济效益指标。具体自评指标的权重由各单位根据项目实际情况进行分配，原则上预算执行率和一级指标权重统一设置为：预算执行率10%、产出指标50%、效益指标30%、服务对象满意度指标10%。如有特殊情况，一级指标权重可做适当调整。二、三级指标应当根据指标重要程度、项目实施阶段等因素综合确定。

单位自评指标应该综合使用定量和定性评价的方式，根据设置的各个指标得分情况来汇总计算项目绩效评价得分。对于定量指标，得分的评定方法可按照如下内容执行：将目标指标和年初设定的指标值进行对比，完成既定指标任务的，则记该指标所赋全部分值；如果项目的建设进度高于预先计划的指标值，应分析出现这种情况的原因，若是指标值设定得不合理造成的，应按照指标偏离扣减相应的分数；如果没有在规定的时间和要求内实现相应的指标值，可以根据完成情况和指标值的比例计算指标得分。对于定性指标，得分的评定方法可按照如下内容执行：根据指标完成情况分为达成年度指标、部分达成年度指标并具有一定效果、未达成年度指标且效果较差三档，分别按照该指标对应分值区间100%—80%（含）、80%—60%（含）、60%—0%合理确定分值。项目支出绩效自评表见表8-3。

表 8-3 项目支出绩效自评表

<table>
<tr><td>项目名称</td><td colspan="8"></td></tr>
<tr><td>主管部门</td><td colspan="4"></td><td>实施单位</td><td colspan="3"></td></tr>
<tr><td rowspan="5">项目资金（万元）</td><td colspan="2"></td><td>年初预算数</td><td>全年预算数</td><td>全年执行数</td><td>分值</td><td>执行率</td><td>得分</td></tr>
<tr><td colspan="3">年度资金总额</td><td></td><td></td><td>10</td><td></td><td></td></tr>
<tr><td colspan="3">其中：当年财政拨款</td><td></td><td></td><td>—</td><td></td><td>—</td></tr>
<tr><td colspan="3">上年结转资金</td><td></td><td></td><td>—</td><td></td><td>—</td></tr>
<tr><td colspan="3">其他资金</td><td></td><td></td><td>—</td><td></td><td>—</td></tr>
<tr><td rowspan="2">年度总体目标</td><td colspan="4">预期目标</td><td colspan="4">实际完成情况</td></tr>
<tr><td colspan="4"></td><td colspan="4"></td></tr>
<tr><td rowspan="13">绩效指标</td><td>一级指标</td><td>二级指标</td><td>三级指标</td><td>年度指标值</td><td>实际完成值</td><td>分值</td><td>得分</td><td>偏差原因分析及改进措施</td></tr>
<tr><td rowspan="12">产出指标</td><td rowspan="3">数量指标</td><td>指标1：</td><td></td><td></td><td></td><td></td><td></td></tr>
<tr><td>指标2：</td><td></td><td></td><td></td><td></td><td></td></tr>
<tr><td>……</td><td></td><td></td><td></td><td></td><td></td></tr>
<tr><td rowspan="3">质量指标</td><td>指标1：</td><td></td><td></td><td></td><td></td><td></td></tr>
<tr><td>指标2：</td><td></td><td></td><td></td><td></td><td></td></tr>
<tr><td>……</td><td></td><td></td><td></td><td></td><td></td></tr>
<tr><td rowspan="3">时效指标</td><td>指标1：</td><td></td><td></td><td></td><td></td><td></td></tr>
<tr><td>指标2：</td><td></td><td></td><td></td><td></td><td></td></tr>
<tr><td>……</td><td></td><td></td><td></td><td></td><td></td></tr>
<tr><td rowspan="3">成本指标</td><td>指标1：</td><td></td><td></td><td></td><td></td><td></td></tr>
<tr><td>指标2：</td><td></td><td></td><td></td><td></td><td></td></tr>
<tr><td>……</td><td></td><td></td><td></td><td></td><td></td></tr>
</table>

续表

	一级指标	二级指标	三级指标	年度指标值	实际完成值	分值	得分	偏差原因分析及改进措施
绩效指标	效益指标	经济效益指标	指标1：					
			指标2：					
			……					
		社会效益指标	指标1：					
			指标2：					
			……					
		生态效益指标	指标1：					
			指标2：					
			……					
		可持续影响指标	指标1：					
			指标2：					
			……					
	满意度指标	服务对象满意度指标	指标1：					
			指标2：					
			……					
总分						100		

2. 政府部门绩效管理

目前，各地方政府正有序进行项目绩效目标管理相关工作（见图8–4），完善结构体系，建立相关制度要求，拓展项目评价的内容和指标，但目前由于绩效管理理念的不足以及绩效指标体系设定的不规范等，仍需要进一步改进和提升。政府制定了一系列指导性文件以加强预算绩效管理的组织制度建设。

（1）中央部门预算绩效目标管理。

为了全面推进预算绩效管理工作，进一步规范中央部门预算绩效目标管理，提高财政资金使用效益，财政部于2015年5月21日印发关于《中央部门预算绩效目标管理办法》的通知（财预〔2015〕88号），提出绩效目标是财政预算资金计划在一定期限内达到的产出和效果。绩效目标是建设项目库、编制部门预算、实施绩效监控、开展绩效评价等的重要基础和依据。绩效目标管理是指财政部和中央部门及其所属单位以绩效目标为对象，以绩效目标的设定、审核、批复等为主要内容所开展的预算管理活动。

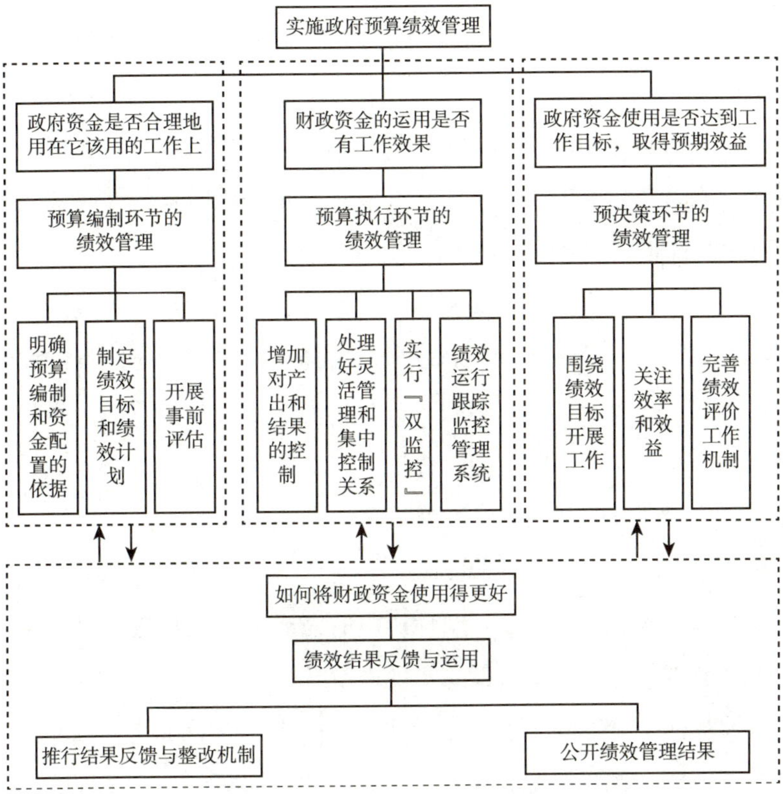

图 8–4　政府预算绩效管理目标

（2）中央部门预算绩效运行监控管理。

为加强中央部门预算绩效运行监控（以下简称“绩效监控”）管理，提高预算执行效率和资金使用效益，2019年7月26日，财政部印发《中央部门预算绩效运行监控管理暂行办法》（财预〔2019〕136号）（以下简称《管理办法》），提出绩效监控按照“全面覆盖、突出重点，权责对等、约束有力，结果运用、及时纠偏”的原则，由财政部统一组织、中央部门分级实施。

《管理办法》中对政府部门在绩效管理运行监控中的相关职责做了明确规定，具体包括：

①财政部主要职责有：负责对中央部门开展绩效监控的总体组织和指导工作；研究制定绩效监控管理制度办法；根据工作需要开展重点绩效监控；督促绩效监控结果应用；应当履行的其他绩效监控职责。

②中央部门主要职责。中央部门是实施预算绩效监控的主体。中央部门主要职责包括：

第一，牵头负责组织部门本级开展预算绩效监控工作，对所属单位的绩效监控情况进行指导和监督，明确工作要求，加强绩效监控结果应用等。按照要求向财政部报送绩效监控结果。

第二，按照“谁支出，谁负责”的原则，预算执行单位（包括部门本级及所属单位，下同）负责开展预算绩效日常监控，并定期对绩效监控信息进行收集、审核、分析、汇总、填报；分析偏离绩效目标的原因，并及时采取纠偏措施。

第三，应当履行的其他绩效监控职责。

③绩效监控内容主要有（见表8-4）：

一是绩效目标完成情况。a.预计产出的完成进度及趋势，包括数量、质量、时效、成本等。b.预计效果的实现进度及趋势，包括经济效益、社会效益、生态效益和可持续影响等。c.跟踪服务对象满意度及趋势。

二是预算资金执行情况，包括预算资金拨付情况、预算执行单位实际支出情况以及预计结转结余情况。

三是重点政策和重大项目绩效延伸监控。必要时，可对重点政策和重大项目支出具体工作任务开展、发展趋势、实施计划调整等情况进行延伸监控。具体内容包括：政府采购、工程招标、监理和验收、信息公示、资产管理以及有关预算资金会计核算等。

四是其他情况。除上述内容外其他需要实施绩效监控的内容。

表 8-4 项目监控内容

项目支出绩效运行监控	
类别	细化内容
项目决策合理情况	项目立项依据充分情况
	项目立项规范情况
	项目绩效目标合理性
项目管理有效情况	项目资金投入管理有效情况
	项目财务管理有效情况
	项目实施管理有效情况
阶段性目标达成情况	项目产出（数量、质量、时效）阶段性达成情况
	项目效果目标阶段性达成情况

④绩效监控方法。绩效监控采用目标比较法，用定量分析和定性分析相结合的方式，将绩效实现情况与预期绩效目标进行比较，对目标完成、预算执行、组织实施、资金管理等情况进行分析评判。

绩效监控包括及时性、合规性和有效性监控。及时性监控重点关注上年结转资金较大、当年新增预算且前期准备不充分，以及预算执行环境发生重大变化等情况。合规性监控重点关注相关预算管理制度落实情况、项目预算资金使用过程中的无预算开支、超预算开支、挤占挪用预算资金、超标准配置资产等情况。有效性监控重点关注项目执行是否与绩效目标一致、执行效果能否达到预期等。

中央部门通过绩效监控信息深入分析预算执行进度慢、绩效水平不高的具体原因，对绩效监控中发现的绩效目标执行偏差和管理漏洞，应及时采取分类处置措施予以纠正：

其一，对于因政策变化、突发事件等客观因素导致预算执行进度缓慢或预计无法实现绩效目标的，要本着实事求是的原则，及时按程序调减预算，并同步调整绩效目标。

其二，对于绩效监控中发现严重问题的，如预算执行与绩效目标偏离较大、已经或预计造成重大损失浪费或风险等情况，应暂停项目实施，相应按照有关程序调减预算并停止拨付资金，及时纠偏止损。已开始执行的政府采购项目应当按照相关程序办理。

（3）政府委托第三方机构参与预算绩效管理。

2021年1月28日，财政部印发《关于委托第三方机构参与预算绩效管理的指导意见》（财预〔2021〕6号），提出预算部门或单位委托第三方机构参与预算绩效管理，是全面实施预算绩效管理的重要举措，是推动加强预算管理、提高财政资金使用效益的有效手段。

①委托第三方机构参与预算绩效管理的工作重点。委托第三方机构开展绩效管理，应当聚焦于贯彻落实党中央、国务院重大决策部署和本部门或单位主体职责的政策和项目。财政部门重点组织对预算部门及单位、下级财政部门开展政策性评估评价，也可以根据需要对其承担的重点项目开展评价；预算部门的财务机构或其他负责绩效管理的机构重点组织对业务机构、所属单位以及下级部门和单位开展具体项目的绩效管理工作。

②规范委托第三方机构参与预算绩效管理的范围。委托第三方机构参与绩效管理，主要包括以下方面工作内容：一是事前绩效评估和绩效目标审核；二是绩效评价或评价结果复核；三是绩效指标和标准体系制定；四是预算绩效管理相关课题研究。在具体项目选择上，可以结合工作实际，通过优先选取重点项目、随机选取一般性项目，以及分年度分重点滚动安排等方式开展。

③不得委托第三方机构承担的事项。坚持委托主体与绩效管理对象相分离，禁止预算部门或单位委托第三方机构对自身绩效管理工作开展评价。对于绩效目标设定、绩效运行监控、绩效自评等属于预算部门或单位强化内部管理的事项，原则上不得委托第三方机构开展，确需第三方机构协助的，要严格限定各方责任，第三方机构仅限于协助委托方完成部分事务性工作，不得以第三方机构名义代替委托方对外出具相关报告和结论。

④依法合规优选第三方机构。委托方应当严格按照政府采购、政府购买服务的程序和要求，选取专业能力突出、机构管理规范、执业信誉较好的第三方机构参与绩效管理工作。第三方机构须独立于委托方和绩效管理对象，

主要包括社会咨询机构、会计师事务所、资产评估机构等社会组织或中介机构，科研院所、高等院校等事业单位等。

⑤规范委托第三方机构的方式。委托方可以根据委托事项的性质，采用全权委托或部分委托、单独委托或多家委托等方式，并根据不同委托方式界定第三方机构的工作定位和责任分担，发挥好第三方机构的作用。委托方及绩效管理对象应当尊重第三方机构的专业性和独立性，不得干预其独立、公正开展工作。

⑥保障第三方机构正常开展工作需要。委托方应当遵循“谁委托、谁付费”的原则，综合考虑委托业务的难易程度和工作量、时间与人员资质要求以及第三方机构工作成本等因素，合理确定委托费用并按协议支付。所需经费原则上由委托方通过项目支出或公用经费解决。委托方和相关预算绩效管理对象要积极支持配合，及时提供相关资料和必要的工作条件，并对所提供资料和数据的完整性、真实性、有效性负责，便于受托方全面掌握相关情况及委托方意图。

⑦加强对第三方机构的指导和监督。委托方应当对第三方机构进行必要的培训和指导，及时跟踪掌握第三方机构工作进展，加强付费管理和质量控制，把好绩效报告质量关，推动第三方机构履职尽责。各级财政部门、主管部门应当按照职责，加强对第三方机构参与预算绩效管理的执业质量监管，对第三方机构工作开展情况进行跟踪抽查。第三方机构有违背职业操守，或违反财政部门、预算部门相关规定及有关法律法规等行为的，要依法依规及时处理。

（4）财政资金绩效管理。

财政资金包括国家预算资金和国家预算外资金，国家预算资金是国家集中性的财政资金，国家预算外资金是分散的、非集中形式的财政性资金。为了更好地促进社会的建设和发展，地方政府正努力提升财政收入，有效筹措财政资金，满足各个项目建设所需要的资金支持。

随着各地方财政税收体制改革的有序推进，财政预算管理已逐步完善，地方政府正逐步形成“花钱必问效、无效必问责”的预算管理模式，有效提升财政资金支出效率，有利于发挥财政资金对于社会建设和经济发展的推动作用。同时，随着“放管服”改革的逐步落实，基层财政预算绩效管理成为全面实施预算绩效管理的关键点、难点，如何确保有限的财政资金发挥最大的经济、社会效益，成为基层财政面临的迫切问题。

针对政府预算绩效管理工作，从三个方向进行分析：政府资金是否合理地用在它该用的工作上、财政资金的运用是否有工作效果、财政资金使用是否达到工作目标和取得预期效益。

①预算编制环节的绩效管理：明确预算编制和资金配置的依据；制定绩效目标和绩效计划；开展事前评估；

②预算执行环节的绩效管理：增加对产出和结果的控制；实行“双监控”；引进绩效运行跟踪监控管理系统。

③决策环节的绩效管理：围绕绩效目标开展工作；关注效率和效益；完善绩效评价工作机制。

3. 第三方绩效管理

（1）第三方专业机构绩效管理现状。

2021年1月28日，财政部印发《关于委托第三方机构参与预算绩效管理的指导意见》（财预〔2021〕6号），提出预算部门或单位委托第三方机构参与预算绩效管理，是全面实施预算绩效管理的重要举措，是推动加强预算管理、提高财政资金使用效益的有效手段。委托第三方机构开展绩效管理，应当聚焦于贯彻落实党中央、国务院重大决策部署和本部门或单位主体职责的政策和项目。财政部门重点组织对预算部门及单位、下级财政部门开展政策性评估评价，也可以根据需要对其承担的重点项目开展评价；预算部门的财务机构或其他负责绩效管理的机构重点组织对业务机构、所属单位以及下级部门和单位开展具体项目的绩效管理工作。

目前，第三方机构作为独立的专业机构，已广泛参与到以绩效评价为主的预算绩效管理的多个环节和领域，成为推动全面实施预算绩效管理的重要力量，对强化预算管理、提升绩效评价的独立性和可信度、加强社会监督和扩大公众参与发挥着积极作用。由于预算绩效管理工作起步不久，第三方机构参与预算绩效管理还存在市场不够规范、工作要求及行业标准不够明确、第三方机构绩效评价工作质量参差不齐、市场不够规范、部分第三方机构执业状况混乱等问题，特别是部分单位委托第三方机构评价自身绩效，有“花钱买好”的现象，影响了预算绩效管理的质量和效果，不利于财政资源配置使用效率提升，亟须采取有效措施，加以引导规范。

从实践存在不足来看，第三方机构参与预算绩效管理缺乏全国统一的资质、门槛和规范，谁都可以参与预算绩效管理，“乱象丛生”。同时，亟待制定分行业、分领域、分层级绩效评价指标体系，缺乏绩效评价统一“度量衡”的“钢尺”。此外，第三方评价结果应用亟待加强，与预算挂钩、激励问责体制机制迫切需要抓紧研究出台。

（2）第三方专业机构绩效管理的内容。

为引导和规范第三方专业机构从事预算绩效评价业务，严格第三方机构执业质量监督管理，促进提高财政资源配置效率和使用效益，根据《中华人民共和国预算法》、《中华人民共和国预算法实施条例》、《中共中央 国务院关于全面实施预算绩效管理的意见》、《财政部关于贯彻落实〈中共中央 国务院关于全面实施预算绩效管理的意见〉的通知》（财预〔2018〕167号）、《财政部关于委托第三方机构参与预算绩效管理的指导意见》（财预〔2021〕6号）等有关规定，制定了《第三方机构预算绩效评价业务监督管理暂行办法》。

项目绩效第三方评价是第三方机构接受委托方委托，对专项债券资金使用绩效进行评价，并出具专项债券绩效评价报告和项目绩效目标表的专业服务行为。第三方机构主要包括专业咨询机构、会计师事务所、资产评估机构、律师事务所、科研院所、高等院校等。第三方机构应具备相关资质，遵守规定独立原则、客观原则、规范原则，对原始资料进行必要的核查验证，形成结论并出具相关表格和报告。

综上所述，专项债券绩效目标作为项目管理的重要组成部分，应合理地设置各种可量化、清晰明白的指标，可以有效体现专项债券项目的运营和产出能力，绩效指标可以从时间、数量、收入和成本等多个维度进行考量，同时关注项目债券本息的偿还能力以及是否与预设目标相偏离，设定有效的风险控制办法。此外，还须构建以财政部门及中央部门为监管主体、项目单位为支撑主体、第三方专业机构为参与主体的全方位、多层次的绩效评价体系，实现项目运营过程中的“自我纠正”“协助纠正”“合规纠正”，切实提升专项债资金绩效和控制项目风险。在项目管理实操层面，强化三方绩效评价的作用，实现多层次绩效管理的效用叠加，能有效确保实现专项债项目的绩效目标。

第六节　小　结

综上所述，合规管理和绩效管理是专项债运营管理的两大核心板块，建立健全具有中国特色、符合国有项目实际的合规管理体系和绩效管理体系，符合国务院国有资产监督管理委员会令第42号公布的《中央企业合规管理办法》，可根据适用范围、效力层级等逐步实施预算绩效管理的要求，对专项债券支持项目实施全过程绩效管理，并按规定科学合理设定绩效目标，对照绩效目标做好绩效监控、绩效评价，强化绩效结果应用，做好绩效信息公开，提高专项债券资金使用效益。

上述制度是对当前专项债券项目资金使用监管坚持“举债必问效、无效必问责”原则的重要保障，对利用债券资金建设形象工程、政绩工程项目，脱离实际过度举债、违法违规举债或担保、违规使用债务资金、恶意逃废债务等行为有效控制，为专项债项目稳健经营、健康发展提供有力的支撑、保障。

第九章

专项债券项目清偿期管理

根据全生命周期理论，地方政府专项债券的最后一个生命周期为清偿期，清偿期是债务风险的暴露期，如果前述债券管理各项措施完全落实，那么清偿期的风险将会大大降低。但当出现债券存续期不能支付利息或到期后不能支付债券本息情形时，债券清偿管理就显得极为重要，通过项目清偿期的债券管理有助于防止项目资产流失、加大清偿力度，最大限度地保护投资者权益。

第一节 项目清偿期债券管理目标与债券管理思路

一、专项债券清偿阶段管理目标

项目清偿期的债券管理目标是保障投资者利益和债券按期足额清偿兑付。保护投资者利益，也是为规避金融市场风险，打好防范化解金融风险“三大战役”之“首要战役”，保证债券能够按期足额清偿兑付是防范和化解地方政府债务风险的重中之重，这两大目标集中体现了专项债券管理的核心目标与要求。

二、专项债券清偿阶段管理思路

本阶段防范风险的重点工作是锁定清偿主体履行清偿责任，通过启动应急预案等措施保护投资者利益，同时及时向债券市场进行清偿信息披露，有利于稳定市场信心，减少市场风险。项目清算是最后的债券管理环节，基于项目资产评估，对可用于清偿债券的资金进行核实。此外，也可以通过引入外部专业资源，采用市场化、法治化方式，盘活现有资产，以实现债券项目的良性退出，最大限度地保证投资人利益，同时维护政府信誉（见图9-1）。

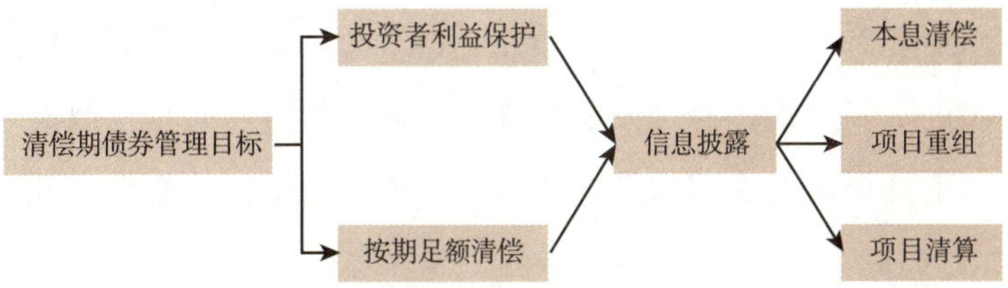

图 9-1 项目清偿期债券管理目标

第二节　专项债券清偿期管理主体责任

一、清偿期各方主体关系

（一）专项债券清偿中央不救助

在《预算法》2014年修订前，地方政府采用“代发代还”的管理模式，由中央政府审批发债额度，由财政部统一发行。到了债券清偿期，地方财政将债券本息偿还额上缴到财政部专户，由财政部代地方政府偿还。在这种模式中，“地方债券”的偿还风险完全由中央政府兜底，若出现地方政府无力偿还债务的情况，只能由中央政府“买单”。

《2014年地方政府债券自发自还试点办法》中首次提出“试点地区按照有关规定开展债券信用评级”并“及时披露债券基本信息、财政经济运行及债务情况等”，不仅明确了地方政府责任，还解决了原本“代发代还”管理模式中举债主体和用债主体模糊的问题，杜绝了中央政府兜底的情况。

2016年国务院办公厅印发的《地方政府性债务风险应急处置预案》（以下简称《应急预案》）明确，地方政府对其举借的债务负有偿还责任，中央实行不救助原则。[①]

（二）地方政府为清偿责任主体

根据2018年新修订《预算法》规定，经国务院批准的省、自治区、直辖市的预算中必需的建设投资的部分资金，可以在国务院确定的限额内，通过发行地方政府债券举借债务的方式筹措。国发〔2014〕43号文对地方政府债务举借作出进一步规定，经国务院批准，省、自治区、直辖市政府可以适度举借债务，市县级政府确需举借债务的，由省、自治区、直辖市政府代为举

① 资料来源：中央人民政府官网，《国务院办公厅关于印发地方政府性债务风险应急处置预案的通知》。

借。同时根据《应急预案》，对地方政府债券，地方政府依法承担全部偿还责任。

根据上述文件规定可见，地方政府专项债券面向债券市场的主体为省级人民政府，即发行人。因此，地方政府专项债券清偿责任人为地方政府，作为发行人的省级人民政府是第一责任人。

（三）运营主体为最终偿债资金落实主体

专项债券项目要求融资与收益能够实现自求平衡，项目封闭运行，通过运营收益来偿还债券资金，所以债券的资金清偿或清偿责任落实是整个项目运营的关键。项目运营期内如果产生足够的收益用于偿还债券资金，则项目不存在清偿风险；如果项目运营不利，运营主体未能扭转局面，最终项目没能实现预期收益，就会形成债券的清偿风险。因此项目的运营主体在专项债券清偿期各主体中最为重要，是最终债券清偿资金责任的落实主体。

二、清偿主体责任落实

承担专项债券清偿责任的主体主要是省级政府以及省以下地方政府与项目的运营主体，上述各主体按照如下方式落实清偿责任。

（一）清偿资金来源

债券清偿得以完成的关键是有足够收益作为清偿资金来源。从财预〔2018〕89号文“专项债券对应的项目取得的政府性基金或专项收入，应当按照该项目对应的专项债券余额统筹安排资金，专门用于偿还到期债券本金，不得通过其他项目对应的项目收益偿还到期债券本金”的规定可知，债券还本付息资金来自专项债券项目产生的政府性基金收入或专项收入。

（二）清偿资金归集

根据《关于进一步做好地方政府债券发行工作的意见》（财库〔2020〕36号），地方债期限为1年、2年、3年、5年、7年、10年、15年、20年、30

年。项目偿债资金主要在运营期归集，运营期内每个计息年度，项目收益都应该覆盖当年本息偿还规模，以保障最终清偿率。项目运营期间所有收入必须全部进入项目收入归集账户。

（三）专项债券本息清偿

省级政府作为专项债券的发行人，债券到期后，省级政府履行债券的还本付息工作。如有转贷市县使用的，市县政府应遵循《财政部关于印发〈地方政府专项债务预算管理办法〉的通知》（财预〔2016〕155号）规定，及时按照转贷协议约定将归集的收益逐级向省财政缴纳，本级应当承担的还本付息资金，由省财政以政府名义偿还投资者专项债券到期本息。

第三节　专项债券清偿期的特点与风险分析

一、当前专项债券清偿的特点

（一）发行主体与偿债主体分离

地方政府债券不同于企业债、公司债。企业债、公司债中企业、公司既是发行主体，也是实际偿债主体，具有一致性。而专项债券的偿债是由政府偿还，首先，中央政府对地方政府债实行不救助原则；其次，各地方政府均明确规定市县政府作为资金实际使用者的，由其承担偿债责任。

（二）发行成本低且期限长

从期限角度来看专项债券，通常债券的期限越长，投资者的收益率越高，即利率越高。相比具有较高风险的公司债、企业债或者金融债等中短期债券而言，政府债券因为其具有政府信用的特点，通常是债券市场稳定型投资者的偏好，利率较低。

表 9-1　　地方政府专项债券有关文件涉及期限的规定

序号	文件名称	关于债券期限的规定	备注
1	《关于印发〈地方政府专项债券发行管理暂行办法〉的通知》（财库〔2015〕83号）（已失效）	1年、2年、3年、5年、7年和10年	7年和10年期债券的合计发行规模不得超过专项债券全年发行规模的50%
2	《关于印发〈地方政府土地储备专项债券管理办法（试行）〉的通知》（财预〔2017〕62号）	原则上不超过5年	
3	《关于印发〈地方政府收费公路专项债券管理办法（试行）〉的通知》（财预〔2017〕97号）	原则上单次发行不超过15年	
4	《关于印发〈试点发行地方政府棚户区改造专项债券管理办法〉的通知》（财预〔2018〕28号）	原则上不超过15年	可根据项目实际适当延长，避免期限错配风险
5	《关于做好2018年地方政府债券发行工作的意见》（财库〔2018〕61号）	（1）公开发行的普通专项债券，增加15年、20年期限 （2）公开发行的项目收益专项债券，各地应当按照相关规定，充分结合项目建设运营周期、资金需求、项目对应的政府性基金收入和专项收入情况、债券市场需求等因素，合理确定专项债券期限	不再限制地方债券期限比例结构
6	《关于做好地方政府债券发行工作的意见》（财库〔2019〕23号）	逐步提高长期债券发行占比	
7	《关于做好地方政府专项债券发行及项目配套融资工作的通知》（厅字〔2019〕33号）	逐步提高长期债券发行占比，对于铁路、城际交通、收费公路、水利工程等建设和运营期限较长的重大项目，鼓励发行10年期以上的长期专项债券，更好匹配项目资金需求和期限	
8	《关于加快地方政府专项债券发行使用有关工作的通知》（财预〔2020〕94号）	科学合理确定专项债券期限。专项债券期限原则上与项目期限相匹配，并统筹考虑投资者需求、到期债务分布等因素科学确定，降低期限错配风险，防止资金闲置	要求专项债券期限原则上与项目期限相匹配

续表

序号	文件名称	关于债券期限的规定	备注
9	《关于进一步做好地方政府债券发行工作的意见》（财库〔2020〕36号）	（1）地方债期限为1年、2年、3年、5年、7年、10年、15年、20年、30年 （2）地方财政部门应当保障专项债券期限与项目期限相匹配。债券与项目期限不匹配的允许在同一项目周期内接续发行，再融资专项债券期限原则上与同一项目剩余期限相匹配	再融资专项债券期限原则上与同一项目剩余期限相匹配
10	《地方政府债券发行管理办法》（财库〔2020〕43号）	地方财政部门应当根据项目期限、融资成本、到期债务分布、投资者需求、债券市场状况等因素，合理确定债券期限结构	不再对专项债券期限作具体要求

（三）"借新还旧"受到较为严格的管理

"借新还旧"一词并不陌生，简单说就是在各种主客观原因影响下，通过借新债还旧债的方式达到延迟偿还本金的目的。地方政府债券的"借新还旧"没有公司债、企业债灵活，有专门的管理方式，严格限定规模上限，并主要通过债务置换方式进行或者再融资债券等方式进行。

国发〔2014〕43号文提出对甄别后纳入预算管理的地方政府存量债务，各地区可申请发行地方政府债券置换。2015年开始发行置换专项债券，到2018年8月基本完成全国地方政府存量债务置换。另外，置换债券不仅指置换以前年度到期债务，也包含以后年度的到期债务，因此置换仅是"借新还旧"的途径。

2018年4月份的财政部数据发布，首次提出了"再融资债券"，主要基于以前发行的政府债券有部分到了本金清偿阶段。

除直接发行置换债券和再融资债券借新还旧外，财预〔2017〕62号文、财预〔2017〕89号文规定，因收入暂时难以实现，不能偿还到期债券本金时，可在专项债务限额内发行相关专项债券周转偿还，项目收入实现后予以归还。这也是借新还旧的一种细化方式。

财政厅字〔2019〕33号文提出的"合理确定再融资专项债券期限，原则上与同一项目剩余期限相匹配，避免频繁发债增加成本”，在一定程度上反映了与项目严格对应的地方政府项目收益专项债券借新还旧的政策尺度，扩大了地方债“借新还旧”的覆盖面。

2020年后财政部出台的专项债券政策文件包括《地方政府债券发行管理办法》（财库〔2020〕43号）均延续了再融资专项债券的相关规定，强调了专项债券期限要与项目期限相匹配。

表 9-2　　地方政府债券有关文件涉及借新还旧的规定

序号	文件名称	相关规定	备注
1	《国务院关于加强地方政府性债务管理的意见》（国发〔2014〕43号）	对甄别后纳入预算管理的地方政府存量债务，各地区可申请发行地方政府债券置换，以降低利息负担，优化期限结构，腾出更多资金用于重点项目建设	
		地方政府举借的债务，只能用于公益性资本支出和适度归还存量债务，不得用于经常性支出	
2	《关于做好2015年地方政府专项债券发行工作的通知》（财库〔2015〕85号）	2015年专项债券限额包括为2015年1月1日起新增专项债务发行的新增专项债券规模、为置换截至2014年12月31日存量专项债务发行的置换专项债券规模	
3	《财政部关于做好2016年地方政府债券发行工作的通知》（财库〔2016〕22号）	采用公开发行方式发行的置换债券资金，只能用于偿还清理甄别确定的截至2015年12月31日地方政府债务的本金，以及清理甄别确定的截至2014年12月31日地方政府或有债务本金按照《财政部关于对地方政府债务实行限额管理的实施意见》（财预〔2015〕225号）规定可以转化为地方政府债务的部分，对违规改变置换债券资金用途的行为，依法依规严肃处理	该规定另对置换债券规模、发行方式等作出了规定
4	《关于做好2017年地方政府债券发行工作的通知》（财库〔2017〕59号）	公开发行置换债券提前置换以后年度到期债务的，在债券发行前应当由承担偿债责任的政府财政部门出具债权人同意提前置换的书面凭证，由省级财政部门组织核实后报财政部驻当地财政监察专员办事处备案	该规定另对当年置换债券规模、发行方式、资金用途等作出了规定
5	《关于印发〈地方政府土地储备专项债券管理办法（试行）〉的通知》（财预〔2017〕62号）	因储备土地未能按计划出让、土地出让收入暂时难以实现，不能偿还到期债券本金时，可在专项债务限额内发行土地储备专项债券周转偿还，项目收入实现后予以归还	

续表

序号	文件名称	相关规定	备注
6	《财政部关于试点发展项目收益与融资自求平衡的地方政府专项债券品种的通知》（财预〔2017〕89号）	因项目取得的政府性基金或专项收入暂时难以实现，不能偿还到期债券本金时，可在专项债务限额内发行相关专项债券周转偿还，项目收入实现后予以归还	
7	《关于做好2018年地方政府债券发行工作的意见》（财库〔2018〕61号）	置换债券发行规模上限原则上为各地区上报财政部的置换债券建议发债数；发行地方政府债券用于偿还2018年到期地方政府债券的规模上限，按照申请发债数与到期还本数孰低的原则确定	该规定另对当年置换债券规模、发行方式、资金管理等做出了规定
8	《关于做好地方政府债券发行工作的意见》（财库〔2019〕23号）	对于再融资债券，如债券到期时库款比较充裕，在不突破再融资债券发行规模上限且严格保障财政支付需要的前提下，地方财政部门可使用库款支付还本资金，待债券发行后及时回补库款	
9	《关于做好地方政府专项债券发行及项目配套融资工作的通知》（厅字〔2019〕33号）	合理确定再融资专项债券期限，原则上与同一项目剩余期限相匹配，避免频繁发债增加成本	
10	《关于进一步做好地方政府债券发行工作的意见》（财库〔2020〕36号）	债券与项目期限不匹配的允许在同一项目周期内接续发行，再融资专项债券期限原则上与同一项目剩余期限相匹配	
11	《地方政府债券发行管理办法》（财库〔2020〕43号）	专项债券期限应当与项目期限相匹配。专项债券期限与项目期限不匹配的，可在同一项目周期内以接续发行的方式进行融资	

二、专项债券清偿风险分析

（一）地方政府违规操作导致的清偿风险

地方政府作为专项债券偿还主体，未能积极履行债券偿还责任，或地方政府的违法违规情况将导致债券发生清偿风险，常见的地方政府导致债券发生清偿风险的情形如下：

（1）针对项目举借专项债券已经超过经批准的本地区地方政府债务限额；

（2）发行专项债券未制订明确偿还计划，或者无稳定偿还资金来源；

（3）政府债务资金没有依法用于公益性资本支出；

（4）政府及其部门挪用项目举借的资金或违规改变项目资金用途；

（5）将项目资产进行违规抵押或提供担保，导致资产损失；

（6）未按规定进行信息披露，导致投资者利益受损的；

（7）项目发生或者可能发生不能偿还债务的，迟报、隐瞒或授意他人隐瞒、谎报相关情况；

（8）其他导致债券不能按时清偿的违法违规行为。

地方政府及其所属部门是项目主要责任主体，政府及部门负责人可能因不能按时偿还专项债券本息而被追究责任。目前，对专项债券相关的违法违规行为规定主要分布于《中华人民共和国预算法》《公务员法》《监察法》和《财政违法行为处罚处分条例》等国家有关规定中，当发生专项债券不能按期偿还债券本息时，应启动对应的债务风险责任追究机制，对存在债务违约问题问责。

（二）项目建设运营主体导致的清偿风险

地方政府专项债券实施机制中，政府部门是主要的责任主体，但是作为受委托实际参与项目建设和运营的企业，其建设和经营能力受到极为严格的考验，其建设和运营中存在违法违规导致项目资产流失，将最终导致专项债券不能按期偿还。

项目建设运营主体在参与过程中可能造成项目偿还风险的因素很多，归纳起来，主要有以下方面：

（1）项目建设单位因各种原因未能如期完成项目建设，导致项目不能按时投入运营；

（2）项目运营单位因合规经营、人事、财务、资金管理、资产管理等影响项目未能正常运营，导致收益不能达到预期的；

（3）挪用项目举借的资金或违规改变项目资金用途；

（4）项目运营单位违反债券资产管理要求，违法违规将项目资产进行抵押或担保，导致项目资产流失的；

（5）其他导致项目不能达到预期收益的违法情形。

接受委托建设、运营的企业主体，如果存在上述违法违规的情况，应当按照相关法律法规由相关监督管理部门采取行政措施或是行政处罚；对涉嫌犯罪的，应当移交司法机关。此外，建设或运营单位未履行或未能如实按照委托要求建设运营的，应当承担违约责任，委托人还可以更换建设运营主体。

第四节　专项债券清偿期管理

一、发生清偿风险情形

地方政府专项债券清偿风险的直接原因是项目收益不及预期，表现为不能支付当期利息，或者无法偿还到期本息和。具体为：

（1）债券到期不能支付当期利息；

（2）债券虽未到期，但预计不能偿还当期利息；

（3）债券到期不能偿还本金和利息；

（4）债券虽未到期，但可预计不能偿还本金和利息；

（5）疫情、自然灾害等其他影响债券清偿的情形。

上述情形均体现为地方政府专项债券清偿风险，不同于地方政府一般债券或者其他类专项债券可以通过地方政府财政资金清偿，地方政府专项债券偿还资金要求来源于项目对应运营收益，因此清偿风险分析也主要围绕项目本身进行。

二、专项债券清偿的法律基础与价值

（一）专项债券清偿的法律基础

政府债券发行和交易受到《预算法》《证券法》以及债券市场规则的约束。目前，地方政府债券相关法律制度体系暂不完善，除了《证券法》和

《预算法》的原则性规定外，尚没有一部专门的法律法规对地方政府债券作出具体规定，还停留在政策层面。

在具体政策文件方面，《财政部关于试点发展项目收益与融资自求平衡的地方政府专项债券品种的通知》（财预〔2017〕89号）、《关于做好地方政府专项债券发行及项目配套融资工作的通知》（厅字〔2019〕33号）、《地方政府债券发行管理办法》（财库〔2020〕43号）以及历年地方政府债券发行管理意见或债务管理办法，收费公路、土地储备、棚户区改造试点专项债券管理办法，对债券期限、本息偿还方式、还款要求，以及借新还旧等方面作出具体规定。

债券本质上是一种债权法律凭证，是政府、企业、银行等债务人为筹集资金，依照法定程序发行，约定在一定期限内还本付息的有价证券。债券的偿债条款是债券未来清偿的法律基础。专项债券清偿条款是债券清偿管理的核心内容，债券发行人和持有人基于清偿条款确定彼此的清偿权利义务，因此专项债券清偿管理主要以债券偿债条款为重点进行。

（二）偿债条款的价值

1.科学的偿债条款可以保障债券稳定流通，控制发行主体的融资成本。偿债条款的设置要考虑到债券流动性风险，除了起到保护投资者作用，也要为偿债来源相关主体的经营、财务、投资活动留下空间，确保其灵活性；科学合理的偿债条款还可以保障债券稳定流通以及资产或收益足以偿还到期债务，既控制发行主体的融资成本，也不降低投资者的收益。

2.科学规划偿债条款能对债务人进行有效的监督和制约，提高债券信用，保护债券持有人权益。债券偿债条款是债券持有人向债券发行人主张权益的重要依据，可以在一定程度上预防债券违约行为的发生，更好地保障债券持有人的利益。

因此，在对专项债券的清偿机制及其核心内容——债券偿债条款的设定进行讨论的时候，需要从地方政府专项债券的规制基础出发，结合专项债券发行政策制度相关规定，从债券发行和交易的合同属性和上市属性入手。

三、专项债券清偿管理

在当前法律法规规定的情况下，专项债券清偿可以使用的管理措施如下。

（一）灵活设置债券偿还方式

自2015年地方政府专项债券发行以来，到期一次性还款是偿还的最主要模式，也是最基本的债券偿还方式。及时还款是基本的时限要求，但专项债券政策文件从来没有限制还款方式。从2018年开始地方政府债券尝试提前偿还或者分年偿还等不同偿债形式（见表9-3）。这一方式也决定了不同的专项债券偿债资金归集的年度差异金额波动、超过或低于预期收益等情况将根据不同行业、不同类型而定，因此具有不确定性。

表 9-3　　地方政府债券有关文件涉及灵活偿还方式的规定

序号	文件名称	相关规定
1	《关于印发〈地方政府土地储备专项债券管理办法（试行）〉的通知》（财预〔2017〕62号）	第二十六条第二款：土地储备专项债券发行时，可以约定根据土地出让收入情况提前偿还债券本金的条款。鼓励地方政府通过结构化创新合理设计债券期限结构 第二十八条第二款：因储备土地未能按计划出让、土地出让收入暂时难以实现，不能偿还到期债券本金时，可在专项债务限额内发行土地储备专项债券周转偿还，项目收入实现后予以归还
2	《财政部关于试点发展项目收益与融资自求平衡的地方政府专项债券品种的通知》（财预〔2017〕89号）	因项目取得的政府性基金或专项收入暂时难以实现，不能偿还到期债券本金时，可在专项债务限额内发行相关专项债券周转偿还，项目收入实现后予以归还
3	《关于印发〈地方政府收费公路专项债券管理办法（试行）〉的通知》（财预〔2017〕97号）	第二十九条第二款：收费公路专项债券发行时，可以约定根据车辆通行费收入情况提前或延迟偿还债券本金的条款。鼓励地方政府通过结构化创新合理设计债券期限结构
4	《关于印发〈试点发行地方政府棚户区改造专项债券管理办法〉的通知》（财预〔2018〕28号）	第二十八条第二款：棚改专项债券发行时，可以约定根据项目收入情况提前偿还债券本金的条款。鼓励地方政府通过结构化设计合理确定债券期限

续表

序号	文件名称	相关规定
5	《关于做好2018年地方政府债券发行工作的意见》（财库〔2018〕61号）	各地可根据项目具体情况，在严格按照市场化原则保障债权人合法权益的前提下，研究开展地方政府债券提前偿还、分年偿还等不同形式的本金偿还工作，防范偿债资金闲置浪费或挪用风险
6	《财政部关于做好2018年地方政府债务管理工作的通知》（财预〔2018〕34号）	完善地方政府债券本金偿还机制。将防范地方政府债务风险和促进政府债券资金集约使用有机结合，既要根据公益性项目建设进展合理确定发债规模和期限，又要结合实际情况灵活创新地方政府债券本金偿还机制。在按照市场化原则保障债权人合法权益的前提下，地方政府发行政府债券时可以约定到期偿还、提前偿还、分年偿还等不同形式的本金偿还条款，避免偿债资金闲置，防范资金挪用风险
7	《关于做好地方政府专项债券发行及项目配套融资工作的通知》（厅字〔2019〕33号）	完善专项债券本金偿还方式，在到期一次性偿还本金方式基础上，鼓励专项债券发行时采取本金分期偿还方式，既确保分期项目收益用于偿债，又平滑债券存续期内偿债压力
8	《关于进一步做好地方政府债券发行工作的意见》（财库〔2020〕36号）	允许地方结合实际情况，采取到期还本、提前还本、分年还本等不同还本方式
9	《关于印发〈地方政府债券发行管理办法〉的通知》（财库〔2020〕43号）	地方财政部门可结合实际情况，在按照市场化原则保障债权人合法权益的前提下，采取到期偿还、提前偿还、分期偿还等本金偿还方式

债券偿债条款的内容主要在债券募集文件中进行载明，包括债券利率确定方式、债券还本付息的期限和方式等，上述内容可以概括为债券的偿还方式，构成了偿债条款的核心内容。

1. 专项债本金偿还方式设置

（1）基于专项债券发行期限，将债券按偿还日期划分为期中偿还、到期偿还和展期偿还。

①期中偿还也称为中途偿还，是指在债券最终到期日之前，偿还部分或全部本金的偿债方式。

②到期偿还也称为满期偿还，是指按发行债券时规定的还本时间，在债券到期时一次全部偿还本金的偿债方式。

③展期偿还是指在债券期满后又延长原规定的还本付息日期的偿债方式。

（2）按照债券本金的偿还形式的不同，可分为部分偿还和全额偿还。

①部分偿还是指从债券发行日起，经过一定宽限期后，按发行额的一定比例陆续偿还，到债券期满时全部还清。

②全额偿还是指在债券到期之前，偿还全部本金。

2. 通过偿还方式设计降低债券利息支出

专项债券常见的发行成本有债券发行相关费用（如承销费、咨询费、财务评估、法律审查等专业机构服务费用）和利息，前者一般较为确定且占总成本的比例较低；后者由发行金额、利率、资金占用时间三个因素综合确定，因各因素的不同发生变化，是专项债券发行的主要成本。

专项债券利息和本金共同构成了专项债券的偿债范围，其中本金是固定的，利息是最重要的变量。假设10亿元的债券本金，承销费用按照0.1%计算为100万元，20年到期一次性还本，利率按4%计算时需要支付8亿元利息，其中还本方式和利率均能引起利息变化。通过对到期一次性还本、分期或分年还本，以及展期情况下的融资成本进行计算和对比（见表9–4），可以发现：到期一次性还本付息方式下融资成本为8亿元，占还本付息总额的44.4%；根据每年收入不等额分期方式下融资成本不到3.972亿元，占还本付息总额的28.4%，两者融资成本相差约一倍。也就是说，通过减少资金占用的时间，可以有效降低利息金额。

表 9–4　　不同还本付息方式融资成本对比

序号	债券金额	发行年限	发行利率	偿还方式	还本付息总额（万元）	融资成本（万元）	备注
1	10亿元	20年	4%	到期一次还本付息	180000.00	80000.00	存在项目资金空置贬值，且无法使用；项目如违约，难以调整运营
2				最后5年等额分期	172000.00	72000.00	还款压力分摊到后五年，出现违约事项能够调整运营；成本缩减不明显，调整作用有限

续表

序号	债券金额	发行年限	发行利率	偿还方式	还本付息总额（万元）	融资成本（万元）	备注
3	10亿元	20年	4%	最后10年等额分期	162000.00	62000.00	还款压力分摊到后十年，成本明显缩减，存在较大运营调整空间，属于较优选择
4				每10年等额分期	160000.00	60000.00	首期还款，收益可能不足
5				每5年等额分期	150000.00	50000.00	首期还款，收益很可能不足
6				每年等额分期	145800.00	45800.00	项目前期收益要求较高，存在某年无法完成还本付息风险
7				根据每年收入不等额分期	139720.00	39720.00	假设首年收益5500万元，假设第1—5年收入很少，第6—7年集中还本达60%，以后每年还本付息

（二）充分利用政府资源为专项债券提供偿债保障

在过去，地方政府通过政府资源背书、城投企业等政府融资平台举债融资，形成了大量地方政府隐性债务，在国家“大开前面、严堵后门”的债务治理背景下，地方政府债务管理走向显性，政府资源可以直接被运用，在债券市场进行合法举债融资。

专项债券偿债来源为对应项目产生的收益，基于投资项目未来现金流的不确定性，专项债券风险相比于一般债券较高。因此，从投资者权益保护角度来讲，为专项债券的偿债提供一定政府资源保障是债券发行设计的重要工作。

通过查阅中国债券信息网近几年公布的地方政府专项债券披露文件，交通、水利、生态环保、水电气热等公用事业、城乡基础设施、乡村振兴、棚户区改造等政府投资项目的公益性，决定了这些项目建成后，将对项目所在区域或周边区域产生正外部性效益，尤其对涉及土地资源产生强大的溢价功能，很多案例将土地溢价计入专项债偿债资金来源，土地资源依旧是地方政府最优质的资源。

除了土地资源外，专项债券偿债资金来源之一就是各类财政补贴。在PPP项目中，可行性缺口补助是社会投资者利益回报机制的重要组成部分，地方政府专项债券相关政策也鼓励在确定项目内部收益率的基础上，结合使用者付费和可行性缺口补助模式，对项目收益进行设计。比如城市地下综合管廊、污水处理厂、水利、自然灾害防治等类型项目具有较强的公益性，且使用者付费明显不足以偿还债券本息，可以设置一定的财政补贴，并且这类项目在过去的建设投资中，中央财政和上级财政拨付建设补助、运营成本补贴的做法也是常态。

专项债券是地方政府通过市场化的方式，作为债券市场主体为政府投资项目合法募集建设资金，所募集资金专门用于对应项目。和其他债券公开发行一致，专项债券的偿债保障条款有关内容也可以债券发行信息披露文件为主要载体，围绕“专项债券严格对应项目”这个关键特征进行设置，可以采取但不限于以下措施或增信手段：

（1）在符合法律规定的情况下提供政府资源，如项目周边未来土地出让的增值溢价部分、财政补贴补助和特许经营权。

（2）设定限制性条款，明确项目建设形成的资产为国有资产，将严格按照国有资产有关规定进行管理使用，项目涉及资产所有形成权益归政府所有，在还清本次发行本金及利息前，项目涉及资产和权益不会用于为项目单位等主体提供抵押、质押以及其他任何形式担保的事项。

（三）在项目期限内发行再融资专项债券

根据财政部政策，土地储备和棚户区改造专项债券管理办法明确了允许收益困难的债券项目发行相关专项债券周转偿还。财预〔2017〕62号文、财预〔2017〕89号文规定，因收入暂时难以实现，不能偿还到期债券本金时，可在专项债务限额内发行相关专项债券周转偿还，项目收入实现后予以归还。2019年后，财政部专项债券相关政策如财政厅字〔2019〕33号文已明确提出在项目期限内可发行再融资专项债券，但强调应与同一项目剩余期限相匹配，避免频繁发债增加成本。

四、专项债券发生债务违约的风险应对

专项债券的政府债务特点，导致如因专项债券清偿违约引发某地区发生或可能发生债务风险事件的，则启动债务风险应急。国务院办公厅于2016年印发《应急预案》，各地也结合本地区实际，初步建立债务风险应急体系。

（一）债务风险应对法律体系

初步形成《中华人民共和国预算法》《中华人民共和国突发事件应对法》《国务院关于加强地方政府性债务管理的意见》（国发〔2014〕43号）为依据，以《国务院办公厅关于印发突发事件应急预案管理办法的通知》（国办发〔2013〕101号）、《国务院办公厅关于印发地方政府性债务风险应急处置预案的通知》（国办函〔2016〕88号）为指导，以及各省、市、县级应急预案为具体可执行工作内容的应急制度体系。

应急处置由组织指挥体系、预防和预防机制、应急响应、后期处置以及组织保障等组成，并建立债务风险事件级别，按照特大债务风险事件、重大债务风险事件、较大债务风险事件和一般债务风险事件进行分级。

（二）债务风险应对原则

（1）分级负责。总体来说，省级政府对本地区债务风险负总责，省以下各负其责；跨省（区、市）的，由相关地区协商办理。

（2）及时应对。地方各级政府应当坚持预防为主、预防和应急处置相结合，加强对政府性债务风险的监控，及时排查风险隐患，妥善处置风险事件。

（3）依法处置。债务风险事件应急处置应当依法合规，尊重市场化原则，充分考虑并维护好各方合法权益。

（三）债务风险应急响应

应急响应是债务风险应急制度的核心内容之一。地方政府要加强日常债券管理，按照财政部《地方政府性债务风险分类处置指南》，妥善处理政府性债务偿还问题。同时，要加强财政资金流动性管理，避免出现因流动性管理不善导致政府性债务违约。对因无力偿还政府债务本息或无力承担法定代偿责任等引发风险事件的，根据债务风险等级，相应及时实行分级响应和应急处置。

（四）债务风险后期处置

债务风险事件应急处置后，相关地方政府部门应当及时形成书面总结并报告；有关地方政府及其财政部门要对债务风险事件应急处置情况进行评估，充分考量事态严重性及处理预案，及时止损。

第五节　专项债券清偿期管理后续工作建议

不管是偿还方式的设置，还是偿债条款的设置，都将围绕“专项债券对应项目收益不足以清偿债券本息”这一核心风险。在发生或者可能发生债券不能清偿的情况下，即进入债券清偿风险暴露阶段。一方面，相关法律和政策制度明确地方政府必须用项目自身收益偿还债务，不允许刚性兑付；另一方面，债券市场法治化、市场化要求必须为最大限度保障投资者权益，为更好地应对风险，对于债券清偿期管理建议完善如下制度机制。

一、设立债务风险化解基金——健全偿债保障制度

债务风险化解基金，是地方政府加强金融风险防控、维护区域信用环境、防范化解系统性金融风险的手段之一。近年来，已有多个地方政府设立这类信用稳定基金，如天津国资高质量发展基金、河北省国企信用保障基金、内

蒙古自治区政府债务平滑基金等，基金的名称不完全一致，但设置的目的和功能高度相似。该类基金一般由项目所在的省级或市级政府主导，主要由财政部门、地方国有企业以及金融机构共同组建成立。债务风险化解基金主要分为两类，一类是信用保障基金，主要用于暂时垫付本息，针对流动性风险以提供短期贷款的方式进行支持；另一类是债务平滑基金，一般规模较小，主要用于置换政府债务，有针对性地化解和偿还政府债务。尽管上述二类债务风险化解基金都无法实质性提升地方政府债务偿还能力，对于债务的覆盖范围也有限，但设立这类基金可以向投资者传递政府对项目所在地债务风险的关注，有利于增强投资市场对地方债务化解能力的信心，也有利于更好地降低投资损失，保护投资者权益。

二、从相应公益性项目单位调入专项收入——弥补项目收益不足

根据财预〔2017〕89号文和财库〔2020〕43号文规定，专项债券是为有一定收益的公益性项目发行，以公益性项目对应的政府性基金收入或专项收入作为还本付息资金来源的政府债券。因此，专项债还本付息的资金来源为项目对应的政府性基金收入或专项收入。

财政部发布的《2018政府收支分类科目》将上述两类收入划入政府性基金预算范畴，从收入分类的角度分别明确了“政府性基金收入”是指各级政府及其所属部门根据法律、行政法规规定并经国务院或财政部批准，向公民、法人和其他组织征收的政府性基金，以及参照政府性基金管理或纳入基金预算、具有特定用途的财政资金；“专项收入”是指反映地方政府专项债券对于项目形成、可用于偿付专项债券本息的经营收入。

当项目自身收益不足以偿还债券利息的，可以从相应的公益性项目单位调入专项收入弥补。根据《地方政府专项债务预算管理办法》（财预〔2016〕155号）第七条规定，专项债务收支应当按照对应的政府性基金收入、专项收入实现项目收支平衡，不同政府性基金科目之间不得调剂。执行中专项债务对应的政府性基金收入不足以偿还本金和利息的，可以从相应的公益性项目

单位调入专项收入弥补。上述规定说明专项债项目收入允许从相应公益性项目单位调入收入弥补，同时项目收入支出要严格按照财政预算要求进行管理。

三、地方政府应多渠道筹集资金偿还债务——项目出现偿债困难，积极应对

根据《国务院关于加强地方政府性债务管理的意见》（国发〔2014〕43号）规定，地方政府出现偿债困难时，要通过控制项目规模、压缩公用经费、处置存量资产等方式，多渠道筹集资金偿还债务。地方政府难以自行偿还债务时，要及时上报，本级和上级政府要启动债务风险应急处置预案和责任追究机制，切实化解债务风险，并追究相关人员责任。对确需地方政府偿还的债务，地方政府要切实履行偿债责任，必要时可以处置政府资产偿还债务。

专项债券属于政府债务的重要组成部分，因此专项债券项目出现偿债困难时，允许地方政府多渠道筹集资金偿还债务，如通过引入社会投资人、处置政府资产、延长特许经营权等多种方法解决到期债务风险问题。

四、细化完善专项债券的信息披露——加强投资者保护

目前，专项债券信息披露文件虽然在过去普通专项债券要求的信用评级报告、地方政府经济、财政和债务有关数据、项目目录和有关事项通知的基础上，要求增加项目情况和项目融资平衡方案、项目财务评估报告和法律意见书，但总体上需要一定的金融或财政知识才能理解，尤其前述信用评级、地方政府经济等信息是针对省级政府，并不能精准到项目收益专项债券对应项目，这部分信息对于监督项目收益专项债券并不是有效信息。此外，目前信息披露主要关注发行时的信息披露，对于发行后实际资金使用和项目进展，尚未有成熟的披露机制，导致目前投资者并不能获得项目可能存在偿还风险的信息，并行使监督的权利。

促进投资者更好地获取围绕项目的信息，以便实施专项债券项目的监督，

应当在地方政府债务信息公开的指导下，进一步细化完善专项债券的信息披露机制，除披露发行人的信用评级报告、地方政府经济、财政和债务数据外，还要加强市县级项目的信息披露，不仅包括项目收益与融资平衡方案、项目财务评价报告和法律意见书，还应有专项债券发行后的定期披露项目进展、资金使用去向、项目盈亏情况等信息，实现公众参与到地方政府发行专项债券的精准监督工作中。

五、引入第三方专业机构参与债券管理——补充行政监管不足

财政部对地方政府专项债券的发行实行备案管理，并通过在各省份设立财政监察专员办事处对债券募集资金的使用进行监督检查。根据《财政部驻各地财政监察专员办事处实施地方政府债务监督暂行办法》，财政监察专员办事处监督内容包括地方政府债务限额管理、预算管理、风险预警、应急处置，以及地方政府和融资平台公司融资行为。可见，财政部对专项债券的资金使用和债券资金偿还情况进行监督，但并不对专项债券对应项目的建设运营管理进行监督。

对于政府投资项目，中央预算内投资和省级预算内投资项目的监督体制比较成熟，而专项债券项目的资金使用、收益和项目运营管理因其封闭运行的特殊性，并不能简单适用过去的项目监督制度，特别是针对专项债券项目的监管体制尚未形成，发改、国土、住建、水利等部门作为项目主管部门的上级监督下级，以及与同级财政的统筹和配合关系尚未理顺情况下，对项目建设运营主体的政府平台公司、国有企业的监督机制也不成熟。

鉴于上述情形，单独依靠政府行政力量进行专项债券项目风险监督管理很难有效控制风险。在这种情况下，根据专项债券市场化的原则要求，可以参考国际成熟债券市场运作规则，探索通过第三方专业机构参与来共同实现专项债券项目的管理目标。

此外，还可以借鉴吸收托管制度，建立专项债券的项目托管，当项目出现清偿风险的时候，可以根据实际情况，建立实施主体、业务主管部门、行

业协会等参与的项目后续管理专门工作组，将项目指定托管给独立第三方企事业主体，通过托管人对项目的继续经营或者资产处理，达到项目清偿责任的完全履行。

六、建立项目重整与清算制度——实现问题债券的依法退出

债券存续期结束后，债券对应项目资产经营不能实现预期收益的，举借债务的政府应当采取各种措施，履行偿还责任并应对可能或者正在发生的债务风险事件。

目前专项债制度体系里面还没有建立违约债券的退出机制，当一只债券出现兑付危机的时候，如何能够实现良性的退出，同时也打破投资人对政府债券必须刚性兑付的要求，让投资人能清楚地认识到政府债券是一个债券市场的产品，也会存在违约导致的投资风险，这就需要建立专项债券项目重整和清算的配套制度体系，保证出现问题的债券也能够有合理退出的机制。

等项目发生清偿风险时，地方政府可以应用重整机制，通过引入外部专业资源，以市场化、法治化方式盘活现有资产，实现项目良性退出，最大限度地保障投资者利益，维护政府信誉。

如果项目确实无法通过重整实现清偿，可采用项目清算机制，通过变卖资产、减少支出等方式筹集偿债资金，尽量保障投资者利益。

建立专项债券的重整与清算制度并不影响地方政府的信用，专项债券重整与清算机制完全围绕具体项目开展，所以专项债券清算机制非常有必要。个别项目的兑付风险按照市场化法治化方式有序进行处理，反而不会对政府的信用产生大的负面影响。

七、创新专项债券项目运营模式——降低项目收入不足偿还债券本息风险

专项债券项目属于政府投资项目，其参与主体目前主要有两类情形，一

类是实施主体为政府机关或者事业单位，授权委托企业建设运营项目；另一类是由本级国企实施的公益性项目，项目单位即发债主体为城投企业，主要是区县级平台，主管部门为政府机关或事业单位。

政府委托项目运营单位代为运营是目前专项债券项目常见的运营方式，政府通过与选定的运营单位签订委托运营协议，将运营目标、运营内容、工作要求等要素通过合同的方式进行约定，支付代运营单位一定费用作为运营管理费用，实现项目持续稳定运行，提供公共产品或服务。这种模式的优点是项目收入和支出全部以政府名义进行，政府能够发挥全面监督的作用，政府及时掌握资产变化情况。缺点是项目运营主体责任为政府，政府的运营监管成本太高。运营单位按照政府的指示运营资产，运营管理费用固定，运营单位缺乏激励，没有运营积极性，项目收益实现难度较大。

项目如期完成建设并达成运营目标，是实现项目收支平衡、降低债券清偿风险、真正保障投资者权益的关键。故建议未来可以考虑以政府授权项目运营单位的方式进行项目运营，即政府与专业运营单位签订授权运营协议，将项目资产的经营权利通过法律文件的方式正式授予项目运营单位，由其全权运营项目，并约定运营单位每年支付项目授权运营费，项目运营期间的授权费用应当能够保证债券本息偿还。

在政府授权运营的这种新模式下，项目资产的所有权仍属于政府，但将经营的权利在一定期限内让渡给了运营公司，实现所有权和经营权分离。项目资产以运营单位的名义被运营，具有较高的灵活性，运营单位会尽可能地引入更专业的团队，对运营资产的价值进行充分挖掘和发挥，更为有效地实现项目收入，保证债券本息偿还收入，同时还可能带来超过债券本息的更高回报率，让公益性资产的价值发挥最大价值。目前专项债项目公益性资产的授权运营还没有先例，属于专项债项目运营的创新探索，需要对相关各方主体的权利义务进行详细研究，坚持以市场化、法治化方向推动专项债授权运营模式。

第六节　小　结

综上所述，地方政府专项债券清偿机制是保证地方政府按约定偿还专项债券的具体路径和约束机制，需要清楚认知举债主体责任、举债方式、偿债资金来源、偿债期限、偿债资金用途及资金管理等影响要素，明确地方政府对其举借的债务负有偿还责任，坚持中央实行不救助原则，坚决遏制隐性债务增量，严堵违法违规举债融资的“后门”，稳妥化解隐性债务存量，把住“谁家的孩子谁抱”这一政策底线。

在具体操作中，锁定清偿主体履行清偿责任，通过启动应急预案等措施保护投资者利益，并及时向债券市场进行清偿信息披露。同时，在专项债券的“借用还”主体不相统一的情况下，通过完善全面绩效预算管理制度，理顺权利关系，明确责任划分，逐步实现地方政府的责任主体和资金使用主体的统一，也是当前防范偿债风险的可行选择。此外，也可以通过引入外部专业资源，采用市场化、法治化方式，盘活现有资产，以实现债券项目的良性退出，最大限度地保证投资人利益，同时维护政府信誉。

第十章

地方政府债务
风险管理的治本之道

通过对地方政府专项债券的全生命周期风险管理的深入分析，我们对地方政府专项债券项目在各个阶段有可能出现的问题、风险点以及如何应对都有了一个相对清晰的认识。本章我们从宏观层面探寻地方政府专项债券的风险管理与绩效提升。

第一节　地方政府债务风险的根本原因

一、政府债务——现代国家发展的“双刃剑”

现代意义上的政府举债制度首次出现于16世纪自由资本主义时期。从此至今，政府对债务的利用经历了由战争时期到和平时期、由被动举债到主动利用、由小规模利用到大规模利用的演变过程。早期政府举债是为了支付战争时期的巨额开销。第二次世界大战之后，政府对债务的利用经历了质的变化，表现在债务资金用途，由应付战争开销转变为支持经济发展。

政府债务是一把典型的“双刃剑”，正面看政府债务具有一种显著的作用，可以帮助政府将大额支出平摊至未来，刺激经济走出低谷，从而避免发生经济危机与社会动荡；同时，如果政府债务超过了其负担与承受范围，将不可避免地让国家陷入债务泥潭，对国民经济产生巨大的伤害。近30年来，特别是2008年，发生了自1929年大萧条以来最为严重的国际金融危机，各国及时有力采取了货币和财政政策。政府债务作为应对经济危机的主要财政手段，也成为各国政府应对此次危机的主要举措，有效应对了经济增速大幅下滑、失业率迅速攀升等经济危机的影响，避免了社会矛盾的进一步激化。尽管扩张性的财政政策帮助全球经济避免了更为严重的衰退，但是积极的财政政策相伴随的是政府债务的膨胀、财政风险的积聚，使全球主要经济体都发生了严重的债务问题。政府债务风险自此成为影响世界经济运行的重要不确定因素、国际金融体系动荡不安的根源。

（一）美国的债务问题

美国是利用政府债务最典型的国家。美国金融危机之初，奥巴马政府以扩大社会福利支出来缓解危机影响。特朗普政府执政后继续推动扩张性的财政政策。拜登政府应对疫情与经济发展的财政政策依然是举债，其直接的后果是美国债务的快速增长。2017年的美国债务是20万亿美元，2021年是30万亿美元。2021年的时候，美国债务占GDP的比重已经达134.78%，到2022年底，美国国家的总债务达到美国联邦政府能够接受的最高法定债务31.4万亿美元额度的上限。随着债务规模的不断扩大，美国所需要缴纳的利息也就越来越多，这又会迫使美国继续提高债务上限，进而会面临更加巨大的偿债压力。由于美国所需要支付的债务利息越多，美国本身的偿债能力就越差，这将导致债券市场因美债风险而进行抛售减持。而这种抛售美债的动作本身也会再次加重美国债务的困境。为了新增债务，便需要付出更大的成本，这就是所谓的债务“死亡螺旋”。如果美国的债务风险问题处理不好，将极有可能导致全球经济“硬着陆”。

（二）欧洲主权债务危机

欧债危机是在美国次贷危机导致的国际金融危机的大背景下产生的。世界各国为刺激经济而普遍采用扩张性财政政策时，债务规模随之大幅增加。同时，愈加恶化的财政状况，强化了违约风险。2009年10月，希腊政府宣布当年的财政赤字和负债率占GDP的比重远超《马斯特里赫特条约》规定的上限，评级机构随即把对希腊的评级调至A级以下，至2011年5月则被降到B级，使得希腊政府通过发新债还旧债的方法难以延续。希腊主权债务爆发，并迅速蔓延至葡萄牙、西班牙、意大利和爱尔兰等欧元区，其他国家经济也受到拖累，全球主要金融市场也受到影响。仅希腊债务违约欧盟就提供了2800多亿美元的资金救助，希腊用了10年时间才于2018年走出债务泥潭。

（三）日本的政府债务危机

日本政府债务状况在主要发达经济体中处于最高水平。根据世界银行的数据，截至2022年三季度，日本政府债务达到了惊人的1251.4万亿日元，而其过去连续4个季度的GDP总额只有544.9万亿日元，这意味着日本的政府债务/GDP，达到了惊人的230%，在全世界所有经济体中居首位。虽然日本目前还没有出现类似希腊那样严重的债务危机，但这并不代表日本政府庞大的负债是安全的。日本国债的信用评级很高，具体来说，2016年日本央行宣布实施YCC，将短期国债收益率维持在–0.1%；将10年期国债收益率维持在0%，且对每日浮动上限有所限制，最初是±0.1%，后为±0.25%，2022年底将其调整为±0.5%。每次加息就意味着日本政府需要额外支出更多的利息，而这个利息，马上就会再度转换成为新的政府债务，由此导致政府的债务负担更加沉重，更加束缚政府的支出。如果外界对日本未来的竞争评价非常悲观，或是日本出现了严重的自然灾害，信用评级随时可能下调。一旦发生类似状况，日本庞大的债务可能使其失去任何财政补救措施的空间，成为绞杀经济复苏希望最致命的绳索。

西方国家政府债务风险的内部原因，来自于民主选举政治制度不完善。四年一次的选举导致的政治人物追求短期利益、回避长期矛盾，使得国家经济发展的深层次问题不能得到及时有效的解决。引用18世纪政治理论家亚历山大·泰特勒的话，民主制度注定是不可持续的，它只能在选民发现自己能够通过投票从国库中获得大笔财富之前维持运行。一旦他们意识到了这一点，大多数选民总是会投票给承诺最为慷慨的候选人，进而导致民主制度在不负责任的财政政策下崩溃以及产生独裁。为了赢得选举，政治人物都小心地避开加税等增加选民负担的各项政策选项，采取举债方式让选民获得短期高福利，进而激励选民投票给自己。这样做的后果最终会因为社会发展深层问题得不到及时解决，而给国家整体发展带来长期持久的伤害，全体国民承担不利后果，希腊债务问题就是一个典型案例。

债务风险的外部原因来自全球化的机构投资人与资本市场。首先是机构投资人的全球化，随着经济全球化的进程，由外国机构持有的政府债券数量也在快速增长，在美国、德国、法国和意大利这一比重都达到了30%甚至更高。在机构投资人看来，政府债务与其他经济主体承担的债务相比较，并没有什么本质不同。在成熟的全球化资本市场中，机构投资人有着自己独立的投资标准。通过对政府的政策评估决定政府债务的投资行为，这些行为将直接影响政府债务能否持续，所以说国际资本市场与投资人是政府债务能够持续的最终决定人。

政府债务的性质就是利用债务资金驱动国家经济发展，债务驱动的本质是国家信用驱动，作为国家信用驱动的政府债务与其他经济主体承担的债务相比，具有如下明显的特征：

第一，政府代表全体纳税人对外举债。政府只是名义上的债务人和偿还债务的责任主体，实质上并不是由政府组织自身，而是由全体纳税人承担。

第二，国家规模和国民经济发展水平决定政府信用水平。政府信用与其他经济主体信用相比较更具优势，更大的国家规模和更高的国民经济发展水平往往可以享受相对更高的信用等级和更低的利率水平。

第三，国家信用具有长期性。政府经常利用借新债还旧债的方法，尽可能地将债务偿还期限向后移。基于国家信用，债权人能够接受借新还旧的偿债模式。这样，偿债责任尽管最终强加于全体纳税人，但具体由哪一代纳税人承担则是不确定的。偿还债务的纳税人也并不必然参与初期的举债决策，他们对政府债务偿债责任的承担是被动的。

理解了政府债务的特性，就可以很好地理解政府债务对国家经济发展的作用。政府债务提供了一种税收、土地之外的国家资金筹集方式，已经成为现代国家保障经济发展的最重要财政手段。政府债务与经济增长、投资、通货膨胀都有着紧密的联系。主权国家不论大小，都必须认真面对政府债务的可持续发展问题。政府的代理人角色、借新还旧的安排、举债决策与偿债责任的脱节等因素，强化了债务作用的复杂性，为最终过度负债的债务危机埋下伏笔。

二、地方政府债务风险是中国政府债务风险主要来源

中国政府债务问题与国外的政府债务具有一定的区别，其中最重要的区别就是财政管理机制不同。中国是财政集中制国家，而美国是财政联邦制国家，虽然在中央层面政府举债都需要严格经过人大或议会批准，但在地方政府举债要求和地方政府债务的风险分担机制上两者完全不同，在财政集中制下中国中央政府要对地方政府的债务风险管理承担更多的责任。

中国政府债务与国外政府债务相比另外一个重要区别是债务产生的原因：中国的政府债务问题是在中国经济高速发展阶段对基础设施建设投资形成的，上述债务投资随着未来社会经济发展潜力的释放，有希望逐步化解债务压力。国外的债务问题是在经济低速增长下形成的，且债务并不是支持经济发展的资本性投入，而是为了应对社会福利方面的消费性支出，对未来经济增长的拉动并不明显。

近年来中国中央政府的预算与财政赤字一直保持在合理区间，政府债务风险主要集中在地方政府债务问题。过去地方政府为了发展经济盲目举债，形成了大量的政府隐形债务。当前地方政府隐性债务已知的主要形式有：融资平台公司通过地方人大、政府出具承诺函所获得的融资；棚改扶贫等项目中，以政府购买服务形式所形成的债务；明股实债型的PPP项目；由地方政府统一使用和偿还的企事业单位举债；以政府性投资基金作为兜底预期收益的股权投资；地方政府成立资产管理公司或投资公司，以相互担保、资产抵押等方式举债的债务；地方政府以融资租赁、信托等形式变相举借的债务；等等。地方政府隐性债务风险已经成为系统性金融风险的主要来源之一，是中央经济工作会议多次提及的防风险重点工作。

根据过去地方政府举债的实际情况分析，可知引发地方政府债务风险的主要因素体现在以下三个方面：

第一，地方政府债务融资成本太高。地方政府所投资的项目基本都属于基础设施建设类项目，其投资回报率远远低于市场化融资成本。地方政府通过平台公司市场化融资用于政府基础设施建设，项目收益率达不到市场化融资的必要报酬率，很容易造成潜在的违约风险。

第二，地方政府债务融资期限错配。地方政府所投资的基建项目都属于投资回收期10年以上的长期投资项目，市场化融资基本上都是以中短期融资为主，除了政策性银行外很难满足期限要求，因此长期投资期限与短债务期限之间的矛盾必然导致短期债务偿还兑付风险。

第三，地方融资平台能力不足。在过去，地方政府主要通过其融资平台公司对外进行债务融资，平台公司本身的资本实力不足影响信用债券评级和利率，而运营能力不足又导致不能很好地通过运营实现投资资产的收益，无法通过投资收益清偿到期债务，进而引发债务风险、影响金融稳定。

随着对地方政府债务风险的疏堵结合、强化治理，一方面堵后门，严格禁止并查处地方政府违规举债等情况；另一方面开前门，允许地方政府依法发行专项债券，使得地方政府财政融资行为更加规范，从此能够更谨慎和更加阳光地进行债务融资。

地方政府专项债券制度设计很好地解决了上述政府债务风险的诱发因素：通过省级政府作为主体对外发行债券，发行人的信用保证了债券的利率接近国债水平，融资成本得到大幅下降；同时债券期限也可以达到10年以上，融资期限与项目周期得到了很好的匹配；债券以项目为基础封闭运行管理，相应的资产收益与地方平台公司自身的资产相隔离，最大限度地降低了地方平台公司自身能力对债券项目的风险影响。

专项债券经过5年多的大规模发行，使我国地方政府债务已经基本实现了底数清晰、规模适度、风险可控。特别是随着专项债券制度的不断深入推进，地方政府盲目违法举债的问题已经得到了有效遏制。

三、专项债券风险是地方政府最主要的债务风险来源

就目前来看，已经发行的专项债券项目，不论从项目数量还是债务规模，都已经占据了各级地方政府财政融资的主要比重，因此专项债券风险就是地方政府需要面对的最主要债务风险来源。从法律角度而言，管理好了专项债券风险就管好了地方政府债务风险。

随着债券项目逐步开始进入项目运营期，项目普遍存在收益不及预期的问题。虽然现在专项债券的利息相对市场化融资较低，期限较长，只要求达到还本付息，没有高投资回报的要求。但由于项目兼具公益性与收益性的基本原则，对大部分专项债券项目的收益实现也具有一定挑战性。如果没有对专项债券进行全生命周期管理，发行的债券资金最终流入一些低质量资产或者无效项目投资，会导致专项债券资金浪费。专项债券项目收益不足将直接引发债务违约风险，不能清偿到期债券本息将是目前地方政府需要面对的最核心的债务风险。

上述债务风险的根本原因在于地方政府对专项债券项目全生命周期管理的能力不足，全生命周期管理能力是指从项目规划、发行到建设、运营、清偿全过程把控项目质量和风险的能力，这也是本书前文的重点内容。我们对债券项目的全生命周期管理风险进行了梳理、分析、识别、评估，提出了风险管理的解决路径。解决路径的全面落实，能够大幅提升地方政府对专项债券项目的风险管理能力，有效应对债务风险。

第二节　地方政府债务治理的中国模式

通过对地方政府债务风险原因分析，我们看到地方专项债券将是地方政府今后最重要的债务风险来源。因此如何管理好专项债券不发生风险，就是地方政府债务风险管理的最核心工作。专项债券风险管理不能仅仅是应付监管和审计。面对如此体量的资金、项目和参与主体构成的复杂系统，传统的

审计监督和行政监管很难达到债务风险管理的预期目标。下面我们从综合集成的角度，通过法律管理方法探讨地方政府债务风险管理的治本之道。

一、中国式地方政府债务治理的底层逻辑

近几年随着境内新冠疫情多点散发和世界经济深度衰退，全球通货膨胀率、失业率普遍提升，国际贸易显著萎缩，加上部分发达国家疫情期间大规模经济救助和刺激政策的影响，全球债务水平快速攀升，国际形势更日趋复杂严峻。中国在全球经济下行和“外防输入、内防反弹”这一双重压力的持续影响下，积极的财政政策已成为统筹疫情防控和刺激经济社会发展的战略保障。地方政府专项债券以四两拨千斤之势，已经成为我国积极的财政政策，乃至宏观调控的重要工具。

（一）西方债务治理方法失灵的深层原因

从过去20年全球发生的层出不穷的主权债务危机，到当前的美国债务风险，已经深刻地反映出一个问题，就是过去多年一直以来指导政府债务治理的西方宏观经济思想与政策已经失灵。其不仅没有发挥应有的作用，有时候甚至加重政府债务风险。当前全球主权债务风险已经是一个无法回避的问题，各国无法再靠仅仅举债维持经济发展社会稳定。

按照西方经济学理论，一个国家的宏观经济管理有最重要的两个手段，就是货币政策和财政政策。就美国而言，通过美联储量化宽松和财政部发行国债来刺激经济发展，货币政策和财政政策并用就可以有效调解经济周期，使得社会经济处于平稳发展状态。可现实的情况却是，美联储不断加息仍然无法控制通货膨胀，财政部美元债务余额见底，如不增加债务上限则面临崩盘风险。通胀和债务高企，国家整体经济不可能良性发展，经济出问题首先是银行等金融系统爆发金融风险，进而传递到实体经济，引发大量中小企业破产。硅谷银行的破产已经拉开风险爆发的序幕。不仅是美国，欧债，日元都面临货币和债务双重风险。透过现象看本质，我们要真正了解这种情况背

后的原因才能真正理解当下的全球债务问题。

引发当前西方债务治理失败的原因极其复杂，其中最深层的还是债务治理的金融化。需要刺激经济时就大量印钱、大量举债，需要降温经济的时候就加息缩表，试图通过货币政策和财政政策等宏观经济调控手段来解决微观实体经济的发展问题。这一做法的底层逻辑是市场会自动对资本进行有效的配置，通过金融和实体经济的市场化交互影响来完成对实体经济的调整，这显然和我们看到的现实情况不符。特别是当政府把债务资金用于对外战争和社会福利，货币增发直接用于消费和社会福利性支出时，货币政策与财政政策就背离实体经济渐行渐远，这种严重脱离实体经济的债务治理模式只能带来短期稳定，很难实现长期繁荣。

债务治理脱离实体经济，长期而言对于社会经济发展会产生持久长远的影响。主权债务最终是由全体国民买单，货币超发带来的是国家信用损失，这些最终都需要一代人甚至几代人才能够弥补。

（二）东方“天人合一阴阳平衡”的债务治理观

中国的债务治理方法论认为，债务治理首先要尊重客观规律，深刻认识债务治理背后的深层规律，在这个基础上再对债务进行整体治理才能真正落到实处。

中国的黄老道家治理思想首重“天人合一”与“阴阳平衡”。“天人合一”体现了我们处理社会问题的系统整体观，绝不会就单个问题孤立地去分析，而是从更加整体、系统的视角去分析，找出问题产生的根本原因，再对症下药。这一点我们的中医治疗中“上病下治、内病外治”体现得最为典型。“阴阳平衡”反映出我们对事物发展相对性的理解，这与马克思主义的辩证分析对立统一的原理一致，都是寻求解决问题的平衡点，通过对问题相对方调节的方式解决问题，达到均衡发展。我们中国传统文化中的阴阳平衡状态可以理解为稳定健康的可持续发展状态。

用中国债务治理方法理解债务，我们认为：债务不会凭空产生，也不会凭空消失，政府债务的形成基于国家信用，国家信用来自国家的财富创造能力，国家的财富创造能力依托于国家可产生收益的资产。政府债务的消失基于国家的债务偿还能力，债务偿还能力取决于国家的财富创造能力。所以按照这个债务产生消失的基本规律，我们解决债务问题一定不能就债务谈债务，从债务入手解决不了债务风险问题，而是要从资产端入手。如果解决了资产收益问题，就可以消除债务风险，为债务治理提供了客观现实基础。

东方债务治理应当是坚持二元互补辩证法，平衡债务与资产的治理模式。我们追求的是资产与债务达到相对动态均衡的状态，这就是最理想的一个中国债务解决方案。如果发行货币或者举债之后完全用于社会福利性支出，没有相应的收益性资产进行担保，一定会破坏平衡。如果超过限度的失衡必然带来债务风险，极端情况下甚至会导致国家经济出现崩溃性衰退。所以解决政府债务风险的中国式治理，一定是从债务形成的资产端上入手，才能真正有效消除债务风险，形成债务与资产可持续发展。

优质的资产是最好的对抗债务的风险工具。随着社会经济数字化发展的不断进步，当前资产的概念已经和传统财务意义上的资产完全不同，我们已经不能用工厂大楼等固定资产和商标专利等无形资产概念来理解债务对应的资产。债务对应的资产是指能够不断创造价值带来持续收益的能力，通过这种能力直接产生收益或者是间接产生收益，而这个收益又能够反馈到债务偿还上，这就是债务治理中对资产的认识与理解。

树立起正确的资产观，我们就可以很好地理解政府债务对应的资产范围，比如现在的新基建、新能源、新型城镇化、社区治理、民生养老等政府债券投资项目，最终形成的都是资产。互联网数字经济时代，只要能产生收益，就能够有效降低债务风险。所以说我们从运营能力入手提升资产的收益能力，一旦资产端管理好了，债务问题便迎刃而解。这就是中国对政府债务治理的治本之道，解决债务问题不能离开实体经济，只要资产收益没有确定性地覆盖所有债务，债务风险始终存在。用资产收益来确保债务偿还才是彻底解决债务风险的根本路径。

地方政府专项债制度充分体现了中国式债务治理思想，专项债以项目为核心，债券资金必须用于公益性且有一定收益的项目建设。项目通过未来的运营收益偿还债券本息，这就是债务与资产平衡的债务治理模式。过去5年的专项债券实践已经是一个很好的开始，所有募集的债券资金全部应用于公益性有一定收益项目，就是说地方政府借的每一笔债务都是对应一个项目资产，只要这个资产将来能产生收益，就能还上这笔债务，我们的地方政府债务和资产始终是成对出现的，像正负电子一样进行抵消，债务风险才能得到彻底有效的解决。

（三）构筑支撑价值创造的债务治理结构性力量

基于东方债务治理观，当前中国地方政府债务治理的首要问题就是，怎样才能实现债务和资产的动态有效平衡？答案是我们需要构建一套制度体系、一套系统性的力量，结构性的支撑让债务和资产能够在这个体系中进行良性互动，形成有效的动态平衡发展，这是我们政府债务治理的制度性基础支撑力量。这种支撑力量不是靠人为的强制性的检查监督起作用，而是一种内生的、自然形成的机制性力量，不断地推动债务治理朝好的方向去发展。具体而言，良性可持续发展就是发行债券，投资建设基础设施项目，通过项目运营产生收益，偿还债务，政府信用提升，继而通过资本市场发行债券建设更多基础设施项目，进入下一轮债务资产循环。如此不断地通过政府债券筹集发展资金推动地方社会经济发展，我们需要通过构建结构性债务治理制度体系，将债务风险对社会经济的冲击转化为推动社会经济发展的强大推动力。

中国式的债务治理制度体系，与西方式货币财政政策的债务治理方式有着根本的不同。我们是在构建一种全新的能够支撑债务治理的结构性力量，通过这种制度的设计，形成这种机制，让所有的债务治理的参与主体都能够去努力实现债务与资产的良性互动，最终通过这种制度实现我们从债务到资产的整体性价值创造，再到债务偿还这一良性循环，将债务问题最终转化为推动社会发展的资本投入和资产高质量运营发展的根本性力量。

一个良好的中国式债务治理体系将是我们国家未来现代化发展的一个重要的支撑点，一定会给政府债务的管理带来一个持续、良性的推动力，引导债务管理进入一个良性发展的轨道。如何构建这一制度体系，还是要靠我们的法律管理的方法来去实现。法律管理是中国城市建设和社会经济高质量发展的底层构建逻辑。一方面法律管理方法可以将已有的法律与管理制度引入债务治理制度，另一方面法律管理方法也可以在已有的法律与管理制度基础上进一步构建新的制度体系。通过制度体系建设，将宏观国家债务治理制度层面，到中观各个省一级的政府债务治理制度层面，再到微观市县级债券资金的最终使用制度层面，以及债券项目的建设运营参与各方主体的管理制度进行系统的构建，最终形成一个整体，构成一个有机的、结构性的法律管理制度体系，使我们整个中国债务治理的根基稳、资产实、防债务风险与促经济发展能够形成良性促进的状态，让中国式的地方政府债务理体系中的结构性力量能够充分发挥作用。

二、构建中国特色的地方政府债务治理体系

中国特色的地方政府债务治理体系是基于综合集成的中国债务管理思想指导，用法律管理方法进行逐步建立完善，最终要形成一个从上到下、从宏观到微观的债务治理整体大系统，通过结构性的力量来解决债务治理问题。

（一）宏观层面：建立全国性地方政府专项债券治理制度体系

党中央、国务院发布全国性债务治理的顶层设计文件，财政部负责制定以地方政府专项债券为核心的全国性地方政府债务管理各项制度性文件。国家层面的债券管理文件应当围绕债务与资产两大方面进行，把债务与资产的管理成果作为各省债券限额分配和资金投向的主要依据，依法构建起专项债券治理的法律管理制度体系（见图10–1）。

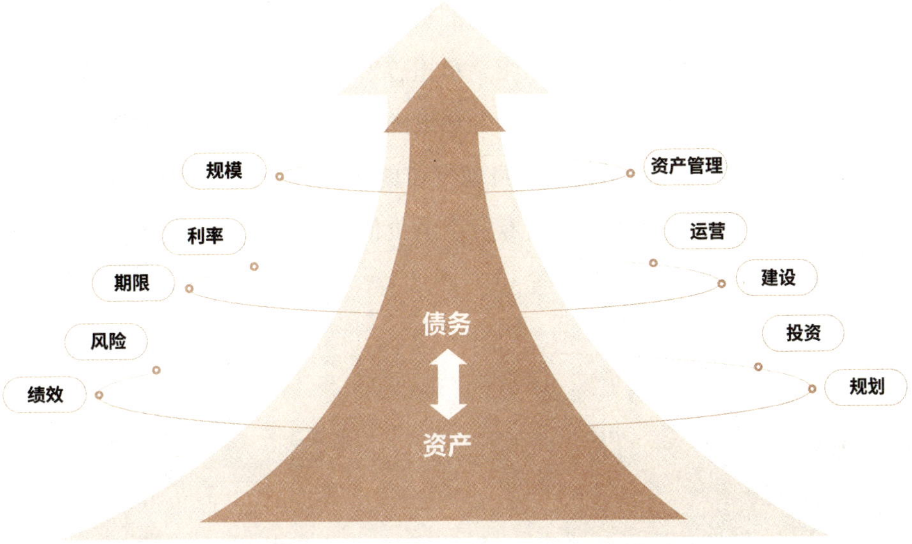

图 10-1　专项债券宏观整体治理体系结构

专项债券宏观法律管理制度体系应当能够为地方政府债券建设运营面临的各种共性问题提供明确的要求与指引，最大限度消除债券管理中不确定性，保证全国各地的基础债券管理制度统一。如果能够在充分调研地方创新探索的经验基础上，进一步出台专项债券各项工作的基础规范与操作指引，将会对后续各省专项债券与债务管理水平的提升产生强大的积极影响。

（二）中观层面：省级政府债券发行主体责任充分落实

省级政府是专项债券在资本市场中的债券发行主体，承担着对外偿还债务的责任，因此省级层面专项债券治理体系的目标就是全面落实省级政府的债券发行主体责任，通过对专项债券项目和资产的管理实现政府债务的良性可持续发展。

专项债券项目与资产对于省一级政府债务管理而言，就是一枚硬币的两面，好的项目筛选意味着后期资产运营收益实现的高成功率，同时好的资产运营能力又为项目筛选创造了更大的空间和范围。省级政府通过制定完善的项目筛选和资产运营绩效考核管理制度体系，不断吸收各方社会主体积极参与省内各县市级政府对地方发展项目的设计规划与建设运营，实现本省专项债券项目的整体运营能力提升。优质的资产是债务风险最好的支撑，专项债券中观治理体系是债务管理的枢纽，承担着宏观国家政策落实和对微观项目具体运营各方支持的责任，更是债券最终的偿还责任主体。中观债券治理制度不可能各省统一，一定是根据自身现状和具体情况制定，才能充分与本省的项目建设实际结合，发挥专项债券资金的价值，实现债务与资产的良性循环（见图10–2）。

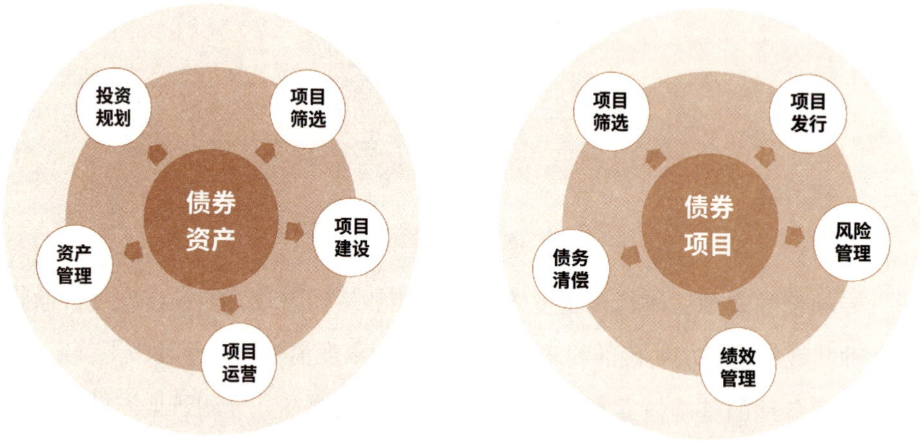

图 10–2 专项债券中观治理体系建设

（三）微观层面：专项债券项目全生命周期风险管理与绩效提升

专项债券微观层面就是各县市级地方政府对具体的债券项目进行管理的要求。债券项目是债务治理与资产运营的核心，本书首先将具体项目的全生命周期管理作为地方政府债务治理的核心进行展开分析，通过规划、发行、建设、运营、清偿等债券项目不同生命周期阶段的逐项分解与具体管理风险点的梳理，明确了债券项目各个阶段的核心风险，提出了相应的应对策略，强化专项债券项目的全生命周期风险管理是县市级地方政府的债务治理核心工作，也是对国家政策和省级债务管理要求的贯彻落实（见图10–3）。

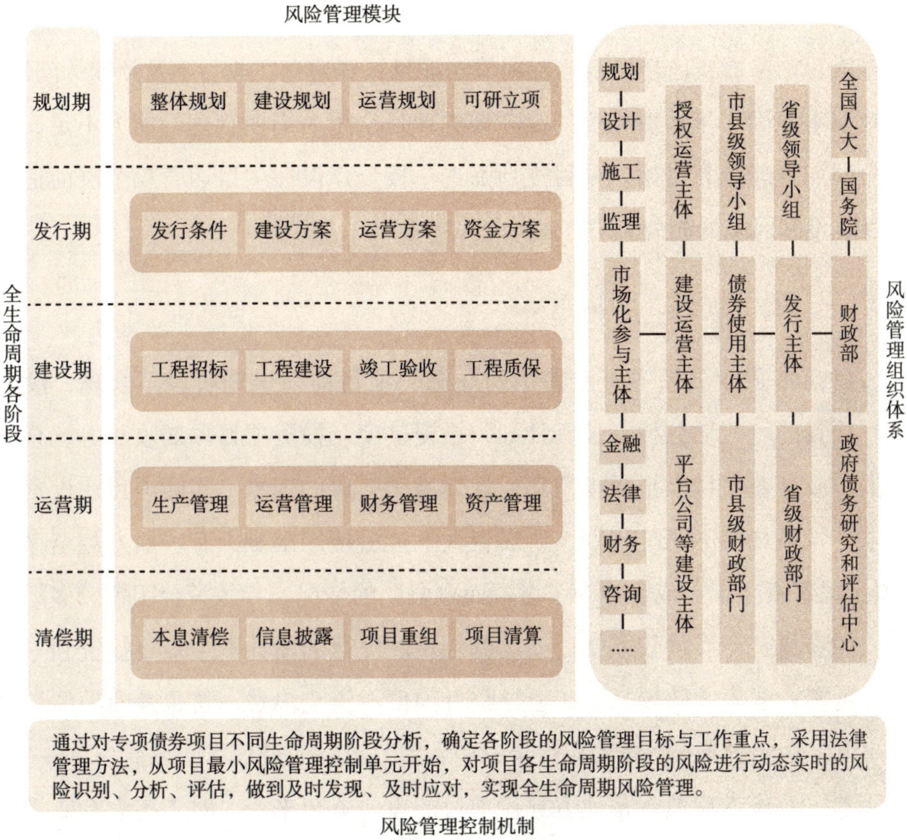

图 10-3　专项债券微观治理体系建设

第三节　地方政府债务风险治理能力提升路径

好的治理体系为地方政府债务治理提供了一个良性发展的路径，但债务和资产能否实现良性循环，最终还是要落实到微观层面每一个专项债券项目的建设运营表现，这又直接取决于县市级地方政府的治理能力。因此，如何让县市级政府的债务风险治理能力提升是债务管理的关键，基层政府从来不缺监管检查，缺的是有效赋能。就债务治理能力提升而言，各级主体都应当以项目为核心支持和帮助县市级政府提升运营能力，实现以项目为载体的债务与资产整体良性发展。

就目前来看，已经发行的专项债券项目，普遍存在收益不及预期的问题，究其根本原因在于政府投资的专项债券项目全生命周期管理的能力不足。全生命周期管理能力是指从项目规划筛选—投资建设—项目运营三个层面把控项目质量和风险的能力。

一、项目规划能力提升

目前多数专项债券资金使用问题源于项目前期谋划阶段不合理，没有做好项目的可行性分析、投资计划、投资进度、投资项目预期收益等就仓促上报，或存在项目申报积极但项目规划过于简单的现象。实际项目建设资金需求与发债规模不匹配规划，造成资金下达后使用困难，有些地方甚至存在“项目跟着资金走”或者“为了融资而融资”的情况，导致资金闲置较多。筛选出的项目资产质量较差，后期运营困难。发行的债券资金最终投资到一些低质量资产或者无效项目上，会导致专项债券资金浪费，这也是专项债券收益率不足，或者未来清偿难以保证，引发债务风险的最根本原因。

地方政府专项债券是地方建设项目的重要资金来源，对于扩大有效投资具有重要作用。国家发展改革委指导督促各地方坚持“资金跟着项目走”的原则，扎实做好专项债券项目准备等有关工作，推动专项债券尽快形成实物工作量，积极扩大有效投资。地方政府债务风险管理，首先是需要筛选出优质专项债券项目，并对项目建设运营进行合理规划，具体的项目规划涉及统筹财政、金融、工程项目等多领域专业复合知识，不仅专业性要求较高，而且还需要具体的实际运营经验支撑。目前地方政府对于专项债券的整体规划和项目筛选能力还远远达不到实际需求，参与项目的第三方咨询机构普遍缺乏实际项目建设运营经验，项目方案对项目后期建设运营指导作用有限，地方政府的发改、财政部门以及行业主管部门都是政府机构，均没有具体项目的实际运营经验，因此债券方案缺乏实际建设运营的成熟度。这是现实情况，很难短期改变。

如果要短期内提升地方政府的项目规划能力，最有效的路径是多元共治，充分吸收具有建设与运营实际经验的社会主体参与项目规划，让项目最终的建设运营单位在规划期就能够参与项目工作，把后期面临的各种问题做好提前应对，最大程度提升项目的成熟度。通过各方主体参与确认项目方案的可操作性，一旦项目进入实际操作，可以快速启动而不造成资金闲置浪费，提供建设效率，保证项目运营快速实现良性循环。

二、项目建设能力提升

专项债券项目作为政府投资项目往往周期长、投资大、工程量大、建设过程复杂，在工程建设生产过程中，常常受多种因素的影响与干扰，而这些因素大多具有不确定性，所以工程建设能力就非常重要。项目建设能力体现在工程总投资的成本控制、工程按期完成交付和工程质量达标三大方面。现实中地方政府本身不具备建设能力，需要委托隶属于地方政府的国有企业作为建设单位，平台公司在项目建设中承担着工程建设和管理等责任，因此平台公司的建设能力决定了债券项目的建设能力。

如果平台公司不具备工程建设管理能力，很容易导致在整个项目建设过程中成本控制、工期管理、项目质量等方面出现各种风险。如果项目成本管理失控导致总投超标，而专项债券资金发行是很难调整的，这样就会增加地方政府的额外投资负担；如果项目工期运营延后交付，则会直接导致债券还款运营时间缩短，引发债券按期偿还风险；如果工程出现严重质量问题，则债券对应资产消失，直接引发债务风险。因此专项债券项目建设能力提升最重要的是建设单位管理主体责任的落实。

从工程管理角度来看，在专项债项目建设过程中引入全过程工程咨询来保证项目建设各项目标与要求的实现最为可行。有具备专业能力的咨询机构为项目建设单位提供专业的全过程工程咨询支撑，可以有效保证项目建设的工程进度、质量与成本在可控范围内。虽然项目整体增加了部分咨询费用支出，但项目整体资金节省与建设效率提升而言，应当是节省了更多的项目建设投入。国家住建部门近年来一直在推广工程建设全过程咨询，以此提升我们国家的工程项目建设管理能力。专项债券项目引入全过程工程咨询将大幅提升地方政府基础设施建设的项目管理能力，建设管理能力的提升意味着专项债券资金的使用效率可以大幅提升。

三、项目运营能力提升

已经建成项目的运营能力直接决定了债券项目资产的质量，项目运营能力是解决项目未来的收益产生以及进行债务清偿的关键。当前对于专项债券项目，政府大部分都是委托平台公司建设运营，一旦平台公司的项目运营能力不足，就会给整个专项债券还本付息带来实质性的清偿风险。

根据专项债券项目封闭运行的管理要求，地方政府作为专项债券融资主体，债券项目形成的资产与收益也归属政府的国有资产，但政府部门因其职责定位难以自行对项目进行运营管理，因此需要委托第三方主体进行建设运营，地方政府负责进行监督管理。

目前大部分专项债券由政府委托所属国有企业作为运营主体，这种运营模式存在诸多问题：一是国有企业在业务承接上对政府的依赖程度比较高，政府对此类公司发展方向、组织结构、经营决策等方面也存在较大影响，市场化程度不够，不能有效根据市场需求进行经营决策、制定发展战略、财务政策、吸收人才。二是随着项目本身的专业化运营需求，对运营主体的运营能力提出了更高要求，国有企业很难做到根据项目运营需要及时跟进调整运营管理，影响专项债券项目的正常运营收益实现。三是运营主体没有参与项目前期规划，后期有没有能力重新调整运营规划，导致运营责任划分不清，专项债项目运营对平台公司整体激励约束都不够。

考虑到市场环境、政策调整的即时变化，专项债券项目运营不可能完全按照债券发行方案进行，前期运营方案只是对于债券运营的计划，最终一定要由具体运营主体根据实际情况进行调整，制订更加贴近现实的运营方案，需要运营主体具备相应的运营调整能力和经验。专项债券基于项目为核心的融资与收益平衡，与传统财政直接拨款政府投资模式有非常大的不同，它要求地方政府进一步通过公益性项目运营规划，提升城市整体的运营能力，对于地方政府来讲，这是促进地方政府对城市运营建设思路模式转变的重要契机，好的资产没有好的运营无法产生收益，差的资产如果有了好的运营会变成优质资产。专项债券项目的授权经营是地方政府债券项目资产实现良性运营的有效解决路径。

如果专项债券项目规划筛选—投资建设—资产运营的全生命周期模式的多元共治模式能够得到有效贯彻和实施，地方政府在城市运营方面的能力就能够得到巨大提升，进而实现城市投资建设运营的良性循环与高质量发展。

基于上述对地方政府专项债券管理分析，可以认为专项债券以其既是债务又是资产、既是风险又是机遇的多重属性，以及在中国式现代化经济中的独特价值，具备了带动经济社会改革和高质量发展的客观基础。主要从以下三个方面展开具体分析。

首先，专项债券项目具有明确的公共服务需求，用户规模决定项目可以通过规模化运营实现收益。

每一个专项债券项目都对应着一个明确的公共服务需求，是针对当地公共基础设施短板的补充，其服务对象明确、用户群体清晰，对于当地的社会经济发展、民生改善具有普遍的现实意义。

同时，专项债券项目因其公益性特征，具有庞大的受众群体，这也为项目实现规模化运营提供了潜在的市场价值，通过专业化、市场化运营手段最终形成规模较大的特有经济优势。这也是专项债券项目通过提供人民群众生活需要的服务实现收益和控制风险的现实基础。

其次，专项债券项目的建设运营能力，可以通过强化供给侧改革进行有效提升。

项目的建设运营能力，是当前供给侧改革的一个重要方向。供给侧改革涉及国有企业改革、公益性资产的运营建设、政府执政能力提升等多个方面。地方政府专项债券项目的建设运营能力本身也是地方政府治理能力的一个综合体现，项目运营能力的不断提升，是专项债券管理能够得到有效控制的现实基础。同时，也可以通过市场化、法治化的方式，整合更多优质、专业的运营服务机构，快速提升专项债券项目建设运营的能力，实现专项债券管理。加强供给侧改革，提升地方政府专项债券项目的建设运营能力是债券管理的实现基础。

最后，社会各方对专项债券管理高度重视，通过应用最新研究成果可以有效提升专项债券管理水平。

随着专项债券项目的不断增多，债券管理也得到了各方高度重视，从国务院、财政部到各省级政府再到基层地方政府，以及学术界和实务界，乃至项目建设运营单位和第三方服务机构，都对专项债券管理高度关注，通过历来不断研究探讨和经验积累，已经逐步形成一些研究成果。随着这些成果的不断应用，使得每个债券项目的风险都能够有效控制，保障债券项目从规划、发行、建设、运营、清偿各个阶段都能够制定清晰完整的债券管理制度和预警措施，形成动态管理、实时监控。这种模式下能够保障每个项目的债务风险都有效化解，进而实现提升政府专项债券管理水平，有效控制整个政府债务风险。

第四节　当前地方政府债务治理的重点工作

一、尽快完善地方政府专项债券法律制度体系

我国目前初步形成了以《预算法》为法律依据、以《国务院关于加强地方政府性债务管理的意见》为制度框架、以国务院和财政部等有关部委下发的一系列文件为主的地方政府债券法律管理体系。但债券项目从规划到发行、建设、运营都面临各种各样的问题，这些问题有项目层面，也有制度层面，整体上缺乏专门针对专项债券项目的各个流程有较为清晰的风险管理指导意见及法律条例。

随着专项债券项目和债务体量的不断增多，其法律制度也得到了各方高度重视，从国务院、财政部到各省级政府，再到基层地方政府，以及学术界和实务界，乃至项目建设运营单位和第三方服务机构，都对专项债券法律治理高度关注，通过历来不断研究探讨和实践经验积累，已经逐步形成一些研究成果。目前，亟须国家牵头，统一制定、完善地方政府专项债券法律制度体系，有效控制每个债券项目的风险，保障债券项目在规划、发行、建设、运营、清偿各个阶段都能够制定清晰完整的债券管理制度和预警措施，形成动态管理、实时监控，最终形成中国特色的地方政府专项债券发行管理和建设运营体系，服务中国高质量发展。

二、加强地方政府专项债券项目资产管理

（一）加强项目资产管理是实现专项债券管理目标的重要基石

精细化管理是未来专项债券项目收益实现的根本保障，确保债券清偿能力的根本是项目底层国有资产的价值。因此，加强规范管理项目资产，提高资产使用效益，充分发挥资产效能，是专项债券完成全生命周期管理的重要基石。

2017年12月30日，为加强国有资产管理和治理，《中共中央关于建立国务院向全国人大常委会报告国有资产管理情况制度的意见》建立了国有资产管理情况报告制度，对企业国有资产（不含金融企业）、金融企业国有资产、行政事业性国有资产、国有自然资源四大类国有资产的管理情况进行报告。

专项债券项目主要涉及企业国有资产和行政事业性国有资产，少部分专项债券资金用于补充中小银行资本金的，可归属于金融企业国有资产。

（二）专项债券项目资产类型初探

（1）专项债券项目资产中的企业国有资产。《中华人民共和国企业国有资产法》（中华人民共和国主席令第五号，下称《企业国有资产法》）第二条规定，企业国有资产“是指国家对企业各种形式的出资所形成的权益”。根据

《企业国有资产监督管理暂行条例（2019修正）》第四条，企业国有资产属于国家所有。国家实行由国务院和地方人民政府分别代表国家履行出资人职责，享有所有者权益，权利、义务和责任相统一，管资产和管人、管事相结合的国有资产管理体制。省、自治区、直辖市人民政府和设区的市、自治州级人民政府分别代表国家对由国务院履行出资人职责以外的国有及国有控股、国有参股企业，履行出资人职责。

由上述规定可知，企业国有资产是指履行出资人职责的机构根据本级人民政府授权对国家出资企业依法享有的股东权利。专项债券用作项目资本金，国家按其出资比例享有对项目法人的所有者权益，对应的资产为企业国有资产。《中央办公厅 国务院办公厅关于做好地方政府专项债券发行及项目配套融资工作的通知》（厅字〔2019〕33号）明确了专项债可用作资本金注入项目法人的领域范围，主要包括铁路、收费公路、干线机场、内河航电枢纽和港口、城市停车场、天然气管网和储气设施、城乡电网、水利、城镇污水垃圾处理、供水等十大领域。

（2）专项债券项目资产中的行政事业性国有资产。地方政府专项债务收入、安排的支出、还本付息、发行费用纳入政府性基金预算管理。政府性基金预算专项用于特定公共事业，因此专项债券项目本质为公益性质，非以营利为目的。依据《基本建设财务规则》的规定，非经营性项目取得的财政资金，按照国家行政、事业单位财务会计制度的有关规定处理。依据2021年4月1日实施的《行政事业性国有资产管理条例》（中华人民共和国国务院令第738号），行政事业性国有资产属于国家所有，实行政府分级监管、各部门及其所属单位直接支配的管理体制。财政部门是政府负责事业单位和行政单位国有资产管理的职能部门。

《政府会计准则第5号——公共基础设施》（财会〔2017〕11号）规定，公共基础设施主要包括市政基础设施（如城市道路、桥梁、隧道、公交场站、路灯、广场、公园绿地、室外公共健身器材，以及环卫、排水、供水、供电、供气、供热、污水处理、垃圾处理系统等）、交通基础设施（如公路、航道、港口等）、水利基础设施（如大坝、堤防、水闸、泵站、渠道等）和其他公共基础设施。上述大部分类型与专项债中的交通基础设施、生态环保、市政和产业园区基础设施等基建类项目投向相匹配。

此外，《政府会计准则第5号——公共基础设施》规定，公共基础设施应当由按规定对其负有管理维护职责的政府会计主体予以确认，即公共基础设施资产应登记在相应政府会计主体（与本级政府财政部门直接或者间接发生预算拨款关系的国家机关、军队、政党组织、社会团体、事业单位和其他单位）。

（3）专项债券项目资产中的金融企业国有资产。2020年7月1日，国务院常务会议提出，允许地方政府专项债合理支持中小银行补充资本金。会议决定，在新增地方政府专项债限额中安排一定额度，允许地方政府依法依规通过认购可转换债券等方式，探索合理补充中小银行资本金的新途径。这部分专项债券资金用于补充中小银行资本金的可归属于金融企业国有资产。

（4）难以界定资产权属的情形。目前专项债券存在部分项目资产权属不清的情况，比较常见的是专项债项目资产登记在地方国有企业名下，而不是政府会计主体名下，还有乡村振兴或文化旅游基础设施项目存在项目资产涉及集体所有权的情况等，导致项目资产难以按照国有资产相关规定进行登记、报告、管理，项目资产管理责任难以落实。

（三）专项债券项目资产纳入国有资产管理体系，更有利于资产效能最大化

《国务院关于进一步深化预算管理制度改革的意见》（国发〔2021〕5号）提出，要建立健全政府债务与项目资产、收益相对应的制度，打通地方政府债券管理全链条，促进形成市场化融资自律约束机制。通过市场化方式推进地方政府专项债券发行的方向已经非常明确。

专项债券作为仅次于国债和政策性金融债的中国债市第三大债券品种，也是国内规模最大的项目收益债券，确保项目底层资产的安全性很关键。从

资产源头抓起，厘清地方政府、国有企业、金融机构不同主体之间的责任，是规范市场和政府关系的重要一环，对项目和资金的监管也能直抵债券管理链条底端的资产。

专项债券项目的资产如统一纳入国有资产监管的法律法规体系中进行管理，全程严格规范资产的登记、核算、统计报告等相关制度，将资产使用管理责任落实到位，确保资产安全完整、高效利用，更有利于项目资产整体的运营与处置。同时，加强对项目资产的建设和运营的动态监控，并严禁项目资产和权益用于为项目单位及关联主体等融资提供担保，最大限度发挥出资产效能，将为专项债券管理提供更有力的保障。

三、探索建立专项债券项目授权经营制度体系

我国公益性基础设施大部分由政府建设，建成后，政府授权平台公司进行运营，但是平台公司受限于不对口的专业领域和非市场化的运营方式，往往表现得不尽如人意。为提高公益性项目的运营能力，增强公益性项目的自身造血功能，国家也制定了一些办法，用于在基础设施和公益性项目中引入市场化运作机制，提高公共服务能力的同时解决公益性项目长期以来依靠政府补贴的情况。

2014年，国家发展改革委发布《关于开展政府和社会资本合作的指导意见》，提出在政府负有提供责任又适宜市场化运作的公共服务、基础设施类项目中采用政府和社会资本合作的模式。政府和社会资本合作（PPP）模式是指政府为增强公共产品和服务供给能力、提高供给效率，通过特许经营、购买服务、股权合作等方式，与社会资本建立的利益共享、风险分担及长期合作关系。随后，政府和社会资本合作模式迎来了蓬勃发展，大量的专业运营商由此进入公共服务和基础设施领域。

2015年，为了提高基础设施和公用事业领域的公共服务质量和效率，国家发展和改革委员会、财政部、住房和城乡建设部、交通运输部、水利部、中国人民银行等部门联合发布了《基础设施和公用事业特许经营管理办法》，

办法提出："基础设施和公用事业特许经营，是指政府采用竞争方式依法授权中华人民共和国境内外的法人或者其他组织，通过协议明确权利义务和风险分担，约定其在一定期限和范围内投资建设运营基础设施和公用事业并获得收益，提供公共产品或者公共服务。"

政府和社会资本合作模式以及特许经营办理办法的出台，为公益性项目的运营提供了另一种可能，即政府授权经过竞争方式选择出来的运营机构运营项目。目前，常见的授权经营的模式如下：

（1）BOT（建设—运营—移交），是指在一定期限内，政府授予特许经营者投资新建或改扩建、运营基础设施和公用事业，期限届满移交政府的方式。

（2）BOOT（建设—运营—拥有—移交），在一定期限内，政府授予特许经营者投资新建或改扩建、拥有并运营基础设施和公用事业，期限届满移交政府的方式。

（3）BTO（建设—移交—运营），特许经营者投资新建或改扩建基础设施和公用事业并移交政府后，由政府授予其在一定期限内运营。

（4）BOO（建设—拥有—运营）是指特许经营者根据政府赋予的特许权，对项目进行建设，在建设完工后，拥有项目的所有权和经营权，并且不再移交给政府的方式。

（5）BLT（建设—租赁—移交）是指企业筹资建设或购买城市基础设施项目，政府授权有关政府职能部门与企业签订相关租用合同，政府授权部门按照合同约定使用基础设施项目并支付租用费用。租用合同到期后企业按照合同约定向政府移交建设或者购买的城市基础设施项目。

（6）TOT（转让—运营—移交）政府将存量资产所有权有偿转让给社会资本或项目公司，并由其负责运营、维护和用户服务，合同期满后资产及其所有权等移交给政府的项目运作方式。

（7）ROT（改扩建—运营—移交）是指政府部门将既有的基础设施移交给民营机构，由后者负责既有设施的运营管理以及扩建/改建项目的资金筹措、建设及其运营管理，当约定期限届满后，将全部设施无偿移交给政府部门。

专项债券项目建成后，形成可运营的资产，通过运营资产产生足够的收益，用收益偿还债券本息，如此，才能形成良性循环，才能达到国家发行债券的初衷。因此，项目资产的运营能力显得尤为重要，直接关系债券项目的成败。而专项债券形成的资产属于政府公益性资产，可以借鉴政府和社会资本合作以及特许经营的模式，通过采用公开公平公正的市场化竞争方式，择优选取优质的运营单位参与运营，双方通过合同约定权利义务，政府方负有监管职能，并在以下三个方面进一步优化：

一是可以提高债券资产的运营能力，形成良性资产。良性资产的前提是资产可以实现自身收益平衡，而产生收益的前提是提供的服务值得消费者买单。采用专业化机构运营相比于平台公司自主运营，提供的服务经过市场的多重考验，更优质。

二是实现专项债券资产的精细化管理。精细化管理是未来专项债券项目收益实现的根本保障。专项债券项目必然要通过精细化管理来提升产品和服务品质，满足更多人民对高品质公共服务的需求。精细化管理是未来专项资金项目发展的一个方向。

三是形成债券资产多元共治的局面。在项目运营阶段，运营方、政府方、消费者多方参与，通过不同维度全方位把握项目可能遇到的资金、市场、法律等方面风险，及时识别并加以应对，帮助地方政府提升专项债券项目运营能力，持续推动地方政府公益性资产的运营能力提升。

第十一章

结语：专项债券制度与中国式现代化发展

第一节　中国式现代化的目标战略与现状

一、中国式现代化的目标与实施战略

近代中国以来，面对西方列强的入侵，无数中华民族儿女为了民族的救亡图存抛头颅、洒热血，在中国共产党的领导下，最终取得了新民主主义革命的胜利并于1949年建立了新中国，中华民族再次屹立于世界民族之林。新中国成立70多年来，华夏子孙为了民族复兴国家繁荣富强作出各种努力与探索，取得了举世瞩目的成就。党的二十大报告明确提出："从现在起，中国共产党的中心任务就是团结带领全国各族人民全面建成社会主义现代化强国、实现第二个百年奋斗目标，以中国式现代化全面推进中华民族伟大复兴。"

中国式现代化为中华民族伟大复兴指明了道路，处于新时代的中国人不能照搬西方靠侵略和掠夺实现积累的现代化发展模式，而是得基于中国国情，同时充分借鉴其他国家现代化发展的成功经验，实现中国14亿人民共同富裕的现代化、物质文明和精神文明相协调的现代化、人与自然和谐共生的现代化、走和平发展道路的现代化。

党的二十大报告指出，中国式现代化的本质要求是：

"坚持中国共产党领导，坚持中国特色社会主义，实现高质量发展，发展全过程人民民主，丰富人民精神世界，实现全体人民共同富裕，促进人与自然和谐共生，推动构建人类命运共同体，创造人类文明新形态。"

党的二十大报告提出全面建成社会主义现代化强国的战略目标：

"总的战略安排分两步走：从二〇二〇年到二〇三五年基本实现社会主义现代化；从二〇三五年到本世纪中叶把我国建成富强民主文明和谐美丽的社会主义现代化强国。"

至此，中国式现代化的实现目标与战略安排都已经明确，未来五年是全面建设社会主义现代化国家开局起步的关键时期。

二、中国式现代化的发展现状与基础

千里之行始于足下，2022年12月底中央经济工作会议对当前经济形势进行了全面客观的分析，会议指出，当前我国经济恢复的基础尚不牢固，面临需求收缩、供给冲击以及预期转弱等三重压力，国际局势紧张、外部环境动荡不安、全球通货膨胀等因素对我国经济的复苏造成负面影响。但在全球经济萧条的背景下也仍要看到，我国经济内在所具有的韧性、潜力与活力，面对当前现状，要从战略全局角度出发，从改善社会心理预期、提振发展信心入手，继续实施积极的财政政策与稳健的货币政策，加大对宏观经济政策的调控力度，注重各项政策间的协调，形成合力推动经济的高质量发展。

2023年是全面贯彻党的二十大精神的开局之年，“两会”期间总理在工作报告中对当前中国式现代化工作提出总体要求如下：“做好政府工作，要在以习近平同志为核心的党中央坚强领导下，以习近平新时代中国特色社会主义思想为指导，全面贯彻落实党的二十大精神。按照中央经济工作会议部署，扎实推进中国式现代化，坚持稳中求进工作总基调，完整、准确、全面贯彻新发展理念，加快构建新发展格局，着力推动高质量发展，更好统筹国内国际两个大局，更好统筹疫情防控和经济社会发展，更好统筹发展和安全，全面深化改革开放，大力提振市场信心，把实施扩大内需战略同深化供给侧结构性改革有机结合起来，突出做好稳增长、稳就业、稳物价工作，有效防范化解重大风险，推动经济运行整体好转，实现质的有效提升和量的合理增长，持续改善民生，保持社会大局稳定，为全面建设社会主义现代化国家开好局起好步。”

全面建设社会主义现代化国家，是一项伟大而艰巨的事业，前途光明，任重道远。党的经济工作会议深刻揭示了我国当前的发展现状，经济发展的三驾马车消费、投资、出口均受冲击，面临着下滑的风险。2023年“两会”期间，总理作政府工作报告也明确提出工作要求要“提信心、扩内需、稳增长、防风险”。因此，当前中国式现代化发展的主要工作是如何去促进消费，拉动投资，促进外贸出口，让整个经济实现高质量发展。高质量发展是全面建设社会主义现代化国家的首要任务。没有坚实的物质技术基础，就不可能全面建成社会主义现代化强国。必须完整、准确、全面贯彻新发展理念，坚持社会主义市场经济改革方向，坚持高水平对外开放，加快构建以国内大循环为主体、国内国际双循环相互促进的新发展格局。

三、当前高质量发展需要解决的问题

明确了中国式现代化的目标与战略，洞察了当前的发展现状，当前首要任务则是立足于现状，加快构建新发展格局，着力推动高质量发展。中央经济工作会议对于当前推动高质量发展所需解决的主要问题进行了说明，并将此作为今后工作的主要方向，具体内容如下。

一是着力扩大国内需求。要把恢复和扩大消费摆在优先位置。增强消费能力，改善消费条件，创新消费场景。多渠道增加城乡居民收入，支持住房改善、新能源汽车、养老服务等消费。要通过政府投资和政策激励有效带动全社会投资，加快实施“十四五”重大工程，加强区域间基础设施联通。政策性金融要加大对符合国家发展规划重大项目的融资支持。鼓励和吸引更多民间资本参与国家重大工程和补短板项目建设。要继续发挥出口对经济的支撑作用，积极扩大先进技术、重要设备、能源资源等产品进口。

二是加快建设现代化产业体系。围绕制造业重点产业链，找准关键核心技术和零部件薄弱环节，集中优质资源合力攻关，保证产业体系自主可控和安全可靠，确保国民经济循环畅通。加强重要能源、矿产资源国内勘探开发和增储上产，加快规划建设新型能源体系，提升国家战略物资储备保障能力。实施新一轮千亿斤粮食产能提升行动。提升传统产业在全球产业分工中的地位和竞争力，加快新能源、人工智能、生物制造、绿色低碳、量子计算等前沿技术研发和应用推广。要大力发展数字经济，提升常态化监管水平，支持平台企业在引领发展、创造就业、国际竞争中大显身手。抓住全球产业结构和布局调整过程中孕育的新机遇，勇于开辟新领域、制胜新赛道。

三是切实落实“两个毫不动摇”。针对社会上对是否坚持“两个毫不动摇”的不正确议论，必须亮明态度，毫不含糊。要深化国资国企改革，提高国企核心竞争力。坚持分类改革方向，处理好国企经济责任和社会责任关系。完善中国特色国有企业现代公司治理，真正按市场化机制运营。要从制度和法律上把对国企民企平等对待的要求落实下来，从政策和舆论上鼓励支持民营经济和民营企业发展壮大。依法保护民营企业产权和企业家权益。各级领导干部要为民营企业解难题、办实事，构建亲清政商关系。

四是更大力度吸引和利用外资。要推进高水平对外开放，提升贸易投资合作质量和水平。要扩大市场准入，加大现代服务业领域开放力度。要落实好外资企业国民待遇，保障外资企业依法平等参与政府采购、招投标、标准制定，加大知识产权和外商投资合法权益的保护力度。要积极推动加入全面与进步跨太平洋伙伴关系协定和数字经济伙伴关系协定等高标准经贸协议，主动对照相关规则、规制、管理、标准，深化国内相关领域改革。要为外商来华从事贸易投资洽谈提供最大程度的便利，推动外资标志性项目落地建设。

五是有效防范化解重大经济金融风险。要确保房地产市场平稳发展，扎实做好保交楼、保民生、保稳定各项工作，满足行业合理融资需求，推动行业重组并购，有效防范化解优质头部房企风险，改善资产负债状况，同时要坚决依法打击违法犯罪行为。要因城施策，支持刚性和改善性住房需求，解决好新市民、青年人等住房问题，探索长租房市场建设。要坚持房子是用来住的、不是用来炒的定位，推动房地产业向新发展模式平稳过渡。要防范化解金融风险，压实各方责任，防止形成区域性、系统性金融风险。加强党中央对金融工作集中统一领导。要防范化解地方政府债务风险，坚决遏制增量、化解存量。

现代化一词源于西方经历工业革命后的社会经济迅速发展，西方的现代化对工业革命之后的人类社会进程带来了巨大的冲击和影响，人类由此进入全球化的新发展阶段。而中国式现代化为“现代化”赋予了全新的内涵，它是东方智慧带给21世纪人类文明发展的全新贡献。高质量发展是中国式现代化的基本路径，社会主义社会经济制度体系是高质量发展的核心，其与西方现代化道路有着本质的区别：后者是资本主导的市场经济模式，资本通过市场配置社会资源实现资本利益最大化；而前者则是公有制主导的市场经济模式，党领导国家各级政府通过市场统筹协调配置社会资源，实现全体国民的最大福祉。

综上所述，要推动以党的领导为核心中国式现代化，需要我国各级地方政府部门通力合作。各级地方政府作为构建新发展格局、推动高质量发展的责任主体，将市场化、法治化、国际化作为基本原则，推进社会主义市场经济体系的现代化、政府执政体系与执政能力的现代化。在中国的全面现代化过程中，专项债券制度作为地方政府最重要的社会经济发展推动要素，能否高质量发展就更加重要。

地方政府若能将专项债券制度充分应用，则定可助力中央“实施扩大内需战略同深化供给侧结构性改革有机结合起来，增强国内大循环内生动力和可靠性，提升国际循环质量和水平，加快建设现代化经济体系，着力提高全要素生产率，着力提升产业链供应链韧性和安全水平，着力推进城乡融合和区域协调发展，推动经济实现质的有效提升和量的合理增长”的高质量发展目标。

第二节　专项债券制度对当前中国式现代化发展的作用

专项债券制度是当前最重要的中国特色财政制度创新，对于地方政府的发展至关重要，其不仅为地方政府提供建设发展资金，更重要的是帮助地方政府转变城市建设运营的理念，公共服务与社会治理均由粗放式逐步转为精细化运营。由此，对于如何通过专项债券制度的精细化运营模式，解决当前高质量发展所面临问题展开一系列探讨。

一、专项债与扩大消费需求

专项债券项目与地方社会经济发展的需求密切相关，从某种意义上讲，如果一个专项债项目不能满足地方发展的特定公共服务需求，究其根本是缺乏建设的必要性。专项债券项目规划建设运营是围绕地方发展中兼具公益性与收益性且亟须解决的公共服务项目，从另一角度可将专项债理解成为满足广泛的公共服务的需求且能为更多人提供公共服务的基础设施。专项债券项目所具有的影响力与社会效益越大，对应满足社会的公共服务需求就越大，同时其消费需求拉动效应相应也必然越大。

需求是一切消费的起点和基础。首先要存在服务需求，才可能产生进一步的消费。以消费内容为基础观测，当房产、汽车、家电等大额消费需求逐步得到满足后，社会需求才逐步从产品转入服务。因此，专项债提供了促进消费需求的动力基础，通过激活公共服务需求促进消费需求的扩大与升级。就目前而言，专项债券项目已经深入健康医疗、托幼养老、停车充电桩、水电气、老旧小区改造、文化体育、乡村振兴等多重领域，以上领域项目所体现的都是非常广泛的公共服务需求。

在满足众多公共领域服务需求的前提下，专项债券项目的融资与收益平衡特性则要求在提供公共服务的同时收取费用，其定价应当以公益性服务为核心，以满足更多社会成员的公共服务需求。但公益性服务收费并不等于收益低，互联网数字经济时代下，用户规模是最大的收益来源，公共服务需求意味着足够的用户规模，在数字经济里用户的规模就意味着流量，通过互联网的模式，就可以把这种公共服务的需求转化成社会经济效益，进而实现公益服务需求满足和项目获得收益的良性循环。

专项债项目在满足基础公共服务需求的基础上，还可以进一步推动消费升级，实现内需扩大。扩大需求不是奢侈浪费，更不是寅吃卯粮式的需求刺激，这种需求既不可持续也并不产生实际社会价值，真正的需求扩大来自人民对美好生活的向往，如此的需求才是持续稳定、不断增长的需求原动力。

社会公众在满足了基本的公共服务需求后，会为了得到更高品质的产品和服务而进行消费升级。消费升级体现了被满足的日益增长的物质文化需求，消费升级和需求扩大所反映的是基于公共服务的基础上更高品质的公共服务供给。基于基础公共服务，依托专项债为社会公众提供优质的服务与体验，以逐步扩大的国内消费需求推动消费稳定升级。从社会治理层考究，高品质的公共服务也意味着社会治理水平的全面提升，有助于进一步实现服务型政府并不断促进全面消费的良性循环提升。因此，每一次公共服务需求的提升都可视作一次消费升级与社会治理的进步完善。

二、专项债与现代化产业体系建设

第一，现代化产业体系建设离不开完善的产业基础设施。产业基础设施具有投资大、回报率低、回收期长的特点，使得企业不愿用自有资金投入，而是选择具备产业基础的区域设立企业经营。产业基础设施正是地方政府专项债的重点投资方向，回望过去5年专项债的进程，专项债券项目投资为地方城市未来产业发展打下了坚实的基础设施根基，随着交通、能源、供应链、产业园区、新基建等基础设施的建设与完善，现代化产业体系已经具备快速建设发展的客观条件。

第二，现代化产业体系离不开区域性的产业协同发展。根据国家“十四五”发展规划以及相关区域发展规划要求，全国目前重点确立了京津冀协同发展区、长江经济带发展、“一带一路”建设、粤港澳大湾区建设、长江三角洲区域一体化发展、推进海南全面深化改革开放、黄河流域生态保护和高质量发展、成渝地区双城经济圈、西部大开发、东北全面振兴共十个重点区域性发展综合经济区，以上区域正是专项债券资金的重点投入。专项债券在全面落实国家的各大发展战略和重点领域产业基础设施建设中发挥了巨大的投资拉动效应。数万亿元专项债券资金的投入逐步构建起了中国未来产业链互联互通、协同发展的基础设施超级版图，为全国现代化产业体系的快速发展奠定了扎实基础。

第三，现代化产业体系建设中的关键产业发展需重点支持。除产业发展的通用土地、能源、供水等基础设施外，还需为进一步促进高端装备制造、芯片研发生产、大数据AI等尖端科技产业的发展建立与之匹配的基础设施，为国家关键产业发展提供强有力支撑。专项债券的项目通过国务院每年的专项债券投向引导，鼓励各地方政府以重大区域发展、重点项目建设作为专项债券的投资方向，依托专项债券，通过特定产业园区基础设施建设项目对关键产业发展给予精准的支持，让专项债券有效推动各地关键产业发展发挥效能，促进关键产业形成优势生产力，有效带动区域产业协同发展。

三、专项债与切实落实“两个毫不动摇”

2012年，党的十八大报告明确“两个毫不动摇”——毫不动摇巩固和发展公有制经济，毫不动摇鼓励、支持、引导非公有制经济发展。

2016年全国“两会”期间，习近平总书记再次强调“三个没有变”，即非公有制经济在我国经济社会发展中的地位和作用没有变，毫不动摇鼓励、支持、引导非公有制经济发展的方针政策没有变，致力于为非公有制经济发展营造良好环境和提供更多机会的方针政策没有变。

2022年，党的二十大报告重申“两个毫不动摇”。中央经济工作会议也把切实落实“两个毫不动摇”作为重要工作任务。专项债券制度则可很好地落实中央的“两个毫不动摇”要求。

首先，需要了解中国公有制经济和非公有制经济的特点。中国的非公有制经济受自身所处产业领域和资本积累限制，同时又受限于非公有制经济外部融资难、融资成本高等因素，非公有制经济很难有实力参与专项债领域的基础设施项目投资，其原因是基础设施投资的对资金的要求是期限长、融资成本低，这正是非公有制经济的短板。过去几年非公有制经济通过PPP模式多次参与国家基础设施建设均反映了这一问题。因此，中国基础设施项目投资，理应是由政府主导，并通过公有制经济项目进行投资建设。

其次，非公有制经济虽不能参与基础设施投资，但在基础设施项目的运营方面具有自身独特的优势。因为非公有制经济充满创业精神，在新技术研发、人才吸收、管理等多方面都可以灵活地进行市场化整合资源，因此非公有制经济相对于公有制经济更具有创新活力，通过非公有制经济的运营优势可以让专项债项目能以更低的成本实现更高效率的运营，从而获取更高的项目收益。大规模的专项债项目建设是公有制经济的强项，而通过项目运营实现自身融资与收益平衡是当前地方政府国有平台公司的短板。而非公有制经济的参与，正好弥补了专项债的运营能力不足，将公有制的基础设施投资建设能力和非公有制经济的运营管理优势进行有机结合，由此可最大限度地保证专项债券基础设施投资的有效性，推动实现可持续发展。

最后，非公有制经济参与专项债券项目运营是对“两个毫不动摇”的最好落实。通过参与专项债券项目各项工作，公有制经济得到巩固和发展的同时，非公有制经济的发展也得到了鼓励、支持与引导，每一个专项债券项目都是公有制经济和非公有制经济的协同工作。公有制经济为主体进行项目投资建设，非公有制经济为项目提供专业化运营，二者充分发挥各自的优势，最大限度帮助专项债项目实现融资与收益的良性循环。因此，专项债制度为“两个毫不动摇”树立了一个良好的模式。在此基础上，专项债投资可充分带动其他社会资本参与地方经济建设，更好地发挥专项债券对中国经济建设的投资拉动效应。

四、专项债与高水平对外开放

专项债券制度对于高水平对外开放的作用体现在两大方面。对内而言，专项债制度通过更好的基础设施公共服务提升所在城市的营商环境水平，从而吸引更多的跨国企业入驻，更好地吸收和利用外资。

世界银行集团于2023年推出了最新的营商环境评估体系与标准，从市场准入、获取经营场所、市政公用基础设施报装、雇佣劳工、获取金融服务、跨境贸易、纳税、解决商业纠纷、促进市场竞争和办理破产等10个指标，全面评估所在国家与区域的营商环境现状。对以上10个指标的具体评估则从监管框架、公共服务和效率三个方面加以衡量。

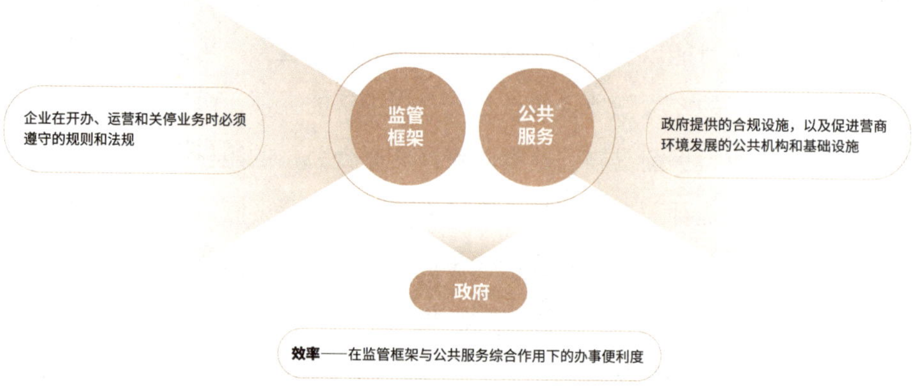

图 11–1　世界银行集团 2023 年营商环境评估体系与标准

对外而言，专项债制度通过基础设施公共服务提升消费，支撑产业体系建设，进而推动国内产业升级，最终实现出口产品服务从低端向高端的转变。

据海关统计，2023年一季度，我国货物贸易进出口总值9.89万亿元，同比增长4.8%。其中，出口5.65万亿元，同比增长8.4%；进口4.24万亿元，同比增长0.2%。具体的出口数据显示：一季度传统意义上的劳动密集型产品出口5733.2亿元，下降7.4%。其中，服装及衣着附件下降7.5%，纺织品下降15.9%，塑料制品下降2.1%。我国新优势产品表现十分亮眼，一季度电动载人汽车、锂电池、太阳能电池“新三样”产品合计出口增长66.9%，同比增量超过1000亿元，成为拉升进出口总额的主力。另外，在汽车零部件、电控设备等机械电子类产品出口中，中西部的增长也很快，增幅超过12%。

以上展示数据表明，出口产品服务发生由量到质的转变，我国新兴产业的出口增长填补了传统外贸行业的下跌；我国中西部地区的机械与电子类产品的两位数增长，填补了沿海传统小外贸公司的低增长甚至少数企业出现的大幅下滑。这些都是持续多年的国内产业链基础设施建设和政府不断提升营商环境共同合力所形成的成果。同时，优势产业的培育也离不开国内的巨大市场需求，通过在国内市场不断积累经验逐步实现产品技术的迭代，快速形成国际竞争优势，从而更好地参与国际贸易竞争。目前我国的新能源车、锂电池、太阳能电池等高技术产品都是国内市场培育多年后才形成出口优势。因此，可认为中国的市场验证是提升国际竞争力最好的保障。

五、专项债与经济金融风险防范

专项债券制度从以下三个方面提升经济金融风险防范能力。

首先，专项债券通过提供基础公共服务，实现地方社会稳定与经济发展。通过大量民生类专项债券项目的建设大幅提升地方的公共服务基础设施水平。每一个专项债券项目都对应着一个明确的公共服务需求，也是针对当地公共基础设施短板的有力补充。其服务对象明确、用户群体清晰的特点，对于当地的社会经济发展、民生改善具有普遍的现实意义。

其次，专项债券制度引导金融资本支持中国实体经济发展，有效避免了金融资本脱实入虚引发的系统性风险。金融系统脱离实体经济很难真正控制系统性风险，通过地方政府债券的发行为金融市场提供了大量的兼具公益性与一定收益的投资项目，一方面在利用政府信用背书将金融资本按照债券市场规范注入资金支持地方基础设施建设，同时又有效解决了金融资本脱实入虚的风险问题，实现了金融资本支撑实体经济的创造性转化。

最后，通过专项债券项目建设运营的融资与收益平衡，实现地方政府债务风险的化解。债券项目的建设运营能力是当前地方政府债务治理的核心，也是地方政府治理能力的一个综合体现。只有项目建设运营能力的不断提升，才能有效控制管理地方政府债务风险，并通过市场化、法治化的方式，吸收整合更多优质且专业的公有制和非公有制运营服务商参与项目工作，从而快速提升专项债券项目建设运营的能力，实现专项债券的融资与收益平衡。

综上所述，通过专项债券制度对于当前高质量发展所面临的各种问题的分析，可观测高质量发展面临的各种问题，专项债券制度均提供了较好的解决路径，为经济的高质量发展提供结构性的支撑力量。如若地方政府专项债券这一中国特色财政创新能够被很好地应用，把专项债制度优势充分发挥，将会对促进当前经济社会发展发挥极其重要的作用。

第三节　专项债券制度对中国式现代化长远价值与影响

一、专项债券制度将对重塑央地关系新发展格局持续发挥深远影响

中国千年以来的国家治理体系，反映出中央与地方所处的关系一直以来都是国家治理的核心问题。中国人民大学吕冰洋教授在其《央地关系》一书中，对央地关系的国家治理核心问题进行了精准的描述："百代都行秦政法。"即中国从秦统一以来，郡县制一直是国家治理的基本框架。央地间集权与分权之间的矛盾最终导致王朝的治乱循环。分权有利于增强地方活力，集权有利于增强中央政府的组织动员能力。过度集权与过度分权都有问题，如唐朝过度分权导致藩镇割据引发安史之乱，使得国家陷入动荡之中；宋代过度集权导致地方行政效率低下，国家竞争力骤降，屡次被外族侵犯，如何处理好央地关系跳出治乱循环则直接关系到国家的长治久安。

中央和地方关系的本质是国家行政权力的分配，其中最重要就是央地间人事任免权、事权和财权的分配。当前的央地关系现状表现为中央直接掌管地方的人事任免考核和监察权力，而地方承担大部分的事权，但地方的税收财权大部分都被中央拿走，交由国家整体层面统一调配使用。其结果是造成了部分地方政府官员唯上不唯下，按照上级的偏好行事（人事权在中央）。此外，中央的要求都是由地方去承担落实，上面千条线，下面一根针，最终基层县市级地方政府承担了大量的建设性工作但又缺少足够的资金支持（事权与财权不匹配）。因此，为了解决财政能力不足的问题只能违规违法举债，上述现象所代表的才是地方政府债务问题的深层原因。然而，该问题到目前为

止尚未有较好的解决路径。

而地方政府专项债制度，对于央地关系的重新塑造提供了良好的制度基础。如若专项债券制度都能按照预期得到顺利实施，央地关系将发生质的变化。其核心是由于通过专项债券制度，地方政府事权和财权不匹配的矛盾得到有效的平衡，地方政府可通过专项债券，以项目的方式获得足够资金支持，以推动地方建设发展。

专项债券制度将央地财权分配关系从传统的财政税收资金分配的零和博弈中跳脱出来，直接允许地方政府通过资本市场发行债券来获取建设发展资金。通过市场化与法治化的方式解决地方政府发展所面临的资金不足问题，形成债务—投资—发展良性的循环，以此为基础实现深入构建央地之间的新发展格局。该新形式央地关系体现在如下几个方面：

首先，是中央和地方的财权问题。地方政府通过专项债券获得建设发展资金，中央政府通过债券额度的分配和投向的要求来引导地方政府按照中央的发展方向使用资金，由此建立中央和地方在财权问题的动态平衡。这种平衡可通过动态调节中央每年的债券资金额度与使用方向，最终实现国家的统筹建设与发展平衡。

其次，是中央和地方的事权问题。专项债券项目要求必须是公益性且有一定收益的地方建设项目。地方政府对专项债券的使用必须体现出地方公共服务，这是地方政府为最重要的事权内容。通过专项债资金为大量的公共服务项目建设提供了途径，实现了地方公共服务水平的整体提升。同时，专项债券融资与收益自求平衡的制度设计对于地方政府的城市建设运营能力提出了更高标准要求。通过市场化的债务机制来倒逼地方政府提升项目运营能力，地方政府只有经受住市场的考验、实现债务融资与项目收益的良性循环，才可以从资本市场源源不断地获得城市建设发展所需的资金支持，实现地方社会经济可持续发展。

再次，通过专项债券的项目机制，可让中央政府对于地方政府的治理体系和治理能力的考核更加精准，实现量化事权绩效评估。过去的央地事权模式，虽然地方承担了大量的建设性工作，但实际上具体工作成效如何，中央政府很难去精准评估绩效，更多地开展定期与不定期的审计检查。通过建立专项债券制度，把地方政府的事权分解到一个个可独立考核的政府投资建设项目中，从而对项目的建设运营进行客观的绩效评估，以此使得中央对地方的事权实施得到进一步掌握，推动央地之间的事权关系透明化，有利于各项事权工作的顺利推进。

最后，解决中央和地方的人事权问题。构建专项债券制度能有效引导地方官员改变自身唯上不唯下的行为。由于财权和事权的不断匹配、事权的进一步透明，使得中央对于地方官员执政能力的考察评估更加客观精准。地方官员能否实现项目的债务与收益的良性循环，是衡量其是否具备执政能力的最为客观的标准。如若地方执政者能够充分利用专项债券制度快速推动地方社会经济发展，则可相信其是一个非常具有能力的执政者，具备进一步晋升的基础。这种全新的人事权考核机制让中央和地方的官员任免更加客观，保证最优秀的地方执政者能够得到更多的晋升机会。

综上所述，专项债券制度对中央和地方关系的影响持久且深远，中央和地方通过专项债制度实现了人权、事权、财权的和谐统一。先有项目（事权），然后匹配相应的资金（财权），再通过对事权和财权的建设运营绩效考核来评估地方执政官员的绩效，进而确定人员晋升（人事权），使得中央和地方更加清晰地厘清各自的边界，地方政府更加清楚地知道自身的努力方向。中央和地方关系通过专项债的制度得以重塑调整，最终形成新的央地关系新发展格局。

二、专项债券制度是中国的债务治理超级工程，为全球政府债务治理提供了中国方案

专项债券制度的设计与实施均体现了中国传统文化中的治理思想，是中国债务治理的超级工程，其价值可类比都江堰水利工程，实现从根源上解决政府债务风险的问题，将政府债务风险转化为国家建设的新动能，有效地

支撑实体经济建设。同时，由于金融风险和政府债务风险存在紧密联系，地方政府债务风险最终会反映在金融机构的不良资产风险上。一旦政府债务风险爆发，承受损失者主要是银行等金融机构，因此如果地方政府的债务风险能够得到有效的化解，那么中国的金融机构的系统性的风险也能得到有效释放。

专项债券制度作为全球政府债务治理的中国方案，其价值主要体现在如下三方面：

第一，有效控制了地方政府的债务盲目扩张引发的债务风险。

第二，大幅降低了地方政府的基础设施建设融资成本，为地方政府提供了基础设施建设融资的有效路径。

第三，通过专项债券制度设计引导地方政府改变重建设、轻运营的城市治理模式，全面提升城市治理能力。

三、专项债制度开启了中国公益性国有资产运营高质量发展模式，政府通过多元共治实现国有资产保值增值，为国企转型改革和民企发展壮大都提供了广阔的空间

近年来，财政部深入推进国有资产管理改革并取得一系列突破性成果，包括出台《行政事业性国有资产管理条例》等一系列管理文件。相关数据显示：2017—2020年，全国行政事业性国有资产总额由30万亿元增加至43.5万亿元，净资产由20.5万亿元增加至32.3万亿元。面对如此巨大的国有资产，如何贯彻落实中央经济工作会议部署，夯实资产财务管理基础，提升国有资产管理和治理水平，亟须找到财政资产管理工作高质量发展的新模式。由于专项债券项目资产属于财政国有资产中最优质的部分，专项债券制度对这部分资产的运营也提出了较高要求：必须实现融资与收益自求平衡。为了达到上述资产运营要求，必须采用多元共治的模式，充分吸收各方专业运营主体参与资产运营，实现国有资产的保值与增值。

专项债券制度对财政国有资产运营的高质量发展模式提供如下价值：

首先，专项债项目资产运营是在不改变其国有资产属性的基础上进行运营，因此不存在国有资产流失问题。这是专项债项目运营与PPP模式的根本性区别。债券项目的资产与政府债务对应，其属性始终属于政府财政国有资产，体现了我国社会主义公有制的优势。同时在保证公有制的基础上，对项目资产的运营采用灵活的方式，通过市场化法治化途径引进吸收各方主体参与资产运营，实现项目的高效运营、收益与融资动态平衡。

其次，专项债制度以项目资产运营为核心落实了中央两个毫不动摇精神，为国企和民企的融合发展提供了广阔空间。

允许各方主体积极参与专项债资产运营，充分发挥各方的创造力、主观能动性和专业优势，多元共治不断融合发展形成合力。国有企业可通过项目运营学习民营企业的管理灵活性与激发经营创新的活力，非公有制企业可通过项目运营学习公有制企业的工作合规性与社会责任的承担。二者相互融合，最终形成一条公益性资产的良性发展道路。

最后，专项债制度的国有资产运营绩效考核方式，将推动地方政府治理体系与治理能力的大幅变革与提升。从过去粗放式经济建设模式逐步转变为更加注重效果、以项目建设为核心的中国式现代化高质量发展模式。

专项债制度对项目资产运营的考核，影响且决定了地方政府的行为模式。以项目为核心的专项债模式将过去粗放型政府投资建设模式逐步调整到以项目融资与收益平衡、建设与运营并重的中国式现代化高质量发展模式。项目绩效优秀的地方政府将获得更多的债券资金以支持地区发展，而项目绩效较差的地方政府也会积极改善，提升其项目建设与运营能力，以此实现地方政府治理体系和治理能力提升的良性循环。

一方面，专项债券既是债务又是资产，理解专项债券要同时关注其债务属性和资产属性。从债务角度看，地方政府专项债券是地方政府利用自身信用从市场举债。债券未来需要偿还的特质，加大了政府的财政债务负担，过高的政府债务伴随着高风险。大量的专项债券研究务就风险角度认识和理解专项债券，从资产角度看，地方政府利用专项债券筹集资金投入具有一定收益的公益性项目建设中，债务最终形成自带增值潜力的资产。

另一方面，专项债券伴随着风险与机遇，最终体现在债券项目的运营能力上。从风险角度看，地方政府举债过多且管理不当，有可能引发债务风险，最终导致经济危机；从机遇角度看，地方政府通过举债进行基础设施建设，增加经济建设中的有效投资，进而加快社会发展速度。

因此，可认为专项债券的良好项目运营与地方政府的高效执政能力是中国债务治理的核心，为我国经济模式转型升级和未来中国式现代化社会经济发展都提供了强有力支撑条件。

第四节　法治化路径构建专项债制度高质量发展新格局

一、专项债制度发挥实效是加快构建新发展格局的重要措施

加快构建新发展格局，是党的二十大提出的一项战略任务。习近平总书记的重要文章《加快构建新发展格局把握未来发展主动权》（2023年4月16日《求是》杂志发表）中再次强调了加快构建新发展格局的意义，指出了存在的问题，明确部署了具体加快构建新发展格局的措施。

文章指出："从现在起，我们党的中心任务就是团结带领全国各族人民全面建成社会主义现代化强国、实现第二个百年奋斗目标，以中国式现代化全面推进中华民族伟大复兴。我国14亿多人口整体迈进现代化社会，规模超过现有发达国家人口的总和，其艰巨性和复杂性前所未有，必须把发展的主导权牢牢掌握在自己手中；我国是一个超大规模经济体，而超大规模经济体也必须实现内部循环。事实充分证明，加快构建新发展格局，是立足实现第二个百年奋斗目标、统筹发展和安全作出的战略决策，是把握未来发展主动权的战略部署。只有加快构建新发展格局，才能不断夯实我国经济发展的根基、增强发展的安全性稳定性；才能在各种可以预见和难以预见的狂风暴雨、惊涛骇浪中增强我国的生存力、竞争力、发展力、持续力，确保中华民族伟大

复兴进程不被迟滞甚至中断，顺利实现全面建成社会主义现代化强国目标。”

如果说加快构建新发展格局是实现中国式现代化，全面推进中华民族伟大复兴的重要战略部署，那么专项债制度就是实现这一重要战略部署的具体落地实施措施。专项债券制度实施5年来，始终没有离开构建新发展格局这一战略方向，国务院通过每年的专项债券投向引导，鼓励各地方政府在重大区域发展以及乡村振兴、生态环保、保障性住房、公立医院、公立高校、交通、水利、市政基础设施等领域选择符合条件的项目。随着新基建、新能源也纳入重点支持领域，十一个大类投向作为目前专项债券的重要投资方向，充分体现了对地方经济社会建设不断扬优势、补短板、强弱项的精准指引作用，让专项债券精准支持各地方政府急需的补短板扩内需基建项目，以此实现拉动区域经济增长。

当前，构建新发展格局战略正在通过专项债制度深入落实到全国范围各级政府近10万个专项债项目中。以专项债项目为核心坚持问题导向和系统观念，围绕项目的规划、建设、运营全生命周期主线去发现和破除制约加快构建新发展格局的主要矛盾和问题。全面深化改革，推进实践创新、制度创新是这一重大战略能否有效实施的重要举措，如若能够在专项债项目中实现新发展格局的战略要求，就能牢牢把握中国式现代化的未来发展主动权。

二、法治化是推动专项债券制度加快构建发展新格局的最优路径

党的二十大报告明确提出，要在法治轨道上全面建设社会主义现代化国家，坚持走中国特色社会主义法治道路。

“全面依法治国是国家治理的一场深刻革命，关系党执政兴国，关系人民幸福安康，关系党和国家长治久安。必须更好发挥法治固根本、稳预期、利长远的保障作用，在法治轨道上全面建设社会主义现代化国家。”

“我们要坚持走中国特色社会主义法治道路，建设中国特色社会主义法治体系、建设社会主义法治国家，围绕保障和促进社会公平正义，坚持依法治国、依法执政、依法行政共同推进，坚持法治国家、法治政府、法治社会一

体建设，全面推进科学立法、严格执法、公正司法、全民守法，全面推进国家各方面工作法治化。”

相对人治而言，人类社会发展历史证明只有法治才是人类社会治理的最好方法。好的法律制度体系，可以让整个社会运行更加高效，国家治理体系和治理能力均能不断持续稳定提升。在法治轨道上建设现代化国家，其核心是要建设法治政府、建设中国特色社会主义法律体系和法治体系，通过构建法律制度体系来稳固社会主义现代化国家的根基，为社会活动提供明确的行为规范与操作指引。在法律框架范围内维护各方的合法权益，保障社会稳定运行。所以，法律制度的本质还是国家的有效管理，国家的各项管理工作最终都是通过一系列的法律法规逐步得到落实。好的法律制度，一定是能够促进更多的人去主动参与、积极遵守，愿意共同推动制度实行，进而取得好的管理效果。从某种意义上讲，法治化也是加快构建新发展格局战略落地的底层逻辑，通过一系列法律法规制度文件来将战略逐层分解、落地实施，吸引社会各方都能够积极参与，最终形成社会主义现代化建设的新的发展动能。

同样，法治化也是专项债券制度不断完善有效实施的必由之路。法治化体现在专项债制度落实的方方面面，不论是从宏观国家法律制度制定，还是中观债券发行主体管理制度，乃至微观建设运营主体的管理制度都离不开法律管理，法治化深入专项债券项目的全部生命周期。为专项债制度实施提供明确的运行规范，保证不偏离制度根本目标，有法可依才能稳定各方预期，积极参与债券项目各项工作，共同推动专项债制度有效实施。

目前的专项债制度并不完善，存在的很多问题最终都得用法治化方式进行解决。社会各界人士应当坚决贯彻落实习近平法治思想，扎实推进专项债券管理工作法治化、规范化。通过法治化手段不断地修订、完善专项债券制度，才能真正让专项债这一中国特色的财政创新制度变得愈发成熟，不断地发挥更大效用。把专项债的法治化运行作为加快构建发展新格局的一个有力抓手，带动从中央到省市地方的城市建设运营模式转变，提质增效，实现国家整体经济社会的高质量发展。

三、通过法治化实现专项债制度高质量发展新格局

专项债券制度要想带动国家整体新发展格局的构建，首先自身要实现新发展格局。法治化是中央对国家治理的总体要求，而法律管理方法是法治化要求的具体落地实施手段。具体落实到如何通过法治化实现专项债制度的高质量发展新格局，需要在充分调查了解现状的基础上，运用法律管理方法，以自然社会客观规律为准则，制定各项专项债券法律法规制度规范，消除制度执行中的不确定性，引导专项债券健康良性发展。

习近平总书记提出加快构建新发展格局，要从两个维度来研究和布局："一是更有针对性地加快补上我国产业链供应链短板弱项，确保国民经济循环畅通；二是提升国内大循环内生动力和可靠性，提高国际竞争力，增强对国际循环的吸引力、推动力。"这也是专项债制度高质量发展新格局的目标和方向。通过法治化实现专项债制度高质量发展新格局应当从三个方面入手：

第一，以专项债券项目为着力点，构建专项债制度法律管理体系，实现专项债项目高质量发展。

专项债券制度的高质量发展离不开具体债券项目的高质量建设运营。围绕如何提升专项债券项目的高质量发展，全面构建专项债券法律管理体系。从宏观国家管理制度到微观、中观的省市一级专项债券项目管理制度的建设，构建一套完整的覆盖专项债券项目全生命周期的法律管理体系，实现专项债券项目规划、发行、建设、运营、清偿全过程的规范化管理，让所有参与主体都能够有法可依，依法规范建设运营，进而实现项目的高质量发展。

专项债券项目的高质量发展是构建新发展格局的微观实体基础。专项债项目的规划，建设首先考虑的就是补短板、强弱项，针对地方社会经济建设的主要短板进行重点投资建设，完善相应的基础设施，更好地促进产业链发展循环；专项债券项目建设运营实现融资与收益自求平衡的要求，本身就意味着公共服务的质量和能力达到一定水准。高品质的公共服务是国内大循环内生动力和可靠性不断提升的基石，可以促进社会有效需求稳定增长，实现

需求与供给的良性互动。

第二，通过法治化提升城市营商环境软实力，与专项债券项目基础设施建设“软硬结合”，全面推动地方现代产业体系发展新格局形成。

专项债券项目的高质量发展除了离不开自身的管理水平不断提升外，还离不开当地的整体社会经济发展水平。地方政府如果要建设本地区的现代产业发展体系，必须重点提升本地区的营商环境，与专项债券项目的产业发展基础硬件结合，通过软硬结合的方式构建地方现代产业体系发展基础设施。

对此，党的二十大明确要求要营造市场化、法治化、国际化一流营商环境。营商环境（Doing Business）是世界银行提出的对城市私营经济发展环境的评价体系。从2004年到2020年，世界银行每年发布《营商环境报告》，对参评经济体各项指标进行评级并得出综合排名。2022年世界银行发布营商环境评估新指标体系，能够更加真实地反映城市整体营商环境现状。

世界银行的营商环境评价体系完全按照企业从设立开办到运营，直至关闭破产全生命周期设定。指标体系包括市场准入、获取经营场所、市政公用基础设施报装、雇佣劳工、获取金融服务、跨境贸易、纳税、解决商业纠纷、促进市场竞争和办理破产等10个指标。

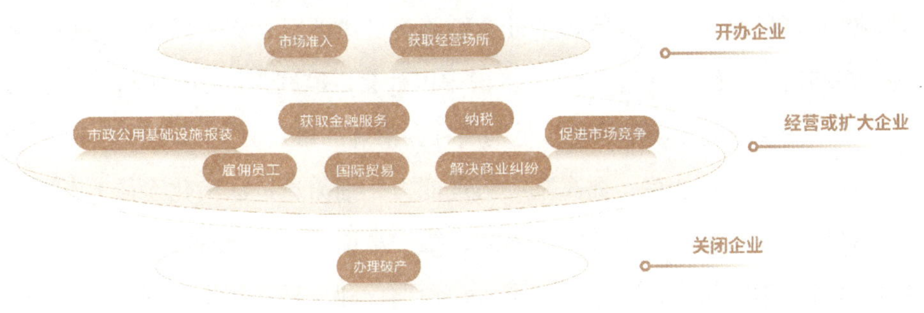

图 11–2 世行营商环境十项新评估指标

对于每个指标的评估，世界银行从监管框架、公共服务和效率等3个方面衡量。与之对应的是，10个指标都是从这3个方面来设定具体评估内容。这3个方面都与法治化密切相关，监管框架就是地方政府对企业管理的各项法律管理制度；公共服务则是地方政府对企业从开业到破产关闭提供的具体服务内容，包含硬件的基础设施、软件的雇用员工、商业纠纷解决、市场竞争促进等，上述内容都与法律管理密切相关；而效率体现了政府对各项企业运营中的法律管理制度执行力，可认为营商环境最终体现的是一个城市的整体企业生存法治环境。

法治是最好的营商环境，世界银行的营商环境评估体系为地方政府提供了一个全面提升城市产业发展商业环境的量化指标参照系。通过法治化围绕营商环境的各项指标进行法律管理制度完善与执行，帮助本地产业经济发展，推动地方产业体系形成创新创业更活跃、市场主体机会更平等、商业经营更便利的新发展格局。

第三，通过法治化不断构建地方共建共治共享的基层社会治理新格局，切实提升国内大循环内生动力和可靠性。

专项债券项目大量投入与地方老百姓的生活密切相关的医疗、养老、托幼、老旧小区改造等民生项目领域。这些项目的高质量发展同样与当地的社会治理整体水平密切相关，地方政府应当充分利用专项债券项目建设的基础设施优势，全面提升社会公共服务治理体系与治理能力。

习近平总书记就中长期经济社会发展重大问题发表重要讲话强调："要加强和创新基层社会治理，使每个社会细胞都健康活跃，将矛盾纠纷化解在基层，将和谐稳定创建在基层。"如果说中国社会以家庭为最小单元，那么社区就是基层社会的最小治理单元，是基层社会治理的重点。

完善基层治理体系，提高基层治理能力，则需通过法治化途径不断规范基层社区的运行管理，填补空白漏洞，维护法治统一，坚持法随时变，以此更好发挥法治在基层治理中固根本、稳预期、利长远的作用。善于运用法治思维和法治方式才能深入推进基层治理工作、校准基层治理实践、破解基层治理难题。

加强社区治理同时也是居民公共服务需求得到满足的过程，坚持社区治理人人有责。建立起共建共治共享的基层治理新发展格局，增加社区成员的公共管理参与度，把专项债券民生项目的基础公共服务与社区治理全面结合，围绕社区民众的需求提供针对性的公共服务。在高质量的公共服务基础上，不断根据社区成员日益增长的美好生活需要，提供能够满足居民需求的消费场景。通过建立起发现新需求、提供新服务、产生新消费的方法，增强居民长期获得感的消费机制，让国内大循环动力持续源源不断产出，使得专项债券项目在提供公共服务满足大众需求后实现自身良性循环发展。

第五节　中国式现代化：专项债制度的使命与目标

过去5年来，中国经济发展经受了世界格局加快演变、新冠疫情冲击、国内经济下行等多重考验，影响着地方政府项目融资与收益平衡。专项债券从18年开始推出就承载了中国经济发展的重要使命。地方政府通过对专项债的调控与宏观政策调节等多措并举，形成精准有效投资，把资金切实用在党中央、国务院确定的重点领域上，有效发挥了稳住宏观经济大盘的作用，实现了经济平稳运行、发展质量稳步提升、社会大局保持稳定。现在，地方政府专项债券已经成为我国经济发展的重要政策工具，促进中国经济构建新发展格局、统筹发展与安全并推动经济的高质量发展。

从专项债券发行数据看，专项债券对中国式现代化社会经济建设产生了深远影响，为我国经济模式转化和未来中国式现代化社会经济发展都提供了强有力支撑，可从以下几个方面来认识专项债制度过去5年的价值与影响。

一是专项债实现了金融资本支持实体经济建设的创造性转化。

如何引导金融资本支持中国实体经济发展一直是一个难题，2008年4万亿元经济刺激政策导致出现通胀问题其背后的重要原因，是大量资金未能投入实体经济建设。如果未能找到落实经济刺激的有效路径，那么仅仅通过积极的货币政策很难取得预期的经济拉动效果。专项债券作为解决这一问题的创新性财政制度，利用政府信用背书将金融资本按照债券市场规范注入地方基础设施建设，创造性地解决了金融资本脱实入虚的问题，其价值不亚于中国的都江堰水利工程，通过改堵为疏，实现了金融资本支撑实体经济的创造性转化。

二是专项债为中国式现代化社会经济建设发展注入了16万亿元的低成本资金支撑。

地方政府建设发展一直面临融资难、融资贵的问题，尤其是区县级地方政府所面临的资金困境尤为突出。为能筹集建设资金，很多区县级平台公司的筹资成本高达10%以上，如此高的融资成本势必导致政府隐性债务增加和政府债务风险凸显。专项债券制度通过以省级政府为发行主体，直接将融资成本降到4%以内，资金的使用主体依然是区县级政府。该项改革有效解决了区县级政府高额发展资金问题，更从根本上有效遏制了地方政府隐性债务增量问题，实现地方政府隐性债务向“显性”发展。仅2018—2022年就实现了16万亿元的长期低成本资金注入，为中国式现代化经济发展提供了强有力的资金面支撑。

三是专项债为地方政府集中建设形成了一批具有收益能力的最优质公益性资产。

专项债券制度对地方政府建设发展项目的选择提出了更严苛的要求与标准。并非简单建好完事，更是要求项目必须同时满足公益性和融资与收益平衡这两个条件。由各省级财政部门对项目进行筛选把关，这使得地方政府对于资金的使用更加有效率，经过层层筛选后，最终实现发行的专项债券项目必然是各地方政府最优质的公益性资产。资产价值的高低决定了债务风险可控程度，资产的运营能力决定资产的价值，地方政府为了能够实现融资与收益的平衡，工作的重点需从过去的“重建设轻运营”逐步转变为“严选项目重运营”，由此政府的债务治理能力和债务风险控制能力才能得到有效提升。

四是专项债券项目投资为地方未来发展打下了坚实的基础设施根基，交通、能源、供应链、产业园区、社会事业等基础设施的建立完善，将为未来中国式现代化社会经济发展提供最有力的支撑。

财政部、国家发展改革委印发《关于申报2022年新增专项债券项目资金需求的通知》（财办预〔2021〕209号）对专项债券投向作出了严格明确的规定，《地方政府专项债券资金投向领域禁止类项目清单》（财预〔2021〕115号）明确了项目投资的负面清单，保证了专项债券资金能够全面落实国家的各大发展战略和重点领域，随着大量的资金投入，交通、能源、供应链、产业园区、社会事业这些基础设施得以完善，为地方城市中远期发展打下了坚实的基础设施根基，构建起了中国未来社会经济发展的基础设施超级版图。

五是随着专项债制度的影响不断深入，地方政府已经从过去粗放式经济建设模式逐步转变为更加注重效果、以项目建设为核心的中国式现代化高质量发展模式。

专项债制度另一大变革是将过去传统的地方政府向上争取财政资金支持的模式变成了财政资金的竞争性获取模式。财政部根据各省专项债券资金的使用绩效分配和确定债券发行额度，省级地方政府通过项目评审机制确定下级政府的资金支持。以项目为核心的财政资金支持模式将过去粗放型政府投资建设模式逐步调整到以项目融资与收益平衡、建设与运营并重的中国式现代化高质量发展模式。项目绩效优秀的地方政府将获得更多的债券资金支持地区发展，项目绩效较差的地方政府也会积极改善，提升其项目建设运营能力，以此实现地方政府治理体系和治理能力提升的良性循环。

综上所述，地方政府专项债与中国式现代化发展密切相关、密不可分，理解地方政府专项债就理解了中国式现代化经济发展模式。在以习近平同志为核心的党中央坚强领导下，我国如期全面建成小康社会，实现第一个百年奋斗目标，开启向第二个百年奋斗目标进军新征程。不断完善的专项债管理制度，将会在中国式现代化建设中发挥更大作用。

习近平总书记在中国共产党第二十次全国代表大会上的报告指出，新时代新征程党的中心任务就是团结带领全国各族人民全面建成社会主义现代化强国、实现第二个百年奋斗目标，以中国式现代化全面推进中华民族伟大复兴。中国式现代化的本质要求是：坚持中国共产党领导，坚持中国特色社会主义，实现高质量发展，发展全过程人民民主，丰富人民精神世界，实现全体人民共同富裕，促进人与自然和谐共生，推动构建人类命运共同体，创造人类文明新形态。

党的二十大报告从人口规模、全体人民共同富裕、物质文明和精神文明相协调、人与自然和谐共生和走和平发展道路五个角度把中国式现代化与西方的现代化发展区别开来，中国式现代化体现了中华民族几千年来一直追求的“天下大同”理想，国家强盛、民族富强是全体中华儿女的共同中国梦，也是中国地方政府专项债券制度建设的历史使命与目标。

专项债券要为中国社会提供满足基本需求的基础设施服务。要实现我国14亿多人口整体迈进现代化社会，其规模超过现有发达国家人口的总和，属于超巨型复杂系统，如此规模的社会治理采用垂直管理的方式定然不行。唯有运用系统管理的模式，充分调动地方的积极性，满足地方发展需求，围绕地方社会经济重点项目与当地民生需求问题，通过专项债资金支持进行建设运营，才能有效构建起满足各地民众需要的现代化基础设施服务。这些基本需求基础设施服务包括水电气、医疗、养老、托幼、殡葬、社区服务、保障房等方面，涵盖每个中国人的生老病死基本需求，是中国式现代化的基础。每一个专项债券项目都是人才、资金、项目的综合体，是中国式现代化建设的最微观建设单元，中国式现代化的每个特性都可以在专项债券项目中得到体现，不断积少成多、集腋成裘，最终方可实现中国式现代化的宏伟目标。

参考文献

［1］［加］玛格丽特·阿特伍德.偿还：债务和财富的阴暗面［M］.南京：南京大学出版社，2019：11.

［2］郭建龙.中央帝国的财政密码［M］.厦门：鹭江出版社，2017：4.

［3］余文恭.PPP模式与结构化融资［M］.北京：经济日报出版社，2017：3.

［4］韩志峰.中国政府和社会资本合作（PPP）项目典型案例［M］.北京：中国计划出版社，2018：2.

［5］潘萍，江帆.破局：PPP模式风险与政府风险应对策略［M］.北京：法律出版社，2018.

［6］北京大岳咨询有限责任公司.城市基础设施投融资的市场化改革：PPP的理念与实践［M］.北京：中国城市出版社，2019：4.

［7］吕冰洋.央地关系，寓活力于秩序［M］.北京：商务印书馆，2022.

［8］关志国.道家黄老学派法哲学研究［M］.北京：中国社会科学出版社，2016：12.

［9］曹峰.文本与思想：出土文献所见黄老道家［M］.北京：中国人民大学出版社，2018：7.

［10］刘冰.我国地方政府隐性债务风险法律规制研究［M］.北京：中国经济出版社，2022：8.

［11］曾肇河，赵永辉，夏小敌.项目决策：项目投资开发全过程管理［M］.北京：中国建筑工业出版社，2020：10.

［12］王革平.政府投资建设项目全过程管理：以投资管理为核心［M］.北京：中国建筑工业出版社，2020：12.

［13］牛美丽，马蔡琛.构建中国公共预算法律框架［M］.北京：中央编译出版社，2012：11.

［14］武清州.国家治理视角下的公共债务问题研究［M］.北京：经济科学出版社，2018：8.

［15］栾彦.新常态下的中国地方政府债务风险形成根源、预警体系、管控策略研究［M］.北京：经济科学出版社，2019：12.

［16］张帆，肖诗阳.美国政府财政与债务危机：对中国的借鉴［M］.北京：北京大学出版社，2016：1.

[17] 李建强，张淑翠.地方政府债务治理工程与可持续评估[M].北京：经济科学出版社，2017：12.
[18] 仲杨梅.政府审计、财政透明与地方政府债务风险[M].北京：经济科学出版社，2019：11.
[19] 罗林.政府债务机制研究[M].北京：中国金融出版社，2014：6.
[20] 胡奕明.地方政府性债务管理：实证研究与政策分析[M].北京：中国财政经济出版社，2016：9.
[21] 段艳芳.美国债务型经济增长方式及经济的虚拟化[M].北京：中国财政经济出版社，2019：12.
[22] [英]阿代尔·特纳.债务和魔鬼——货币、信贷和全球金融体系重建[M].北京：中信出版社，2021：5.
[23] [法]安东·布朗代，弗洛朗丝·皮萨尼，埃米尔·加尼亚.主权债务危机人[M].北京：中国社会科学出版社，2014：2.
[24] 刘陈杰.地方政府债务与金融稳定研究[M].北京：中国金融出版社，2020：9.
[25] 毛捷，韩瑞雪，徐军伟.公共债务问题研究：以北京市为例：规模测算、机制分析及政策建议[M].北京：中国财政经济出版社，2020：6.
[26] [英]詹姆斯·麦克唐纳.债务与国家的崛起：西方民主制度的金融起源[M].北京：社会科学文献出版社，2021：6.
[27] 肖作平，郭泓伶.重大诉讼、信息环境与债务资本成本：来自中国上市公司的经验证据[M].北京：中国财政经济出版社，2022：9.
[28] 张小茜.债务之疫：企业债务融资及其风险传染[M].杭州：浙江大学出版社，2022：8.
[29] [美]瑞·达利欧.债务危机[M].北京：中信出版社，2019：3.
[30] [美]理查德E. 瓦格纳.赤字、债务与民主：与财政公地悲剧作斗争[M].上海：上海财经大学出版社，2022：1.
[31] 徐肖冰.美国政府债务研究：演进、风险与可持续性[M].北京：中国社会科学出版社，2015：9.
[32] [瑞士]托比亚斯·施特劳曼.1931：债务、危机与希特勒的崛起[M].济南：山东人民出版社，2021：9.
[33] 姜云飞.欧元区主权债务危机：最优货币区理论再思考与实证[M].上海：上海人民出版社，2015.
[34] 逍遥，罗兰滋.资本与债务陷阱[M].北京：中国商业出版社，2014：10.
[35] [美]陈庚辛，[美]杰弗里·A.弗里登.失去的年代：美国债务危机的起因与漫长复苏[M].北京：生活·读书·新知三联书店，2020：6.
[36] 王玉平.工程总承包项目招标控制价编制研究——基于项目合规性视角[J].建筑经济期刊，2018(12)：17.
[37] 郑新宇.地方政府一般债券与专项债券定价差异研究——基于债券市场发行利差视角[D].四川大学硕士论文，2021.

[38] 洪捷.高校专项债券资金平衡测算及压力测试分析——基于云南省省级公办高等学校专项债券第一期[J].商业会计，2020(12)：14.
[39] 赵琦.地方政府专项债券有关问题探讨[J].地方财政研究，2020(12)：1.
[40] 田晨阳.公立医院专项债券融资方式研究[J].卫生软科学，2020(11)：18.
[41] 张立承.地方政府项目收益债券：比较与借鉴[J].地方财政研究，2017(12)：5.
[42] 吴京，王剑锋，陈司博.提升信息披露质量会缓解地方债发行利率异象吗？——基于搭售合约的实证分析[J].证券市场导报，2021(11)：3.
[43] 徐卓.区域金融风险指数研究[D].北京交通大学博士论文，2021(11)：18.
[44] 廖秋华，黄海源，周艳华，刘伯平，郭姗姗.美国市政债发行管理机制对我国地方政府债券风险防控的启示[J].区域金融研究，2017(12)：2.
[45] 任紫钰，杨迅周，万斯斯.河南省产业集聚区投融资机制创新研究[J].地域研究与开发，2020(12)：19.
[46] 徐炎泽.中国政府投资治理研究[D].山西大学博士论文，2021.
[47] 范娜.关于推动交通投融资政策制度更加成熟定型的思考[J].交通财会，2020(11)：8.
[48] 黄宁，陈国容，田时嫣.化解地方基建融资缺口的思考——以福建省为例[J].发展研究，2018(12)：18.
[49] 王璐.地方政府债券违约风险处置的法治逻辑[J].安徽大学学报（哲学社会科学版），2020(12)：17.
[50] 郭丽虹，刘婷.强制分红政策、融资约束与投资效率[J].上海财经大学学报（哲学社会科学版），2019(12)：1.
[51] 黄伯平.政府信息公开与治理现代化——基于典型财政案例的考察[J].地方财政研究，2015(12)：5.
[52] 罗玲.构建财政国库动态监控体系的探索与研究[D].重庆大学硕士论文，2008.
[53] 史栋，杜红全.论私分国有资产罪的几个问题——兼议私分国有资产罪的认定[J].经济论坛，2012(12)：6.
[54] 田进.关于地方政府专项债券的思考[J].经济师，2019(12)：23.
[55] 张咸龙.我国政府非税收入规范化管理研究[D].同济大学经济与管理学院硕士论文，2008.
[56] 龙小燕，肖琼琪.美国收益债券发行与流通管理机制及启示[J].财政科学，2021(12)：11.
[57] 郭健.交通基础设施投融资机制改革的国际经验及启示[J].理论学刊，2019(11)：6.
[58] 李红霞，马艳.关于进一步深化预算管理制度改革的几点思考.地方财政研究，2021(12)：2.
[59] 王泽彩，郑金宇.新增地方政府专项债券项目绩效管理机制研究[J].地方财政研究，2021(12)：4.
[60] 中央党校（国家行政学院）厅局级干部进修班（第74期）研究专题一支部第2课题

组.金融助力现代化经济体系建设研究［J］.理论视野，2020（11）：6.
［61］程恩富，柴巧燕.现代化经济体系：基本框架与实现战略——学习习近平关于建设现代化经济体系思想［J］.经济研究参考，2018（12）：22.
［62］刘江宁.关于中国经济发展进入新时代的研究［J］.经济研究参考，2019（11）：4.
［63］叶雯倩，周亮宇，朱玉倩.现代化经济体系视角下乡镇企业的发展［J］.经济师，2018（11）：25.
［64］王一新.实现我国经济高质量发展的战略擘画［J］.前线，2018（11）：26.
［65］季晓南.加快建设适应与引领高质量发展的现代化经济体系［J］.理论探索，2018（11）：1.
［66］卢方琦.广州建设现代化经济体系对策分析［J］.探求期刊，2018（12）：9.
［67］于永国，张凯峰.社会主要矛盾转化视域下中国经济工作理路论析［J］.社科纵横，2020（11）：29.
［68］王小忠.关于经管资产（交通基础设施）会计核算问题探讨［J］.交通财会，2019（11）：9.
［69］吴德庆.普通国省道养护项目采用TOT模式融资可行性研究［J］.交通财会，2018（11）：10.
［70］何静.企业领导干部在企业国有资产管理中的责任［J］.北京石油管理干部学院学报，2009（11）：4.
［71］钱津.论新时代推动高质量发展的基本要求［J］.黑龙江社会科学，2019（11）：14.
［72］何碧萍.国有资产的内在联系与横向管理体制整合趋势研究［J］.经济研究参考，2018（12）：23.
［73］王枫林.探究市场约束对地方政府专项债风险溢价的影响——基于项目收益专项债试点政策［D］.上海财经大学硕士论文，2021.
［74］张稷锋.国有资产管理体制改革：三大问题亟待解决［J］.发展，2004（12）：15.
［75］范月屏.企业应对政府补助准则修订需要实施的工作浅析［J］.全国流通经济，2017（11）：14.
［76］张锐.地方政府专项债券高效发行的机理探析与对策建议［J］.南方金融，2018（12）：19.
［77］王泽彩，郑金宇.新增地方政府专项债券项目绩效管理机制研究［J］.地方财政研究，2021（12）：4.
［78］王雪娟.施工企业财务风险控制刍议［J］.现代经济信息，2011（12）：5.
［79］朱泽钢.区域视角下中国技术创新市场导向机制演进动因研究［D］.兰州大学博士论文，2017.
［80］崔志娟.政府会计的PPP项目资产确认问题探讨［J］.会计之友，2018（11）：21.
［81］张家莉，孔金.新型城镇化背景下的美丽乡村建设策略研究［J］.滁州职业技术学院学报，2018（11）：16.
［82］史丹，冯永晟，李雪慧.深化中国能源管理体制改革——问题、目标、思路与改革重点［J］.中国能源，2013（11）：18.

[83] 刘剑文，郭维真.论我国财政转型与国有资本经营预算制度的建立[J].财贸研究，2007(12)：9.
[84] 张鲁萍.PPP背景下基础设施和公用事业特许经营行为性质之辨析[J].四川行政学院学报，2016(12)：19.
[85] 吴德庆.普通国省道养护项目采用TOT模式融资可行性研究[J].交通财会，2018(11)：7.
[86] 徐彰.BT工程建造阶段的产权相关问题研究[J].交通财会，2015(11)：6.
[87] 王德健.南京市A区政府投资建设工程审计若干问题研究[R].大学生联合比对库，2020.
[88] 徐彰.投资人视野下的BT项目所有权归属及保障权利[J].铁路工程造价管理，2015(10)：27.
[89] 祁媛媛，张更路.PPP模式在新型城镇化融资中的实施和运用——赤曹线滦县至青坨营段工程项目案例分析[J].华北理工大学学报（社会科学版），2018(11)：14.
[90] 单翀.城市排水费制改革与经营模式转换研究[J].城市道桥与防洪，2017(11)：2.
[91] 张宵慰，王礼力.民间资本介入我国农业基础设施领域的思考[J].特区经济，2008(12)：13.
[92] 崔志娟.政府会计的PPP项目资产确认问题探讨[J].会计之友，2018(11)：18.
[93] 唐玉萍.加强对事业单位国有资产监督管理的具体途径及措施研究[J].全国流通经济，2017(11)：8.
[94] 欧劭扬，吴守荣.多层次模糊评价在项目群资源配置中的应用[J].新建设：现代物业，2012(11)：26.